Thomas Masse

Neue Weltwirtschaft

… ohne kriminelle Elite

Neue Weltwirtschaft … ohne kriminelle Elite
Thomas Masse
Copyright: © 2014 Thomas Masse
All rights reserved
thomas.masse@posteo.de
ISBN: 978-1497324145
Covergestaltung: Erik Kinting

Inhalt

Vorwort 7
Im Namen der "Wirtschaft" 14
Noch mehr zur Wirtschaft 17
Allgemeines 25
Naturgesetze der Wirtschaft 30
Körper 32
Tausch 35
Enteignung 36
Fortschritt / Entwicklung 39
Süchtig nach schnellen "Lösungen" 41
Schwindel 47
Zivilisation und Bedürfnisse 50
Knappheit 53
Prinzipien, die Enteignungssysteme unterstützen .. 55
Prinzip Nr. 1: Produktion befriedigt Bedürfnisse,
Beschäftigung tut dies nicht! 55
Prinzip Nr. 3: Ursachenbeseitigung löst das
Problem, Symptombehandlung vergrößert es! 69
Prinzip Nr. 4: Teile und herrsche! 73
Prinzip Nr. 5: Was umsonst sein sollte, wird am
teuersten bezahlt! 78
Enteignungssysteme - Wer dazu gehört! 83
Zins und seine Entstehung - Theorie 88
Staat und Steuern 93
Steuer ist Formung der Gesellschaft 104
Pervertierung der Wohlfahrt 108
Angebot und Nachfrage 111
Monopolbildung kontra Angebot und Nachfrage 115
Gold 121
Kriminalität 122
Arbeitslosigkeit 129
Symptombeseitigung 135
Prioritäten 135

Ideologien	146
Hass auf Unternehmer und "soziale Einstellung"	167
Konkurrenz	173
EURO - Einführung in Europa	181
Intelligenz und Arbeit	181
Mehrwert	186
Börse, Aktien, Aktiengesellschaften	191
Vererbung und Dekadenz	197
Gerechtigkeit	200
Nachrichten über aktuelle Ereignisse	202
Wahre Kosten des Austauschs	207
Totalitäre Entwicklungen	211
Verantwortung	216
Unterschied zwischen "Besitz" und "Nutzung"	219
Wahre Kosten	224
Etwas mehr zu Geld, Banken und Regierungen	233
Reformen	236
Rechtsprechung und Reformen	238
Steuerreform	242
Wohlfahrts-, Sozial-, Versicherungsreform	254
Geldreform	266
Mehrwertreform	281
Bodenreform	304
Rentenreform	313
Informationsreform (Patentwesen)	319
Steuerreform - und dann?	329
Spenden, Gebühren und Staatswesen	330
Bevölkerungsexplosion	335
Umweltzerstörung	336
Transport	337
Auto	341
Mittelstand	345
Qualität gegen Quantität	346
Geschwindigkeit	349
Wo ist der Anfang?	352

Allgemeine Begnadigung? 355
Wie die Reformen durchgesetzt werden können..357
Geschichte der Reformen 360
Gleichgewicht, die Mitte, YingYang, ...362
Synthese – These- Antithese..................................362
Zwei weitere Reformen 365
Konsum und Verbrauchsreform, oder ein neues Bau-, Kleidungs-, Papier-, Nahrungsmittel, Kunststoff und Ölersatzmittel 367
Spekulationsreform 377
"Freiwillige" Reformen, oder diese durch moralischen Druck erzwingen? 381
Verschwörung, oder doch nur einfache Mathematik und Geometrie? 389

Vorwort

Wahrscheinlich habe ich ein völlig anderes Verhältnis, einen völlig anderen Blickwinkel auf Wirtschaft, weil mein "spezieller" Weg in dieses Thema eigentlich der eines Kriminellen war. Das Glück für mich bestand aus meinen Alter, ich durfte die sonst übliche Strafe des Gesetzes noch nicht erfahren, doch immerhin stand ein verkorkster Sommerurlaub und ein zu wiederholendes Schuljahr als Strafe an.

Was tat ich? Ich übernahm die handwerkliche Seite einer Bank. Ich fälschte Geld. Mit Blei goss ich bildschöne 1 und 2 DM Stücke, wie man es in der Schule im Werkunterricht lernte, dort dummerweise nur für andere Gegenstände. In nur zwei Tagen hatte ich alle harten Kerle aus meiner Klasse infiltriert und für jene gleich welche mitgegossen, - womit dann Flipper- und Kakaogetränkeautomaten im Tausch gegen Spiel und jener Getränke gefüttert wurden.

Nach nur 4 Tagen flog es auf, ich und die ehemals harten Kerle lernten dank unseres Alters noch die weiche Seite des Gesetzes kennen.

Dieser schlechte Start in die Wirtschaft, speziell in das Geldwesen, lies mir ab dem Moment keine Ruhe.

Mein Alter betrug damals junge 15, und damals wusste ich noch nicht, wie Banken arbeiten, dass diese mein obiges Vergehen stündlich um das Millionen bis Milliardenfache durchführen, es einfach aus dem Nichts erschaffen, es verleihen, Dinge davon kaufen, Regierungen davon kaufen, obwohl sie das Geld dafür nicht besitzen, davon erfuhr ich erst viele Jahre später. Ich musste für mein Geld immerhin Blei aus den Gardinen meiner Mutter holen.

Aus meinem kleinen kriminellen Abenteuer blieb in Erinnerung, wie einfach Menschen zu Mittätern werden können, wenn man diesen "Reichtum" durch Nichtstun versprechen oder zeigen kann. Das ist in etwa, wie Zins, Aktien, Derivate und einige andere Giftgetränke funktionieren, so stellen diese Armeen hinter sich auf, viel gefährlicher als Bewaffnete Armeen.

15 Jahre später schrieb ich ein Buch über Wirtschaft, veröffentlichte es jedoch nicht.
Nun sind 13 Jahre zwischen der damaligen Fertigstellung, und nun in einigen Wochen vollständiger Überarbeitung, vergangen. Der Schreibstil änderte sich, die Sichtweise änderte sich und das Fachgebiet wurde einfacher. Allerdings wurden aus ehemals 120 nun 302 Seiten.
Und es wird Ihnen auffallen, ein Absatz scheint im Schreibstil, im Aufbau des Inhalts, teils nicht zu dem vorherigen Absatz zu passen, was auch daran liegt, dass die einzelnen Kapitel seinerzeit abgeschlossene Aufsätze waren.
In den nun fast 13 Jahren, war ich beruflich immer Selbständig in verschiedenen Bereichen, mit der Überzeugung, diese Erwerbsart bringt einen näher an die wirtschaftliche Realität.
Dies soll keinen Angestellten schlecht stellen.
Nach allem was hier als Bilanz gezogen wird, hat jeder der bei all diesen absoluten, teils unfassbaren Ungerechtigkeiten, per Recht und Gesetz verankerten Idiotien, trotzdem noch arbeitet, ein Orden, Ritterschlag und "Held der Arbeit" Urkunde verdient. Doch Teil der Idiotie,- diese drei Bestätigungen sind nur bei jenen zu finden, die all die vielen Produktiven täglich berauben – und wenn der Orden oder Ritterschlag,

einfach nur aus Ansammlungen Unmengen Geldes und Besitz besteht.

Fakt jedoch ist, man geht als Selbständiger, Freiberufler oder Unternehmer anders an die Dinge heran, als wenn man für Lohn und Gehalt arbeitet, und durch ständig direkter Konfrontation mit all jenen Firmen, Behörden und Gruppen die zu gewissen Enteignergruppen gehören und per Zwang ihren Teil haben wollen, denkt man zwangsläufig anders über Geld, über Einnahmen und Ausgaben, bekommt man eine andere Sicht auf Zwänge, durchgeführt durch bestimmte Gruppen.

Viele Konzepte hatten sich deutlich weiter entwickelt und sind hier teils eingearbeitet wurden. Obwohl hier im Buch öfter steht, das grundlegendes einfach ist, ist es noch einfacher geworden. Es hätte auch neu geschrieben werden können und wäre dann vielleicht auf nur 80 Seiten gekommen.

Mit ca. 18 lass ich mich durch mehrere Zitatensammlungen, und drei Zitate waren bestimmend, wie grundlegend die Suche werden könnte: Henry Ford, der große Autobauer soll gesagt haben: "Es ist gut, dass die Menschen des Landes unser Banken- und Geldsystem nicht verstehen, denn sonst, so glaube ich, hätten wir noch vor morgen früh eine Revolution.", dann der 3. Präsident der USA, Thomas Jefferson: " Banken sind gefährlicher als stehende Armeen" und Aldous Huxley "Noch nie waren so viele so sehr wenigen ausgeliefert".

Später arbeitete ich dann unter anderem als Kurier für eine Unternehmung, die den Mitarbeitern, den überwiegend Selbständigen gehörte, was rechtlich schwierig zu halten war auf Grund einer Gesetzeslage, die am liebsten große Aktiengesellschaften, Großbetriebe und eine breite Masse von Angestellten haben will.

Doch die völlig andere Art der Motivation und Verantwortung die einhergeht, wenn einem (auch wenn nur anteilig) die Unternehmung gehört und man Monat für Monat nur das verdient, was man erwirtschaftet hatte, war einer der vielen Knackpunkte die zeigten, dass das, was für uns, "der breiten Masse" als völlig normal erscheint, überhaupt nicht normal, überhaupt nicht sinnvoll, schädlich bis zerstörerisch ist.
Und in wirtschaftlichen Dingen gibt es eine enorme Menge verrückter Dinge!
Irgendwann kam ein Punkt, wo mir in jeder Bücherhalle, in jeder Zeitschrift und im Buchladen immer das richtige Buch, der richtige Artikel in die Hände geriet. Als späterer Besitzer zweier Antiquariate beschleunigte sich das "finden" noch durch die wunderbare Auswahl.
Doch wirklich entscheidend letztendlich waren Wörterbücher wie Wahrig, Knaurs und Brockhaus, da oft die Herkunft eines Wortes mehr sagen kann, als ein ganzes Buch dazu (Die Bedeutung von Potenzieren zum Beispiel: Potenz vom lateinischen potenzia "**Macht**". Zinseszins z.B. ist Potenzieren). Nur ein Wort, doch als Folgesatz folgt daraus: Zinseszins erzeugt Macht, doch potenzieren ist auch Synonym zu exponentielles Wachstum, und dieses exponentielle Wachstum finden wir auch im Krebs, an welchem jährlich Millionen Menschen sterben. Bücher wie "Alles über Geld" vom Bank-Verlag, M. Kennedys "Geld ohne Zins und Inflation", H. Bejes "Wer hat Angst vor Silvio Gesell?", A. Sorba "Die große Schröpfung - 5000 Wirtschaft trotz Finanzamt", diverse Chemie, Mathematik, Physikbücher, vom Unternehmerinstitut die Ausgabe "Mehr netto für alle", sozialkritische Romane, Klassiker wie Orwells "Farm der Tiere", Bücher

wo man fragen muss, was diese mit Wirtschaft zu tun haben könnten, wie H. Clark`s "Heilung ist möglich" und nun erst vor kurzem von J. Tietze die "Einführung in die Finanzmathematik". Dicke Wälzer über BWL, VWL, Ökonomie-Klassiker von Keynes & Co haben, so merkwürdig wie es ist, kaum bis nichts dazu beigetragen, eher alles aufgehalten. Insgesamt mussten in 20, 25 Jahren wohl ca. 1000 Bücher, eher mehr, mit teils nur einem hilfreichen Zitat, teils einem neuen Blickwinkel auf etwas, im besten Fall jedoch mit brauchbaren Grundlagen herhalten.

Die Lösungen, die Reformen waren erst durch S. Gesell, M. Kennedy, obige Ausgabe vom Unternehmerinstitut und ... Mathematik möglich. Mathematik zwingt zur Logik.

Wenn Dinge derart unlogisch wie in der Wirtschaft sind, so kann man per Logik in der Unlogik zurückgehen bis dorthin, wo es logisch war.

Die meist kriminellen Eliten der Welt wenden Mathematik an. Simples Plus und Minus.

Für sich selbst immer das Plus und Mal (Mal, das ja nur Zahl plus Zahl plus Zahl bedeutet), für die breite "dumme", jedoch alles produzierende Masse, wird konsequent Minus und Geteilt (was wie oben in Umkehrung, einfach Zahl minus Zahl minus Zahl bedeutet) angewendet.

Diese "Eliten" sind schlauer als der gewöhnliche Dieb. Der Dieb macht bei Ihnen oder irgendwo einmal ein großes Minus, und hat es dann möglicherweise mit dem Gesetz zu tun, die Eliten, schlau wie diese sind, haben ihre Einnahmen durch angewandtes Minus und Geteilt bei den vielen, einfach in die Gesetzbücher geschrieben! Wahrscheinlich wurde dies u.a. möglich, durch Teilung ihrer Beute mit den Regierungen.

Zusätzlich "arbeiten" die hier oft beschriebenen Enteignergruppen (Eliten plus Helfer) mit Naturgesetze!
Im Grunde nur einem Naturgesetz. Und nahezu jedes Gesetz ist mathematisch beschreibbar und wie man Plusrechnen in Formeln wiedergeben kann, so kann in einer Formel die selbe Rechenaufgabe rückwärts gerechnet, als Formel geschrieben werden.
Wenn also diese Verbrechen im Namen der oder von Wirtschaft, nach einem mathematisch belegbaren Naturgesetz ablaufen, so kann man dieser per Minus auch in einer Reform, in den Schritten einer Reform, wiedergeben.
Dieses Buch wurde nach 13 Jahren überarbeitet, es geht manches mal nicht wirklich flüssig ineinander über, ich hoffe jedoch, der Fluss an sich wird nicht zu arg dadurch unterbrochen.
Nun muss ich mich bedanken, Sie haben es wahrscheinlich gekauft, und doch ist es nicht in Auflage eines renommierten Verlages vorgelegt. Ich wollte es nicht.
Und noch etwas, da ich über einen solch großartig "kriminellen Background" verfüge und hier über kriminelle Systeme, über kriminelle Individuen schreibe, wer kann es besser, als einer, der genauso gehandelt hatte!?
Und schlimmer noch, jetzt wo ich die Seiten endlich auf die Allgemeinheit loslasse, lebe ich nun auf Kosten der Allgemeinheit, im Grunde bewusst herbeigeführt, als ich bei meiner Selbständigkeit entschied, zwei dieser Enteignergruppen nicht mehr zu finanzieren: Regierung über sein Inkassobüro Finanzamt und Sozialversicherung über eines seiner Inkassobüros, der Krankenkasse.
Natürlich ging es nach hinten los.
So muss ich erst recht einen absolut übergroßen Hut vor all jenen Millionen ziehen, die arbeiten, Dinge

aufbauen, dran bleiben, egal wie unterdrückerisch auch alle Maßnahmen seitens Regierung, Banken, Versicherungen, Wohlfahrt und anderer Systeme gegen diese fleißigen Menschen ausfallen!!
Diese Gruppen führten Systeme nach und nach ein. Der einzelne merkt die Folgen immer erst, wenn es zu spät ist. Heute sind wir, ob Sie es glauben oder nicht, per Definition Sklaven.
Wir sind Sklaven, machen Sie sich nichts vor.
Sollten Sie meinen, es fängt hier schon mit Blödsinn an, so zahlen Sie einfach einige Monate nicht ihre Miete, keine Zinsen auf Ihre Schulden, kein Strom, oder bitten Sie Ihrem Arbeitgeber Ihnen statt den "Sozial"-versicherungen das Geld zu geben und solche Dinge, und Sie werden sich wundern, was alles passieren wird.
Wir werden von einer Elite regiert, welche nur "nett" ist, solange wir zahlen, solange wir Stunden, Tage, Monate, Jahre und Jahrzehnte unseres Lebens für diese hergeben. Punktum.
Es sind Schmarotzer.
Und, wie mit meiner "kriminellen" Vergangenheit (es ging übrigens um 180,-DM), so half mir nun auch das "auf Kosten der Allgemeinheit leben", das Thema Wirtschaft noch besser zu verstehen.
Die Allgemeinheit jedenfalls, welche mich jetzt einige Monate durchfüttern musste, verhalf zur Entstehung dieses Buches. Hoffentlich wird es ein guter Tausch.
Danke!

Im Namen der "Wirtschaft"

Wir werden Tag für Tag durch einige, scheinbar über Recht und Gesetz stehende Gruppierungen, beraubt, geplündert, belogen, verraten und bestohlen.
Alles "legal".
Denn ... Regierungen, durch dessen Gesetze agiert wird, sind nur eine dieser Gruppen.
Es ist wie Selbstmord auf Raten.
Aufgrund ihres wirtschaftlichen Einflusses und der Dauer ihres Wirkens über mehrere Generationen hinweg, sind eine nicht unerhebliche Anzahl Menschen direkt oder indirekt für diese beruflich tätig, mit ihnen wirtschaftlich verbunden und/oder von ihnen abhängig.
In Deutschland zum Beispiel, sind mindestens ein Fünftel der Bevölkerung von diesen direkt abhängig, erhält Lohn und Gehalt, und alle anderen haben Tag für Tag unter deren destruktiven Aktionen zu leiden.
Bestimmte Gruppierungen der Gesellschaft haben, die wirtschaftliche Realität beweist es, kein wirkliches Interesse an Naturgesetze in wirtschaftlichen Angelegenheiten, da wirkliche Entwicklung ihre immensen Einnahmen durch destruktiv, unterdrückerische Techniken mindern würde.
Die Urheber, die Initiatoren dieser fehlgeleiteten Gruppierungen gibt es seit Generationen nicht mehr, sie sind bereits verstorben. Ihre Fehler leben weiter, indem sie vor Zeiten, in denen die Welt weit radikaler als heute war, in Büchern veröffentlicht, an Schulen gelehrt und damit als Wahrheiten, die keine sind, verkauft wurden und immer noch werden.
Fühlen Sie sich also nicht persönlich angegriffen, sollte Ihre Arbeit, Ihre Institution, Ihre Klasse, Ihre Gruppe, hier nicht im günstigen Licht erscheinen.

Jedermann (und das System ist so aufgebaut) lernt sehr schnell, dass er, bevor er den Lohn seiner Arbeit bekommt, gewisse Gruppierungen mittels Abgaben durchfüttern muss um dann erst, danach, Leben zu dürfen.

Es ist ein System von Zwang, Unterdrückung und angewandter Bevölkerungskontrolle durch Knappheit, initiiert von destruktiven asozialen Männern, die niemand von uns "Normalsterblichen" je kennen lernen wird.

Man muss irgendwelche Arbeiten tun, sonst hat man kein Geld und somit nichts zu Essen, keine Wohnung und all die Dinge.

Viele Arbeiten sind nicht auf natürliche Weise entstanden und wenn Sie bei einer der bald erwähnten Gruppierungen Ihr Brot verdienen, so haben Sie schon eine Lektion erhalten, wie Zwang unbemerkt einen Gutteil jedermanns Leben gestaltet, ohne es zu merken.

Verbrecher arbeiten heimlich, diese Gruppierungen tun es.

Im Folgenden wiederholen sich manche Aussagen und manche Themen werden wiederholt aus anderer Perspektive neu angeschnitten.

Dazu müssen Sie wissen, dass für dieses Buch zunächst nur die Idee bestand, über das Steuerwesen als Notwendigkeit heutiger Banken zu schreiben. Es ergaben sich jedoch laufend neue Erkenntnisse, und so ist dieses Buch zu verstehen und zu lesen, als eine Sammlung von Aufsätzen zum Thema Wirtschaft.

Jeder kennt es, je einfacher eine Sache wird, je besser man diese versteht, um so eindeutiger sieht man die Fehler.

Dies gibt Ideen zu Reformen oder Lösungsvorschläge, wovon später einige aufgestellt werden.

Vor kurzem erst, lass ich einen Bericht eines Managers, der versuchte mit seinen Angestellten Verbesserungsvorschläge auszuarbeiten. Man tat sich schwer damit. Dann schlug dieser vor, jedermann soll sich ausdenken, wie der Laden innerhalb von 3 Tagen in die Pleite getrieben werden könnte.

Plötzlich hatte jedermann einige Ideen. Von " einfach keinen Brief, keine Email mehr beantworten" bis zu "die Rezeption schließen" und "alle ausgehenden Briefe unterzufrankieren".

Er sagte dann; "Gut, macht einfach genau das Gegenteil, dann kann nichts mehr schief gehen".

So ungefähr sieht es im Bereich Wirtschaft allgemein aus und es betrifft Sie mehr, als Sie sich vielleicht vorstellen!

Man könnte wirklich grob sagen, lasst uns von jeder Idee, welche Politiker, Manager von DAX-Konzernen oder Bankiers vorschlagen, genau das Gegenteil tun, und es würde uns deutlich besser gehen.

Wäre es allerdings so einfach, dann wäre hier schon Schluss.

Nun sollen Sie für Ihr Geld jedoch etwas bekommen.

Sind Sie gewohnt, brauchbare Dinge für Geld zu produzieren oder anzubieten, so haben Sie "nichts zu befürchten" und alles zu gewinnen, doch selbst dafür besteht keine Garantie. Sind Sie Millionär, vielfacher Millionär, Milliardär oder Billionär (es gibt welche), so werden Sie dieses Buch hassen. Es sei denn, Sie sind Künstler.

Wir viele, die für Ihr Geld arbeiten, teils hart arbeiten, sind Bestandteil eines weltweit konstruierten Systems, weniger habgieriger, böser Enteigner. Selbst Millionäre, die "Systemgewinner" sein mögen (nur finanziell betrachtet), werden von der winzig kleinen Elite missbraucht und benutzt, denn eine oder x-viele

Millionen, sind Peanuts gegen x-Milliarden bis mehrere Billionen, mit welchen Planet Erde aufgeteilt wurde.

Im Grunde ist dieses Buch eine Bedienungsanleitung hin zu einer angemessenen Freizeit und besonders eine andere Art von Freiheit in unserer Lebensgestaltung, wobei jeder Mensch mit einem Fünftel und weniger seiner jetzigen Produktion einen weit höheren Lebensstandard als bisher genießen kann. Und diese Aussage ist eher eine Untertreibung.

Wer also soll da verlieren, außer jenen, die ihre merkwürdige Macht für andere Ziele gebrauchen, als dafür, dass es uns allen gut geht?

Es geht hier auch um Reformen, die allerdings für die Systeme dieser Verbrecher als Revolution gelten müssen.

Scheiß drauf.

Noch mehr zur Wirtschaft ...

Es gibt im Namen der Wirtschaft viele Probleme. 90% und mehr unseres Lebens hat mit Wirtschaft zu tun. Selbst Familie ist in nur wenigen Jahrzehnten zu "einer Sache" verkommen, die kostet, die sich rechnen muss, die Geld/Einnahmen für andere bringen muss und daher per Statistik den Bach runter geht.

Diese Probleme werden gemacht, und von ihrer Lösung hängt es ab, wie der weitere Lauf unserer Geschichte aussehen wird. Wir leben unter einem Meer von Zwängen, und einige von diesen gehen derart tief, haben sich als "das ist doch normal, das gehört doch so" in unser Denken implantiert, dass die Mehrheit irgendwann beschlossen hat, mit all diesen Dingen nichts mehr zu tun haben zu wollen. Denn, dass so ziemlich jeder Mensch die Idee "Irgend etwas läuft verdammt falsch" in sich trägt, steht außer Frage.

Jedermann verabscheut alles, was ihn daran hindert, seine Bedürfnisse, und infolgedessen sein persönliches Glück zu verwirklichen. Nur …, was ist dieses "Alles"?

Einfacher formuliert, wir müssen irgendwas produzieren um vielleicht, aber auch nur vielleicht, für die Produktion gerecht bezahlt zu werden.

Und wir werden dahingehend manipuliert, Dinge die wirklich wichtig sind, nicht haben zu wollen, während Unwichtiges scheinbar wichtig ist.

Ohne grundlegendes Wissen in wirtschaftlichen Fragen kann jeder Verbrecher (Jemand, der schwere Rechtsverletzungen oder eine Straftat begeht, die bei gesunder Rechtsprechung mit Gefängnis bestraft werden würde) daherkommen und behaupten: "Mehr Steuer ist notwendig, Banken müssen gerettet werden, wir brauchen mehr Kameras und endlos ähnliche Kaliber" und wird damit Erfolg haben. Und wir, die "Masse der Idioten", kaufen und bezahlen seine Lösungen.

Wir Menschen sind zufrieden, wenn wir irgend ein Ziel haben auf das wir alles ausrichten können, doch leider haben internationale Sklavenhalter diese Ziele bis ins Detail pervertiert. Auch diese Aussage, auch wenn etwas melodramatisch, ist keine Wichtigtuerei.

Will ein Verbrecher langfristig Erfolg haben, so wird er es vermeiden offen vorzugehen. Offener Raub ist zu gefährlich, Diebstahl auch. Es geht hier also nicht wirklich um den gewöhnlichen Verbrecher, welchen wir in Gefängnissen vorfinden.

Hier geht es um solche, die heimlich agieren und paradox, ihre Verbrechen zu Gesetz gemacht haben, womit diese Verbrechen eigentlich offensichtlich sind.

Wir Menschen besitzen die furchtbare Eigenschaft, unangenehmes scheinbar zu vergessen. Denn der internationale Verbrecher arbeitet auch mit der Zeit, er plant im voraus und unser Vergessen macht es ihm leichter.

Vereinzelt lehnen sich einzelne Menschen auf, mit viel Glück fast diese Person ihre Auflehnung und Worte, die später von anderen gefunden und verbreitet wird. Doch kommt zu dem Vergessen eine weitere unangenehme Eigenschaft von uns Menschen hinzu – die Verantwortungslosigkeit.

Wenn der schwerreiche H. Ford obige Äußerung formulierte und wohl um einiges wusste, so hätte er, einige dutzend bis hundert seiner Mitarbeiter, mit einer guten Idee zur Reform hinter sich bringend, ALLES ändern können!

Vielleicht ist diese Verantwortungslosigkeit das, was seit einigen Jahren die Reichen und die Armen auseinander treiben lässt. Vielleicht wissen viele Reiche um Ihre Verbrechen, doch statt etwas zu tun, genießen diese lieber ihre Faulheit, vermehren noch mehr ihren Reichtum, bringen diesen außer Reichweite der Gesellschaft (Steueroasen). Angst und Verantwortungslosigkeit gehen Hand in Hand. Reich zu sein, macht nicht zwangsläufig mutig. Und die Trennung von reichen und armen Leuten, - könnte dies einfach ein Anzeichen für ein schlechtes Gewissen der Reichen sein?

Seit es die Wirtschaft gibt, treiben weniger Verbrechergruppierungen unter ständig wechselnden Gesichtern, doch den gleichen Grundlagen eine Enteignung der Produktiven voran, und wohl niemals war dieser Prozess derart weit, subtil und komplex vorangeschritten wie zum gegenwärtigen Zeitpunkt. Erst seit kurzem ermöglicht durch endlose Speicherkapazitäten, wird oft ohne unsere Erlaubnis, jegliche Art Kommunikation, Adressen der Freunde, Erinnerungen in Form von Fotografien, alles was in Wörtern und Bildern elektronisch übermittelt werden kann unter dem Vorwand der Sicherheit gespeichert.

Die Prinzipien sind einfach, doch deren Auswirkungen sind kaum in Worte, Schaubilder oder Statistiken zu fassen. Denn ein Trick um ein Vorhaben durchzuführen, ist, es so unglaublich zu machen, jenseits der normalen Realität, so dass man dann beliebig schalten und walten kann. Was die vielen nicht verstehen, mag vielleicht Sarkasmus hervorrufen, jedoch keine nennenswerte Gegenwehr.

Es gibt endlos viel Literatur über "Dinge die schlecht sind in der Wirtschaft, bösartige Gruppen und was diese alles so tun" und die Zeitungen mit großer Verbreitung nehmen diese Art "Aufklärung" als Maßstab. Es ist das leichteste, über einen Missstand 50 und mehr "Fakten" in einer Zeitung oder als Buch rauszubringen, nur bringt es keinen weiter: und es erhöht die Macht dieses Bereiches. Wenn es so unglaublich, so abnormal gegenüber dem Ablauf im eigenen Leben ist, was will man dann dagegen tun?

Verschwörungsliteratur nutzt dies, eine Unglaublichkeit jagt die nächste. Würden die Autoren sich einen Kopf darüber machen, wie diese Verschwörer eigentlich zu ihrem Vermögen und damit erst zu ihrer Macht gekommen sind und dann darüber nachdenken, was an der Art der Vermögen und wie diese zustande gekommen sind falsch ist und wie der vorherige Normalzustand war, das würde denen etwas Kopfzerbrechen bereiten.

Diese Gruppen um die es hier geht, nutzen Wissen zu unser aller Nachteil, sie verhindern echtes Wissen oder sie unterdrücken Wissen.

Es sind verrückte Materialisten, geldgierig und habgierig und da keiner von diesen Kerlen brauchbare Dinge hervorbringt, würden sich bei eingehender Untersuchung wohl ausgeprägte Neurosen, eher wohl Psychosen herausstellen. (Mehr Psychologie wird es auf den folgenden Seiten nicht geben.)

Wer sind diese Gruppen und die Menschen, die ihnen angehören?

Diese Gruppen sind alle diejenigen, die mit allen Mitteln versuchen, diesen Planeten, sein Inneres, seinen Boden, seinen Grund, seine Tier- und Pflanzenwelt, das Tauschmittel Geld, Produktionsmittel, Produzenten, Wissen, Wasser, öffentliche Strukturen, Energie, Sicherheit, Wohlfahrt, Rechtsprechung, Kommunikation und seit neuestem auch die genetische Struktur allen Lebens an sich, unter private Kontrolle zu bekommen.

Diese Kontrolle kommt zustande durch eine schleichende Enteignung, aufgebaut und unterstützt durch eine manipulierte, unterdrückerische, lebensfeindliche Rechtsprechung.

Im Ergebnis haben wir eine Gruppe von Menschen (ca. 90%) ohne wirkliches Eigentum, mit einem Leben als moderne Sklaven.

(**Sklave**; Leibeigener, unfreier, entrechteter Mensch im Besitz eines anderen.)

Verwechseln Sie Sklave in dieser Bedeutung nicht mit dem Steine klopfenden aus alt-ägyptischen Zeiten.

Zahlen Sie z.B. 3 Monate Ihre Miete nicht oder weigern Sie sich, falls Sie Schulden "besitzen", darauf Zinsen zu zahlen oder nehmen Sie es mit Ihrer Steuer weniger genau, so werden Sie sich schnell wundern was aus dem zuvor, ach so netten Vermieter, dem Berater der Bank oder dem "harmlosen" Sachbearbeiter des Finanzamtes werden kann.

Massenmedien im Privatbesitz sorgen für Berichterstattung von Unwichtigem, wirklich Wichtiges wird einfach totgeschwiegen und, sollten sich doch zu viele Menschen dafür interessieren, wird negativ oder mit Lügen darüber berichtet. Anders als in grauer Vorzeit braucht es heute keine Peitsche, keine Galeeren; simple Druckerpresse auf Zeitungspapier, Radio- und Fernsehgeräte und ein verschleierter und verschleiernder, aber langsam wachsender wirtschaftlicher Druck stehen diesen Gruppen zur Seite und erfüllen ihre Aufgaben derartig geheim, dass es schwer fällt, dabei nicht an eine Verschwörung zu denken.

Einer der es wissen musste, John Swinton, der frühere Chef vom Dienst der New York Times, erklärte 1953: "Es gibt nichts dergleichen wie eine freie Presse in Amerika in diesem Augenblick der Weltgeschichte. Sie wissen es und ich weiß es. Es gibt keinen unter ihnen, der es wagen würde, seine ehrliche Meinung zu schreiben, und falls sie es täten, wissen sie im voraus, daß sie niemals gedruckt erscheinen würde.

Ich werde wöchentlich dafür bezahlt, meine ehrliche Meinung aus dem Blatt herauszuhalten. Andere unter ihnen bekommen ein ähnliches Gehalt für ähnliche Dinge, und falls einer unter ihnen so verrückt wäre, seine ehrliche Überzeugung zu schreiben, würde er auf der Straße stehen und sich einen neuen Job suchen müssen. Falls ich es zulassen würde, daß meine ehrliche Meinung in einer Ausgabe dieser Zeitung erschiene, würde ich meine Beschäftigung innerhalb von 24 Stunden verloren haben. Und es ist durchaus möglich, daß ich es nicht überleben würde.

Es ist das Geschäft des Journalisten, die Wahrheit zu zerstören, dreist zu lügen, die Dinge zu verdrehen, zu verleumden, zu Füßen des Mammons zu kriechen und das Land und seine Rasse zu verkaufen - um sein tägliches Brot. Sie wissen es und ich weiß es. Wäre es nicht eine Narretei, auf eine unabhängige Presse zu trinken? Wir sind Werkzeuge und Vasallen der Reichen hinter der Bühne. Wir sind hüpfende Stiefelknechte, sie ziehen die Strippen und wir tanzen. Unsere Talente, unsere Chancen und unser Leben sind alles das Eigentum anderer Menschen. Wir sind intellektuelle Prostituierte, Huren. Nicht mehr."
Sie können verschiedene Zeitungen kaufen und in allen die gleichen Artikel finden. Dies hat folgenden Grund: "Nachrichten- und Presseagenturen sind Nachrichten liefernde Unternehmen, die Informationen über aktuelle Ereignisse enthalten, als **vorgefertigte** Meldungen in Text, Audio- oder Filmmaterial sowie Bilder für Massenmedien zur Verwendung in Zeitungen, Internetportalen und Nachrichtensendungen bei Radio und Fernsehen. Presse- und Nachrichtenagenturen spielen im weltweiten Nachrichtenfluss eine **zentrale Rolle**.
Die Presseagentur "Associated Press (AP)", belieferte schon 1880 355 Zeitungen – vor 134 Jahren! Thomson Reuters Corp., NY, eine andere Agentur, machte 2011 einen Umsatz 12,9 Milliarden US-Dollar.
Wenn Sie also eine Zeitung lesen, so bezahlen Sie gefilterte, konstruierte und vor allen Dingen kontrollierte Nachrichten.
1991 soll Rockefeller gesagt haben: "Wir sind der Washington Post, der New York Times, dem Time Magazine und anderen großen Medien dankbar, deren Direktoren unseren Treffen beiwohnten und sich an ihr Versprechen Diskretion zu wahren, beinahe vier-

zig Jahre lang gehalten haben. Es wäre uns unmöglich gewesen, unseren Plan für die Welt zu entwickeln, hätten wir all diese Jahre im hellen Scheinwerferlicht der Öffentlichkeit gestanden. Aber die Welt ist jetzt entwickelter und vorbereitet, sich in Richtung auf eine Weltregierung zu bewegen, die niemals wieder Krieg kennen wird, sondern nichts als Frieden und Wohlstand für die ganze Menschheit. Die supranationale Souveränität einer intellektuellen Elite und der Bankiers der Welt ist der in den vergangenen Jahrhunderten praktizierten nationalen Selbstbestimmung sicherlich vorzuziehen.".

Unsere Bande von Elite denkt sich also etwas neues aus, um uns, die 99% weiter zu schädigen, Schritt für Schritt wird das Vorhaben durchgeführt, so dass der Einzelne sich an die jeweils neue nachteilige Situation gewöhnen kann. Hat dieser sich daran gewöhnt, wird der nächste Schritt durchgeführt. Medien helfen dabei und sorgen dafür, Alternativen zu verschweigen.

Darum ist das Internet so wichtig und Sie sollten nicht zulassen, das jemand aus irgendwelchen Gründen Kontrolle ausüben darf.

Dies soll kein Freibrief für wirklichen Verbrechen sein und Lügen sein!!

Die Seiten hier und der beschriebene Schmutz zeigen hoffentlich, wie diese Gruppen zusammenarbeiten, warum sie so erfolgreich sind und welche Prinzipien sie dabei unterstützen.

Es zeigt auch, wie diese Gruppen - sowie die Wirtschaft an sich - reformiert werden kann. Wie wir uns unseren Planeten von diesen Scheiß Enteignern in Jahren zurückerobern können. Wie eine neue, dem Stand der heutigen Zivilisation entsprechende "Neue Weltwirtschaft" aussehen kann, die allen (und dies ist

keine Floskel) Bewohnern dieses Planeten Wohlstand, Frieden, Ruhe und Glück bringt und auch die von Freimaurern so hochgehaltene Freiheit, Gleichheit, Brüderlichkeit.
Allerdings, während diese heimlich agierende Gruppe nur extreme Idiotien abseits der Mitte auf die Welt los ließ, um dann Kriege und Revolutionen zu schüren, ist hier keine Rede vom Extrem, und auch nicht gewünscht.

Allgemeines

In dem phantastischen Film "Let`s make Money", äußert sich der Regisseur Erwin Wagenhofer, nachdem dieser einige Länder besuchte und aktive Akteure interviewte und filmte, dass die Akteure wissen, dass einiges falsch läuft. Es sind jetzt in diesem Moment wohl tausende Menschen auf der Welt unterwegs, um für deren Fonds, für absolut reiche, fast schon bemitleidenswerte Gestalten, die nächsten Anschläge auf Produktive, auf Unternehmen und Staaten auszuführen im Namen des Profits. Und diese Leute wissen, dass sie eigentlich Verbrechen begehen indem sie Verbrechern zuarbeiten!
Um etwas korrigieren zu können muss man wissen, wie das Ideal, der Zielpunkt oder das zu erreichende Vorbild aussehen soll oder muss.
Warum die heutige "Wirtschaftswissenschaft" derartig scheitert, liegt überwiegend daran, dass sie eher Rechtfertigungen für das Tun enteignender Gruppen liefert, statt sich zu fragen, wie der Naturzustand ihres Fachbereiches aussehen müsste und wie der moderne

Charakter westlicher Zivilisation ohne all diesen Nebenwirkungen inklusive der Einhaltung der Naturgesetze installiert werden könnte!

"Genosse" Marx lieferte für kriminelle Bankiers und Regierungen ideale Mittel zurecht, wie der sozialistische Weg zum Kommunismus durch Inflation, gepaart mit Lohn- und Einkommensteuern, die Bevölkerungen jeglicher industrieller Nationen von deren Banken und Regierungen in Privatbesitz genommen werden konnte und immer noch kann.

Wahrscheinlich würde er sich im Grab umdrehen, wüsste er, was dagegen aus seiner Mehrwerttheorie geworden ist, bzw. wie diese angewendet wird.

Dann nutzen diese Gruppen Theorien von Keynes, um Regierungen und Politiker als alles zu verwaltende Kraft durch Nachfrage bis zum Untergang zu etablieren, - und somit haben wir heute Regierungen mit Schulden bis kurz vor dem Zusammenbruch - (wobei die Schulden nicht von der "Regierung", sondern von der Bevölkerung bezahlt wird).

Aber Steuergesetze, 100-malig so umfangreich wie dieses Buch, hören sich halt gut an. Es soll ja schließlich gerecht zu gehen.

Das Dumme nur, es muss erst ein Angebot da sein, bevor Nachfrage stattfinden kann.

Es spricht für die tausenden Politiker, welche diese golden Tipps gierig aufnahmen, heute mehr denn je. Man muss sich allerdings auch fragen, wer denn die Politiker berät!?

Nationalsozialismus wie Kommunismus sind dann nur Ideengebäude für schnellere Plünderung, ohne sich überhaupt mit Recht oder Gesetz auseinander setzen zu müssen.

Ich bin mir sicher, wenn man sich die "Produkte" dieser Enteignergruppen anschaut, dass wir es im Grund einfach nur mit einer ausgeprägten Form von Malthusianismus zu tun haben.

Kern dieses Lügengebäudes ist simple. Es kann nur so und so viel Nahrung produziert werden, also ist jeder weitere Mensch ab 1798, wo diese Idee in der "Bevölkerungstheorie" im Band 1 veröffentlicht wurde, ein Esser zu viel.

Alle seitdem eingeführten Versicherungen, Lohn – und Einkommenssteuern, die zwei großen Kriege, kriminell heimliche Übernahmen aller Geldwesen durch private Bankiers, fortschreitende Auslöschung der Familie, knappe Energie aus nur einer Hand und andere, die Moral untergrabene Systeme, können bei genauer Betrachtung auf den Versuch der Bevölkerungskontrolle im Gedenken an Malthus, zurückgeführt werden.

Man kann leicht erkennen: Je verworrener oder dreister die Ideologie, umso ängstlicher muss die Bevölkerung sein, die sich diese Ideologie von den an ihr interessierten Gruppen überstülpen lässt.

Der Ängstliche, also der Mensch, der seine Zukunft alles andere als sicher sieht, wird jeder noch so idiotischen Theorie seinen Segen und seine Unterstützung geben, wenn sie ihm eine "Lösung" seines Dilemmas verspricht.

Marx, Lenin, Hitler, Roosevelt, Stalin, Trotzki u.v.a mehr versprachen den Menschen "das Blaue vom Himmel" und sie fanden ihre Zustimmung. Der heutige Kapitalismus ist in der angenehmen Situation, sich viele Lügen ersparen zu können, da sein Geldwesen genügend falsch installiert ist, um breite Teile der Bevölkerung zu bestechen und mangels Alternativen dabei zu bleiben.

Um zu verstehen, warum diese Theorien und Ideologien falsch sind, weil sie zu einer Wirtschaft führen, die nicht gutgeheißen werden kann, muss zunächst folgende Frage geklärt werden: Was bedeutet **Wirtschaft** in ihrer grundlegendsten Form?

Von (althochdeutsch wirtscaft Festmahl) "Gesamtheit aller Tätigkeiten, die der Erzeugung und Verbreitung von Waren und Dienstleistungen dienen."

Dann gibt es Verkomplizierungen unter autoritären Ausbildungssystemen wie Betriebswirtschaftslehre, Volkswirtschaftslehre und andere.

BWL, VWL oder Finanzmathematik sind zu 70-90% überflüssig oder Blödsinn. Man lernt von Enteignern zu Gesetz gemachte Lügen.

Irgendwann waren wir frei und produzierten nur für uns selbst und unsere Familie. Dann wird uns jemand überredet haben müssen, mehr zu produzieren, um mit ihm oder andere tauschen zu können. Durch Gewalt wurde uns irgendwann der Boden gestohlen, auf dem wir lebten und wir mussten dann produzieren, um dann den Eigentümer des Bodens zu entlohnen und weil wir überredet wurden, mehr zu verbrauchen als wir vorhatten oder freiwillig tun würden, produzierten wir auch für den freiwilligen Tausch. Somit hatten wir dann unfreiwilligen Tausch an den Verbrechern und den freiwilligen mit anderen Menschen in der Nachbarschaft, vielleicht in einem Nachbardorf.

Es gibt heute nur noch wenige freie und für sich selbst produzierende Menschen.

Irgendwann erfand jemand eine Art Tauschmittel, später wurde daraus das heutige Geld. Wenn wir nicht aufpassen, werden bald nur noch digitale Bits und Bytes für alles in Geld zählbare die Führung übernehmen.

Mit Geld konnten die Verbrecher einfacher, aber auch der zuvor komplizierte Tausch von Ware gegen Ware vereinfacht werden.

Solange zugelassen wurde, dass man die Verbrecher nicht los wurde (und man ist diese nie losgeworden), musste immer mehr produziert werden.

Seit der Industrialisierung konnten eine mehrere Verhundertfachung der Produktion nicht dafür sorgen, dass wir - wenn wir es überhaupt wollten - vielleicht nur 5 oder 10 Stunden in der Woche arbeiten müssten - und es uns deutlich angenehmer gehen würde.

Jener Kerl also, der oben den Grund und Boden klaute, hat sich wie eine Bakterie vermehrt. Wortwörtlich.

Es soll so deftig klingen, denn für diese Verbrecher ist ja jede Bevölkerungszunahme eine Zunahme von Abschaum, Pöbel, unnütze Fresser – und wie wir sonst noch über die letzten Jahrhunderte bezeichnet wurden.

Oder, aus der Anklage spricht die Schuld.

Das zeigt Ihnen in etwa, dass das Wort Verbrecher hier nicht übertrieben benutzt wird.

Und glauben Sie bitte, verwechseln Sie das Wort nicht mit Jemandem, der wegen 1000€ Steuerhinterziehung oder wie in den USA, durch Besitz von 10g Marihuana im Knast sitzt!

Das hier beschriebene Ideal kennt keine Steuer, keinen Wertpapierhandel, keinen Zinseszins, staatliche Wohlfahrt oder andere staatliche Institutionen außer den rechtsprechenden Instanzen (und diese müssen wirklich reformiert werden), keine erzwungenen Monopole, keinen Privatbesitz aber private Nutzung und einige andere Dinge mehr und kommt damit einer Vorstellung gleich, die deutlich von der derzeitigen Praxis abweicht.

Im Ideal würden etwa 80% der derzeitigen Aufregungen, Komplexitäten, Werkzeuge, gefahrenen Kilometern, Bewegungen, Verwaltungstechniken etc. entfallen, während der produzierende Mensch gleichzeitig seinen jetzigen Lebensstandard weit erhöhen könnte.

Er würde im Gegenteil deutlich mehr Lohn, Gehalt oder Einkommen als zuvor zur Verfügung haben, bzw. für seine Geldmittel seine Bedürfnisse fünffach befriedigen können.
Diese Aussagen sind kein Scherz, um diese Seiten wichtig erscheinen zu lassen, sie sind kein Wunschdenken!

Naturgesetze der Wirtschaft

Naturgesetz: 1. feste Regel, nach der erfahrungsgemäß ein Naturgeschehen verläuft; 2. jeder in gleicher Weise wiederholbare Ablauf.
Wirtschaft: Gesamtheit aller Tätigkeiten, die der Erzeugung und Verbreitung von Waren und Dienstleistungen dienen.

Naturgesetze basieren im Großen wie im Kleinen auf dem exakt gleichen Aufbau.
Jede Gemeinschaft funktioniert nach gleichen Gesetzen wie die Familie, diese wie denen des Körpers und dieser verhält sich wie die Natur, in der er lebt, die Natur wie das Universum und das Universum wie....?
Es ist auch etwas Mathematik. Und Mathematik ist sehr exakt.
Plus und Minus, Mal, Geteilt.
Materie baut sich aus Anhäufung von Plus (Atome) auf, Minus nimmt Atome.
Mal und Geteilt sind nichts anderes als Plus und Minus.
Mal oder Multiplikation aus 3 x 7 könnte ja auch als 7 +7 +7 geschrieben werden und geteilt, z.B. 10 : 2 als 10 -2 -2 -2 -2 -2.

Wenn dem so ist, bleibt die Frage: Kann sich etwas langfristig gesund entwickeln, ohne die Naturgesetze zu achten?

Nein, dies ist unmöglich!

Die Wirtschaft macht es uns allen vor, täglich, stündlich.

Der Schwachsinn den wir täglich zu Wirtschaftsfragen in Zeitungen lesen, strotzt vor Unlogik und Lügen.

Unser Arbeitsaufwand, unsere Umwelt, unsere "Führungen" zeigen uns, dass etwas falsch läuft, sehr falsch.

Die Wirtschaft richtet sich nicht nach Naturgesetze.

Enteignergruppen handeln nach der Devise: "Alles für mich/uns selbst, wenig bis nichts für den Rest der Gemeinschaft!". Diese arbeiten dabei mit rechtlichen Tricks, teils mit Drohungen, teils mit Gewalt, um lebensnotwendige Dinge künstlich zu verknappen und sie waren und sind aktiv dabei, jede Bewegung, die versucht etwas zu verbessern, zu boykottieren oder zu behindern. Doch vor allen Dingen, wenden diese Minus und Geteilt wie ein Naturgesetz an.

Wenn die Vorstufe zum Tausch Produktion ist, und Produktion mathematisch einfach 1+1+1+1+1+1+1+1+1+1+1+1+1+1+1+1 bedeuten mag und Mathematik eine exakte Wissenschaft, dann sollte die Produktion näher angeschaut werden.

(die Zahlenreihen mit Plus und Minus werden folgend öfter angeführt, sollen im Wert der Zahlen unbedingt **nur als Beispiele** gesehen werden! Diese sollen den Sachverhalt nur etwas verdeutlichen, da wir alle es gewohnt sind, über Geld im täglichen Leben mit diesen zu tun zu haben. Vielleicht wären Tabellen, Diagramme oder andere Schaubilder hilfreicher).

Körper

Nach der Empfängnis gibt es eine schnelle Zunahme von 1en (sehen Sie die 1 bitte als Atom, oder im Fall des Körpers als Zelle) bis zur Geburt.
Jahre später ist der Körper ausgewachsen, Abertrillionen 1en später.
Der Körper muss ab der Empfängnis andere 1en aufnehmen und verarbeiten, über Luft, Wasser, Nahrung, Sonnenlicht.
Es gibt ca. vier Aufnahmestufen, welche auch als Produktionsstufen bezeichnet werden könnten.
1. Optimales Wachstum. Er erhält mehr absolute reine Luft, reines Wasser, Nahrung und Sonnenlicht, als er benötigt.
2. Weniger optimales Wachstum. Luft, Wasser, Nahrung werden gerade in ausreichender Menge zugeführt, teils mit kleinen Mängeln.
3. Schwieriges Wachstum. Luft, Wasser, Nahrung, Licht stehen begrenzt zur Verfügung, vorhandene Parasiten und Gifte werden kaum neutralisiert oder können teilweise zerstörerische Auswirkungen verursachen.
4. Kein Wachstum, Minus. - 1-1-1-1-1-1-1-1-1. Luft, Wasser, Nahrung, Licht stehen weniger als benötigt zur Verfügung, zusätzlich mit Giften und/oder Parasiten versehen. Untergang, Siechtum, Tod.
Sie können obiges direkt auf Geld, Wirtschaft, Ihr Leben oder dem Land, in welchem Sie leben, umformulieren.
Interessant ist, nur auf "Fleischkörper" wie oben bezogen, das 3 und 4 fast ausschließlich durch Bereiche verursacht wird, wo die Chemie Einzug erhielt. Entweder direkt durch Chemie, Chemieabfallprodukte, Ölverarbeitung, Zucker, harte Drogen.

Etwas kurios, während die Entdeckung Liebig`s Milliarden weitere Menschen ernährt, versucht ein anderer Bereich der Chemie, diese wieder umzubringen. (17.5.2010, Süddeutsche Zeitung, jährlich 15-25.000 Tode **nur in Deutschland**, nur durch Wechselwirkungen von Medikamente)
Und es geht weiter. Während die Pharma- und Petroindustrie natürliche Alternativen auszurotten versucht und jeden Dreck aus ihren Küchen patentieren lässt um auch ja jeden nur möglichen Dollar oder Euro herauszuholen, erfahren diese zwei Bereiche mit Patentierung auf Nahrungsmittel (also Mittel, die uns mehrere Milliarden Menschen ernähren) durch Monsanto, Syngenta und DuPont einen weiteren Höhepunkt. (folgendes aus einen Artikel bei Wikipedia.de) Monsanto, eine seit 1927 börsennotierter Konzern, an welchem der Monopolist Bill Gates ein Großaktionär ist, produzierte früher die Gifte DDT, PCB, engagierte sich dann in Dünge- und Pflanzenschutzmittel, den ersten Patentantrag für ein gentechnisch verändertes Lebewesen stellte Monsanto 1983, diverse Übernahmen von Saatguthersteller, Neben gentechnisch verändertem Saatgut für Mais, Baumwolle, Soja, Raps und Zuckerrüben liefert Monsanto über die Tochtergesellschaft Seminis Obst- und Gemüsesaatgut in über 150 Länder. 1998 verklagten die Bauern Simrall & Simrall, die gegen Monsantos Herbizid Roundup resistente Sojabohnen angebaut hatten, die Monsanto Tochtergesellschaft Jacob Hartz Seed Company auf Schadensersatz. Die Sojabohnen wurden vom Sojabohnen-Mosaik-Virus befallen, obwohl die Samen als krankheitsresistent beworben worden waren. Für den Ernteverlust von fast 80 % sprach ein Gericht den Klägern eine Entschädigung von knapp 163.000 US-Dollar zu. Das Urteil wurde vom Berufungsgericht

Mississippi bestätigt, was Gentechnik als weiteren Schwindel durch Privatbesitz aufzeigt.

Nach der Darstellung von Monsanto verklagte das Unternehmen seit 1997 147 amerikanische Bauern mit dem Vorwurf, Monsantos Patente auf genetisch modifiziertes Saatgut verletzt zu haben. Hierbei geht es in der Regel um den Vorwurf, die Bauern würden Samen aus der Ernte aufbewahren, um sie im nächsten Jahr zur Aussaat zu verwenden, was aufgrund ihrer Verträge mit Monsanto unzulässig sei!!

Monsanto …. eine Monopolstellung bei der Produktion von genverändertem Saatgut. 2005 lag der Marktanteil von Monsanto laut Greenpeace bei über 90 % aller weltweit angebauten transgenen Pflanzen. Greenpeace behauptet, Monsanto wolle die globale Landwirtschaft vollständig unter seine Kontrolle bringen.

Der Filmautor Christian Jentzsch kritisiert 2006, dass es Landwirten im Konfliktfall mit Monsanto vertraglich nicht gestattet sei, sich gegenüber Dritten zu äußern. Weiterhin werde diesen Landwirten vertraglich untersagt, bei Ernte- oder Ertragsausfällen (z. B. Rückgang der Fruchtbarkeit bei Zuchtschweinen) gegen Monsanto zu klagen.

2003 besaß Monsanto **647 Patente** auf gentechnisch veränderte Pflanzen, mehr als jeder andere Gentechnikkonzern.

Da es hier um Enteignung durch Privatbesitz geht, und wir Milliarden Menschen essen müssen um unsere Körper am Leben zu erhalten und Monsanto & Co das kriminelle tun dürfen, das sie tun, warum dann weltweit 1400 Saatgutsammlungen und auf der Insel Svalbard nahe dem Pol in riesigen Hallen, bei – 18Grad, neuerdings 3 Millionen Samen der wichtigsten Nutzpflanzen!?? In diesem eisigen Tresor "Zum jüngsten Gericht", gebaut von der Global Crop Diver-

sity Trust (GCDT) mit der Finanzierung u.a. der UNO (die nicht für ihre Nächstenliebe bekannt ist)(Die Welt 9.11.2007) lagern also die Samen, falls die Vorhaben zur Bevölkerungsdezimierung von Monsanto & Co fehlschlagen?!
Nun, man kann es deuten wie man will, doch wer Gifte wie DDT oder PCB herstellte, betreibt so eine Unternehmung Privatisierung unserer Nahrung aus Nächstenliebe??
Wenn ein Atomkrieg die Elite selbst auch auslöschen würde, ist hier die "Lösung" durch erzwungene Nahrungsmittelknappheit, wie sie sich nur Geistesgestörte ausdenken können?
Zwar geht es hier um Reformen, es juckt allerdings zu sagen:"Schickt Inhaber, Finanziers und Mitarbeiter dieser kriminellen Aktiengesellschaften sofort in den Knast, wo immer Sie diese bei Ihrer Verschwörung auffindet!"

Tausch

Später aufgeführte Gruppen tun alles, wirklich alles, um jene Dinge die Sie, Ihre Firma, die Nation oder andere Nationen herstellen, im Austauschwert auf Stufe 3 und 4 herunter zu bringen.
Wenn Sie 1000 x herstellen, sorgen Abgaben (Minus = -1-1-1 fortlaufend) schnell dafür, dass nur noch 200 und weniger, übrig sind.
Scheinbar stellen diese Gruppen Unmengen von Dingen her in der Chemie, Ölindustrie, Regierungen, doch unter dem Mikroskop, nein, Sie brauchen kein Mikroskop, angeschaut, besteht ein abnormer Anteil

bis zur Vollständigen Produktpalette aus obigen Level 3 und 4.
Was hergestellt wird, tötet, erzeugt Mangel oder sorgt nur für Siechtum und Unglück.
Wie mit Liebig und todbringenden Medikamenten aus dem selben Industriezweig, so besteht erstaunlicherweise in einigen dieser Gruppen das Paradoxon, einerseits für Fortschritt, andererseits für Niedergang zu sorgen.
Internet als Teil der Kommunikationsindustrie, bringt hervorragende Überwachung von und für diese Enteignergruppen und als Gegenpol eine schnelle Verbreitung neuer Ideen.
Es ist ein Vorteil der Gier dieser Leute, wenn diese auf keinen Dollar, keinen Euro verzichten wollen.
Arme reiche Schweine, die sie sind.

Enteignung

Es gibt ein staatlich geregeltes und durchgesetztes "Privatbesitzrecht". Indem das Privatbesitzrecht staatlicherseits geschützt und garantiert wird, findet in gewisser Weise eine staatliche, durch Rechtsprechung unterstützte "Enteignung" der Bevölkerung statt. Eine Enteignung ist eine Handlung, die unter zwei Aspekten definiert wird:
"Jemandem staatlicherseits sein Eigentum entziehen oder es zu beschlagnahmen" und **"Eine Sache in Staatseigentum überführen"**.
Enteignung ist wohlwollend Stufe 3, eher Stufe 4.
Sie können sich Staatsquoten diverser Staaten ansehen.

Für Deutschland lag diese laut dem Statistischen Bundesamt für 2012 bei 44,7%, zu 32,9% 1960 und, Überraschung, 14% im Deutschen Kaiserreich, bis 1914 der Traum (die Steuer betreffend) durch Krieg beendet wurde.

Also gaben Sie in Deutschland bis 1914 von jeder Einnahme 100, 14 an die Regierung, heute 44,7 von 100.

Überlegen Sie bitte kurz für sich, wie sich Ihr Leben verändern würde, würden Sie Monat für Monat 30 von 100 zusätzlich ausgezahlt bekommen.

Die kann der Unterschied sein, ob Sie eher nebenbei die Rate für ein eigenes Haus oder Wohnung zahlen können, oder weiter Miete zahlen müssen für etwas, dass Ihnen auch in 50 Jahren nicht gehören wird.

Alle eingeführten Sozialversicherungen sind Enteignung.

Schauen Sie sich den Bismarck an und was dieser zuvor getan hatte, als dieser diese Versicherungen eher unfreiwillig einführte, um die neue liberal-soziale Bewegung in Deutschland zu stoppen.

Kriege und Verbrechen, zuarbeiten zu einer Elite.

Während bis dahin das soziale in der Familie erledigt wurde, ein Arbeiter seine Frau und mehrere Kinder ernähren konnte, sorgten diese Versicherungen für eine in Geld zählbare soziale Komponente. Doch während seit Jahrtausenden die Frau sich um den Haushalt und die Familie kümmerte, übernahmen nach und nach diese Versicherungen ihren Part, Regierungen machten diese zum Gesetz und übernahmen seitdem immer mehr den Part der Frau. Der Frau wurde eingetrichtert "zu arbeiten", natürlich für Geld und so haben es diese nur scheinbar sozialen Systeme geschafft, die Frau als Oberhaupt über Haushalt und Familie zu erledigen, die Frau an bezahlte Arbeiten zu bringen – und nun von beiden, Mann und Frau bis zu 40%, Monat für Monat vom gesamten Bruttosozialprodukt in Geld, oder einfach 40% der Zeit von beiden zu nehmen.

Während obiges passierte, als das industrielle Zeitalter und seine konsequente Ausbeutung unfreiwillig den Millionen Arbeitern endlich was übrig ließ, nutzten Enteigner die Zeichen der Zeit.

Alle seit dem geborenen Kinder hätten, würden diese mittlerweile 40% "Sozialausgaben" von den Eltern selbst angespart werden können, durch Beerbung millionenfach einen besseren Start in das Leben gehabt. Wir hätten heute wohl Millionen mehr kleiner Läden und Unternehmungen, einfach weil junge Menschen geerbtes Geld von den Eltern investieren könnten in ihre Selbständigkeit. Für ein freieres Leben.

Natürlich würde man als Arbeiter selbst einen Teil, oder auch alles verbrauchen, wenn man zu früh nicht mehr arbeiten kann, doch oft genug wird kaum etwas der heute zwangsenteigneten Gelder angerührt, einfach weil man nicht krank, keinen Unfall hat oder nicht in Rente geht.

Sie dürfen über diese selbst angesparten Gelder kaum oder nur zum Teil selbst verfügen und wenn Sie sterben, gehen Ihre Kinder leer aus.

Und jene, die die Versicherungen leiten, diese entscheiden dann, ob Sie jenes Medikament haben dürfen, eine Kur benötigen oder nicht, ob es Zeit ist in Rente zu gehen oder nicht, ob Sie gesunde Naturheilmittel nicht bekommen und stattdessen giftige Chemie.

Es ist Enteignung Ihres Geldes, um durch dieses Ihr Leben zu steuern - Regierungen und destruktiven Konzernen Zugriff auf einen großen Teil Ihrer Zeit, Ihrer Produktion, Ihrer Gesundheit, Ihrer Freizeit, Ihrem Nachlass (Erbe) zu gewähren.

Fortschritt / Entwicklung

(**Fortschritt**: lt. Wahrig, Entwicklung vom Niederen zum Höheren, vom Einfachen zum Komplizierten: das Vorwärtskommen, Besserwerden)
(**Entwicklung**: lt. Wahrig, dass sich entwickeln, das Werden, Wachstum)

Stufe 1 und noch teilweise Stufe 2 bringt Fortschritt und Entwicklung.
In der Plusrechnung werden die einzelnen Zahlen neben Summanden auch Posten genannt, also (1) Posten + (1) Posten = Ergebnis.
Unter anderem bedeutet Posten auch "Teil einer Warenliste" im Brockhaus.
Entwicklung und Fortschritt könnte also 1+1+1+1+ oder auch Posten + Posten + Posten geschrieben werden.
Dann gibt es die Multiplikation, Mal nehmen, also z.B. 3 x 7 = (siehe oben = 7+7+7).
Als irgendwann jemand vor Tausenden Jahren das Feuer nutzbar machte, verhalf seine Erfindung plötzlich zu einer endlosen 7+7+7 Vervielfachung bei jeden weiteren Nutzer seiner Erfindung.
Eine Steigerung der Multiplikation ist das Potenzieren (Brockhaus, lat. Von Potenzia = Macht).
Es soll kurz erwähnt werden. Diese Herkunft habe ich in meinem ältesten Wörterbuch (Brockhaus) gefunden, jedoch nicht mehr im neueren Knaur oder im druckfrischen Wahrig.
Sie kennen in der Mathematik die Wurzelrechnung als 5x5x5 = 125 oder als 5^3.
Das Potenzieren ist eine Grundlage von Wirtschaftsverbrechern im Rahmen unserer Enteignung.
Solange ein mühsames 1+1+1+ oder 7+7+7+ je nach

Fleiß erarbeitet werden muss, können die Produzenten leben. Die Potenzierung macht durch Eigentum an Grund, Boden, Energie, Geld und andere begrenzt vorhandene Dinge plötzlich 10 x 10 x 10 = 1000.

So haben, besser, bekommen wir den Zinseszins und Bodenspekulanten und Währung/Börsenspekulation und Chemie, auf Patente aufgebaut und Regierungen die Nachfrage durch Steuer erzwingen und uns arm machen.

Auf körperliche Ebene finden wir in der Potenzierung die Krankheit Krebs.

Jede Erfindung hilft aus mühsames 1+1+1+, vielleicht 7+7+7, vielleicht ein 25 x 50 usw. zu erzeugen, teilweise sorgt eine Erfindung auch in dem Bereich selbst kurzfristig für eine Potenzierung (Rechengeschwindigkeit/PC, Mikrochip, Prozessoren), dies kommt vor, ist aber selten und da es im Bereich von Produktion, Erschaffung von Dingen geschieht (Stufe 1 bis 2) nicht unbedingt schädlich, oft positiv.

In den obigen Zeilen steckt eine Antwort auf das Desaster der Rechtfertigungslehre des bevölkerungsdezimierenden Malthusianismus, welche nur an 1+1+1 glaubte. Hätte Malthus, dieser knorrige Engländer, genau geschaut, wer nur Minus 1-1-1-1 hervorbringt, hätte er sich um das Anwachsen der Weltbevölkerung andere Sorgen gemacht, vielleicht in die Richtung, wie man die Enteigner, statt dem kleinen Mann, "diesen Pöbel", los werden könnte.

Kunst gehört zu dem Bereich Erfindung und selbst diese wird durch international agierenden Firmen versucht zu Enteignen, indem sie dafür Sorge trägt, dass zuhause keine Musik mehr gemacht wird, indem man diese nur noch gegen Geld konsumiert.

Wir bekommen den Genuss von Entwicklung und Fortschritt nur, wenn wir uns darum kümmern, die

Enteigner, die Verbrecher, die Minus -7-7-7-7-7 Gruppierungen los zu werden. Dies ist ein Fakt.
Wenn Sie sich Regierungen (Minus -11-11-11-11-11 Gruppe) anschauen und was diese mit Gelder durch Enteignungen tun, so sehen Sie u.a. Folgendes; rücksichtlose Finanzierung von unproduktiven Individuen (Minus -1-1-1-1), Finanzierung von Waffen, Atombomben, Finanzierung von Malthusianistische Ideen um Familien (Familie = Plus 1+1+1+1) und ähnliche geisteskranke Aktivitäten.
Es ist einige Jahre vorbei, doch die Süddeutsche Zeitung veröffentlichte einen Artikel, in dem Experten Ende 2009 folgendes zählten;
Weltweit ca. 23360 Atomsprengköpfe, verteilt auf 111 Standorte in 14 Länder. Die Hälfte davon ist einsatzbereit, 96% dieser Waffen liegen in Rußland und den USA.
Eine Atombombe ist natürlich ein dickes Minus, wahrscheinlich $-50000^2 \times 50000^2 \times 50000^2$.
Letzteres gibt in etwa ein Bild, was Enteignergruppen, unsere Elite, mit gestohlener Produktion, ob nun direkt gestohlen oder durch dessen Tauschmittel Geld, tun.
Es ist das Gegenteil von Entwicklung und Fortschritt.

Süchtig nach schnellen "Lösungen"

Die Wirtschaft ist ein Ebenbild des menschlichen Körpers.
Der Körper verlangt nach Nährstoffen um sein Leben zu erhalten. Die moderne Wirtschaft als scheinbar fortschrittliche Version der Selbstversorgung alter

Tage, gibt das Gesamtbild wieder, wobei sich der Mensch seine "Lebensmittel" in Form von Nahrung, Wohnung, Kleidung als grundlegende Existenzbedürfnisse, Kunst, Musik für seine Kulturbedürfnisse und Konsumgüter für seine Luxusbedürfnisse beschafft.

Die Aufnahme und die Verarbeitung dieser Mittel mag verschieden aussehen, doch dies ist auch schon der einzige Unterschied. Die Wirtschaft hat ebenso "ein Herz, einen Kreislauf, ein Gehirn, Nervenbahnen, Abwehrkörper" und all die anderen Elemente.

Wissenschaftler aller Disziplinen, die ernsthaft weiterkommen wollen, schauen sich die Natur und ihre Funktionen, Abläufe oder Mechanismen an, um zu wirklich brauchbaren Lösungen zu kommen.

Es gibt tausende Beispiele, die dies verdeutlichen.

Als der Erfinder einer Zange vielleicht dachte, etwas neues fabriziert zu haben, benutzten Krebse diese schon seit Millionen von Jahren, als Chemiker moderne Klebstoffe entwickelten, fabrizierten viele Spinnenarten und andere Tiere diese längst, als der Mensch das Rad erfand, wussten Mistkäfer schon weit länger, dass es leichter ist, Dinge zu rollen, als diese zu tragen.

Straßen, Schienen und Wege können sehr sinnvoll mit einem Blutkreislauf verglichen werden und unsere Polizei mit der körpereigenen Abwehr; die Hebel und viele Mechaniken unserer Maschinen sind ähnlich unserer Muskeln, Sehnen und Knochen nachgebildet; die Wände unserer Häuser, die Karosserien unserer Autos und natürlich unsere Kleidung gleicht der Funktion unserer Haut, oder eher der stabilen Schädeldecke, Kläranlagen erfüllen die Aufgaben von körperlichen Organen wie der Leber und der Niere usw. usf.

Scheinbar scheitert der Mensch mit der von ihm gestalteten Wirtschaft auf kurze oder lange Sicht immer dann, wenn seine Lösungen nicht mit den natürlichen Abläufen übereinstimmen oder im Einklang mit ihr sind.
Nehmen wir als Beispiel die Energieversorgung des Körpers. Unsere Urahnen nahmen in ihrem Naturzustand unveränderte Nahrung auf, die ihnen Energie in kleinen gleichmäßigen Schüben zur Verfügung stellte. Diese Nahrung hatte eine hohe Qualität, stand jedoch oft nur in geringer Quantität zur Verfügung.
Wo Menschen unter härteren Lebensbedingungen lebten, gab es z.B. im Winter, regelmäßig Nahrungsmangel, und über die Generationen und Entwicklungsstufen wurden Techniken ausgebildet, um Fisch, Fleisch, Früchte und später Getreide und andere Lebensmittel für die längere Zeit des Mangels haltbar zu machen. Heute haben wir ausgereifte Techniken beispielsweise für geräucherten Fisch, Fleisch, fermentierten Käse und dafür, Nahrungsmittel zu garen und haltbar zu machen, und besonders die Kühltechniken.
Schon unsere historischen Vorväter konnten so relativ sicher die kalte Jahreszeit überstehen. Und Dank des Kühlschranks können wir teils ganz auf obige Schritte verzichten.
Allerdings wurde auch die Technik entwickelt, Getreide, Reis und andere Lebensmittel in physiologisch wertlose Mittel, weißes Mehl oder Reis und wertvolle Keime und Kleie zu entziehen. Das wertlose Mehl war lange haltbar und hielt Einzug in die Haushalte, während die wertvollen Bestandteile für die Tiere verwendet wurden, oder man mengt heute wieder kleinste Mengen bei und verkauft die Ware dann als "gesund".
Aus Südamerika wurden später die Kartoffel und dann auch der Zucker eingeführt.

Weißmehl, Reis- und Kartoffelstärke, weißer Zucker, Maisstärke haben gemeinsam, dass sie heute in immer größeren Mengen konsumiert werden.

Ihre weitere, wichtigere Gemeinsamkeit ist die, dass sie wertlose Kohlenhydrate sind und bei der Aufnahme ähnlich der Potenzierung, ähnlicher jeder harten Droge, zu exponentiellen Energieschüben verhelfen mit all den negativen Folgen.

Sie funktionieren im Körper beinahe identisch, wie Enteigner in der Wirtschaft Potenzierung, Zinseszins oder exponentielles Wachstum verursachen und nutzen. Es wird steil ansteigend genommen, fast nichts gegeben. Diese leeren Kohlenhydrate drehen es etwas um und geben steil ansteigend, während sie gleichzeitig nichts geben.

Diese Kohlenhydrate werden in einfache Zucker und komplexere, wie die Stärke, unterschieden. Indem diese Kohlenhydrate ihrer Vitamine, Ballaststoffe, Enzyme und Mineralien beraubt werden, benötigen sie a) (Stufe 3 - 4) zu ihrer Verwertung eben diese Stoffe aus den Depots des Körpers und schwächen ihn, dann haben die nächsten Schmarotzer ein leichtes – die Bakterien und Viren.

Dass dies beim Konsum dieser Stoffe zunächst nicht spürbar wird, liegt daran, dass b) Kohlenhydrate sehr schnell in den "Haupttreibstoff" Glukose umgewandelt werden. Dies treibt den Blutzuckerspiegel nach oben und fordert das berühmte Hormon Insulin, um diese überschüssige Glukose in die Körperzellen zu pressen. (Auch eine Art Potenzierung wie 5 x 5 x5)

So erscheint nach dem Konsum von einfachem Zucker und Stärke aus weißem Mehl, Reis, Mais und der Kartoffel u.a. das täuschende Gefühl, viel Energie zu haben, woraus schon bald eine unangenehme Energielosigkeit resultiert, zu deren Ausgleich wiederum

noch mehr wertlose Kohlenhydrate konsumiert werden.
Jeder Kreditnehmer (welcher danach verschuldet, Sklave ist), fühlt sich bei Empfang des Geldes im Besitz von Energie. Er kann endlich sein Vorhaben umsetzen, oft allerdings nur eine Zwischenbefreiung aus Sklaverei = Altschulden bezahlen.
Das Ganze ist ein Schwindel, eine herbe Täuschung des Körpers und mündet fast immer in ernste Krankheiten wie Diabetes, Herz-Kreislauferkrankungen und andere Symptome, unter denen viele Menschen leiden. Doch das Schlimmste ist wohl das Problem der ständigen Energielosigkeit.
Drogen funktionieren nach dem ähnlichen Prinzip, doch der Wunsch nach Alkohol, Tabak, Medikamenten und anderen legalen und illegalen Drogen tritt sehr häufig erst in Erscheinung, nachdem der körperliche und geistige Zustand von einer zu lang andauernden Energielosigkeit zerrüttet worden ist. Die Tatsache, dass ursprünglich wertvolle Nahrungsmittel ihrer wichtigen Bestandteile beraubt wurden, führt bei ihrem Konsum nicht nur zu Energielosigkeit, der Mangel zehrt von dem gesunden Gewebe und führt zu dessen Raub- und Abbau.
Die Folge ist: Die Bevölkerung der heutigen, "zivilisierten" Welt lebt nicht wirklich viel länger als die Bevölkerung des Mittelalters.
Die Kindersterblichkeit geht nur deshalb zurück, weil der medizinisch-technische (und hier hauptsächlich die Hygiene, die Sauberkeit) Fortschritt dies ermöglicht, und diese geretteten Kinder führen zu einem Bevölkerungswachstum; zusätzlich verfügt der "moderne" Mensch unserer Klimazonen neuerdings über Möglichkeiten, den Winter zu überstehen, hat Kleidung, eine warme Wohnung, um sich gegen Wetter-

einflüsse zu schützen, relativ sauberes fließendes Wasser und weitere günstige Lebensbedingungen.
Tiere in einem natürlichen Umfeld, also nicht unsere Haustiere, sind uns in der Gesundheit weit voraus.
Auch sie kennen Krankheitserscheinungen, aber naturgemäß nicht jene, die wir für uns Menschen durch unser Nahrungs- und Konsumverhalten selbst verursachen. Was obige Aussage sicherlich verstärkt, sind die mittlerweile genauso häufig vorkommenden denaturierten Krankheits- bilder unserer Haustiere, - nun, in deren Dosen befinden sich mittlerweile die gleichen schädlichen Beimengungen, wie in der Nahrung für uns Menschen.
Natürlich trägt der Mensch durch die von ihm veranlassten Umweltverschmutzungen hier auch zum Sterben der Tiere bei, bis hin zur Ausrottung ganzer Arten.
Warum so eine umfangreiche Ausführung? Und was haben diese Zusammenhänge mit der Wirtschaft zu tun?
So wie der Mensch in seiner Ernährung dem "schnellen Erfolg" zum Opfer geworden ist, so haben sich diverse Gruppen und Gruppierungen vom "schnellen Erfolg" durch Manipulation der Geldversorgung, der Wohlfahrt, der Gesundheit, des Staatswesens (Lohn- und Einkommenssteuer) und anderer Bereiche verführen lassen.
Besseres Überleben erzeugt eine Art Energie, diese Gruppen und deren Auswirkungen nehmen überhand, der normale Mensch muss immer mehr arbeiten, Energiemangel, Absturz.
Entweder war dies von Anfang an bewusst so geplant, oder als erkannt wurde, wie falsch der eingeschlagene Weg war, konnten die Beteiligten nicht mehr zurück.
Und Ihnen ist sicherlich der unangenehme Umstand bekannt, dass nach einer Lüge alles schneller kompliziert werden kann, als man es wahrhaben möchte, und

dass es gleichzeitig immer schwieriger wird, zur Wahrheit zurückzukehren.

Die in diesem Buch vorgestellten Lösungen dienen dazu, diese "schnellen Lösungen" für schnelle Einnahmen der wenigen, derart umzugestalten, dass sie für jeden Menschen lang anhaltende Lösungen bieten, immun gegen Manipulation durch interessierte Kreise sind, von jedermann verstanden werden können, vorhandene und bestehende Muster nicht einreißen, sondern wie ein neues Programm von Microsoft mit den vorherigen in weiten Teilen kompatibel (vereinbar/ zusammenpassend) sind.

Wirtschaft gehört nicht der Elite, die überdies nicht kreativ damit umgeht, sondern nur vorgegebene Systeme übernimmt, im schlimmsten Fall diese noch ausbaut.

Wirtschaft ist das Umfeld, in dem sich jeder von uns zu jeder Zeit bewegt. Wirtschaft und ihre Zusammenhänge müssen für jedermann leicht verständlich sein und sie sind es auch.

Ist die Wirtschaft kompliziert, dann hat der Schwindel darin überhand genommen.

Schwindel

(Definition im Brockhaus: Vorspiegelung falscher Tatsachen, Lüge, Betrug)
Es gibt äußerst interessante Gemeinsamkeiten der biologischen Welt und der Welt der Wirtschaft.
Eine Ähnlichkeit vorweg soll auf den obigen beschriebenen Konsum von Kohlenhydraten bezogen werden.

Unsere Ernährung mit mehrheitlich kohlenhydrathaltigen Lebensmitteln steht im "Einklang" mit unserer "Gesundheitsversorgung" durch symptombehandelnde, in der Regel chemische-pharmazeutische Medikamente. Und diese beiden finden ihren Widerhall in der Art heutigen Wirtschaftens.
Diese erzielen ihren breiten Zuspruch bei uns allen aus ihren Eigenschaften, scheinbar schnell ein aktuelles Problem zu lösen!
Kohlenhydrate geben dem Benutzer das Gefühl schnell und sofort Energie zu haben, während jeder weitere Konsum immer weitere Energie seinem Körper entzieht. Als "Lösung" sieht der Benutzer nur den Weg, mehr von diesen scheinbar glücklich machenden Kohlenhydraten zu konsumieren.
Der Kreis schließt sich - und er ist dem Schwindel erlegen.
Drogen funktionieren wie oben, nur deutlich schneller.
Der Mensch ohne Energie oder der von Krankheit heimgesuchte, findet oft in Medikamente die direkte Lösung seiner Probleme, da diese die Symptome behandeln oder gar beseitigen. Sie machen ihn schnell "gesund", indem sie töten, lähmen oder zerstören, aber nicht den Grund der Energielosigkeit oder Krankheit angehen. Diese Energielosigkeit bleibt oder kehrt wieder, die Krankheit sowieso, und der (Teufels-) Kreis schließt sich.
In ähnlicher Weise wurde die Wirtschaft von einigen Verbrechern in der entfernten Vergangenheit schwer missbraucht.
Könige, Fürsten, diverse "von", Barone stellten Grund und Boden, später installierten andere ein Geldsystem auf dem Zins fußend, welches den Besitzern dieses Geldes schnell weiteres Geld versprach, nur um am Ende regelmäßig alle zu ruinieren; die staatliche

Wohlfahrt wurde installiert, so dass niemand mehr Verantwortung zu übernehmen braucht, und so ist dieses weltweit verbreitete System, welches dem Faulen, Unachtsamen oder Kranken schnell eine Lösung versprach und verspricht, geradewegs dabei, die Gesundheit und Wirtschaft zahlreicher Nationen zu ruinieren.

Die biologischen Beispiele (Kohlenhydrate, Medikamente) haben mit den wirtschaftlichen (Zins, Wohlfahrt) gemeinsam, dass sie auf einem Schwindel aufbauen. Dieser Schwindel besteht aus einer Abweichung von einem naturgegebenen Gesetz, welches wie folgt beschrieben werden könnte: "Wer nimmt, der muss auch geben". Oder einfacher: Austausch. Ware gegen Ware, im Ideal im ähnlichen Wert.

Tote Kohlenhydrate, die keine Nährstoffe mit sich führen, müssen vom Körper nehmen und können ihm nichts zurückgeben. Chemische Medikamente, die gewisse Funktionen oder Bereiche des Körpers durch Zerstörung "kurieren", benötigen eine ganze Menge Nährstoffe aus den Depots des Körpers, um im tolerierbaren Gleichgewicht zu bleiben.

Wenn Geld zum Tausch da ist, dann verhindert der Zins den Tausch, denn er muss an den Besitzer gezahlt werden, bevor das Geld zum Gebrauch in den Kreislauf zurückfließt. Die Wohlfahrt macht es recht einfach und lukrativ, krank, faul oder unvorsichtig zu sein, während die Gesunden, Fleißigen und Vorsichtigen laufend draufzahlen; es ist wie bei einer Leerung der Nährstoffdepots. Dieser Vorgang geht solange gut, bis die Ressourcen verbraucht sind.

Das Zauberwort ist wohl die Idee der "Symbiose" (dauerndes Zusammenleben zweier Tiere oder Pflanzen bzw. von Tier und Pflanze zu beiderseitigem Nutzen). So wie sich seit undenklichen Zeiten Mann und Frau finden, um Nachwuchs zu zeugen und hochzuziehen, so benötigt Wasserdampf für sein Entstehen Wärme, Pflanzen benötigen Erde, Tiere die Pflanzen, ein Vitamin braucht zum Wirken vielleicht ein anderes Vitamin oder Enzym. Überall da, wo der Symbiont fehlt, kann anscheinend nichts langfristig wachsen. Dort wo nichts oder weit weniger zurückkommt als genommen wird, gibt es nur Schwierigkeiten. Dies ist wohl auch eine gute Erklärung für das endlose Problem der Besteuerung. Das Geheimnis hinter all den daraus anwachsenden Schwierigkeiten ist, dass die Regierungen nichts oder nur einen Bruchteil der eingenommenen Gelder zurückgeben, doch für die Vorgänger, die unsere heutigen Steuersysteme "erdachten", machten sich diese Raubzüge schnell bezahlt. Endlose Einkommen durch "Arbeit" auf Stufe 3-4! Schwindel!

Zivilisation und Bedürfnisse

Orthomolekulare (**ortho**: richtig, gerade und molekular: die Moleküle betreffend) oder die Zellularmedizin verlangt, dass der Nahrung nicht nur keine Nährstoffe entzogen, sondern ihr auch keine schädlichen Geruchs-, Geschmacks-, Farb- und Konservierungsstoffe zugesetzt werden. Weiter verlangt diese Wissenschaft, dass dem Körper notwendige Nährstoffe zu seiner optimalen Entfaltung zusätzlich zu seiner Ernährung, zugeführt werden, da mit dem Beginn des Industriezeitalters die Qualität der Nahrung abnahm, während der Bedarf durch exponentiell steigende Umweltreize ständig gestiegen ist.

Der moderne Mensch ist durch seine wirtschaftliche Tätigkeit und dem Leben in einer wirtschaftlich geprägten Umwelt wesentlich höheren psychischen und physischen Belastungen ausgesetzt, als er dies vor Beginn der wirtschaftlichen Entwicklung über Tausende von Jahren gewesen ist. Er ist von Schadstoffen umgeben und seine Nahrung ist mit solchen angereichert, gleichzeitig verlieren die Böden an Wert, der Mensch arbeitet weit mehr, als er es in seiner Frühzeit tun musste, seine Sinnesorgane sind weit mehr und in ungesunder Weise beansprucht durch Seh-, (TV, Bildgeschwindigkeit, Computer- Bildschirm, Lesen), Riech-, (synthetische Geruchsstoffe, Chemie, Abgase usw.) Geschmacks- und Hörreize (Verkehrslärm, TV, Radio, Maschinen etc.), die auf ihn einwirken. Strom ließ künstliches Licht entstehen und statt mit dem Untergang der Sonne schlafen zu gehen, können wir bis in die Morgenstunden konsumieren und wach bleiben, unsere Bewegungen werden immer anspruchsloser und einseitiger, individuell hervorgebrachtes Wissen flutet durch eine vor 100 Jahren gänzlich unbekannte Medienvielfalt auf uns ein.

Die Informationsdaten eines modernen Tages würden wohl dem gleichkommen, was unsere Vorfahren vor einigen Generationen nicht in vier Jahren aufnehmen mussten.

Viele Menschen sind chronisch erschöpft oder müde aufgrund ihres Nährstoffmangels. Die "Lösung", die Energielosigkeit durch Alkohol, Zigaretten, koffeinhaltige Getränke (Cola, Tee, Kakao) und Drogen auszugleichen zu versuchen, verstärkt das Problem.

Jede der obigen und viele weitere Einflüsse erzeugen nur einen höheren Bedarf an Nährstoffen. Diese und viele weitere zusätzliche Beanspruchungen stehen einer Ernährung gegenüber, die sich biologisch im

Wert nicht nur nicht weiterentwickelt, sondern ihren Wert immer mehr verliert.

"Experten", die öffentlich verlautbaren, dass der Mensch keine zusätzlichen Nährstoffe benötigt, wissen entweder nicht was sie sagen, oder sind schlicht käuflich.

Die Wirtschaft erzeugt durch die Hilfe von Erfindergeist und Technik die Zivilisation (die "moderne" westliche ist ein kleiner Teil des möglichen). Der Körper hat bei erhöhter Beanspruchung einen höheren Bedarf an Nährstoffen und durch Mangel an ihnen kultiviert er Krankheiten; so benötigt die wachsende Wirtschaft sinngemäß einen Ausgleich durch "Nährstoffe". Der Mensch zerstört gleichermaßen seinen Körper durch mangelhafte Ernährung wie er seine Wirtschaft zerstört, indem er ihr natürliche Ressourcen vorenthält.

So wie die Wirtschaft durch Enteignungssysteme korrumpiert wird, die Knappheit verursachen für kurzfristige Gewinne, so wird die Natur als Ganzes von dem Menschen und seinen erhöhten Anforderungen verknappt. Holzindustrien, die die Wälder roden und Wüsten hinterlassen, Fangflotten, die die Meere ausrauben und sich nicht fragen, wovon sie selbst in wenigen Jahren leben sollen, nährstoffreiche Böden, die für Straßen, Parkplätze und Häuser asphaltiert und versiegelt werden, und all dies gepaart mit einer steigenden Bevölkerungszahl sind keine guten Anzeichen. Enteignungssysteme berauben die produktiven Menschen, und alle zusammen berauben die Umwelt, von der sie leben.

Letztendlich jedoch, sind die kriminellen, diese Enteignungssysteme das deutliche Hauptproblem. Wenn diese mittlerweile über 90% aller Böden, Fabriken, Maschinen, das Geld und vielen mehr besitzen, so erzwingt dieser Privatbesitz deutlich mehr Produktion um leben zu können.

Doch jedes dieser Probleme ist lösbar nach den gleichen Prinzipien, mit denen auch die Enteignungssysteme reformiert werden können.

An die Wurzel des Problems gehende Reformen (verbesserte Neu- oder Umgestaltungen) sind allerdings zwingend.

Knappheit

Wirtschaft besitzt zwei Seiten: die des möglichen Überflusses, des Wohlstands und die des Niedergangs durch Knappheit.

Die gute Seite beruht auf Arbeit, Leistung oder Produktion der Dinge, die wirklich zum Leben gebraucht werden, die kriminelle Seite lebt von der Arbeit, der Leistung oder der Produktion der guten Seite.

Heimlichkeit ist eine elementare Notwendigkeit der enteignenden Seite.

Sie wird in der Regel verabscheut, da sie auf Lügen beruht.

Im Vorantreiben der Gemeinschaften hin zu Zivilisationen entwickelten sich aus diesen Lügen Systeme und diese lieferten - und tun dies heute mehr denn je - die plausiblen Rechtfertigungen all ihres Tuns.

Diese Rechtfertigungen haben und hatten verschiedene Namen, aber immer waren sie im Grunde eine wirtschaftliche Theorie, die erklärt "warum es okay ist, dass einer Minderheit alles gehört und die produktive Mehrheit sehen kann, wie sie zurechtkommt."

Ob Feudalsysteme, Vererbungslehre, Aristokratentum, religiöse Ideologien "von Gottes Gnaden", Kapitalismus, Nationalsozialismus, Faschismus, Merkantilismus, Kommunismus und andere mehr, der Trick war und ist immer der selbe: Die Arbeit für die Vielen, den Lohn für die Wenigen.

Grund und Boden an die Wenigen, die Kosten aus der "Erlaubnis ihrer Nutzung" an die Vielen; Ausbeutung der Rohstoffe für Gewinne der Wenigen und keine Zukunft für die Weltbevölkerung; das Hilfsmittel Geld für Wenige, der Preis für seine Benutzung an die Vielen, die es seinen Zweck entsprechend benutzen wollen; Wohlfahrt für die Wenigen und das Nachsehen denen, die sie erst ermöglichen.

Schließlich ist es soweit gekommen, dass sogar Arbeit, die Grundlage, die "Nahrungsquelle" all dieser Systeme, sogar diese Arbeit selbst knapp geworden ist, obwohl die Welt niemals zuvor derart wichtige Probleme durch harte Arbeit zu lösen hatte.

Wahrheit ist das Gegenmittel zur Lüge. Der ganze Schutz der Lüge, all ihre Schmiergelder und Korruption, all ihre entwickelten Symptom- behandlungen zur Tarnung der Ursachen all der Probleme, all ihre Macht kann wie das System selbst durch Wahrheit auseinandergerissen werden.

Die unrühmliche katholische Kirche verfolgte Jahrhunderte jedermann, der etwas zum besseren ändern wollte. Und kaum wurde die Bibel übersetzt während zeitgleich immer mehr Menschen lesen lernten, befindet sich diese Gruppe im Zerfall.

2000 Jahre und alles Geld der Welt haben nicht gereicht, um aus der Erde ein Paradies zu machen, nur um eigene Privilegien zu schützen.

Prinzipien, die Enteignungssysteme unterstützen

Prinzip: zugrunde liegende Gesetzmäßigkeit.

Im Grund sind folgende Prinzipien nicht wirkliche Naturgesetze, eher sind diese immer wieder gleich ablaufende Abläufe, welche eher auf menschliches Verhalten, als auf Bewegung von Materie begründet sind.
Wenn man jedoch menschliches Verhalten in bestimmten Situationen als Gesetzmäßigkeit ansieht, dann kann Naturgesetz wohl als Synonym für die Gesetzmäßigkeit benutzt werden.

Prinzip Nr. 1: Produktion befriedigt Bedürfnisse, Beschäftigung tut dies nicht!

Bedürfnisse zu befriedigen, setzt voraus, dass zuvor etwas hervorgebracht, erschaffen wurde, das diese Bedürfnisse decken wird.
Die Wirtschaftskunde sagt, dass Bedürfnisse Mangelgefühle sind und nach einer Befriedigung drängen. Diese Bedürfnisse haben unterschiedliche Dringlichkeiten und jeder kümmert sich entsprechend erst um seine Existenz -gefolgt von Kultur- und vielleicht irgendwann den Luxusbedürfnissen.
Dieses Befriedigen seiner Bedürfnisse, die Beseitigung von Knappheiten, dieses Hervorbringen, Heranschaffen oder Aufbauen von Dingen, welche diese Bedürfnisse erfüllen, werden hier Produktion genannt und alle Ergebnisse auf dem Weg zur Beseitigung irgendeiner Knappheit, Produkte.

Der Maurer produziert laufend Produkte, wie z.B. gemauerte Wände, und hat am Ende ein großes Produkt, ein Haus, produziert. Auch der Jäger und Sammler der Urzeit, schlich durch seine Umgebung und wenn er Wild sah und erlegte, produzierte er ein Nahrungsmittel. An Produktion muss nicht Geld beteiligt sein! Jene, die Dinge produzieren, befriedigen Bedürfnisse.

Indem produziert wird, also Produkte erzeugt werden, organisieren sich regelmäßig wirtschaftlichere Abläufe und aus diesen wiederum entwickeln sich Techniken, die im Ergebnis steigende Produktion in der gleichen zuvor aufgewandten Zeit ergeben.

Ab einem Punkt, wo mehr als für den eigenen Bedarf produziert wird, kommt die Idee des Tausches oder kann dann erst möglich werden. Finden sich Produzenten anderer Güter, die ebenfalls mehr produzieren, als sie für den Eigenbedarf benötigen, können diese übrigen Güter untereinander getauscht werden.

Als der Tausch Ware gegen Ware begann, war das Verhältnis in etwa 1:1.

Bedürfnisse, die nie erfüllt bzw. unbekannt waren (soziale, psychologische, Gesundheit, Luxus u.a.), kommen dann in Reichweite des Möglichen. Bedürfnisbefriedigung hängt folglich von Produktion ab und diese steigert sich durch das ökonomische Prinzip, dass der Erfolg mit möglichst geringen Mitteln, und umgekehrt, dass mit den vorhandenen Mitteln der größtmögliche Erfolg im eigenen Interesse des Produzenten erreicht werden soll und auch erreicht werden muss.

Wer seine Mittel verschwendet oder zu viele Fehler beim Erreichen des Produktes zulässt, den bestraft die Umwelt durch Mangel in Form von Verlust von lebensnotwendigen Erscheinungsformen.

Es ist der produzierende Produzent realer brauchbarer Güter, Erzeugnisse oder Leistungen, durch den die Gemeinschaft erst fähig ist, eine Zivilisation und in der Folge davon Wohlstand und Reichtum, aufzubauen, Tauschmittel liefern die enorm wichtige Verwaltungstechnik.

Er selbst und seine Familie lebt von seinen Produkten, und es wird deutlich: Heutzutage nehmen jede Menge Enteignungssysteme weit mehr, als unser oben beschriebener ehrwürdiger Produzent für sich übrig behält.

Nur ein kleiner Test ist folgender: Wenn Sie einen Handwerker anrufen, wie viele Stunden müssen Sie arbeiten, um eine seiner Stunden zu bezahlen?! Sie werden überrascht sein, wenn Sie es mal genau ausrechnen.

Der niedergemachte Beruf der "Hausfrau" erzeugt Produkte wie am Fließband. Die Frau kümmert sich um die Kinder, wäscht, kocht, bildet aus und viele Dinge mehr - alles Dinge, die eine Verbesserung der Lebensqualität ermöglichen, wenn die Kinder überleben und durch Produktion der Gemeinschaft Dinge zurückgeben. Sie steht mit dem, was sie tut, den oft außerordentlich gut bezahlten Mitgliedern enteignender Gruppen weit, weit, weit voraus.

Die Höhe der Bezahlung hat ebenfalls kaum etwas mit ihrer Produktivität zu tun. Ein Sklave auf einer Zuckerplantage bekommt umgerechnet vielleicht einen bis zwei Euro am Tag für knochenharte Arbeit und ist mit vierzig Jahren körperlich am Ende, doch er produziert wie ein Tier und hat selbst doch nicht viel davon. Von seinem Produkt nehmen Enteignungssysteme mehr als gut für ihn ist.

Hier wird das Gebot des Tauschens, der natürlichen Grundlage der Wirtschaft, verletzt! Dies ist symptomatisch für die gesamte so genannte "Dritte Welt", in der regelmäßig viel körperlich harte Arbeit eingesetzt wird und sogar die natürlichen Ressourcen geopfert werden, in der jedoch außer für die sehr dünne Schicht der Eliten kein Wohlstand zurückkommt. Hier finden wir den Verbrecher bei der Arbeit.

Jedes System hat seine Anhänger, ob freiwillig oder unfreiwillig, ob durch Zufall oder Absicht, ist hierfür unwichtig. Dass es sie gibt, ist entscheidend.

Die Grundlage eines enteignenden Systems ist, dass es von den Produzenten nimmt, ohne etwas oder nur destruktives zurückzugeben.

Der Unterschied zu dem, was ein Produzent und ein Enteigner tut, ist Folgendes: **Der Produzent produziert Dinge, die Knappheit beseitigen, während der Enteigner dabei ist, diese knapp zu machen oder knapp zu halten**.

Die Tätigkeit oder das Tun des Enteigners wird ab hier als bloße **Beschäftigung,** ähnlich dem TV-Konsum, bezeichnet.

Der Währungsspekulant, der nichts hervorbringt, aber von den Einkommen der betroffenen Völker lebt, die er durch finanzielle Angriffe beraubt, hat nichts produziert, hat keine Knappheit beseitigt - statt dessen aber hat er eine umfangreiche Knappheit verursacht. Jeder, der mit einem solchen Spekulanten persönlich zu tun hat, wird bezeugen, dass er 16 Stunden täglich im Büro verbringt, telefoniert, auf Geschäftsreisen unterwegs ist - doch er produziert nichts!!! Er ist nur beschäftigt!!
Er tut so, als ob er produziert!!!

Niemand anderer kann davon leben, was dieser Spekulant hervorbringt, und was er selbst als hohen Lohn bekommt, stammt von jenen, die produzieren.

Der Politiker, der "für sein Volk da sein soll" und nur neue Gesetze und Kontrollen hervorbringt, die nicht helfen, die Produktion zu erleichtern, sicherzustellen oder zu erweitern, erzeugt Knappheiten, da er die Produktion behindert. Er wird dafür oft überdurchschnittlich belohnt. Die Menschen aus seiner Umgebung werden bezeugen, dass er immer an mehreren Orten gleichzeitig zu tun hat - doch produziert er nichts mit seinen Tätigkeiten, er ist nur beschäftigt!!

Verstehen Sie, was diesen Unterschied zwischen "produzieren" und "beschäftigt sein" ausmacht?

Ein Kurier, der einen Brief beim Empfänger abliefert, produziert etwas, fährt er stattdessen um den See und trinkt Kaffee, ist er beschäftigt.

Das Eine befriedigt Bedürfnisse, das Andere - wirtschaftlich betrachtet - nicht.

Der Hobbybastler mag jahrelang an einer neuen Maschine gewerkelt haben, funktioniert das Ergebnis und finden sich Abnehmer, dann war sein jahrelanges werkeln Produktion, hier mit einer späteren Bezahlung.

Ein Hedgefonds-Verwalter, der Milliarden geliehener Gelder in produzierende Unternehmungen steckt um dieses dann "gesund" zu ruinieren, produziert nichts, wenn er diese Unternehmung dann noch teurer weiterverkauft.

Ein Börsen- oder Währungsspekulant der mit eben diesen Dingen spekuliert, produziert – nichts! Der Börse und der Währung würde es ohne ihm weit besser gehen. Er ist jedoch wie im Adrenalinrausch schwer beschäftigt.

Ein Millionär, Milliardär oder Billionär, der zum Monatsende die ihm gutgeschriebenen Zinsen bewundert, produzierte nichts. Dieser ist tatsächlich nur in diesem kurzen Moment des Kontoauszug bewundern beschäftigt, nicht produktiv.

Ein Politiker der anstrengend überlegt, wie er Milliarden von unproduktiv eingenommener Steuergelder an

unproduktive und/oder befreundete Gruppen weitergeben kann, ist beschäftigt, von Produktion keine Spur.
Endlose solche Beispiele.
Enteignungssysteme haben die unangenehme Eigenschaft, viele Menschen in ihren Bann zu ziehen.
Der Zins hat es trotz umfangreicher religiöser Verbote geschafft, Dreiviertel aller Menschen in seinen Einfluss zu ziehen, obwohl über neunzig Prozent der Menschen bei diesem Vorgang zuzahlen. Nur wenige Prozent gewinnen etwas bis sehr viel, und noch wenige Prozent der Gewinner erhalten derartig hohe Einnahmen, wofür große Teile der Bevölkerung gearbeitet, produziert haben - und beide Seiten sind sich dessen normalerweise nicht bewusst bzw. denken nicht bewusst über diesen Zusammenhang nach.
Der Zinsnehmer produziert in Höhe seiner eingenommen Zinsen nicht, für den Moment, wo er sich den gutgeschriebenen Betrag auf seinem Konto anschaut, ist er bestenfalls beschäftigt.
Die Wohlfahrt bedeutet genau dasselbe, nur wird dort nicht von Zins sondern von "Sozialleistungen" gesprochen.
Dann gibt es diese idiotischen Steuersysteme der Regierungen, Spekulation, den Kapitalismus mit seiner Förderung von Privatbesitz an Grund, Boden und Produktionsmitteln, und anderes wie sogar das Wissen selbst.
Auch Inflation und Deflation, die Parteipolitik, die Pharmaindustrie und andere Industriezweige, die man weniger erwarten würde, müssen hier ebenfalls genannt werden. Kurz gesagt: Es geht in diesem Buch um die Freiheit von enteignenden schmarotzenden Systemen, und die Lösung liegt in der Unterscheidung zwischen Produktion und Beschäftigung!

Prinzip Nr. 2: Exponentielles Wachstum!

Dieses Kapitel ist eine recht neue Betrachtung einiger moderner Entwicklungen und könnte in vielen derzeit undurchschaubaren oder immer mehr an Komplexität zunehmenden Gebieten für Durchblick sorgen.

Auf den 1860 geborenen Henry Adams geht ein so genanntes "Gesetz der Beschleunigung" zurück. Laut seinen Forschungen wachsen grundlegende Fortschritte nicht in linearer Sequenz, also 2,4,6,8, 10,12,14,15 usw., sondern sie entwickeln sich weit schneller in der exponentiellen Folge 2, 4, 8, 16, 32, 64, 128, 256 usw.

Als Statistik gezeichnet würde sie eine über einen langen Zeitraum flach verlaufende Kurve ergeben, die dann immer schneller, immer steiler ansteigt, bis sie zum Schluss nahezu senkrecht nach oben schießt.

Ihnen sind diese Zahlen sicherlich aus dem Computerbereich bekannt, wo die Taktsequenz und Speicherfähigkeit diese Geschwindigkeitssprünge vollzieht, und ihr Ende kaum abzusehen ist, wobei sie sich wohl doch irgendwann an einem Punkt langsam auspendeln wird.

Doch wir erleben: Kaum hat sich ein neues System durchgesetzt, ist schon das neue schnellere auf dem Vormarsch. Die Produkte der Computerindustrie sind wirklich grundlegend und bestätigen gewissermaßen das Gesetz der Beschleunigung vom exponentiellen Wachstum. Der Computerverkauf erlebte sein exponentielles Wachstum und ist dabei sich auf hohem Niveau einzupendeln, gleiches erlebte zuvor die Nahrung, Kleidung, Elektrizität, das Radio, das Fernsehen und viele andere Artikel, um jetzt vielleicht mit dem exponentiellen Wachstum an Informationen über das Internet seinen qualitativen Höhepunkt zu erleben.

Was Adams damals vielleicht nicht auffallen konnte, war der Umstand, dass exponentielles Wachstum fortschrittlicher, überlebensfördernder Produkte sich an einem hohen Punkt der Sättigung langsam auspendeln wird, diese Entwicklung im Negativen, im Gegenpol des Fortschritts, dem exponentiellen Wachstum enteignender Bereiche gibt, und dort, statt sich bei Sättigung auszupendeln, immer weiter entwickelt – mit dem Ergebnis: Tod und Untergang.

Wenn am Ende des exponentiellen Wachstums von echtem Fortschritt die Sättigung, die Befriedigung eines Bedürfnisses steht, dann steht bei seinem Gegenpol, den ich mit dem Verlauf einer Krebserkrankung vergleichen möchte, am höchsten Punkt die Zerstörung seines Wirts.

Der Zinseszins ist so ein Krebsgeschwür.

Er nimmt als Berechnungsvorlage immer den Betrag inkl. Zuschlägen, während der Zins ihn auslässt.

Ausgerechnet in einer "Einführung in die Finanzmathematik" von J. Tietze, wo es wirklich nur um die Ausbildung armer Menschen geht, die später im Leben dann für Bank-, Kredit-, Steuer-, Versicherung, VWL und Rechnungswesen, dort u.a. im Bereich der Investitionen, Finanzierung, Wirtschaftlichkeitsrechnung mit komplizierten Formeln ausrechnen müssen, wer wie viele Zinsen bekommt oder wer so und so viele Zinsen bezahlen muss, muss sich der Autor gefragt haben, wohin das führen soll.

Seite 51 – 56 in der 8. Auflage lässt keine Fragen offen.

In Kurzform wird beim "normalen" Zins keinerlei Zinsverrechnung betrieben. Sie zahlen bei Schulden 10% auf 1000 €, im nächsten Jahr 10% auf 900 €. Anders herum, sie erhalten 10% auf 1000 € Guthaben, macht in einem Jahr 1100, im zweiten 1200 usw. Immer noch ohne Leistung oder Produktion.

Die Zinseszinsrechnung (auch exponentielle Verzinsung) schlägt die entstanden Zinsen jährlich dem Kapital zu. Der Autor erwähnt auch, dass in Deutschland nach § 248 Absatz 2 BGB für die Institutionen des Bank- und Kreditwesens diese Verrechnung ausdrücklich zugelassen ist!

Als Beispiel ein Anfangskontostand i.H.v. 200.000 € mit 10% Verzinsung.

Jahr Kontostand zum Beginn des Jahres

1	200.000
2	220.000
3	242.200
4	266.200
5	292.820
6	322.102
7	354.312
8	389.743
9	428.717
10	471.589

Ergebnis: 271.589 Euro Gewinn.

Lässt man diese 471.589 € weitere 10 Jahre liegen, ist das Ergebnis 1.223.180,41 €!!

Keine Produktion, keine Leistung, nur das heldenhafte Überlassen von Erspartem, bzw. eine Belohnung dafür, dass der Besitzer dieser 200.000 € es nicht selbst investieren konnte.

Mit dem "normalen" Zins zu 10% ohne Verrechnung wären deutlich weniger, doch immer noch stolze 600.000 € nach 20 Jahren auf dem Konto.

Was Sie heutzutage bei Banken an Probleme beobachten können, die Bankenkrise 2008, die niedrigen Eigenkapitalquoten, kein Geld für kleine Unternehmer, dafür für Rendite abwerfende, meist zerstörerische Unternehmungen, sind in diesen 271.589 € und höheren "Gewinn" zu finden. Diese 200.000 € sind

Peanuts, verglichen mit Bilanzsummen von Billionen mancher Banken, welche "belohnt" werden wollen. Die Höhe der Ausgangssumme, entscheidend die Höhe des Zinses, und die zur Verfügung stehende Zeit sind Faktoren beim Zinseszins, sind ausschlaggebend, wie schnell dieser anwächst, um dann nach oben hin zu explodieren.

Der Autor erwähnt später auch, wie das schnelle Anwachsen sich dem menschlichen Vorstellungsvermögen entzieht, und als unrealistisch gelten muss. In einem Buch für Leute, die später genau in diesen Institutionen arbeiten, welche uns dieses Unrealistische aufzwingen!

Auf Seite 53 dann ein Beispiel mit dem Cent, vor 2000 Jahren zu 4% p.a. angelegt.

Berechnet durch $0{,}01 \times 1{,}04^{2000} = 1{,}1659 \times 10^{32}$ €, um zu dem Ergebnis eine Vorstellung zu bekommen, erfolgt eine Umrechnung in Gold bei 10.000€/kg, als Einheit wird dann "1 goldene Erdkugel" genommen.

Die dann folgende Berechnung des Gewichts der Erde in Gold ist etwas ausführlicher, nur als Idee: Die Erde hat einen Radius (halber Durchmesser) von 6.370 km!

Im Jahre 2000 könnte sich also die Person oder der sehr späte Nachfahre 558 (Fünfhundertachtundfünfzig) x die gesamte Erde in Gold abholen.

Das ist unser modernes Bankwesen!

Der Autor weiter; Statt nur 4% nun 4,5% Verzinsung, könnte sich der Erbe 8 Millionen mal die Erde, bei 5% gleich 114 Milliarden x die Erde abholen. In Gold!

Bleibt also zu hoffen, das wir im Jahre Null keine Besucher von entfernten Planeten hier hatten und diese irgendwo ein Konto angelegt hatten.

Doch es geht weiter mit unserem modernen Bankwesen und ihrem seriösen Gehabe.

Der Autor berechnet nach obigen Beispiel die Wachstumsgeschwindigkeit von 500 €-Scheinen, wenn diese aufeinander gestapelt werden. Für den Realismus (es ist ja etwas Satire hier), zehn aufeinander gelegte 500 €-Scheine ergeben etwa 1 mm, die Lichtgeschwindigkeit beträgt in etwa 300.000 km in der Sekunde.
Ergebnis: Nach 2000 Jahren wächst ein 500 €-Stapel bei 3% Zinseszins mit 0,3-facher Lichtgeschwindigkeit, also ca. 88600 km/sek.
Bei 4 % sind es 100 Millionen x die Geschwindigkeit des Lichts.

Mathematik.

Noch etwas Satire.
Möge uns der liebe Gott, a) rückkehrende Besucher aus dem Weltraum aus dem Jahre 0 mit Bankkonto verhindern, b) vielleicht sollten Amerika und Rußland statt Atombomben, in Zukunft mit 500 €-Schein-Zinzeszinskanonen zu 4% schießen. Diese hätten dann obige 100 Millionen x die Lichtgeschwindigkeit als Geschossgeschwindigkeit. Die Wirkung des Aufpralls wurde noch nicht erprobt, dürfte der Wirkung einer Atombombe gleichkommen, vielleicht aber auch durch allem durchgehen wie Butter.
Es lässt auch die Verschwörungstheorie über Banker oder irgendwelche Familien aus der heutigen Elite mehr Gestalt annehmen.
Sollte es nur eine Familie mit Vererbung über mehrere Jahrhunderte schaffen, größere Beträge zu 4 oder mehr Prozent anzulegen, so machen Aussagen und Berichte Sinn die sagen, dass alle Zentralbanken dieser Welt, sämtlicher Grund und Boden, 99% aller Vermögenswerte seit wenigen Jahren vollständig in wenigen Händen sind.

In einer seltenen Broschüre der "Freiwirtschaftlichen Zeitung" aus dem Jahr 1932 ist folgendes zu finden: 500 "juristische Personen" besitzen ein volles Drittel des gesamten Volksvermögens Deutschlands. Es werden auch Namen genannt, allerdings bezogen auf 1913, wie Kaiser Wilhelm II mit 394 Mill. RM (Reichsmark), Großherzog von Mecklenburg mit 355, Frau Berta Krupp mit 320 Mill. RM, Frau Mathilde von Rothschild mit 163 Mill. RM u.a. Dann kam die große Hyperinflation, die schon Reichen konnten verschuldete Besitztümer billigst entschulden. 1928 besaß Exkaiser Wilhelm II schon 500 Mill. RM, andere sind aus der Liste raus gefallen, neue Namen wie Fürst zu Fürstenberg mit 200 Mill. RM sind in die Liste aufgenommen wurden. Auch wird bezogen auf 1927 international geschaut, wonach Henry Ford 1200 Millionen Dollar (5 Mill. RM), Rockefeller 1000 Millionen Dollar (4,2 Mill. RM).

Laut dem Statistischen Bundesamt kann 1 RM in ca. 4.30 € im Jahr 2000 umgerechnet werden.

Also schon vor 85 Jahren gab es Menschen wie Wilhelm II mit ca. 2,15 Milliarden Euro und Rockefeller mit ca. 18 Milliarden €.

Rockefeller, bzw. seine Erben leben noch, was wurde aus diesen 18 Milliarden in 85 Jahren nur durch Zins und Zinseszins?

Letztendlich, obige Rechnung hingt im Allgemeinen natürlich und würde voraussetzen, dass niemals ein Schuldner der Zinsen wegen Pleite geht, es soll auch nur die mathematische Irrsinnigkeit deutlich machen. Andererseits ist es genau das, was wir heute als normalen Zustand kennen. Tägliche Konkurse, Pleiten und Insolvenzen oder wie zuletzt 2008 ein 10 Billionen Vernichtungsprogramm, allerdings nur der Vermögen der Bevölkerungen (Rettungsprogramme der

Regierungen = spätere Schulden = zu zahlen von ... Dir und viele andere).

Und noch verrückter. Diese Konkurse, Pleiten und Insolvenzen sorgen dafür, dass der Zinseszinseffekt nicht derart schnell anwächst, wie er es könnte, da die Forderungen ihnen gegenüber ausfallen und den Anstieg der Zinsen etwas niedriger halten.

Die Urheber verschiedener Enteignungssysteme, die exponentielles Wachstum von Krebsgeschwüren für die beste Art halten, um Einkommen ohne Produktion zu wahren oder zu erhöhen, konnten demnach nicht vernünftig rechnen oder ihnen war die nächste Generation schlichtweg egal.

Jedes Gebiet, jeder Bereich, der für eine grundlegende Wahrheit oder Einfachheit eine Lüge etabliert oder aus Unwissenheit lügnerische Theorien bildet, wird dutzende, hunderte oder tausende Abänderungen, Ideen, Widersprüche, Regeln, Verordnungen, Gesetze und ähnliche Dinge entwickelt bekommen, die alle zusammen keinerlei bedürfnisbefriedigende Produktion hervorbringen, mit Sicherheit aber ein exponentielles Wachstum an Problemen, das uns alle beschäftigt hält.

Es existiert ein Zinslexikon in welchem die Zins und Zinsprodukte des Geld- und Kapitalmarktes beschrieben werden. Über 300 Definitionen, von Abzinsungspapiere über Bond Warrant, Minimax Floater, Reverse Floater, Zinsfutures bis hin zum Zins- und Währungsswap sind hochkomplexe Schwindelsysteme beschrieben. Das Schlimme ist, dass mit jeder dieser Varianten wurde Geld verdient, wurden Millionäre bis Milliardäre hervorgebracht – nur, kein Cent davon ist verdient.

Schwindel, Betrug, Diebstahl.

Aber diese Wörter hören sich toll an, komplizierte Schaubilder machen was her und halten die Leute be-

schäftigt und trüben den Blick für das Wesentliche.
So haben wir Gesellschaften in Wohlstand, die vor Jahrzehnten ihre Bedürfnisbefriedigung bis hin zum kleinen Luxus hier und dort abgeschlossen hatten und von da an ständig ihre Arbeitszeiten kürzen könnten, ohne an Wohlstand zu verlieren; stattdessen haben wir Industrienationen, die unglaublich damit beschäftigt sind, Dinge herzustellen, die niemand braucht, Dinge zu tun, die im Herzen niemand will, und von denen die meisten Menschen sehr genau wissen, dass sie sich selbst davon abhängig, zum Sklaven gemacht haben.
Diese Nationen sind so voll von Krebsgeschwüren, dass sie es nur ihrem Produktionsvermögen und Ideenreichtum zu verdanken haben, dass ihre Selbstzerstörung noch nicht abgeschlossen ist.
Als Belohnung müssen alle Produzenten zusätzlich zu der Tatsache, dass sie mit ihren Ideen und ihrer Produktion die Gesellschaft am Leben erhalten, sich tagtäglich mit den Enteignungssystemen auseinandersetzen, um nicht wirklich alle Produktionsergebnisse an diese zu verlieren.
Steuerbehörden (Inkassobüros der privaten Gruppe namens Regierung) schikanieren durch tausende und abertausende Seiten Paragraphen und Gesetze, um dann zum Schluss durch ihre Einkommen bestrafenden Ertragssteuern das Spar- und Investitionsvermögen aller Produktiven zu behindern und infolgedessen die Zukunftsfähigkeit produzierender Einheiten auf ein unterstes Niveau zu drücken.
Und was brauchen dann die (wir) 90%, wenn wir etwas aufbauen wollen? Richtig: Kredit, Darlehen, Geld gegen Zins und Zinseszins.
Banken müssen überredet oder angebettelt werden, Geld für Sinnvolles herauszugeben, während Rüs-

tungskonzerne Jahr für Jahr Milliardenbeträge erhalten, ohne irgendwelche Bedürfnisse zu befriedigen; zusätzlich müssen diese Produzenten bei schwerster Strafe die Sicherheit derer finanzieren, die auf ihr eigenes Leben nicht genügend aufpassen, was dann "soziale" Wohlfahrt genannt wird.

Prinzip Nr. 3: Ursachenbeseitigung löst das Problem, Symptombehandlung vergrößert es!

Ursache: Ursprung, Grund eines Vorgangs, Geschehens
Symptom: Anzeichen, Merkmal, Krankheitszeichen

Es wurde im Kapitel über das exponentielle Wachstum gesagt, dass dieses ein widernatürliches oder auch für unsere Zeit typisches Wachstum beschreibt, wo prozentual gleichbleibende Zuwachsraten eine Verdoppelung des Ausgangswertes in der gleichen Zeit bewirken, um am Ende irgendwann entweder einen Zusammenbruch oder eine Art Sättigung des Marktes zu erleben.
Eine weitere interessante Sache wäre vielleicht zu erfahren, was derartigen Entwicklungen zugrunde liegt.
Wir können davon ausgehen, dass Bedürfnissen immer Mängel und der Wunsch diese zu beheben zu Grunde liegen. Diese Mängel, diese Knappheiten von etwas, werden nur beseitigt, wenn das, was fehlt, besorgt wird. Dieses Besorgen geschieht durch geeignete Schritte, womit wir wieder bei der Produktion sind. Produktion beseitigt den Mangel an dem jeweils her-

gestellten Produkt und dient somit der Befriedigung des mit diesem Produkt verbundenen Bedürfnisses. Dieser Kreislauf bedeutet konsequente Ursachenbeseitigung, die Lösung, die Befriedigung eines Problems.

Der menschliche Körper hat z.B. einen Mangel an Vitamin C und bekommt infolgedessen leichte Infektionen oder das früher in der Seefahrt gefürchtete Skorbut. Der Mangel, das schwächste Glied, ist das Vitamin C, welches im Verhältnis zu den anderen Nährstoffen in diesem Beispiel nicht genügend vorhanden ist. Die Zuführung von genügend Vitamin C wäre die Ursachenbeseitigung, womit das Problem und die Infektionen vielleicht behoben wären.

Dies ist eine sehr einfache Darstellung.

Ein Reifen ohne Luft hat einen deutlich erkennbaren Mangel, und die Ursache wird wohl ein Loch sein. Die logische Ursachenbekämpfung wäre das Flicken des Lochs und das anschließende Aufpumpen des Reifens - Ende gut, alles gut!

Irgendein früher US-Amerikanischer Präsident soll gesagt haben: "Politiker lösen nur Symptome des Problems, da sie sonst arbeitslos wären".

Politiker sind generell Weltmeister in Symptombehandlungen, diese machen sie scheinbar unersetzlich, setzen sie sich doch so heldenhaft für die Bevölkerung ein.

Sie sind gefangen in wirtschaftlichen Funktionsabläufen, innerhalb derer sie für die Enteignungssysteme die "Drecksarbeit" tun müssen oder wollen. Die Mehrheit der Politiker besitzt keine brauchbare Ausbildung für ihre Arbeit, da diese zu oft aus Bereichen kommen, wo Beschäftigung hoch bezahlt wurde, doch nicht wirklich produziert wurde, und selbst wenn sie ein Studium an Universitäten aufnehmen würden, erhielten sie, wie jeder andere Student auch, nur die genehmigten Lügen des Establishments.

Eine wirtschaftliche Krise entsteht immer aufgrund irgendeines Mangels an wirtschaftlicher Gerechtigkeit. Anstatt die Ursache der Ungerechtigkeit ausfindig zu machen, fordern sie laufend stärkere Kontrollen durch neue Gesetze "zum Schutze von...", Einsatz von Überwachungsmitteln, mehr Polizei usw., um die Unruhen zu unterdrücken, welche letztendlich nur ein sichtbares Symptom für das Ausmaß an Ungerechtigkeit darstellen. Natürlich hat so ein Vorgehen keine Erfolge, aber es kostet ein Vermögen von Einkommen der Produzenten und hört sich zu oft für ängstliche Wähler gut an.

Das Interesse der gerade regierenden Politiker liegt hier vermutlich darin, bis zur nächsten Wahl unbehelligt zu bleiben, wenn sie auf diese Weise die Symptome verdecken konnten. Schwindel.

Dem ökonomischen Gesetz nach zu urteilen, was denken Sie, ist effektiver? Symptombehandlung oder Ursachenbeseitigung?

Wenn hier nun die Frage ist, was dem exponentiellen Wachstum in negativer oder positiver Form zu Grunde liegt, dann ist die brauchbare Antwort die folgende: Entscheidend ist, ob die Ursache eines Mangels oder nur die Symptome, die durch den Mangel hervorgebracht wurden, angegangen werden!

Während das Beseitigen der wirklichen Ursache des Mangels die Probleme zum Verschwinden bringt und sich rascher Erfolg einstellen wird, wird die Person oder die Gesellschaft, welche die Ursache, das ursprüngliche Problem (den Mangel) nicht erkennt und angeht, die Ergebnisse dieses Mangels (Symptome) irgendwann gewahr und fängt an, diese zu bekämpfen. Ihr Kampf allein sorgt für das Entstehen immer weiterer Symptome, und im Ergebnis entwickelt sich ein grandioser Anstieg weiterer Schwierigkeiten.

Dieser Kampf gegen diese Schwierigkeiten, bringt eine wachsende Schar so genannter "Experten" (Finanz-, Nahrungs-, Gesundheits-, Wirtschafts-, Versicherungs-, Rentenexperten u.v.a.) hervor, die sich vorgeblich mit den Eigentümlichkeiten dieser Schwierigkeiten, den Symptomen, auskennen, und Tricks und Kniffe zu ihrer Verblendung gegen viel Geld verkaufen.

Im Ergebnis erhalten wir alle zusammen eine höchst komplexe, scheinbar kulturell vielseitige, hoch beschäftigte Welt, die ihr falsches Gesicht der ständig steigenden Enteignung nur durch ständig steigende Kontrolle über die Bevölkerung zu tarnen weiß.

Schauen Sie sich bitte die Gegenwart an und vergleichen diese mit einer vor 30 Jahren.

Damals konnten Sie Auto fahren, hatten einen Fernseher, konnten telefonieren, konnten lesen, hatten zu Essen.

Es läuft derzeit eine Verblendung durch elektronische Spielzeuge ab. Verkaufsplattformen, Tablet-PC, Smartphones, Online-Spiele uvm. geben den Anschein von Fortschritt.

Doch für unsere Fertigkeiten ist es eher ein Rückschritt und ... , Sie können immer noch nur so und soviel am Tag Essen, konsumieren immer noch TV, das Auto bremst vielleicht etwas besser, Sie können immer noch nur so und soviel am Tag lesen.

Prinzip Nr. 4: Teile und herrsche!

teilen: jemandem einen Teil von etwas abgeben, etwas mit jemanden gemeinsam nutzen.
herrschen: Herr sein, die Herrschaft ausüben, gebieten, regieren.

Das Kapitel Ursachen oder Symptombehandlung beschreibt die beiden Wege, etwas richtig und vollständig zu erledigen oder zu spät zu beginnen, und folglich die Ursache der Schwierigkeit mit weitreichenden Konsequenzen bestehen zu lassen.
Das eine löst das Problem, das andere sorgt für Folgeprobleme.
Exponentielles Wachstum legt dar, was geschieht, wenn sich die Symptombeseitigung als unfähig erweist, die Probleme zu lösen, und weitere Symptome oder Probleme in steil wachsender Anzahl, also in exponentieller Form, entwickeln.
Zu diesen Tatsachen gesellt sich eine dritte, die mit der Formel "teile und herrsche" umschrieben werden kann! Die Geschichtsliteratur nennt diese Formel gern im Zusammenhang mit höfischer Machterhaltung, wenn der König seinen Sohn mit der Tochter eines benachbarten Königs verheiratet, um den Frieden beider Machtbereiche oder seinen Einfluss zu wahren oder irgend ein Fürst leicht sich von Bankier Fugger Geld um von diesem 4000 Soldaten zu bezahlen, um mit diesen dann die Nachbarn zu überfallen und das Land "als Belohnung" einzustecken, bei Erfolg bekommt der Bankier saftige Zinsen, vielleicht auch als Sicherheit diverse Silber- und Kupferminden. Jene, die in dem überfallen Land gewohnt, oder in den Bergwerken arbeiten, können die Suppe dann ausbaden durch mehr Arbeit, schlechtere Bezahlung und solche Din-

ge. Die vergangenen 10 Zeilen sind übrigens in etwa die Entstehungsgeschichte wohlhabender Familien mit tausenden Hektar Grund und Boden und dem obligatorischen Familienwappen, und, auch eine Erklärung für das Gemetzel an Millionen Indianer in Nord- und Südamerika, Afrikaner, früher wie heute.

Auch hier gibt es eine positive und eine negative Seite. Eine Gemeinschaft kann den Frieden in ihr wahren, indem sie knappe Dinge wie Geld, Grund, Boden, Wasser zum öffentlichen Gut erklärt (teilen) und sich darauf einigt, diese gemeinsam zu nutzen (herrschen), bei Einhaltung der Gewähr privater Nutzung.

Die Benutzung eines Weges durch alle Teilnehmer wäre ein klassisches Beispiel, oder die Nutzung eines Brunnens oder, dies im eher theoretischen Idealfall, die Nutzung von Geld und anderes mehr.

Alle teilen, aber alle herrschen so auch über das knappe Gut.

Die Wirtschaft, wo der Tausch eine übergeordnete Rolle spielt, bezieht ihre Macht und ihr Wachstum aus diesem Prinzip.

Produzenten, die mehr Güter herstellen, als sie selbst verbrauchen, sind daran interessiert, Abnehmer für diese Güter zu finden, wofür sie entweder selbst auf die Suche gehen, oder diese Aufgabe einem Händler überlassen. Die Produzenten teilen durch dieses System mit den Händlern und beherrschen so den Absatz ihrer Produkte, da die Händler Geld verdienen wollen. Doch bis zum Ende gedacht, bringt der Tausch von Waren und Dienstleistungen alle Menschen zusammen, indem es sie untereinander teilen lässt, und im Ergebnis erhält die Menschheit insgesamt mehr Macht, mehr Reichtum, mehr Wohlstand, mehr Wissen und somit Zivilisation. Und all dies ist auch eine Art zu herrschen.

Im obigen wird erst mal nicht weiter beachtet, dass Händler (Amazon, Ebay, Google, Aldi, Lidl u.a.) sowie andere monopolistische Unternehmen selbst durch exponentielles Wachstum zur Bedrohung des Produzenten werden können und werden.

Würde nun ein Bürger plötzlich einen öffentlichen Weg sperren und behaupten, dieser sei seiner und nur ihm sei die Benutzung erlaubt, so würde sich dieses vermutlich schnell erledigen, zu logisch erscheint die rechtliche Seite des Ganzen. Er würde nicht herrschen können, weil er nicht das teilt, was alle benötigen!

Der Kommunismus pervertierte diese Gesetzmäßigkeit des Konflikts und stellte die Idee von Eigentum als schlecht hin, um dann durch seine, mit sozialen Worten getarnte Revolution, alles private und alles öffentliche Eigentum plus den Menschen selbst zu enteignen und in Besitz zu nehmen.

Die Tarnung folgte der Formel "das Allgemeine teilen" und war bezogen auf alles, wobei in Wirklichkeit aber niemandem etwas wirklich gehört.

Den wenigen Staatsfunktionären gehörte alles: Land, Produktionsmittel, die Menschen, das Geld - sie herrschten mit großer Sicherheit, denn sie waren die Herren.

Entführer drehen das Prinzip "teile und herrsche" einfach um. Sie machen eine wichtige Person so "knapp", dass beinahe jede Forderung erfüllt wird, um dieses "knappe Gut" wieder zu bekommen. Manchmal haben sie Erfolg und herrschen dann über eine große Summe von Lösegeld, sobald sie die "knappe" Person wieder frei gelassen haben.

Während öffentliche Güter jedermann zur Benutzung offenstehen und nur etwa Gebühren zu ihrer Finanzierung benötigt werden, reduzieren sich diese bei einer Verwandlung in den Privatbesitz weniger Menschen, die dann willkürlich entscheiden können, wer, wann,

wie und zu welchen Kosten das Gut benutzen darf oder jedermann von dessen Benutzung ausschließen.
Gesellschaftsformen, die überwiegend oder nur durch Zwang, Gewaltmaßnahmen, Regeln, Gesetze, Militär und Polizei ihren Bestand erhalten können - also totalitäre Systeme jeglicher Art – zeigen, das in die Praxis umgesetzte Maximum einer Willkür weniger über die vielen, wobei alles Lebensnotwendige der Regierung und den Regierungstreuen gehört.
Scheinbare Sicherheit durch strikte Kontrolle mittels der ausbeutenden Machthaber soll nun das "Teilen" sein, und in Wirklichkeit herrschen sie dadurch über jedermann bis in die tiefste Privatsphäre. Westliche Staaten kontrollieren z.B. über Sozialleistungen. Sie nehmen von den Produktiven und entscheiden, wer, wann, was und wie viel von seinem ehemals eigenen Geld bekommt. Enteignung und Kontrolle.
"Teile und herrsche" ist auch die Grundlage von staatlicher Besteuerung! Wenige nehmen den Vielen einen großen Teil ihres durch reale Produktion erzeugten Einkommens, um es dann selbst mit ihresgleichen zu verpulvern und die eigene Herrschaft zu erhalten durch Geschenke, Subventionen, Wohlfahrtsleistungen und vieles mehr an jene Bereiche, die ihnen gerade günstig erscheinen oder die ein großes Stimmenpotenzial besitzen.
Natürlich muss eine Regierung, die kaum Brauchbares produziert und die Mehrheit ihrer Energie damit verbringt, sich selbst und ihresgleichen durch das Erhalten des Privatbesitzrechts große Mengen Geld zu schenken, das ihnen nicht gehört, Zwang anwenden und scheinbare teilen, um zu herrschen.
Da sie nicht Freiheit produziert, muss sie sich das Wohlwollen eben erkaufen. Sie herrscht durch selbst geschaffenes Recht über die Produktionsergebnisse

und behält die Herrschaft durch ein teilweises zurück geben als "Geschenke", Almosen, Subventionen usw. Sie teilt also das, was sie vom Volk nimmt, ein wenig mit dem Volk durch Umverteilung, und jeder Dummkopf, der das nicht merkt, wird diese Leute wählen, womit er ihnen wiederum die Legitimation zum herrschen verschafft.

Überschüssiges Geld wurde einige Zeit lang gegen Gebühr, dem Goldschmied zur sicheren Verwahrung anvertraut, und es war durch seine Tauschfunktion ein wertvolles öffentliches Gut.

Als irgendwelche Geschäftsleute auf die Idee kamen, es weiter zu verleihen und dem Geldüberlasser, statt hierfür Gebühren zu berechnen, den Zins "als Lohn" gaben, und diesen dann von jenen zu nehmen, denen das Geld geliehen wurde, ist Geld quasi über Nacht zu einem teilweise privaten Gut geworden.

So konsequent logisch sich diese Entwicklung liest, so beinhaltet sie die Formel "teile und herrsche" in idealster und geheimster Form. Der Geldverleiher herrscht über sein Geschäft, indem er dem Geldbesitzer durch den Zins für die Herausgabe ersparten Geldes, einen kleinen Teil abgibt (teilt), und er selbst macht dabei natürlich seinen Schnitt.

Wüssten die Geldbesitzer, dass sie dazu beitragen, viele unnötige Schwierigkeiten zu entwickeln und endloser Ungerechtigkeit Vorschub leisten, sie würden sich sicherlich lieber mit keinen oder geringen Gebühren zufrieden geben, dafür aber ihren Nachkommen eine intakte Gemeinschaft hinterlassen.

Was wird beim Zins geteilt und wer herrscht?

Die erzwungene Mehrproduktion der Produktiven ist das, was geteilt wird, und jene, die dieses Geld verteilen, herrschen über das Geld. Das sind die internationalen Bankiers.

Im Grunde ist obiges Prinzip einfach folgendes: etwas abzugeben von dem, was man übrig hat, um für dem Empfänger entsprechend wichtig zu werden. Wer beißt schon in die Hand, die ihn nährt?

Prinzip Nr. 5: Was umsonst sein sollte, wird am teuersten bezahlt!

Die Geschichte der Wirtschaft handelt nicht einfach nur von Wohlstandsmehrung, vielmehr ist die Wirtschaft, wie wir sie heute kennen, ein Vorantreiben der Enteignung der Bevölkerung durch den Versuch der ständigen Verknappung aller von der Natur gegebenen Güter.
Zivilisation kann auf angenehme Weise entstehen oder durch den Zwang, überleben zu wollen. Das erste ergibt sich durch Intelligenz, das zweite durch wirtschaftlichen Zwang und Notwendigkeit. Letzteres hat sich scheinbar durchgesetzt.
Die Geschichtsschreibung wie wir sie kennen, ist die der Siege, der "Errungenschaften" und die der Ergebnisse, wie sie zu beinahe jeder Zeit von Gruppen vorgebracht wurden, die anscheinend erfolgreich darin waren, anderen die von der Natur gegebenen Güter knapp zu machen.
Ob die Sklaven haltenden Pharaonen, Dschingis-Khan, Cäsar und seine Legionen, Hitler, Stalin, Alexander der Große, Attila und viele mehr, immer war deren "Erfolg" ein zur jeweiligen Zeit größtmöglicher Diebstahl fremder Güter. Immerhin waren diese deutlich heroischer als diese heutigen vertrocknet langweiligen alten Jungs.

Dass die Geschichtsschreibung diese Jungs verewigt, fußt auf dem Lärm und dem Chaos, das sie verursachten und der Tatsache der vom Sieger geschriebenen Geschichte.

Da offensichtlicher Diebstahl eine Gegenreaktion nicht lange auf sich warten lässt, haben diese Gruppen durch die Geschichte wohl aus ihren Fehlern gelernt. Im modernen Zeitalter rauben nur noch die Dummen offensichtlich, die Schlauen verbergen sich hinter wirtschaftlichen Tricks, incl. Rechtsprechung, und die Priester der Unis und Medienkonzerne liefern dem Volk die nötige Verwirrung, um diese Tricks vor Entdeckung zu schützen. Feudalismus, Kapitalismus, Sozialismus, Kommunismus, Faschismus und Dutzende Abstufungen dazwischen, wie der Keynesianismus, Malthusianismus usw. usf., liefern, je nachdem wer gerade die Herde leitet, die durch "Wissenschaft" abgeleitete Rechtfertigung für den umfangreichen Diebstahl an gemeinschaftlichem Eigentum.

Kapitalismus rechtfertigt Privatbesitz an Grund, Boden, Produktionsmittel und an dem Geld, wie wir es heute kennen. Da dieses System, trotz seiner Nachteile für einige Nationen immer noch geholfen hat, viel Reichtum und breiten Wohlstand zu erzeugen, dient es auch als Rechtfertigung des Privatbesitzes von Grund und Boden, der eine Übernahme des Feudalsystems darstellt.

Die kommunistische Idee weitet das Privatbesitztum aus, indem es den totalen Privatbesitz an Grund, Boden, Geld, Produktionsmittel und letztendlich auch den Menschen selbst, übernimmt. Gehörte zuvor wenigen viel, so gehört im Kommunismus einer kleineren Zahl noch weit mehr. Der Kommunismus ist sozusagen der allumfassende Diebstahl, die konsequente Weiterentwicklung des Feudalsystems des Sklavenhalters.

Je nach Umfang der Schwierigkeiten der von Enteignung betroffenen Gesellschaft liefern und lieferten Ökonomen, die ihr Gebiet nicht verstanden, die gerade passenden Symptombeseitigungs- oder Vertuschungstheorien, um die weitere Enteignung nicht zu gefährden. Der Marxismus, der Kommunismus und der Leninismus kamen gerade zur richtigen Zeit, wie zuvor auch der Malthusianismus, der uns die Geburtenkontrolle brachte und davor der Merkantilismus als Religion der Steuereintreiber und einige Zeit später Keynes für die kriminelle Nachfrage seitens Regierung und viele andere, die zur richtigen Zeit die passende Rechtfertigung lieferten.

Da alle diese Theorien auf den gleichen Prinzipien aufbauen, die ähnlichen Ziele verwirklichen sollen, können sie alle durch umfassende Bekanntmachung dieser wenigen Prinzipien und ihrer Mechanik, in kurzer, in sehr kurzer Zeit reformiert und rückgängig gemacht werden.

Der totale Enteigner-Kommunismus war nie ein Feind des Kapitalismus oder umgekehrt, da der Kommunismus durch den Kapitalismus erst entstehen kann.

Doch das, was in den Medien als ständige Auseinandersetzung präsentiert wurde, sind einfach Enteignungssysteme, deren Führer auf die jeweils anderen neidisch und von diesen auch noch einen Teil ergaunern wollen. Dem Funktionär stehen die Privateigentümer von Grund, Boden, Produktionsmitteln und Geld im Weg, da sie zu erfolgreich sind; den Kapitalisten stehen die Funktionäre im Weg, das diese ihnen alles wegnehmen wollen; alles **wirklich** Liberale steht allen diesen Systemen im Weg, da es Gerechtigkeit einfordert und dementsprechend mit dem Privatbesitz kollidiert.

Die Natur gibt Land, Boden, Wasser, Luft, Energie, Rohstoffe, Nährstoffe und der Mensch als Produkt der Natur sogar Wissen.

Privatbesitzrecht fußt auf dem kaum zu verstehenden Prinzip, dass dem alles gehört, der ein knappes und wertvolles Gut zuerst sieht oder entdeckt und später für alle Zeiten daraus Gewinn schlagen kann.

Viele Naturvölker, die ausgerottet wurden, können dieses Prinzip bestätigen. Dieses Recht auf Privateigentum ist so tolerant, dass es zubilligt, diese Güter auch untereinander zu verkaufen, womit das Privateigentum von einer Person oder Gruppe auf eine andere übergehen kann.

Was dabei vergessen wurde, ist das in der Natur verankerte Grundgesetz, nachdem wir alle diese knappen Güter gleichermaßen benötigen.

Offensichtlich stimmt etwas nicht mit unserem so heiligen, auf tausenden von Seiten in Grundgesetzen und anderen Gesetzeswerken verankerten Recht! Wahrscheinlich ist zu viel römisches und pharaonisches Sklavenhalterrecht eingeflossen.

Zins und Zinseszins im Geldwesen machen aus einem Hilfsmittel für die Gemeinschaft ein teilweise privates Mittel, und indem alle Benutzer dieses Geld nun täglich "freikaufen" müssen, ist es soweit gekommen, dass der Zins in allen Preisen in Deutschland z.B. zwischen 30% und 40% ausmacht. So wird Geld, das eigentlich zu minimalen Kosten hergestellt wird, äußerst teuer.

Dies wird vielfach von Helmut Creutz in seinen div. Publikationen, aber auch unter: www.humane-wirtschaft.de/pdf_z/creutz_zinsanteil-in-preisen_diskussion.pdf, oder im Buch "Helmut Creutz - Das Freigeldsyndrom", anschaulich erklärt.

Ein Grundstück, dessen Nutzung lange Zeit durch einen niedrigen Pachtbetrag an die Gemeinde beglichen wurde, sorgt heute für Mieteinnahmen in private Taschen und nimmt einen guten Teil des Einkommens. Wer in bevölkerungsreichen Zonen lebt, weiß davon zu erzählen, wie Spekulanten diese Situation nutzen können, um das knappe Gut richtig teuer zu machen.

Wertvolles Wissen, das die Grundlage von wirklicher Weiterentwicklung sein könnte, wird durch Patente zu käuflichem Privatbesitz, und so verstaubt eine Menge dringend benötigtes Wissen in privaten Safes, weil einige wenige lieber ihren Dreck für viel Geld auch in Zukunft verkaufen wollen.

Gesundheit ist unter die Fittiche einer auf Patente und Chemiegifte schwörenden Pharma-Industrie gekommen und ist schon seit Jahrzehnten zu einem klassischen Bereich des Schwindels degradiert worden.

Wasser, Luft, Boden, Naturgüter, Wissen, Geld und einiges mehr könnte umsonst oder gegen geringe Nutzungsgebühren der Gemeinschaft zur Verfügung stehen, statt dessen wird weltweit mindestens 80% aller Produktion dafür aufgewandt, Naturgüter von ihren selbst ernannten Besitzern freizukaufen.

Das alte Europa, das Privatbesitzrecht vom Sklaven haltenden und kolonialisierenden Rom übernehmen musste, mag schon einiges erklären.

Dies bestätigt, dass jene, die Enteignungssysteme ursprünglich etablierten, wirklich längst tot sind.

Europa jedoch übernahm Roms Rolle und exportierte dessen pervertiertes Privatbesitzrecht praktisch in die gesamte Welt, und so gesehen haben die Römer tatsächlich noch ihr Weltreich bekommen, auch wenn diese Jungs von damals alle beerdigt sind.

Privatbesitzrecht ist Teil des "modernen" Rechts. Dieses, für wenige agierende Recht, wird von der Regierung, welche durch und für das Volk da sein soll,

gegen die 90% des Volkes durchgesetzt.
Wenn Privatbesitz das Volk täglich, stündlich, minütlich dazu zwingt, lebensnotwendige Produkte freizukaufen, um das eigene Leben zu erhalten, dann ist die Regierung von ihrer einzigen Aufgabe, die Sicherheit zu gewährleisten, etwa soweit entfernt wie der Mars von der Erde.
Und schlimmer noch, er ist nicht nur der gesetzliche Beschützer der privaten Enteignungssysteme, er ist auch spätestens seit Einführung der Lohn – und Einkommensteuer und den ach so "sozialen" Wohlfahrtsversicherungen, der größte Enteigner.
Manche sind halt gleicher als andere.
Naturgüter, die uns also praktisch nichts bis sehr wenig kosten würden,sind zu unser aller Nachteil ins Gegenteil verdreht wurden. Sie sind nun die teuersten Güter und Leistungen.
Verrückt, oder?

Enteignungssysteme - Wer dazu gehört!

Sie haben diesen Begriff nun schon einige mal gelesen und er wird Ihnen noch viele Male in diesem Buch begegnen.
Enteignung wird hier auch im Sinne von "Schmarotzerei" benutzt.
Schmarotzen bedeutet sinngemäß "auf Kosten anderer leben". Es gibt den "üblichen" Schmarotzer, der einfach das System benutzt und ausnutzt und ein Leben ohne Arbeit genießt, wie es die "Wohlfahrt" möglich macht, und es gibt jenen, der einfach stiehlt, um dann davon zu leben, womit der normale Dieb beschrieben wäre.

"Normale" Diebe, Sozialhilfebetrüger etc., spielen gemessen an dem Schaden, und dem Arbeitsaufwand, den sie Ihnen verursachen, eine sehr, sehr geringe Rolle. Man ärgert sich über dessen verursachten Schäden nur deutlicher. Ein geklautes Portemonnaie samt Karten, Ausweis, zwingt einen zu Behördengängen, direkt messbaren Zeitaufwand. Nur, diesen Aufwand haben Aufwand haben Sie einmal und mit viel Glück bleiben Sie dann Jahre oder Jahrzehnte verschont.

Die Enteignungssysteme nehmen einfach so, das wir es nicht merken. Über Zins, Zinseszins, Steuer, monopolisierte Produkte und Unterdrückung der Alternativen, versteckte Ausgaben für Grund- u. Bodenbesitz und solche Dinge.

Den Zustand "Opfer" sollte man nicht übermäßig stilisieren, doch bei derart an die Substanz gehenden Enteignergruppen, muss es zwangsläufig Opfer geben, da (siehe Malthusianismus) diese Gruppen im Grunde den Tod der vielen fordern.

"Nur" keine Arbeit zu haben, ist dann noch ein guter Deal.

Enteignung durch oder mittels Steuersysteme, Zins, "Wohlfahrt", Privateigentum an Grund und Boden, Produktionsmittel, Geld, Wissen und viele andere Systeme, deren Inhalt einfach nur auf dem Trick beruhen, etwas knapp zu machen oder zu halten, sind die Zielelemente dieses Buches, um deren Reform es geht.

Es geht hier nicht darum, alle Menschen, die direkt oder indirekt diese Systeme unterstützen, zu enteignen oder ähnliches mit ihnen zu tun, wie es der Kommunismus oder andere gewalttätige Systeme, im größeren Umfang tun oder zu tun beabsichtigen.

Es geht hier um den Aufbau und die Prinzipien dieser Systeme, die von irgendwelchen Menschen längst vergangener Zeiten etabliert worden sind.

Es geht darum, die Folgen dieser rechtlichen Tricks rückgängig zu machen und eine gesunde Mischung aus privatem und Allgemeinbesitz zu installieren, ohne unseren Lebensstil, Lebensrhythmus oder Liebgewonnenes zu verbieten, zu dezimieren oder zu verteufeln.

Die Urheber der leistungslosen Einkommenssysteme sind tot und können nicht mehr zur Rechenschaft gezogen werden, ob die vermögenden Erben das arrogante, Menschenverachtende Gedankengut übernommen haben, oder nicht, muss hier erst mal keine Rolle spielen.

Genauso wie heute niemand vorschlagen würde, Russland anzugreifen, weil ein Vorfahre namens Dschingis-Khan Jahrhunderte zuvor, Angst und Schrecken verbreitete, genauso würde es nur zu Verlusten führen, wenn alles in Grund und Boden "reformiert" würde, weil einige nicht das Notwendige vom Unwichtigen unterscheiden können.

Und es würde auch nichts helfen, alle Helfer oder Mitarbeiter dieser hier aufgeführten Systeme zu belangen, da letztendlich jeder Mann, jede Frau mit einem oder mehreren Systemen tagtäglich zu tun hat.

Jeder Mensch benutzt Geld, bezahlt zwangsläufig diese Enteigner, oder kassiert als Zinsgewinnler von der Mehrheit - sollen alle Menschen deshalb ins Gefängnis? "Zahn um Zahn" funktioniert einfach nicht.

Aber hier mehr Beispiele: Der Zins macht jeden Menschen zu seinem Helfer, jeder benutzt Geld, viele haben Schulden, viele bekommen Zinsen gutgeschrieben und alle zahlen diese im Preis versteckt, was einige wenige wiederum erhalten. Wer also ist schuldig und wer nicht?

Die geisteskranken "Führer", Stalin und Hitler, hatten dies getan und in ihren Einflussbezirken praktisch das produktivste Potenzial an Wissen und Know-how eliminiert.

Die pervertierte Wohlfahrt zwingt jeden in ihrem Einflussbereich zu zahlen. Sollen nur jene "begnadigt" werden, die trotzdem nie einzahlten, also nur einige Dutzend?

Wir alle zahlen Steuern, wenn wir etwas kaufen, wenn wir Lohn oder Einkommen überwiesen bekommen und extra, wenn wir Kaffee, Benzin, Tabak oder andere Steuerrechtfertigungen konsumieren. Über die Steuer finanzierten wir vor Jahrzehnten z.B. den Bau über 10.000 Atombomben.

Wollen wir uns nun jeder selbst bestrafen? Sie sehen schon, es funktioniert nicht!

Die Systeme leben von uns, den Produktiven, und unsere Lebensgrundlagen sind so auf ihnen aufgebaut und ausgerichtet, dass wir nicht an ihnen vorbei kommen. Wir haben uns belügen lassen und oft auch unseren Teil genommen. Wir haben aus Fehlern falsche Schlüsse gezogen, Ungerechtigkeit zugelassen, keine Wissenschaft zur Beseitigung gefordert oder zugelassen, noch Alternativen ausreichend unterstützt, wir haben alle paar Jahre wieder die Vertreter dieser Systeme gewählt. Wir sehen schon lange Zeit täglich, stündlich, dass mit dem System der Wirtschaft etwas nicht in Ordnung ist. Haben wir etwas daran getan, oder es versucht?

Revolution? Das funktioniert nicht.

Bei jeder Revolution wurde der Zustand nach dem "Erfolg" schlimmer.

Der Mensch ist so abhängig vom Geld, viele sind derartig durch Besitz etabliert und haben zu viele Stunden Arbeit dafür geopfert, dass ein Angebot, alle Errungenschaften zu behalten und nur einige kleine Veränderungen die Sache regeln können, sicher gut ankommt.

Es wird auch Opfer geben. Einige spezialisierte "Symptombeseitiger", Experten, oder mit diesen beschäftigte Bereiche werden ihre Nachfrage verlieren. Steuerexperten werden schwer Kunden finden, wenn es nur eine Steuer gibt, die jedes Kind im Alter von sechs Jahren versteht.

Viele Vereine "gegen " oder "für" etwas, die nicht auf die Gemeinschaft ausgerichtet sind, werden es schwierig haben, und natürlich verlieren ca. 5-10% der Bevölkerung ihre Einkommensquellen durch ihren Privatbesitz an schnöden Geld, Grund, Boden usw.

Doch da diese in der Vergangenheit regelmäßig genügend Geld auf die Seite bringen konnten und die Verkaufssteuer auch deren Vermögen nicht behelligen würde, könnten sie alle gut weiterleben.

Würden die im Folgenden ausgeführten Geld-, Grund- und Bodenreformen durchgeführt werden, würde irgendwann sogar die Verkaufssteuer wegfallen, und fehlt der Zins in den Preisen, können Ersparnisse auf dem Konto ziemlich lange halten.

Einige wenige, die leistungslose Einkommen für wichtig halten - des steigenden Prestiges wegen oder weil sie meinen, dass die Produzenten es verdient haben, für sie zu arbeiten - ja, diese werden ein Problem damit haben. Tja, scheiß auf diese Leute!

Gegner sind nicht die Mitarbeiter der Banken, Wohlfahrtsämter, Versicherungen, Patentämter, Staatsbedienstete u.a., Gegner war immer und ist der Mangel an Wissen über Wirtschaft und ihre Grundlagen.

Wüssten alle Menschen zu jeder Zeit alles darüber, hätten diese Enteignungssysteme nie auch nur einen Fußbreit ihre Vorhaben durchziehen können und wir hätten schon längst paradiesische Zustände, wahrscheinlich schöner als die Bibel sie beschreiben könnte.

Zins und seine Entstehung - Theorie

Der Zins steht seit Jahrhunderten unter Beschuss von Kirchen und vieler Reformgruppen, weshalb ich ihm hier ein spezielles Kapitel widme.
Es gibt eine interessante Geschichte über den Beginn des Kredits durch Geld, nämlich durch jene der Goldschmiede, welche den Schmuck und die Goldmünzen der Bürger gegen Gebühr in ihren sicheren Tresoren aufbewahrten. Man bezahlte also für die sichere Verwahrung seines Goldes eine Gebühr! Irgendein schlauer Schmied kam anscheinend irgendwann auf die Idee, das geparkte Gold einfach gegen Gebühren auf Zeit weiter zu verleihen. Er nahm also Gebühren für das ihm zur Verfügung gestellte Gold und zusätzlich erwarb er Einkommen durch das Verleihen des Goldes - welches ihm gar nicht gehörte. Wahrscheinlich sind irgendwann mehr und mehr Bürger dahinter gekommen und waren nicht mehr willens, für das Bereitstellen ihres Goldes noch Gebühren zu zahlen und er, der Schmied, stürzte sich voll auf das Verleih- oder Kreditgeschäft. Während er für das Verwahren des Goldes nur "einfache" Gebühren einnehmen konnte, also einen bestimmten Betrag pro Tag, Monat oder Jahr, wurde ihm schnell der phantastische Gewinn durch die Gebühr (Zins) auf verliehenes Gold real. Der Kreditnehmer zahlte dem Schmied eine Gebühr für eine bestimmten Zeitraum und nach z.B. einem Jahr zahlte er nicht nur Gebühr auf das geliehene Geld sondern auch auf die aufgeschlagene Gebühr. Also eine Gebühr auf eine Gebühr. Hier könnte die Entstehung von Kredit im Geldwesen und infolgedessen der Zins und Zinseszins zu finden sein.
Obiges mag nicht genau genug sein und mancher wird herausfinden oder sagen, dass weit früher Pries-

ter oder andere ähnliche Aufgaben übernahmen, doch geht es bei der hier erzählten Geschichte auch nur um ihren Grundgedanken.

Was jene Vorgänger unserer so noblen Bankiers betrifft, bleibt jedoch eine Frage unbeantwortet: Warum mussten sich Bürger überhaupt Geld oder Gold leihen, wenn Wirtschaft doch die Gesamtheit aller Tätigkeiten umfasst, genügend Erzeugnisse für sich oder andere zu erzeugen? Hier wird eine neue Theorie wichtig.

Bevor Tauschmittel überhaupt entstehen, müssen die Individuen, aus denen die Gemeinschaft oder Sippe besteht, mehr Erzeugnisse oder Leistungen hervorbringen, als sie selbst verbrauchen können. Um mehr Erzeugnisse und Leistungen hervorzubringen, kann ein persönlicher Arbeitseifer ausschlaggebend sein, oder schlicht der Zwang. Die Geschichte beschreibt in nicht unerheblichen Ausmaß das Verschieben von Grenzen durch Gewalt, doch etwas tiefer blickend handelt die überlieferte Geschichte von Diebstahl, Mord und Enteignung, also Dinge, die es "wert" sind, beschrieben und für die Nachkommen schriftlich überliefert zu werden. Persönlichkeiten, welche bis auf wenige Ausnahmen besonders hervortraten, waren mehr oder weniger Profis im stehlen, morden und enteignen. Sie finden hier Namen wie Stalin, Hitler, Nero, Cäsar, Fürsten, Kaiser, dutzende Könige, Priester und wohl mehrere hunderttausende Figuren von ähnlichem Kaliber. Was sie alle gemeinsam hatten, war ihre Funktion als Diktator, Führer, hoher Beamter - überwiegend Personen, die die Regierung eines Landes, Nation oder Gemeinschaft stellte.

Wird die Uhr zurückgedreht muss gefragt werden, wie jene überhaupt in diese Funktion geraten konnten!

Diebstahl, Mord und Enteignung!
Geschichte beschreibt noch aus jüngster Zeit recht deutlich das Treiben von Raubrittern. Sie gaben nichts und nahmen alles.
Privatbesitz von Grund und Boden bis hin zum Menschen als Sklaven war lange Zeit die geschichtswälzende Kraft, und so etwas lässt sich in der Regel nur durch Zwang durchführen.
Viele Vorfahren heutiger Großgrundbesitzer sind durch, nach heutigem Recht nicht gerade "einwandfreie" Manöver zu Besitzer seltener Güter geworden und noch mehr private Geldvermögen fußen auf dieser Vorgeschichte.
Der durchschnittliche Bürger, also jener, der von solchen Dingen wenig bis nichts wissen will, einfach seine Umwelt pflegen, formen und nutzen will, wird bei genügender Kenntnis von seinen Erzeugnissen leben können, jene die dies nicht wollen oder mangels Kenntnis nicht können, werden voraussichtlich die andere Gruppe der Diebe, Mörder und Enteigner bilden.
Der normale ehrliche Bürger kann also recht häufig "Besuch" von dieser zuletzt genannten Gruppe bekommen und entsprechend umfangreich um seine Produktion mehrerer Wochen und Monate gebracht werden. Kann an Gütern nicht genug eingenommen werden, wird eben der Grund und Boden in Besitz genommen, worauf der bisherige Eigentümer Abgaben zu entrichten hat; beides reicht aus, um die Existenz wesentlich zu erschweren.
Als Alternativen bieten sich: a) aufgeben und sterben, oder b) mit noch mehr Energie weitermachen und hoffen, dass es reicht, oder c) aus Mangel an Kraft, Zeit und Ausdauer (oder nur eines dieser drei Faktoren) die Leistung durch technische Verbesserungen

erhöhen. C passiert äußerst selten, b ist recht häufig der Fall und a mag wohl die Mehrheit der Betroffenen ereilt haben.

Hier trennt sich die Spreu vom Weizen und die Starken geben nicht auf, während die Schwachen sterben oder sich ihrem Schicksal ergeben. Irgendeine technische Verbesserung - aus c) hervorgehend - spricht sich (die Gegenwart bezeugt dies) schnell herum, und je ökonomischer sie auf die Umgebung einwirkt, umso größer wird das Ergebnis in Form von zusätzlicher Produktivität sein.

Maschinen geben das tausendfache bis millionenfache an Leistung dessen, was der Mensch zu tun vermag.

Die Diebe können also wiederkommen, und selbst wenn sie die Produktion eines halben Jahres stehlen, kann dies dem ehrlichen Bürger mit Kenntnis der neuen Technik eventuell weit weniger anhaben.

Sobald irgendwo Techniken zu erhöhter Produktion verhelfen, kommen alle möglichen Arten Tauschmittel bis hin zum modernen Geld ins Spiel.

Diese Techniken können Gewinne hochschnellen lassen und weitere Investitionen hervorbringen, doch bleiben die Verbrecher weiterhin existent, sie verändern sich nur dahingehend, dass sie ihre Diebestouren den moderneren Bedingungen anpassen.

Diese Jungs können also weiterhin zuschlagen und die Bürger aus der Fassung und in Armut bringen, sie können derart zum Alltag gehören, dass sie sich untereinander "die Schafe" rauben wollen. So werden dann Diebe ihre Schafe vor den Wölfen schützen und als neue Variante von ihren Schafen mehr oder weniger freiwillig Lohn und Gehalt für den geleisteten Schutz erhalten - womit wiederum moderne Steuersysteme recht gut beschrieben sind.

Der enteignete, jedoch produktive Bürger wird also durch Diebstahl um seine Produktion gebracht, und um die Produktion trotzdem erhöhen oder überhaupt halten zu können, braucht er ab einen gewissen Punkt Kredit.

Geldverleiher, Banken und Regierungen arbeiten deshalb gut zusammen, weil die Regierungen irgendwann ihr Volk ohne Aufstand nicht weiter "erleichtern" können, während gesetzliche Zahlungsmittel (durch die Regierung legitimiert) ihnen heimliche und enorme Finanzierungsmöglichkeiten geben, und die Geldseite sicherlich um den Umstand des gesetzlichen Faktors ihrer Zahlungsform weiß und es nicht darauf ankommen lässt, es sich mit der Regierung zu verscherzen.

Der Zins hat für Regierungen einen enormen Vorteil, auch wenn der Zins die Regierungen irgendwann einholt. Aufgrund der Schulden, die die Regierungen immer machen, denn es ist rechnerisch leicht, seine mathematische Unsinnigkeit vorzuführen und die Bankiers stehen dann als die Bösewichte da, während der regierungsamtliche Raub von bis zu 50% und mehr aller Produktivität ständig übersehen wird.

So können Regierungen sich hinter ihren Steuern verstecken; der Zins in Geld sicht- und berechenbar dagegen, wird zu Recht immer als enormer Fehler von allerhöchster Zerstörungskraft dastehen.

Doch erhält der Bankier diese erst durch Regierungen und deren Vorfahren, die der großen Menge der einfachen Bürger nicht genügend von ihrer Produktion überließen!!!

Als Marx die Unternehmer kritisierte, machte er Regierungen und Banken das größte Geschenk seit Entstehung des Geldes, da er für die Ausplünderung aller Produktiven ein weiteres Programm lieferte, die jegli-

che Besteuerung bis hin zur totalen Enteignung rechtfertigen ließ.
Hätte er den Schaden, welche Lohn/Einkommensteuer verursacht und stattdessen den Mehrwertdiebstahl einiger habgieriger Unternehmer mehr Raum gewidmet, es hätte wohl völlig anders ausgehen können.
Mit dem Zusammenfall des Ostblocks und mit diesen die Ideen von Marx, ist somit auch jegliche Kritik an schlechter Bezahlung, an habgierigen Mehrwertklau die Grundlage genommen. Nur, jegliches System im ehemaligen Ostblock hatte nichts mit gerechter Bezahlung zu tun. Es war einfach eine Enteignung, wo niemanden etwas gehörte, erst recht nicht die Maschinen.

Staat und Steuern

Das Wort **Staat** ist abgeleitet von "lat. Status, Stand" und bedeutet unter anderem, "eine Herrschaftsordnung, durch die ein Volk auf abgegrenztem Gebiet durch einheitliche Gewalt zur Wahrung gemeinsamer Güter und Werte verbunden ist", oder "eine innerhalb festgelegter geographischer Grenzen lebende menschliche Gemeinschaft unter einer obersten, mit bestimmten Rechten und Pflichten ausgestatteten Gewalt".
Für jene, die unzufrieden mit unseren staatlichen Gebilden, ihren Regeln und Gesetzen sind, ist der Staat schlicht die "Regierung eines Landes".
Wenn Goldschmiede aus den Anfangstagen die Macht besaßen, Kredit zu geben, dann zeigte die Geschichte des Geldwesens, dass der Staat oder die Re-

gierung überwiegend der größte Kreditnehmer war und ist.

Seine umfangreiche, auf falsche Ziele ausgerichtete Macht ist davon abhängig, die Mittel zu seinem Erhalt erzwingen zu können, unabhängig davon, ob von ihr Bedürfnisse befriedigt werden oder nicht.

Es hilft auch, sich den Staat einfach als eine private Gruppe vorzustellen, welche mit Geld einfach anders umgeht (es anders "verdient"), als eine Privatperson oder ein Unternehmer.

Für eine Regierung, die ihren Einflussbereich auf weitere Bewohner ausgeweitet sehen möchte, ist eine gemeinsame Währung ein Mittel zum Zweck, welche durch ein gesetzliches Zahlungsmittel erst möglich wird.

Die alten Goldschmiede die Quittungen herausgaben gegen hinterlegtes Gold und selbst welche imitierten und für die Kreditvergabe benutzen, waren in nicht unerheblichen Maße davon abhängig, dass die Aussage "ich schulde dir etwas" (das Versprechen, in der Zukunft zu zahlen) als Tauschmittel akzeptiert wurde.

Regierungen und Banken schlossen Abkommen, in welchen sich das Bankensystem verpflichtete, finanzielle Mittel für die Regierung bereitzustellen, wenn diese benötigt wurden, und im Gegenzug durften die ehemaligen Goldschmiede ihre öffentliche aber in Wirklichkeit private, auf Vertrauen basierende Institution namens "Geld" als "gesetzliches Zahlungsmittel" in Umlauf bringen, wodurch sie das nötige Vertrauen in das von privater Hand geschaffene Zahlungsmittel gezeugt hatten.

Vielleicht handelt es sich auch einfach um gegenseitige Erpressung.

Banken erhalten ihr Geld als gesetzlich legitimiert, dafür leihen sie der Regierung Geld, obwohl Sie es selten zurückbekommen. Das Banken Geld mittlerweile aus dem "Nichts" erschaffen, einfach durch einige klicke mit der Maus, ist dann noch ein ganz anderes Thema.

Letztendlich: Eine Hand wäscht die andere.

Wie erfolgreich diese Abkommen waren, wird verdeutlicht durch die Übernahme dieser "Zusammenarbeit" bei der Gründung der "Bank of England" (1694), von wo aus sich dieses System über die ganze Welt verbreitete.

Das Geld, das Sie jetzt gerade in ihrer Geldbörse liegen haben, ist geschichtlich gesehen also eine recht junge Angelegenheit.

Regierungen und Banken arbeiten Hand in Hand.

Regierungen leihen sich für unproduktive Dinge laufend Geld von den Banken, wenn sie mit den riesigen Summen aus Steuereinnahmen nicht klar kommen.

Banken können Geld nur hergeben, das zuvor durch Geldbesitzer zur Verfügung gestellt wurde. Sie geben also Geld heraus, das ihnen nicht gehört. Also ist, wenn man die Eigenkapitalquoten aller Banken betrachtet, ab den 2, 3, 4 oder 5% Eigenkapital alles verliehene Geld, nur noch eine Schuldenquittung, die zufällig ausschaut wie Geld.

Wir Menschen ließen uns zu mehr Produktion als wir benötigten überreden und ab irgendeinen Punkt wird vielleicht Geld benötigt um zu investieren, um noch mehr zu produzieren. Eine schöne Falle.

Den unglaublich niedrigen Eigenkapitalquoten der Banken nach, besitzen diese kaum wirklich irgendwelche Euro, Dollar oder andere Währungen die sie verleihen, also muss es aus dem Nichts geschaffen werden.

Einfach per Buchung oder per Druck.

Sollten Sie bei Amazon oder Ebay viele Dinge verkaufen, dafür Geld nehmen und irgendwann stellt sich heraus, dass Sie die Dinge nicht besitzen ... . Rechtsanwälte, Strafverfolgungsbehörden, Polizei sind Ihnen sicher.

Da ein privater Kreditnehmer sich aber verpflichtet, seine Schuld zurückzuzahlen und im zu zahlenden Zins auch eine Risikoprämie enthalten ist, stehen diese Vertragsverhältnisse generell auf festem Boden.

Anders bei einem Kredit an den Staat.

Während der Produzent produziert und seinen Kredit durch entsprechende Mehrproduktion zurückzahlen kann oder will, tut der Staat was? Mehr produzieren? Bestimmt nicht! Mehr Steuern einnehmen? Das wohl eher.

Also zahlt die Bevölkerung zuerst den Kredit der Bank an die Regierung (Banken besitzen diesen Kredit praktisch nicht), um schließlich über ihre Steuern diesen eigentlich "nicht vorhandenen" Kredit nochmals zurückzuzahlen.

Entweder müssen sie dann auf Leistungen verzichten oder der Staat erhöht die Abgaben. Dies wäre der übliche Ablauf. Doch wie sieht die Wirklichkeit aus?

Gibt es zahlreiche Beispiele für Staaten, die ihre Schulden zurückzahlten?

Äußerst selten.

So geht dann Geld in Form von Steuer an den Staat und zusätzlich geht das eigene Geld über die Bank, welches die Regierung sich leiht, ebenfalls an den Staat. Dieser Weg ist der teure. Die Bank nimmt Zinsen und die Schulden steigen und steigen.

Wenn der Staat vielleicht zurückzahlt, dann vielleicht die Zinsen, aber auch die nur recht selten. Die Schulden können und werden dann regelmäßig enorm ansteigen und den Haushalt mehr und mehr belasten, indem dessen Tilgung immer mehr Vorhaben verhindert.

Hat sich die Staatsführung zu viel Unterstützung durch unnötige Behörden aufgebaut, welche sein Budget aufzehren, wird der Staat nicht mehr Steuern heraus zwingen können, da die natürliche Tendenz eigentlich die sein müsste, zu sparen und mehr zu produzieren.

So muss der Staat um sein Steueraufkommen kämpfen, während gleichzeitig seine Schulden durch Verzinsung astronomische Summen bilden.

Ein Volk, das zulässt, dass seine Regierung Schulden macht, weiß nicht, was es tut und die Regierung tut ganz sicher nicht das, was sie tun sollte.

Da Politiker mit ihrer persönlichen Wirtschaftstheorie jeweils für einige Jahre das Volk belästigen dürfen, können sie durch Schulden Wohlwollen kaufen und tun dies ausgiebig (was wohl auch der Hauptgrund der Schulden und Sozialsysteme ist).

Ihre Nachfolger erben dann diese Schulden, und selbst wenn sie einer produktionsfreundlicheren Wirtschaftstheorie wie dem Liberalismus (die angewandte hat kaum etwas mit "liberal" zu nennen) anhängen, so verhindert die Schuld des Vorgängers eine Vielzahl von Vorhaben, die evtl. zum Gelingen des Plans dieser neuen Regierung beigetragen hätte.

All das ist immer eine sehr verhängnisvolle Entwicklung.

Der Staat selbst hört, außer bei seiner Schuldenmacherei, auf das ökonomische Prinzip des Einsatzes der vorhandenen Mittel für den größtmöglichen Erfolg. In den Planungen, wie die Steuereinnahmen umverteilt werden sollen, fallen dann Entscheidungen, die Kürzungen im sozialen Bereich, in der Bildung und vergleichbaren Bereichen vorsehen.

Die Tatsache, dass diese Bereiche zuvor schon überhaupt durch Steuergelder am Leben erhalten wurden,

zeigt aber, dass sie Symptombehandlungen in sich selbst sind. Kürzt der Staat für diese Bereiche seine Zuschüsse, werden die zuvor vertuschten Mängel immer sichtbarer.
Die Regierung sieht sich dann einer Situation gegenüber, in der sie weniger Steuereinnahmen hat, schnell anwachsende Schulden, die von den Steuereinnahmen erhöhte Anteile nehmen, Sozialabbau und daraufhin ein Anschwellen gewisser Kräfte, die eher den revolutionären Ideen Gehör schenken.
Schulden sind wie Selbstmord, wenn die Regierung sie aufnimmt.
Wenn eine Regierung Schulden macht, dann muss sie offensichtlich mehr Geld ausgeben als sie eingenommen hat. (Wer berät diese, es zu tun??)
Während eine Firma einen Kredit nimmt, um in die Zukunft zu investieren, in Form neuerer Maschinen, größere Hallen, nimmt eine Regierung Schulden auf, um was zu tun?
Hier kommt nun das endlose Gebiet, das sich damit beschäftigt, was die Aufgaben des Staates sind, die im Kapitel Sicherheit - die einzige Aufgabe des Staates ausführlich erklärt werden. Eine kurze Einführung soll hier trotzdem gegeben werden.
Was wir als Praxis kennen, ist nicht das Optimum, denn die Rechtsprechung ist auf falsche Zielsetzungen hin ausgerichtet worden, statt wirklich das zu bekämpfen, was Mangel erzeugt.
Durch die Generationen hindurch haben wir alle ein falsches Bild vom Diebstahl bekommen. Während also der kleine Dieb verurteilt wird, weil er sich offensichtlich und spürbar an Eigentum vergangen hat, übersehen wir, dass außer der Luft praktisch alle Lebensgrundlagen bereits in Privatbesitz, statt in private Nutzung übergegangen sind.

Während umsonst produziert wurde für das, was der Dieb einmalig nimmt, so muss ständig, täglich produziert werden, um Güter zur Aufrechterhaltung des eigenen Lebens, sowie das Leben der Familie und der Gemeinschaft von Privatbesitzern freikaufen zu können.

Einzig die von Produzenten erzeugten Waren und Leistungen entsprechen der wirklichen Marktwirtschaft von Angebot und Nachfrage, wobei die untereinander ausgehandelten Preise den Wert des Tauschs wiedergeben, mit dem die persönliche Arbeit des anderen honoriert wird. (Produzenten die bestimmte Produkte monopolisierten, sind hier ausgenommen)

Es gibt ein so genanntes idealtypisches Modell der Marktwirtschaft, wonach 1. alle Wirtschaftssubjekte eigene Pläne aufstellen, 2. die Pläne über den Markt koordiniert werden, auf dem sich die Einzelangebote und Einzelnachfragen treffen, 3. der Preis Angebot und Nachfrage reguliert, 4. der Staat keinen aktiven Einfluss auf den Wirtschaftsprozess nimmt und nur den äußeren Ordnungsrahmen setzt und 5. Privateigentum, Gewerbe - und Vertragsfreiheit gelten. Dies sind die Grundgedanken liberaler Wirtschaft.

Was übersehen wurde ist die Auswirkung von Privatbesitz auf den Markt. Während Angebote und Nachfragen in der Wirtschaft von Produktion abhängig sind und überhaupt nur dadurch Existenz erhalten, fordert Privateigentum die Unterwerfung des Menschen, eine Belohnung, einen Preis, um etwas herauszugeben, was es eigentlich umsonst oder deutlich, deutlich günstiger gäbe, wenn es diesen Besitzer nicht geben würde.

Selbst öffentlich verwaltete Güter erfordern zu ihrem Gebrauch Arbeitsaufwand oder Geld, weshalb sie kaum kostenlos sein können.

Der Privateigentümer muss aber "aus dem Weg gekauft" werden, bevor diese Güter benutzt werden können, um Bedürfnisse zu erfüllen.

Der liberale Gedanke erkannte ganz richtig die Aufgabe des Staates, welcher nur den Ordnungsrahmen, die Sicherheit, zu setzen hat und sich nicht um den Wirtschaftsprozess kümmern soll. Dieser Punkt wurde allgemein missverstanden.

Der Ordnungsrahmen muss Recht und Gesetz beinhalten, die sicherzustellen haben, dass niemandem **ungerechtfertigt** die Erfüllung seiner Bedürfnisse zugesagt werden.

Dazu gehört der Zugang zu Ressourcen, bis hin zum Erhalt des eigenen Lebens.

Sich nicht um den Wirtschaftsprozess zu kümmern (wie im obigen Modell), hätte gravierende Folgen. Es muss ein Ordnungsrahmen gesetzt werden, damit das zuvor beschriebene Verknappen natürlicher Güter verhindert werden kann (was nicht getan, sondern noch gefördert wird). Der Wirtschaftsprozess wird von allen Systemen behindert, welche durch ihren Besitz an knappen Gütern reines Wirtschaften, echte Produktion nicht zulassen oder diese zu teuer, zu zeitaufwändig werden lassen.

Vielen sozial Eingestellten ist der Liberalismus ein Gräuel, weil das, was ihnen als liberale Wirtschaft verkauft wird, nicht wirklich liberal ist. Es kann nicht liberal sein, wenn 90% der Bevölkerung ihre Bedürfnisse nur befriedigen können, wenn es für alles Grundlegende einen "Zoll" entrichten muss und wenn die "Liberalen" der letzten Jahre alles tun um für die Enteigner Schranken abzubauen, für die produktiven Schranken aufzulegen, so muss man sich über die schlechte Meinung nicht wundern.

Aus dieser Richtung gesehen sind der Staat oder die Regierung wirklich nur für den Ordnungsrahmen zuständig und haben durch diese in Form von gesprochenem Recht und praktizierter Sicherheitsdienstleistung dem Volk zu dienen. Das würde der Staat dann auch wirklich tun und das wäre auch seine einzige Aufgabe. Steuern sind die übliche Form, in der diese Leistungen bezahlt wurden. Die Vergangenheit kannte keine Regierung, die sich an obiges Muster hielt, und die alten Feudalsysteme, die vor noch gar nicht so langer Zeit reformiert oder besser, modernisiert wurden, erhoben erdrückende Abgaben für Saus und Braus, aber nicht um dem Volk, welches dies erst ermöglichte, einen Ordnungsrahmen zu geben, außer soweit, dass dieses seine Abgaben an die Grundbesitzer und andere Regierungstreuen pünktlich zu entrichten habe, da Recht und Gesetz sie andernfalls hart bestrafen würden.

Ein Staat, der sich nur um den Ordnungsrahmen kümmert, wird daraufhin wirklich messbar und erfüllt, wie andere Produzenten auch seine Aufgaben, um die Bedürfnisse zu befriedigen.

Er würde dann produzieren statt schwer beschäftigt zu sein, er würde die Verursachung von Mangel an knappen Dingen (Grund, Boden, Ressourcen, Geld etc.) rechtlich verfolgen bzw. es durch angemessene Rechtsprechung, die bis in die Gegenwart überwiegend Enteignungssysteme aufrechterhalten hilft, ja durch entsprechendes Recht sogar ihre Lebensgrundlage aufrechterhält, gar nicht mehr dazu kommen lassen und somit sicherstellen, dass der Weg für alle frei ist, Bedürfnisse aus der gleichen Startposition heraus zu erfüllen.

Damit würde er rasches Wachstum an benötigten Waren und Leistungen unterstützen und statt mit schmarotzenden Gruppen zu teilen und zu herrschen, würde er vom Volk bezahlt, dem Volk dienen und durch seine Produktion mit ihm teilen und so am Ende auch herrschen, indem er für und mit dem Volk zusammen herrscht.

Im Staatswesen kann man viel reformieren, am sinnvollsten ist eine grundlegende Reform der Besteuerung.

Steuer, die die Produktion aufhält, indem sie von deren Endzweck, den Einkommen, Abgaben erzwingt und viel schlimmer, in einer unter Druck stehenden Wirtschaft, wie es derzeit gerade der Fall ist, dem Produzenten verwehrt, Ersparnisse für Investitionen anzusammeln und diesen in die Arme von Bankiers durch Verschuldung zwingt, also die Gewinne besteuert und somit verwehrt - muss aufgehoben werden.

Lohn-, Einkommen-, Gewerbesteuern und ähnliche, welche die direkten Ergebnisse der Produktivität verringern, erzeugen keine Gerechtigkeit durch Absorption des Mehrwerts, wie Marx es vielleicht gewollt hätte.

Er vergaß dabei zu erwähnen oder tat es nicht deutlich genug, dass wer auch immer die Notenpresse kontrolliert, die Geldmenge regulieren kann, eine Inflation hervorrufen kann, um sich seiner Schulden zu entledigen.

Inflation allein lässt den Kaufwert von Geld sinken.

Eine Lohn- oder Einkommensteuer, die mit der Höhe des Lohns oder Gehalts prozentual ansteigt, wird mehr anteilig fordern, desto mehr verdient wurde. Nicht umsonst werden diese beiden Steuern in manchen Kreisen auch als "Neidsteuern" beschrieben, die darauf abzielen, dem Produktiven sein letztes Hemd zu nehmen.

Dies ist aber ein vorgeschobener Grund und geht an der praktischen Wirklichkeit vorbei (denn wirklich Reiche, zahlen keine Steuer), denn mit einer Inflation steigen auch die Löhne und Gehälter der kleinen Produktiven, die gleichzeitig an Kaufwert verlieren.

Indem sie dies tun, steigen sie ohne vermehrte Produktion, wie bei der Lohnerhöhung an, und erklimmen Stufe für Stufe auf der gleitenden Einkommensskala.

Es trifft nicht nur den Unternehmer und seinen Mehrwert, auf den die Kommunisten neidisch sind, es trifft alle Produktiven, also auch die Arbeitnehmer, für die die Sozialisten immer so fleißig vorgeben, sich einzusetzen.

Ein Arbeiter, der sagen wir mal, 1.600 Euro in einem Monat bekommt und 20% Lohnsteuer abgibt, bekommt durch Inflation "mehr" Lohn, für welchen er sich aber nicht mehr kaufen kann. Steigt sein Lohn z.B. auf 10.000 Euro, so steigt er in der Lohnsteuer vielleicht auf 45%. Für diese 10.000 Euro kann er sich allerdings nicht mehr kaufen, als zuvor von den 1.600 Euro. Hat er eine Wochenarbeitszeit von 40 Stunden, so ist er bei 20%, 8 Stunden für die Regierung an der Maschine, bei 45% sind es 18! Gleichzeitig kann er sich für sein restliches Geld kein einziges Brot zusätzlich kaufen und im Gegenteil: Das Warenangebot wird immer geringer, da jeder Produzent auf bessere Zeiten wartet, in denen der Verkauf kein Verlustgeschäft zu werden droht.

Will man keine Inflation, dann ist für den eigenen Frieden besser, nicht zu erlauben, dass die Regierung sich verschuldet, die Strafe wartet in Form einer Inflation.

Eine einzige Steuer, die nur auf den Verkauf zu einem gleichen Prozentsatz erhoben wird, würde die

Einkommensteuer und alle anderen überflüssig machen.

Statt im Finanzamt in George Orwell`scher Manier, Akten über jeden Bürger und seine Steuermoral zu sammeln, wird eine Verkaufssteuer einfach von allen Verkaufsstellen erhoben. So zahlen jene mehr, die mehr Geld für ihre Bedürfnisse ausgeben. Sie häufen mehr Eigentum an, was, wie wir oben gesehen haben, letztendlich der Grund oder besser, die eigentliche Existenzberechtigung für einen Staat ist. So bezahlen jene mehr, die mehr Eigentum anhäufen und im Preis der Güter und Leistungen ist zum immer gleich hohen Prozentsatz die Verkaufssteuer enthalten.

Jeder zahlt eine Gebühr entsprechend dem, was er dem Staat zum "Bewachen" gibt. Es ist vielleicht nicht das absolut perfekte System, aber es funktioniert mit großer Sicherheit besser als der riesige Schwindel, der derzeit überall abläuft.

Lesen Sie bitte auch Kapitel "Reform des Steuerwesens."

Dieses Kapitel ist nicht Reform, es sind nur Daten dazu. Die Reformen sind später aufgeführt.

Steuer ist Formung der Gesellschaft

Das Wort "Formung" ist eine freundliche Bezeichnung für die Umverteilung von Geld und Produktion der Fleißigen, durch Beschäftigte aus der Regierung an Beschäftigte aus enteignenden und/oder befreundeten Gruppen.

Umverteilung ist die aktive Aktion, etwas von A zu nehmen, um es an B zu verteilen.

Politiker und ihresgleichen nehmen durch Steuern und geben durch Subventionen, Geschenken, Diäten, Gehälter, hohe Pensionen, Steuervorteile und einiges mehr an all diejenigen etwas weiter, die ihnen wichtig sind und in ihre wirtschaftspolitische Idealvorstellung hineinpassen.

Was sie nehmen und dann über erstickende Verwaltung verteilen, ist durch reale Produktion gedecktes Geld.

Was die Produzenten oder der überwiegende Teil der Bevölkerung für ihr Steuergeld erhalten, sind eine nach riesiger behördlicher Verschwendung, teilweise "Rückzahlung" durch neue Regeln, Auflagen, subventionierte Konkurrenz, Geschenke u.v.m., die sie alle selbst bezahlt haben und zum Schluss des Ganzen gibt es die "Freiheit", alle paar Jahre wieder zwischen den verschiedenen, sie selbst enteignenden politischen (Wirtschafts-) Theorien wählen zu dürfen. (Mitglieder einer Partei sympathisieren jeweils mit irgendeiner dusseligen Theorie).

Umverteilung arbeitet mit dem Faktor "Bedürfnisse".

Jeder Mensch produziert, um im Ergebnis seine Existenz-, dann Kultur- und Luxusbedürfnisse erfüllen zu können. Jene, die darin nicht erfolgreich genug sind oder sich Monopole (Enteignungssysteme durch Privatbesitz an knappen Gütern) geschaffen haben, sind regelmäßig und überwiegend die Empfänger der Umverteilungen. Aus obigem könnte herausgelesen werden, dass Regierungen nur ihre Produzenten (Arbeiter, Unternehmer, Angestellte, Selbständige) plündern, um es den Unproduktiven zu geben... - und dies ist richtig, denn man kann nicht plündern, wo es nichts zu holen gibt.

Ein Staatswesen, auf falschen Prinzipien aufgebaut, muss sich trotz seiner Gesetzeskraft gewissermaßen prostituieren.

Teile der Bevölkerung, die nicht gut leben, ob aus eigener Schuld oder auch durch die Nachteile, die mit der Regierung regelmäßig gut befreundete Gruppen mit sich bringen, werden ständige Unruheherde sein.

So wird ein Teil des Geldes der Produktiven auch an diese verteilt, um sie ruhigzustellen, womit die Regierung etwas teilt, was sie zuvor von den Empfängern selbst über steuerliche Umwege genommen hat - und so ihre Herrschaft aufrechterhalten.

Monopolinhaber über lebenswichtige Grundressourcen sind durch ihre Monopole finanziellen "Arbeitsquellen" ausgesetzt, die 24 Stunden täglich für sie arbeiten, während der echte Produzent nur einige Stunden täglich zu produzieren vermag.

Grundstücke z.B. steigen in ihrem Wert einfach durch den Bevölkerungszuwachs und der Nachfrage nach Wohnraum.

Der Spekulant hat die Zeit auf seiner Seite und muss nur auf einen günstigen Zeitpunkt warten. Er produziert nichts, er ist nur im Besitz von einem knappen Gut, dessen Wert 24 Stunden täglich ansteigt. Das ist ziemlich erbärmlich.

Der Zins als "Preis für Geld" ernährt die Geldbesitzer, und es gibt eine Menge Menschen, die nur aus diesen Grund nicht arbeiten. Und eine Horde Finanzberater empfehlen in ihren Büchern oder Vorträgen "genug zu verdienen, so dass man dann bei einem Zinssatz von x-Prozent seinen Lebensunterhalt bestreiten kann" - keine Rede mehr von Produktion. Gott noch mal, und dafür wurden viele Semester in Universitäten abgesessen!

Dieser "Arbeitszeitunterschied" gibt den Monopolisten finanziell sehr viel Macht und diese Macht sorgt dafür, dass die "Führung" jedes Landes bis ins Detail erpressbar wird.

Umverteilung der Steuereinnahmen im aktuellen System bevorteilt also diese Gruppen.

Umverteilung sagt nicht nur aus, dass Geld von Produzenten genommen wird, um es zu verteilen, Umverteilung ist selbst Teil der Besteuerung. Umverteilung ist Nehmen und Geben. Mit beiden kann jongliert werden und die Umwelt entsprechend der eigenen Idealvorstellung des Politikers oder seiner Hintermänner geformt werden.

Wer nun meint, dass der einfache Politiker Macht ausübt, vergisst, dass Politiker in bestimmten Wirtschaftstheorien denken, die ausnahmslos selbst von schmarotzenden Systemen finanziert und verbreitet wurden und werden.

Parteien vertreten jeweils die Theorie, die der persönlichen Lebensweise ihrer Angehörigen nahe kommt, und wenn die Politiker jeder für sich denken, erfolgreich die persönliche Vorstellung verteidigt oder etabliert zu haben, so haben sie in Wirklichkeit jedes mal der Gruppe oder mehreren Gruppen einen Gefallen getan, die irgendwie davon profitieren werden.

Um es deutlich auszudrücken: Aufgabe einer Regierung ist es, das Eigentum seines Volkes an Besitz und Leben zu schützen, dieses vor Dieben aller Art zu schützen – und infolgedessen für eine wirklich Gleichheit, einer Gleichheit, wo jeder die in etwa selben Startbedingungen vorfinden kann.

Beides hängt einzig und allein von der Fähigkeit ab zu produzieren, weshalb der Ordnungsrahmen, den die Regierung setzen muss, alles enthalten muss, was das Produzieren vereinfacht und jeden vor denen schützt, die etwas verknappen wollen, also auch vor Monopolisten, die derzeit die größten Nutznießer des Rechtswesens sind.

Regierungen finanzieren ihre Beschäftigungen durch ihr selbst erzeugtes Recht, Steuern erzwingen zu können, enteignende Systeme "finanzieren" ihre Einnahmen durch Regierungen, welche die Privatbesitzrechtsprechung sicherstellen und somit die eigene Bevölkerung zwingen, alle ihre von Natur gegebenen Grundlagen gegen real geleistete Arbeitszeit freizukaufen.
Ein mieses Geschäft.
Umverteilung der Steuereinnahmen tarnt die negativen Folgen dieses Geschäfts.

Pervertierung der Wohlfahrt

pervertieren: 1. sich zum Negativen verändern, verderben;
2. verfälschen, falsch und unheilvoll anwenden oder verstehen.

Wohlfahrt ist selbstverständlich das Ideal einer Umverteilung von A nach B.
Die Gesunden zahlen für die Kranken, die Fleißigen für die Faulen, der Achtsame für den Unachtsamen.
Dies schreibt sich hier natürlich recht einfach, und gäbe es einzelne Schicksale, die ihre ganze Umgebung durch die finanzielle und persönliche Aufmerksamkeit binden würden, würde sich die Gemeinschaft den hohen Zeitaufwand und die oft hohen Kosten nicht untereinander aufteilen, welche durch Krankheit und Unglücke aller Art entstehen können.
Doch unwiderlegbarer Fakt ist, dass "soziale" Wohlfahrt, wie sie zu dieser Zeit überall installiert ist, ein

ineffizientes System finanziert, aus welchem sich z.B. ein Pharmakomplex gigantische Einnahmen sichert und Regierungen einen Teil ihrer Macht, der auf der Macht umverteilen zu können, aufbaut.

Kaum ein westliches Land plagt sich nicht mit rapide steigenden Kosten für seine Wohlfahrt, und die "Lösungen" verschlimmern das Bild, statt der ursprünglichen Absicht der Wohlfahrt gerecht zu werden.

Wohlfahrt ist wie eine Waffe, welche die Produktiven gegeneinander ausspielt, indem sie es für den Einzelnen einfach gestaltet, auf Kosten der Mitmenschen zu leben.

Das ökonomische Prinzip wird durch den Aufbau der "sozialen" Wohlfahrt auf den Kopf gestellt.

Wer einzahlt, betrügt sich selbst, und wer nimmt und dabei denkt, dass er dabei gewinnt, vergisst, dass sein Preis den er dafür zahlt, wesentlich höher ist. Am Ende, wie bei jeder Lüge, verlieren beide Seiten, dann rächt sich das "schöne Leben" durch einen großen Zusammenbruch und dann, danach, haben beide Seiten ihre Sicherheit verloren und stehen vor dem Nichts.

Wohlfahrt kann sich ein Volk nur leisten, wenn nach der Arbeit etwas übrig bleibt, das man abgeben kann. Regierungen erzwingen einfach Wohlfahrt als Nachfrage, in prozentual ansteigenden Raten.

Moderne Staaten mit ihren von Entwicklergeist und Technik vorangetriebenen Wirtschaften sollten damit eigentlich kein Problem haben, und die in vielen Staaten mehr als ausreichende Produktion beweist es.

Doch ist Wohlfahrt nicht nur ein Geldproblem.

Wurde vor noch gar nicht so vielen Tagen die Wohlfahrt innerhalb der Familien getragen, bis hin zur Fürsorge für die Alten, hatte jede Familie oder jedes Dorf seine eigenen Heilmittel, ein eigenes "Rentensystem", welche ein Zusammengehörigkeitsgefühl erzeugen halfen und Solidarität, Familiensinn erhielten.

Heute ist all dies durch die staatliche und private Wohlfahrt zu einem "Privateigentum" des Staates und privater Unternehmen geworden, wobei sich jeder Einzelne seine Wohlfahrt, seine "Heilmittel" und am Ende seiner Tage sogar seinen "Familiensinn" durch zu bezahlende Mittel, Hilfe, Altenpflege, Pflege etc. freikaufen muss.

Die Praxis beweist es, und die durch staatliche Fürsorge beglückte Nationen haben in nur wenigen Generationen die menschlichen Beziehungen derartig verkompliziert und zerstört, wie es zuvor tausende oder hunderttausende Jahre Entwicklung nicht vermochten.

Ob es Ihnen jetzt real erscheinen mag oder nicht: Auch Familie, Gruppensinn und Gesundheit sind in gewisser Weise Naturgüter und gehören zu den Dingen, die im Grunde durch gerechten Tausch weit ökonomischer zu haben wären und heute teuer, sehr teuer bezahlt werden. Wohlfahrt ist in Privatbesitz übergegangen, wobei dieses Naturgut so knapp gemacht worden ist, dass jenes System der gegenseitigen Hilfe untereinander, um schwirige Zeiten zu überstehen, seine Gegenseitigkeit verloren hat und an ihrer Stelle eine Einseitigkeit getreten ist, von der alles teuer (durch Geld) freigekauft werden muss.

All dies mag sich anhören, als ob für ihre Abschaffung gestimmt werden sollte, doch ist die Reform denkbar einfach und das Kapitel Wohlfahrtsreform zeigt Ihnen, warum dies so ist.

Angebot und Nachfrage

Angebot: Vorschlag, etwas zu kaufen
Nachfrage: Bereitschaft zum Kauf bestimmter Waren
Hier wird Nachfrage definiert, durch "erzwungener Kauf bestimmter Waren oder Dienstleistungen, durch Regierungen und Monopolinhaber".

Angebot und Nachfrage haben etwas von ihrer Natürlichkeit verloren.
Die Kunst, einen Mangel zu verursachen, hat die Produzenten dazu gebracht, Dinge zu tun, die sie unter normalen gesunden Umständen nicht tun müssten.
Steuererhebungen als erzwungene Nachfrage (ohne etwas zu liefern) auf jegliche mögliche Gewinne, schmälern die Investitionsfähigkeit in die Zukunft.
Produzenten müssen, wenn sie trotzdem Gewinn erwirtschaften wollen, Mittel und Wege finden, mehr Angebote zu produzieren und für diese Mehrproduktion die notwendige Nachfrage erwirken, d.h. sie müssen den Anteil der Steuerabgabe mit erwirtschaften, um darauf noch zusätzlich Käufer für die eigenen Produkte auszumachen.
Ist der Markt an einem Produkt relativ gesättigt, müssen die potenziellen Käufer "dazu gebracht" werden, nachzufragen.
Dies ist ziemlich verrückt: Wenn der Kunde also eigentlich nichts möchte und demnach seine Bedürfnisse befriedigt sind, muss er mittels Werbung (dies ist sozusagen der sanfte Weg, und der Hauptgrund für das existieren von Werbung) dazu überredet, bzw. muss ein Bedürfnis geweckt werden.
Was zu Beginn der Wirtschaft wirklich ein Vorschlag war, der Tausch, wird zu einer Überlebensfrage des Produzenten, und indem jedes Mitglied

der Gemeinschaft produziert, ist jeder direkt beteiligt.

Es reicht nicht mehr, sein Produkt, das nach der Bedürfnisbefriedigung übrig bleibt, zum Kauf vorzuschlagen, man muss es nun verkauft bekommen, andernfalls bleibt nach der Steuer nicht genug übrig, oder die zuvor schon genannten "24. Stunden"- Forderungen all der anderen Gruppen können nicht beglichen werden.

Werbung schlägt mit nochmals hohen Kosten zu, und ihretwegen muss sich das Rad nochmals schneller drehen.

"Soziale" Wohlfahrt setzt dem Ganzen die Krone auf und lässt die Löhne und Gehälter derart in die Höhe schießen, dass der Traum jedes in die Enge getriebenen Unternehmers statt vieler zufriedener Mitarbeiter, eine möglichst weitgehende Mechanisierung, bis hin zur kompletten Fertigung durch Roboter oder Ersatz durch Programme, geworden ist.

Der Mensch selbst, der durch seine Produktion seine persönlichen Bedürfnisse befriedigen will, ist selbst zu einem unökonomischen Faktor im großen Reich der Produktion geworden.

Ihn, den Menschen, produzieren zu lassen, ist heute schlicht zu teuer!

Obwohl die Arbeitsteilung im Westen schnell dazu geführt hatte, dass sich die meisten Bedürfnisse der Völker rasch erfüllt haben, sorgten all jene schmarotzenden Systeme mittels ihrer exponentiellen Wachstumsraten dafür, dass die Produzenten nie wirklich die Früchte ihrer Produktivität ernten konnten, und die vergangenen Jahre, in denen die Menschen merken, dass sie immer weniger übrig behalten, steigen die leistungslosen Einkommen wieder schneller, als der allgemeine Leistungsstandard mehr Wachstum hervorbringen kann.

Statt durch erhöhte Produktion in gleicher Zeit die Beine länger hoch legen zu können, ist es nahezu normal, sich mit Arbeitszeiten abzufinden, die gutmütig kalkuliert bei minimal 80% über dem liegen, was zur Bedürfnisbefriedigung benötigt wird.
Selbst die Bewohner der so genannten Dritten Welt, die den Ideen der enteignenden Gruppen nach nicht am Fortschritt teilhaben dürfen und bitte nur ihre Naturressourcen inkl. ihrer Arbeitskraft billigst hergeben sollen, sind von diesen 80% nicht ausgenommen. Nur erreichen sie dabei nicht einmal die Befriedigung ihrer Existenzbedürfnisse, sondern müssen mehr oder weniger machtlos mit ansehen, wie die Grundlage ihrer Produktionsmöglichkeit, die Naturressourcen, in das Privateigentum dieser Gruppen übergegangen sind oder dabei sind dahin überzugehen.
Der Westen oder seine Elite wendet auf den Rest der Welt eine besondere Form von Angebot und Nachfrage an.
Statt der Produktion von Angebot zu viel Freiraum zu gewähren, wird lieber Nachfrage erzwungen und das so geplünderte Gut im finanziell reichen Westen als billige Ware hineingepresst.
Der Mittlere Osten sieht sich schnell einem Krieg gegenüber, wenn er nicht nach der Pfeife der Erdölkonzerne tanzt, die deren Vorkommen wie im Privatbesitz ausbeuten und sicherstellen, dass möglichst keine der erhobenen Gebühren in der Bevölkerung des Ostens ankommen und wenn überhaupt, diese nur mit den dort installierten Marionetten geteilt wird - denn so kann man herrschen. Es funktioniert - scheinbar!
Länder Afrikas, Südamerikas und im Nahen Osten, die reich an Rohstoffen sind, sind zu oft auch die ärmsten. Armut eines Landes, die es schon normal

sein lässt, eine Führung zu erhalten, welche nur totalitäre und autoritäre Kontrolle anstrebt, wird ihre Probleme wie im exponentiellen Wachstum entwickelt sehen, durch willkürlicher Ausbeutung jener, die dem Volk dienen sollten.

Es ist für ein Dritte-Welt-Land nahezu tödlich, Schritte zu unternehmen, um einen besseren Tausch für das eigene Angebot zu fordern oder der erpresserischen Nachfrage der Enteigner nicht Folge zu leisten.

Nicht der Menschheit dienende Söldnertruppen, Militärs oder Geheimdienste warten nur auf Gelegenheiten, solche Bestrebungen im Keim zu ersticken; aber sind Rüstungsschmieden nicht auch jene, die immer verdient hatten, sobald eine schmarotzende Gruppe irgendeine Bevölkerung dazu brachte, ein fremdes Land zu überfallen und einzunehmen?

Enteignende Gruppen erkennen sich untereinander und helfen sich untereinander (nicht umsonst heiratet die "Elite" gern untereinander), und Angebot und Nachfrage sind nicht immer so nett und marktwirtschaftlich, wie Adam Smith und Kenyes diese darstellte.

Enteignende Gruppen sind machtvoll durch ihren Privatbesitz von etwas, durch ihr Knapphalten von etwas, und Angebot und Nachfrage werden dementsprechend zu einfachen Wörtern, ohne tiefere Bedeutung, außer dass ihre Bedeutungen in der Praxis beliebige Verschiebungen zum Nachteil der Produzenten bewerkstelligt haben.

Zum Tausch gehören immer zwei, wenn der einen Seite bereits alles gehört, sind der Tausch ein Witz und Angebot und Nachfrage ebenso.

In der Mitte liegt das Glück!

Monopolbildung kontra Angebot und Nachfrage

Monopol: allg.: ausschließt. Recht, Alleinrecht, Alleinbeherrschung; Wirtschaft (eine weitere Definition): eine Marktform, bei der der Produzent, Verkäufer oder Käufer aus einer einzigen oder wenigen Wirtschaftsperson(en) besteht und somit die Konkurrenz und eine freie Preisbildung ausgeschaltet sind.

Die Essenz eines Enteigners ist die, sich der Arbeit oder der Produktion eines anderen, der produziert, ohne Austausch zu bedienen. Er kann dabei offen oder versteckt mittels Gewalt vorgehen. Offen zwingt er das Opfer zur Herausgabe, versteckt "zwingt" er das Opfer dazu, ohne dass es dies bemerkt.
"Soziale" Wohlfahrt, Steuern, Zölle, Inflation, Deflation, Zins, Kolonialismus, Feudalismus, Privateigentum an Geld, Grund, Boden, Arbeitskraft, Produktionsmittel, Energie und vieles mehr, arbeitet immer auf der Grundlage, etwas begrenzt Vorhandenes wirklich knapp zumachen.
Wer es erreicht, ein öffentliches Gut als Privatbesitz einzurichten, verschafft sich und seinesgleichen natürlich einen absoluten, vollständigen Vorteil.
Der Planet Erde hat nur soundso viel qm^2 Fläche.
Sagt man: "Wer hier die 10.000 oder dort die 2 Millionen qm^2 kauft, dem gehören sie privat für alle Zeiten!", gibt allen später Geborenen ein echtes Problem und denjenigen, denen alles gehört, macht es die Taschen voll bis zum Bersten, da sie beinahe jeden Preis für die Benutzung fordern können. Die Eroberung Amerikas lief praktisch komplett nach obigen Muster ab, teilweise musste nicht mal etwas gezahlt werden, einfach nur Fläche X einzäunen und ... Bingo.

In El Salvador und ein zwei dutzend weiteren Nationen, wo Kaffee, Zucker, Kakao, Baumwolle und andere "ehemalige" Kolonialerzeugnisse angebaut werden, gehören große Landstriche so vollständig privaten Familien oder Konzernen, dass Lebensgrundlagen derart knapp sind und es wirklich des Ideenreichtums eines Genies benötigt, um wenigstens die Existenzbedürfnisse erfüllt zu bekommen.

In El Salvador z.B. konnten sich nach meinen letzten Informationen um 1900, 14 Familien das halbe Land aufteilen, die Urbevölkerung verscheuchen und die Arbeiter mit umgerechnet 1,50 Euro am Tag, für ein Minimum von 10 Stunden Arbeit "entlohnen", ohne rechtlich dafür belangt zu werden. Privatbesitz, wenn Habgierige diese praktizieren.

Eine Person oder Gruppe erhält natürlich ein Monopol, wenn sie es hinbekommt, etwas knapp zu machen und somit allen anderen etwas vorzuenthalten.

Die Genforschung ist mit 100%iger Sicherheit nicht an einer Verbesserung der Welt interessiert.

Da sie nach dem gleichen System der Pharmaindustrie arbeitet, natürliche Angebote durch etwas künstliches, kompliziertes und patentierbares zu ersetzen, kann ein Patent angemeldet werden und schon rollt der Rubel.

Da Genmanipulatoren u.a. emsig dabei sind, natürliche Lebensmittel zu verändern, erschaffen sie künstlich gezeugte, private Produkte. Neuer Mais aus genmanipulierter Saat, welches ein Patent ist, macht den Mais als vormals öffentliches Gut, zu einem Privatbesitz. Und wenn irgendwann der gesamte Mais von dem patentierten Saatgut abstammt - Yeahhh!, dann steht das Monopol! Und was zuvor umsonst oder im Tausch mit der Natur genutzt werden konnte, muss nun teuer bezahlt werden.

(*2001 spielte z.B. Monsanto in den Medien kaum eine Rolle, in den letzten Jahren hat sich obiger Absatz bewahrheitet, bzw. wurde deutlich übertroffen*)

Da auch am so genannten "Menschenmaterial" gebastelt wird und Aldous Huxleys in seinem Werk, "Schöne neue Welt" eine Zeit beschrieb, wo niemand mehr geboren, sondern "entkorkt" wird, kann selbst die Aufgabe, für die Arterhaltung des Menschen zu sorgen, zu einer privaten Angelegenheit, zu einem Privatbesitz, zu einem Monopol werden.

Und siehe da, selbst neue Menschen werden irgendwann vielleicht viel Geld kosten, da sich irgendwann irgendeine private Gruppe oder der Staat diese Aufgabe aneignen könnte.

Er kann sich die jungen Körper durch intensive Konditionierung in jeder beliebigen Richtung zurechtzimmern - ob Soldat, Beamter, Arbeiter, Alpha, Beta, oder Gamma - Privatbesitz. Oder nennen wir es geistige Kontrolle in ihrer extremsten Form.

Vor einiger Zeit war in allen Zeitungen zu lesen, dass ein Arzt den ersten Menschen geklont hatte ... .

Chemische Medikamente, erfolgreich durch Patentschutz, haben praktisch nie etwas geheilt. Sie bekämpfen nur Symptome, da die Pharmaindustrie nicht die Absicht hat, jemanden gesund zu machen, denn ein gesunder Kunde ist kein Kunde. Das einer der ersten Weltkonzerne, die deutsche IG-Farben, beim KZ-Auschwitz ein riesiges Produktionsgelände unterhielt, gleichzeitig das Giftgas zur Tötung der Häftlinge produzierte, zeigt etwas, wie Monopolisierte Konzerne denken können, wenn es um`s Geld geht.

Dass die Pharmaindustrie die Vitaminverbreitung oder die Vitaminhersteller und Anwender natürliche Verfahren aller Art durch Medien, Recht und Gesetz einschüchtern lassen, bestätigt die obige Aussage. Im

Europäischen Parlament versuchen diese Jungs wie verrückt Einfluss auf die Gesetzgebung zu nehmen, um Vitamine zu ächten und in Verruf zu bringen.

Die Geschichte der Menschen ist ab dem ersten Privatbesitz von irgendeinem Naturgut, vornehmlich von Grund und Boden, die Geschichte von Konflikten gewesen.

Ob Könige, Feudalherren, Sklavenhändler, Priester, Kolonialisten - sie alle lebten auf Kosten der Produktiven und dies nicht zu schlecht.

Versteckt, durch Gesetz in Eintracht mit der jeweiligen Regierung getarnt, erhalten sie Einkommen, Naturgüter oder einfach Privilegien aller Art. Kirchen nahmen sich den Besitz der "Ketzer, Sünder, Hexen" und all derjenigen, die zu intelligent erschienen und die Lüge "im Namen Gottes" und dessen gewalttätige "Nachfrage" in Frage stellten.

Derzeit gehören diesen Gruppen nach mehreren Jahrhunderten des schalten und walten, immense Teile an knappem Land und ehemals privaten Eigentums an Gold, Kunst, Gebäuden und vieles mehr.

Irgendwie, irgendwann, übernahm die Katholische Kirche wohl das römische Privatbesitzrecht und verhalf Bankiers und Königen zu dessen Umsetzung, bzw. gab deren Segen dazu. Wie kann man nur soweit sinken?

Finanziell mag es sich für sie wie auch die Evangelische Kirche gelohnt haben, da sie beide laut einer Schätzung von Carsten Frerk im Tagesspiegel 435 Milliarden Euro – 150 Milliarden in Geld und Aktien, 220 Milliarden in Immobilien (ohne Kirchen) und 65 Milliarden in Stiftungen und anderen Vermögenstiteln nur in Deutschland, kommen. Doch was nützt dies, wenn die Kirchen nur zu Weihnachten voll sind.

Und wie oft könnte man damit der Welt eine Reform geben, die alles besser macht. Oder ist es nicht gewollt, wenn nur ängstliche Schafe gute Schafe sind?
Ehrliche Bürger interessieren Verdrehungen von Angebot und Nachfrage in der Regel nicht besonders.
Sie möchten etwas erwerben, fragen nach dem Preis und zahlen dafür, wenn er angemessen erscheint. Andersherum stellen sie Dinge her und sagen wie viel sie wollen, wenn jemand (außer durch Gewalt) nachfragt, und das Geschäft kommt zustande - oder nicht.
Die Grundlage auf beiden Seiten ist zuvor geleistete Produktion. Der gerechte Tausch zeigt die Gerechtigkeit.
Der Westen und seine Bevölkerungen, die sich von Enteignern großen Kalibers ausnehmen lassen, sind praktisch gezwungen, selbst zum Enteigner zu werden.
Bleibt nach all der harten Arbeit nichts übrig, so kommt ab einem Punkt überlegene Technik zum Einsatz, um schwächeren Völker die eigene "Nachfrage" aufzuzwingen, so ruiniert landwirtschaftliche Überproduktion Millionen kleiner Bauern und Viehzüchter in den Entwicklungsländern, nur um das eigene Zeugs loszuwerden.
Die Vorfahren heutiger Europäer, von ihren Feudalherren zum persönlichen Besitz auserkoren und ausgenommen, flohen in Strömen ins ferne Amerika und nahmen sich alles Land zum Privatbesitz, das ihnen nicht gehörte.
Die ursprünglichen Bewohner (Indianer) sind nahezu ausgerottet, so groß war die gewalttätige "Nachfrage".
Cäsar und seine Legionen brachten Rom den Ruhm, der größte Enteigner damaliger Zeit zu sein und ihre "Nachfrage" machte viele vormals freie Völker zu Sklaven auf ihre Galeeren.

Goldschmiede, aus denen die Geldwechsler hervorgingen, machten das Hilfsmittel Geld durch den Zins damals wie heute knapp, da sich die Produktiven erst freikaufen müssen, bevor sie es benutzen dürfen. Da eine zivilisierte Gesellschaft auf Geld angewiesen ist, ist dies wie ein erzwungenes "Angebot".

Zölle als erzwungene Nachfrage, die vorgeben, die inländischen Produzenten zu schützen, was natürlich eine Lüge ist, da sie einzig die Taschen der Regierung füllen, erschweren natürlich das Angebot und den freien Handel.

Die so genannte Dritte Welt zahlt ordentlich drauf, will sie ihre Erzeugnisse in den reichen Norden verkauft bekommen, um Fortschritt zu bezahlen, doch im Gegenzug müssen diese Länder mit Repressalien rechnen, sobald sie den Import erschweren. Dritte-Welt-Nationen, denen ihre Ressourcen enteignet wurden, werden zu Arbeitnehmern ohne Unternehmer oder Selbständige degradiert, da Unternehmer oder Selbständiger zu sein, voraussetzt, genügend Ressourcen nutzen zu können um eine Mehrproduktion hervorzubringen.

Wenn Techniken überwiegend auf Unternehmer zurückgehen, bzw. der Erfinder oft zu einen wird, bleibt diesen Nationen nur die Rolle des Arbeiters, abhängig von fremder Nachfrage und den Möglichkeiten diese irgendwie zu erfüllen. Zivilisation? Ja bitte, aber nur wenn der billige Import nicht gefährdet wird!

Lord Keynes Theorie zur Eindämmung der Arbeitslosigkeit, dem Staat mehr Steuergelder zum Umverteilen zukommen zu lassen, um "die Wirtschaft anzukurbeln" ist eine klassische Irrlehre und ein Paradebeispiel der erzwungenen Nachfrage durch Steuereinnahmen, um mit diesen dann die Arbeit des Volkes nachzufragen bzw. die Produktion zu rauben.

Aber die Steuern sind ja das Problem an sich.
Keynes Theoriegebäude ist nahezu vollständig darauf ausgerichtet, den Zusammenbruch des Kapitalismus zu verhindern (oder zu beschleunigen, je nach Blickwinkel). Auf jeden Fall sehen sich die westlichen Produzenten riesigen Nachfragen ihrer Gelder gegenüber, und um nur diese allein zu befriedigen, müssen viele von ihnen mehr als (z.B. In Deutschland, Staatsquote) 47% zusätzlicher Produktion leisten. Für diese Überproduktion erhält die westliche Gesellschaft eine unglaubliche Umweltzerstörung und eine wirtschaftliche Notwendigkeit, soviel nur irgend möglich zu konsumieren, um die Wirtschaft am Leben zu halten. Fazit: Gehirnwäsche wird nicht nur von Geheimdiensten durchgeführt, Theorien können dies genauso.
Aber dutzende solcher Angebots-Nachfrage-Verbindungen gibt es, doch um zu sehen, welche Form die "saubere" ist, muss nur danach geschaut werden, ob eine der beiden Seiten durch offene oder versteckte Gewalt, durch offenes oder verstecktes knapp machen von etwas, Einkommen erwirbt.

Gold

Laut Wikipedia belief sich die gesamte Goldmenge 2012 auf etwa 174.100 Tonnen (5,597 Milliarden Unzen), diese hatten einen möglichen Marktwert von 7.430 Milliarden US-Dollar, womit die einzelne Unze etwa 1.327,75 US-Dollar an Wert besaß.
Es wird immer viel Aufhebens um dieses hübsche Metall gemacht, nur, es ist als Schmuck, für Vergol-

dungen eine schöne Sache, aber nicht als Tauschmittel.
Wenn das Bruttoinlandsprodukt der Welt 2013 bei 73,45 Billionen lag, wie will man nur für dieses eine Jahr die 73,45 Billionen in zahlbare Münzen prägen um eben diese 73,45 Billionen als Löhne zu bezahlen? Richtig, es macht keinen Sinn, nicht ein Jahr als Lohn kann gezahlt werden. Also ist das Gerede von Gold als Währungsdeckung Blödsinn, da es niemals die Währung decken könnte. Müssten wir von heute auf morgen alle Gold zahlen und die Unze steht bei 1327 US-Dollar, so wäre die normale Familie jeder Industrienation nach 2 Wochen Pleite.
Gold hat nur für jene einen Wert als Geld, die Zugriff darauf haben und wissen, das Regierungen und Banken pleite gehen können. Wer dann Papiergeld besitzt, kann alles verlieren.
Und in Krisen gewinnen jene, die echte Güter besitzen, Geld ist dann nichts wert.
Also ist Gold nur ein Spekulationsobjekt neben Geld in seinen vielen Varianten als Währung, Aktie, Obligation und endlos so weiter.
Gold ist schön, als Ring am Finger, in der Kunst im allgemeinen, und das war es dann auch schon.

Kriminalität

Nahezu jedes Land bestraft direkt sichtbaren, fühlbaren Diebstahl, Dealerei, Betrug, Mord und Totschlag, jede Form der Beraubung persönlicher Freiheit oder des Eigentums, und hat entsprechende Gesetze aufgestellt.

Da der Kriminelle wie wir ihn kennen, derjenige ist, der seine Taten durch die negativen Folgen "sichtbar" durchführt, real und verpönt ist, erhält er regelmäßig seine Strafe, sobald man seiner habhaft wird.

Es ist zwar überwiegend erfolglos und die Allgemeinheit wird für seinen Aufenthalt im Gefängnis häufig das X-fache zahlen, was der ursprüngliche Schaden war, aber es hört sich gut an.

Das, was der Kriminelle tut, ist natürlich das Nehmen ohne zu geben und somit ist er ein Enteigner im kleinen, privaten Maßstab.

Offensichtlich versucht auch der Kriminelle zu (über-)leben und um dies zu erreichen, benötigt man die Deckung gewisser Bedürfnisse.

Der Schlaue befriedigt diese, indem er Mittel und Wege findet, wie er diese erwirken kann, ob nun durch Jagen, Fischen, Sammeln für den Eigenverbrauch oder die Herstellung irgendwelcher Dinge, um sie gegen andere Dinge einzutauschen.

Der Kriminelle übergeht diese Schritte. Er nimmt sich "einfach", was er braucht, und dies zeigt das ganze Drama seiner Existenz. Er, der so unglaublich schlaue (schlau in der Art, wie er seine Tricks durchführt) Kriminelle, lebt ohne zu arbeiten, ist unfähig zu arbeiten, da er es nicht zustande bringt, seine oder fremde Bedürfnisse durch Erzeugung realer Werte zu befriedigen. Somit ist der Kriminelle ziemlich dumm, und egal wie schlau die Zeitungen (deren Artikel ja letztendlich von denen nehmen, die gutes oder schlechtes taten - also selbst schmarotzen) oder andere Medien oder Hollywood Kriminelle hinstellen, bleiben sie dumm und sie werden häufig irgendwann festgenommen oder schlimmeres.

Es gibt eine Geschichte der Amerikanischen Federal Reserve Bank.

Eustace Mullins veröffentlichte 1956 ein Buch, nachdem er im Herbst 1949 in die Bibliothek des Kongresses geschickt wurde, um Material für einen Zeitungsartikel zu besorgen. Veranschlagt hierfür wurde ein Zeitrahmen von einer Woche, woraus dann 19 Monate Forschungsarbeiten wurden. Sein Buch "Die Bankiersverschwörung" beschreibt sehr exakt den Ablauf der Enteignung der gesamten Amerikanischen Gemeinschaft, indem sich einige Verschwörer wie Senator Aldrich, der deutsche Bankier Warburg, Woodrow Wilson, B. Baruch, Hoover, F.D. Roosevelt zusammenfanden und Pläne schmiedeten - und umsetzten.

Wenn die Weltbevölkerung heute über Amerika und die Folgen seiner Politik stöhnt, dann ist damit nicht das amerikanische Volk gemeint, das sicher genauso "nett" ist wie wir, sondern die Kriminellen, die dessen Federal-Reserve-System vor 80 Jahren ruinierten und dessen Nachfolger damit auch heute noch ihre Probleme haben. Diese paar kriminellen Jungs haben nicht nur Amerika, sondern die gesamte Welt mehrmals an den Rand des Zusammenbruchs "gemanagt". Dieser Einfluss hat sich bis auf den heutigen Tag nicht verändert.

(Auch obiger Absatz hat sich die letzten Jahre mehr als bewahrheitet).

Indem Banken Zins und Zinseszins kultivieren, die Zinsen an die Geldbesitzer eigentlich selbst längst nicht mehr aufbringen können und dementsprechend lausige Eigenkapitalquoten besitzen, kann ohne Übertreibung von einem kriminellen System gesprochen werden. Wenn Banken und Regierungen Geldkrisen verursachen, die Banken gerettet werden müssen und der kleine Mann für diese zahlen muss, so ist die Antwort in der Eigenkapitalquote der Banken zu erkennen. Würde eine Bank mit 1000 Kunden und deren Einlagen bei Eigenkapitalquote von 4% nur von 40 das Geld auf Lager haben für Auszahlungen, ist es natürlich Betrug, als Lösung für dieses Problem der gleichzeitigen Bargeldabhebung, versuchen Banken nun weltweit Bargeld durch Plastik- oder Buchgeld zu ersetzen. Ist Bargeld dann abgeschafft, muss keine Bank sich mehr Sorgen um diese zeitgleichen Abhebungen mehr machen. Denn wohin wollen Sie Ihr Geld abheben, wenn es kein Bargeld gibt?

Wenn also das Bankwesen im Sinne der Definition kriminell ist, was wundert es, wenn im kleinen die Gelegenheitskriminalität um sich greift?

Und wenn Hanf verboten wird, um Gewinne der wenigen zu gewährleisten und diese Pflanze, verglichen mit hunderten pharmazeutischen Erzeugnissen, eine relativ leichte Droge bietet um den Seelenschmerz zu betäuben (welcher bei unserer geisteskranken Wirtschaft kein Wunder ist), was sollen uns dann die Drogenexzesse, Drogenkartelle, Dealerbanden und Millionen Kleinkriminelle daraus hervorgehend, wundern?

Die Geschichte gibt tausende solcher Beispiele und die größten Kriminellen füllen die meisten Seiten.

Wenn Kriminelle dumm sind, wie können sie dann schlau gemacht werden?

Wohl unabhängig davon, was an Grundlagen in Schulen und Universitäten gelehrt wird, muss unbedingt vermittelt werden, dass Bedürfnisse nur durch Erzeugung realer brauchbarer Güter oder Leistungen gedeckt werden können und dass dies mit bestimmten Tätigkeiten (Arbeit) einhergeht. Gemeint ist damit nicht einfach die Ausbildung für einen Beruf nach der Schulzeit, sondern das Einprägen des Gesetzes, dass jemand, der Erzeugnisse verbraucht, auch selbst welche erzeugen muss.

Das letztere kommt eben zuerst.

Und wenn es nicht mehr so schwer gemacht wird, an die natürlichen Grundlagen zum Erhalt seiner Bedürfnisse heranzukommen, dann kann sich jeder Mensch schon mal zwei Drittel seiner Gedanken über das liebe Geld sparen.

Selbst Adam Smith musste sich strecken, um an einen Apfel heran- zukommen.

Anscheinend ist dies nicht jeden bekannt!

Politiker sitzen auf hoch bezahlten Posten für schlaue Reden, sind nicht haftbar für deren verursachte Schäden und das Volk wählt sie.

Bis zu zehn Prozent der Bevölkerung erhält derart viel Zinsgutschriften, dass die restlichen neunzig Prozent entsprechend mehr arbeiten müssen.

Dutzende Völker geben bis zu einem Drittel oder mehr an Steuern, nur um am Arbeiten durch Behörden und ihrem Ausstoß an Regeln und Paragraphen behindert zu werden.

Genauso viele Völker lassen zu, dass ihre Einkommen per Gesetz genommen werden, um sie umzuverteilen an jene, die nicht arbeiten können, wollen, unvorsichtig waren oder leichtsinnig, - um das dann "soziale" Wohlfahrt zu nennen.

Der überwiegende Teil der Welt hat sich von seinen gerissenen Vorfahren eine Wirtschaftstheorie namens Kapitalismus verkaufen lassen, die Geld, Boden und Produktionsmittel als private Güter rechtfertigt und als Ergebnis die Erde an zehn und weniger Prozent ihrer Bevölkerung aufteilt und dem Rest Leben und Wohlstand schwer oder unmöglich macht.

Der Besitz der Naturgüter in privaten Händen kann den Kleinkriminellen aber auch etwas verständlich werden lassen.

Je weniger eine Gemeinschaft von ihrer Produktion direkt für ihre Bedürfnisse abbekommt und sich in tausenden verschiedenen Symptomkorrekturen verschlingt, um so komplizierter wird das Arbeiten an sich.

Wo es einem Unternehmer genügen würde, einfach eine Idee anzuwenden, um aus Naturgütern brauchbare Güter herzustellen und diese zu verkaufen, so erfordert die Menge der aufgezwungenen Kompliziertheiten von ihm, sich mit Gewerkschaftsforderungen, "Sozialabgaben", tausende Seiten Steuertexten, politischen Parteien, Geldanlage-Möglichkeiten und vielem mehr auszukennen, nur damit er letztendlich doch immer mit einem Bein im Gefängnis steht, da es unmöglich ist, jedes Gesetz, jeden Paragraphen oder jede Vorschrift gleichzeitig zu erfüllen.

All diese Dinge aber bringen keine Erzeugnisse und sie verbrauchen mit Sicherheit welche.

Ging Adam im alten Testament einfach zum Baum für seinen Apfel, so braucht es heute mindestens ein Diplom, bevor die Hand zum Apfel ausgestreckt werden kann.

Wo das Arbeiten so kompliziert gemacht wird, da kann man wirklich anfangen, sich Gedanken darüber zu machen, wie man seine Bedürfnisse einfacher befriedigen kann.

Da die Natur nicht überall mit Reichtum um sich wirft, kann dies auch die Geschichte der Initiatoren vieler schmarotzender Systeme sein.

Um Bedürfnisse zu befriedigen, müssen Ressourcen da sein, die benutzt werden können. Während im Paradies Bananen herunterfallen und Mangos hinterher, müssen in kargeren Regionen wirklich gute Ideen her, wie die eigenen Grundbedürfnisse wie Wärme und Nahrung befriedigt werden können.

Wenn Essbares nur drei bis vier Monate im Jahr an Bäumen und Sträuchern wächst oder nur in wenigen Oasen zur Verfügung steht, so hat auch die Frühzeit ihre Anforderungen gestellt, die genügend unserer Vorfahren dazu gebracht haben, einfach zu denjenigen zu gehen, der es geschafft hat, diesen den Kopf einzuschlagen und seine Vorräte zu nehmen.

Aus so einigen dieser Kriminellen wurden später "hochwohlgeborene" oder "von Gottes Gnaden" betitelte.

Da Schulen den Menschen für das Leben vorbereiten sollen, wäre die der Produktion, welche Menschen am Leben hält, die entscheidende Lektion.

Um zu produzieren, muss man wissen, wie man die vorhandenen Mittel am effektivsten nach dem ökonomischen Prinzip benutzt, und dies ist je nach Kultur sehr unterschiedlich.

Im Norden sind es die Maschinen, im Süden noch oft die Natur direkt an ihrer Quelle. Beides braucht einiges an Know-how, um genutzt zu werden - aber nur einen Bruchteil dessen, was heute verlangt wird... .

Und es passt einfach, wenn wir unsere Kinder einfach nicht arbeiten lassen (dürfen).

Sicher, es ist ausbeuterisch, einen 11-jährigen in einer Kohlegrube 10 Stunden am Tag schuften zu lassen, wie es früher von Marx geschildert wurde, doch die Lösung von heute, Kinder ja nichts, aber auch gar nichts produzieren zu lassen, bis diese dann plötzlich mit 16 – 30 Jahren je nach Schuldauer, von heute auf morgen pünktlich bis zur Rente in einer Firma antreten zu lassen, schafft auch nur Probleme.

Und man muss sich nicht wundern, wenn kaum jemand freiwillig selbständig sein will – man durfte es nie üben.

Arbeitslosigkeit

Arbeit kann durchaus Spaß machen und Freude bereiten, Enteignergruppen sind jedoch fest entschlossen, es dazu nicht kommen zu lassen.
Vielleicht eint diese Jungs ein Hass auf alles, das Spaß macht und Freude bereitet?
Würde es diese Gruppen und ihre unterdrückerischen Ausgeburten nicht geben, könnte der Produzent weit mehr Zeit mit anderen Dingen verbringen, wie Faulenzen, Kultur, Sport, einfach schöne Sachen.
Sicherheit gehört auch zu den Bedürfnissen und infolge der Kontrolle, die der Mensch durch seine erhöhte Produktion über die Umwelt erhält, kann er sich derart hohe Sicherheit "erproduzieren", dass sie ihm ab einem Punkt schon wieder die Freude am Leben nimmt, da auch Herausforderungen dazu gehören müssen.
In einer gesunden Entwicklung also, wo leistungslose Einkommensgruppen sich nicht die Hälfte und mehr der Produktionsergebnisse aneignen, würden die hochtechnisierten Unternehmungen durch ihre vielfach erhöhte Produktion eines oder mehrerer Güter, die Produktionszeit des Menschen weit, weit herunter drücken können.
Andere Güter und Leistungen, die sich ebenfalls durch Einsatz ökonomischere Techniken in weniger Zeit fertigen lassen könnten, würden die Arbeitszeit der Bevölkerung wesentlich senken und trotzdem den Grad an Wohlstand erhöhen.
Es ist wie mit Adam Smith und seinem Beispiel der Nähnadeln: Wo einer allein die verschiedenen Produktionsgänge durchführt, um am Tag vielleicht zehn Nadeln herzustellen, schafft der Einsatz von einigen Maschinen und Menschen, die sie bedienen, vielleicht über 50 000 Nadeln - und das ist ein Unterschied!

Diese Maschinen aber müssen erdacht, entworfen, mit Energie versorgt, gewartet werden, und es müssen Rohstoffe besorgt werden. Da die Fabrik in der Regel dezentral liegt, müssen die Bediener dieser Maschinen oft weitere Wege zurücklegen, und dies bringt wiederum Verkehr und Straßen mit sich. Am Ende bleiben zur Arbeitszeitminderung von diesen 50.000 Nadeln etwa "nur" 20.000 übrig.

Auch verliert der zuvor freie Mensch, der seine Arbeit einteilen konnte wie er wollte, diese Freiheit und wird (wie Marx es so schön sagte) zum Sklaven einer Maschine oder Technik, doch fragt am Ende kaum jemand danach, wenn der Magen voll, die Kleidung sauber und neu ist, das Haus Sturm, Hitze und Kälte abhält und evtl. ein Auto vor der Tür steht - oder? Warum also Arbeitslosigkeit?

Ab dem Beginn der Industriellen Revolution, wurde das Befriedigen der Existenzbedürfnisse zu einem immer weniger zeitaufwändigen Unterfangen.

In Deutschland kümmerten sich um 1800 noch 60% der Bevölkerung um landwirtschaftliche Produkte, während es 1885 nur noch 3,9% sein mussten.

Gleichzeitig wuchs die Bevölkerung um ein Vielfaches an, und die Menge an Nahrungsmitteln pro Kopf nahm ebenfalls um ein Vielfaches zu, was zeigt, dass die Landwirtschaft nochmals um einiges effektiver geworden war. Technik und Erfindergeist, *oder auch 5x5x5 statt nur 1+1+1+1.*

Kulturelle Dinge konnten sich immer breitere Schichten des Volkes leisten und selbst Luxus ist vielen in bescheidenem Rahmen möglich.

Wieso also Arbeitslosigkeit, während viele derjenigen, die einen Arbeitsplatz besitzen, gern weniger arbeiten würden, wenn sie könnten?

Durch den amerikanischen Ökonomen A. R. Laffer, ist die sogenannte Laffer-Kurve durch ihren häufigen Gebrauch in den Medien bekannt geworden. Sie gibt, salopp ausgedrückt, an, wie viel die Regierung von den Produktionsergebnissen nehmen darf, bevor es Aufstände gibt oder einfach weniger gearbeitet wird und somit die Steuererhebung weniger einbringt, als berechnet wurde. Seitdem werden viele Finanzjongleure damit beschäftigt, zu berechnen, wie möglichst viel geholt werden kann, ohne dass jemand dies merkt.

Doch existiert diese Kurve auch in allen anderen Bereichen.

Knappe Güter werden für den Privatbesitzer wertvoll, wenn seine Güter von der Bevölkerung benötigt werden. Er kann die Preise dann hoch drücken und viel Geld damit verdienen.

Es gab gerade im Zusammenhang mit der monopolisierten Energiequelle Benzin einen viel zu kleinen Aufstand in Deutschland (2001), als sein Preis innerhalb kurzer Zeit um zweistellige Prozentzahlen anstieg.

Die Laffer-Kurve wurde erreicht, bis zu dem Punkt, an dem die Menschen nicht mehr bereit sind, ohne Murren zu bezahlen. Es gab Demonstrationen von Lkw-Fahrern und viel Geschrei in den Zeitungen deswegen.

Die Mieten steigen kontinuierlich, egal ob allgemein mehr oder weniger verdient wird und irgendwann werden sie vielleicht auch wieder zum Thema werden.

Wenn die Zentralbank die Zinsen erhöht, dann sind soundsoviel Prozent für die Wirtschaftsteilnehmer noch akzeptabel, doch nur ein, zwei oder drei Prozent über dem höchsten Punkt der Kurve lassen die Kon-

junktur absinken, weil weniger Kredite für Investitionen aufgenommen werden. Enteignungssysteme folgen den Produzenten wie der Hund auf dem Fuße.
Die Produzenten steigern durch immer mehr Techniken den Ausstoß von Produkten und damit den Verdienst und gleichzeitig wird nahezu in jeder Zeit toleriert, dass Privatbesitzer die Preise für ihre "Leistungen" ebenfalls anziehen, ohne irgendwelche Technik, ohne irgendwelche Produktion.
Wenn den Produzenten im letzten oder vorletzten Jahrhundert mit der damaligen Technik von ihrer Produktion vielleicht 50% geblieben war und sie damit aufgrund der allgemeinen geringen Produktion kaum ihre Existenz aufrechterhalten konnten, so hat sich durch Technik plus Einsatz von Wissen die Produktion um mehrere hundert bis mehrere tausend Prozent erhöht, doch dem Menschen heute bleibt von seiner wirklichen Produktion am Ende vielleicht 30% übrig, aber das allgemeine Leistungsniveau ist derart hoch, dass trotzdem die Grundbedürfnisse befriedigt werden können.
Wenn Sie 4000 Dollar brutto im Monat produzieren, mögen Sie vielleicht nur 2400 netto ausgezahlt bekommen, doch sie kaufen ein und in jedem Preis sind Steuern versteckt, teure Privatenergie steckt in jedem Produktionsablauf, Ihr Auto braucht diese und ihr Haushalt ebenso, Zinsen nehmen nochmals vielleicht ein Drittel, ob in ihrem Kredit oder in allen Preisen versteckt wie die Steuer. Die Wohlfahrt, die eher schadet (ihr Aufbau), nimmt dann ihren Teil und die Miete oder die Hypothek belastet dann nochmal. All diese Abgaben gehen einher mit vielfach erhöhter Produktion, wobei diese Produktion in den Industrienationen schon seit Jahrzehnten über die Befriedigung von Existenzbedürfnissen hinausgeht und sich weit in

kulturellen und luxuriösen Höhen aufgeschwungen hat.

Die Anteile der schmarotzenden Gruppen wachsen immer weiter und sie erzeugen ständig, jeden Tag, Gesetze, Paragraphen, Verordnungen "zum Schutz von...", "zum Ausgleich für...." usw.

Diese stehen der benötigten Zeit, die Sie eigentlich für ihre Bedürfnisse immer weniger aufwenden müssten, vollständig entgegen gesetzt gegenüber. Selbst wenn Sie wollten, oder wenn einige aus der Regierung erkannt haben, dass es Wahnsinn ist, was da gerade geschieht, so stehen wir alle vor der merkwürdigen Situation, weiter wachsen zu müssen, um die beschäftigten Enteignerbereiche zu finanzieren oder wir bekommen einen herben Konjunktureinbruch mit all seinen ruinösen Folgen.

Arbeitslose gibt es ab dem Moment, wo die Produktion die Bedürfnisse längst decken konnte und auch ab dem Punkt, wo die, in allen Preisen untergebrachten heimlichen Abgaben und die offenen wie die Wohlfahrt z.B., die Arbeit selbst zu teuer werden lassen, um sie sich leisten zu können. Allen Industrienationen ist gemeinsam, dass ihre Handarbeitsberufe unter erheblichem Druck stehen, da ihre Leistungen zu teuer sind. Aber sie sind es nicht wirklich, denn das was zu teuer ist, sind die getarnten heimlichen Abgaben für die Enteignergruppen, die in allen Preisen wie auch in den Stundenlöhnen enthalten sind. Und wenn die zugelassenen Bedürfnisse längst befriedigt sind, was soll dann noch produziert werden?

Das Ausmaß an idiotischem Konsum zeigt uns allen, dass die Produktion längst von ihrem Sinn und Zweck abgekommen ist.

Jemand, der ohne Arbeit ist, steht in so einer Situation vor dem Problem, dass er eine wirklich gute Idee zum

Produzieren benötigt. Denn er muss dafür Abnehmer, Nachfrage finden. Die Zunahme der Dienstleistungsbranche resultiert vollständig aus diesem Dilemma, Artikel, die nur Wochen oder Monate bestehen, resultieren vollständig aus diesem Dilemma, der Preisverfall von Naturgütern aus der so genannten Dritten Welt resultiert vollständig aus diesem Dilemma.
Haben Sie mal bei Aldi eingekauft? Ich kann mich erinnern an Zeiten, wo es Jahre kaum Veränderung in dessen Angebot gab. Seit einigen Jahren jagen Angebote die nächsten, werden mit Hochglanzpackungen aufpolierte Scheiben Wurst, als Luxus-Food präsentiert.
Es ist ein Symptom von vielen.
Wird man die Enteignergruppen los, wird man die Arbeitslosigkeit los.
Arbeitslosigkeit - das ist ein gemachtes Problem!
Wenn die Bedürfnisse längst gedeckt sind, sind selbst die Kosten der Arbeitslosigkeit erwünscht, denn sie binden Geld, das sonst den Konsum noch einfacher machen würde und die völlige Marktsättigung nochmals beschleunigen würde.
So gesehen ist Arbeitslosigkeit gewünscht, Sie bindet Geld, macht es für die Produktiven noch schwieriger und treibt diese in den Konkurs oder in die Hände von Kreditvergeber + dessen Zinsen.
Die Welt hatte niemals zuvor so viele dringende Probleme durch Einsatz von Arbeitskraft zu erledigen wie heute, doch liegt sie dort, wo Enteigner nichts verdienen können oder sie haben diese Bereiche noch nicht entdeckt.
Die Lösung ist, die leistungslosen Gruppen wieder zum Produzieren zu bekommen oder von ihren leistungslosen Einkommensquellen zu befreien.
Dann werden alle Arbeitslosen schneller wieder Arbeit haben, als sie sich vorstellen können.

Symptombeseitigung

Sich um Symptome zu kümmern, ist verschwendete Zeit und Mühe. Die Ursache des Problems muss gefunden und reformiert werden.
Erst dadurch, dass am Beginn der falsche Weg eingeschlagen wurde, konnten die Schwierigkeiten (Symptome) entstehen. Wer gegen Symptome kämpft, verschwendet seine Zeit.
Dies mag auch der Grund sein für allgemein unbeliebte Politiker, diese tun alles mögliche, aber nicht die Ursachen bekämpfen.
Und Sie können jedes "Fachgebiet" mit anwachsenden, komplizierten Vokabular nehmen – Sie werden eine ausgewachsene Symptombehandlung vorfinden. Also Steuer, Medizin, Geldanlagen jeglicher Art, Versicherungen, Vermietung knapper Güter, Psychologie, Psychiatrie, Verwaltung, Werbung und einige andere.

Prioritäten

Oft wurde auf den vergangenen Seiten gesagt, dass einige Systeme durch Tricks, die Produktion der Produktiven ohne Austausch an sich nehmen und dadurch die Wirtschaft durch Manipulation des Angebots und der Nachfrage zu einem kompliziert erscheinenden Chaos verkommen lassen.
In den Industrienationen steht dem eine merkwürdige Entwicklung entgegen, die hier näher betrachtet werden soll.
Obwohl große Teile der Einnahmen von Enteignern zweckentfremdet werden, sind die Menschen emsig

damit beschäftigt, ihre Zeit dem Konsum zu widmen, also echtem Konsum von Dingen, die sie nicht brauchen.

Da dies eine Überproduktion voraussetzt und gleichzeitig die zukünftige Vorsorge negativ beeinflusst, scheint dies ein Symptom dafür zu sein, wie schlecht es der Bevölkerung in Wirklichkeit geht.

Der menschliche (wie auch jeder andere) Körper, arbeitet nach einem bestimmten Gesetz.

Da er nur mit den Nährstoffen arbeiten kann, die ihm sein Besitzer tatsächlich zuführt, ist sein Wohlstand oder Niedergang eben genau davon abhängig, was ihm sein Besitzer zukommen lässt.

Hat sein Besitzer kein Wissen darüber, was sein Körper braucht oder hat er seine Intuition darüber verloren, so versetzt er seinen Körper in einen Mangelzustand, je mehr er ihm schädliche Nahrungsmittel zukommen lässt. Bekommt sein Körper wenige bis keine Nährstoffe, wird er nach Prioritäten vorgehen, nach welchen er seine Grundfunktionen erhält. Er geht mit der Zuteilung seiner Rationen nach Wichtigkeiten vor und so wird er sein Herz, dann die anderen Organe, gefolgt von den Sehnen, den Muskeln versorgen, um sich am Ende erst um seine Haut, die Haare und Knochen zu kümmern. Er kann ohne sein Herz nicht leben. Setzt es nur für wenige Sekunden aus, bricht schnell alles zusammen, also wird es mit höchster Priorität versorgt. Er benötigt die Organe in unterschiedlicher Wichtigkeit, doch setzt eines aus, wird er nur einige Stunden, vielleicht Tage überleben. Die Knochen schließlich sind ihm am "unwichtigsten", solange er sich noch aufrecht halten kann, also bekommen sie weniger oder nichts, wenn nichts Brauchbares von außen zugeführt wird. Prioritäten!

Der Mensch, der sein Leben durch Produktion aufrechterhält, kann zu wenig "Nährstoffe" in Form von wirklich Bedürfnis befriedigenden Dingen zugeführt bekommen.

Bedürfnisse können, und wir leben in diesem Zeitalter, durch hirnlose Anhäufung materieller Dinge scheinbar befriedigt werden. Doch nicht materielles wie Freundschaft, Gemeinschaft, physiologische Bedürfnisse aller Art, werden ausgehöhlt.

Bestrafung durch Steuern, die ihm nur noch die Hälfte des ursprünglichen Einkommens lassen, offene und versteckte Zinszahlungen an die etwa zehn Prozent der Geldbesitzer in der Gesamtbevölkerung nehmen nochmals einen Batzen, die "Wohlfahrt" fernab aller Naturgesetze (außer dem der krebsartigen Wucherung) droht mit Strafe, wenn er nicht seine faulen oder durch Selbstverschuldung kranken Nachbarn finanziert und Spekulanten, die knappe Güter so richtig knapp machen - sie alle nehmen jeder für sich einen großen Teil der "Nährstoffe", die dem Produktiven zustehen würden.

Der Mensch ist anscheinend extrem belastbar und Tricks, die den Nährstoffentzug heimlich durchführen, lassen ihn nicht einmal wütend werden. Er wundert sich nur, warum er sein Haus erst kurz vor seinem Ableben bezahlt hat (wenn er überhaupt eines erwirbt) und er wundert sich, dass einige Gruppen, wie die längst tot geglaubten Feudalherren, wahre Burgen aus Glas und Stahl an den teuersten Plätzen bauen können, während ihn ein oder zwei Kinder finanziell die Haare raufen lassen.

Wenn der produktive Mensch, der von seiner Produktion leben möchte, nicht an seinen Lohn herankommt, so muss er notgedrungen Prioritäten setzen. Da steht zuerst sein persönliches Überleben (und so haben wir eine Welt des Egoismus) an und wenn vorhanden, auch das seiner Familie.

Doch werden wirtschaftliche Schwierigkeiten regelmäßig auch familiäre Streitereien hervorbringen und somit steht die Familie doch erst an zweiter Stelle.

Die Gemeinschaft, die auf ihre einzelnen Mitglieder angewiesen ist, ist überhaupt nicht mehr entscheidend, doch wird sie vermisst. Doch wie soll er in diese wieder hineingelangen, wenn böse Menschen alles zu Geld gemacht haben? Kaffee trinken kostet Geld, Vereine kosten Geld, Unternehmungen aller Art kosten Geld, mit Freunden ein Bier trinken kostet Geld.

Schließlich haben wir die Natur, die dass Überleben des Menschen sichert, indem sie ihm die Nährstoffe für seinen Körper und die Rohstoffe all seiner Produkte liefert; da sie aber keine Fragen und scheinbar keine Ansprüche stellt, steht sie ganz am Ende der Wichtigkeiten. Der hungernde Landarbeiter wird nur ein müdes Lächeln übrig haben, wenn ihm ein Ökologe mit strahlenden Augen versichert, dass er seine Zukunftschancen verringert, wenn er Bäume fällt, nur des Brennholzes wegen.

Denn wer kann auf sich Stolz sein, wenn er nicht durch Produktion sein eigenes Leben aufrechterhalten kann? Und wie kann er produzieren, wenn er nicht einmal an Naturressourcen herankommen kann, weil alles Land jemanden gehört?

Prioritäten.

Will man die Umwelt retten, so muss man sich die Frage stellen, wie der einzelne Mensch gut leben kann, dann die Familie, dann die Gemeinschaft!

Obwohl dieses Ding namens Zivilisation erst durch Techniken innerhalb der Produktivität hervorgebracht wird und diese ein Vielfaches der Energie und Rohstoffen benötigt von dem, was eine einfache Kultur braucht, steht sie nicht im Widerspruch zu der Natur, wie es die Ökologen und Naturliebhaber gerne verkünden.

Dieser Konflikt ist einfach der jener leistungslosen Einkommensgruppen gegenüber den Produktiven.

Wenn der Boden in einem Entwicklungsland zur Mehrheit nur noch ausländischen Konzernen oder wenigen inländischen Familien gehört, dann ist daran etwas, gelinde gesagt, nicht in Ordnung.

Wenn die Bewohner dieser Nation nur noch die Chance haben, ihre Arbeitskraft für Peanuts an die Besitzer zu vergeben, da sie nicht einmal eigenes Land für den Eigenbedarf übrig behalten, dann ist daran etwas nicht in Ordnung.

Wenn zukunftsfördernde Projekte nicht umgesetzt werden, weil ihre Rendite nicht hoch genug sein wird, um den Zins zu bedienen, neue Öltürme, chemische Medikamente, Konsumartikel oder Staudämme Panzer und Atombomben dagegen alle Kriterien erfüllen, dann ist daran etwas nicht in Ordnung!

Reform, nur eine tiefgreifende Reform kann all diese Dinge in die richtige Richtung bewegen ohne die Produktiven von ihrer Produktion abzuhalten, doch wird sie viele derjenigen, die heute Einnahmen durch anderer Leute Arbeit beziehen, die Notwendigkeit vermitteln, es auch selbst mal wieder mit Produktion vernünftiger Dinge zu versuchen.

Das erste Ziel muss sein, für jeden Menschen die Existenz mit einfacher Arbeit ohne komplizierte Ablenkungen zu ermöglichen, und sie muss auch einfach genug sein, dass er sich auch kulturell wieder betätigen kann und auch für Luxus etwas übrig haben wird. Ist dies der Fall, dann werden sich auch familiäre Dinge wieder einrenken, und dann wird auch für die Gemeinschaft mehr Zeit und Geld übrig sein.

Von da an ist es nur noch ein kurzer Schritt, um auch mit der Natur wieder in einen gerechten Tausch zu kommen.

Prioritäten können vollständig verlagert werden, sobald Bedürfnisse einfach erfüllt werden.
Muss der Mensch nicht mehr nur an seinen direkten Lebenserhalt, den seiner Familie oder seines Inkassobüros (Finanzamt) denken, dann kann er sich Gedanken über den Erhalt der Umwelt und geistigen Dingen widmen. Solange persönliches, familiäres und gemeinschaftliches nicht gelöst ist – wird der einzelne auf die Natur scheißen!
Jene, für die die Natur alles ist ... , unter der Lupe angeschaut, wird man eine Abneigung gegen den Menschen, wohlwollende Übereinstimmung mit Bevölkerungsdezimierung vorfinden, da Lehrbücher den Menschen schon längst als Hauptgrund ausgemacht haben. Es sind jedoch nur einzelne Menschen, die Köpfe der Enteignergruppen, auf dessen Konto die Naturzerstörung geht.
Eine Zivilisation, die jedem Einzelnen einen guten Wohlstand gibt, ist die große Chance, den Naturkreislauf wieder in Gang zu bringen und damit vielen Menschen Brot und Arbeit zu geben.
Umweltbewegungen fordern Geld, am liebsten Besteuerung (Nachfrage) für ihre aufgezwungen Ideen, um die Produzenten noch mehr zu bestrafen und sie passen erstaunlich genau auf, den Enteignergruppen noch zusätzlich die Taschen zu füllen.
Wenn scheinbar der Energiehunger des Menschen das Übel ist, und somit jeder weitere Mensch mehr Energiehunger bedeutet, so sollte vielleicht nicht der Mensch, sondern die **Art** der vorhanden Energie angeschaut werden!

Dies könnte man sich natürlich sparen, würden nur einige der seit den 1940er Jahren vorhandenen Patente für andere Energiequellen, freigegeben werden.

Auf der Seite Patentindex.de können Sie z.B. eine Sammlung von 255 Patenten zum Thema Energie für wenig Geld bekommen. 255! Wir hören jedoch immer nur Öl, Verbrennung, Explosionsmotor, Windkraft und Solar.

Noch im Internet zu finden, ist der Film "Who killed the electric Car? Warum das Elektroauto sterben musste". Es handelt sich hier nicht um freie Energie, doch neue Batterien die einen E-Motor antreiben und Sie umgerechnet auf einen Liter Benzin deutlich weniger kosten würden (15 Cent/Liter).

Inhalt in Kurzform: 1996 erschienen überall in Kalifornien Elektroautos, 10 Jahre später war nichts von diesen zu sehen. Vor etwa hundert Jahren fuhren mehr Elektroautos als Benzin betriebene. In den zwanziger Jahren des vergangenen Jahrhunderts setzte sich der Verbrennungsmotor durch, u.a. durch billiges Benzin. Danach suchte man Elektroautos praktisch vergeblich. Verbrennungsmotoren erzeugen u.a. Smog, Lungenerkrankungen, chronische Atembeschwerden und Krebs stieg an. Je Liter Sprit entstehen über 2 Liter Kohlendioxid, je mehr Sprit umso mehr Kohlendioxid, Co_2 ist ein Treibhausgas. Ev1, das Elektroauto kam auf dem Markt, andere Hersteller zogen mit. Betriebskosten 15 Cent je Liter. Wartelisten existierten. GM wollte ausliefern, es gab Zweifler wegen der Größe, Leistung, wo aufladen, wie pflegt man die Batterie. Die Zweifler wurden lauter, zum Beispiel verstärkt durch kleine "Bürgerbewegungen" die sich gegen Ladestationen für Elektroautos stark machten. Spätere Nachforschungen ergaben, dass diese Bewegungen von alle von der Ölindustrie gesponsert wurden. Diese zahlten auch für Leitartikel in der Presse, in welchen angezweifelt wurde, ob E-Autos die Umwelt schonen. Das es ungerecht sei, da nur reiche sich ein E-Auto leisten können usw. Es gab keine Werbespots, wo das E-Auto wirklich positiv dargestellt wurde. Die Industrie selbst sorgte für keine Nachfrage, um die Produktion dann einstellen zu können – mangels Nachfrage. General Motors gab mehr als 1 Milliarde Dollar für Entwicklung des E-Autos aus, um dann, wenn es um das verkaufen ging, nur die Nachteile des Autos aufzuzählen! Kunden musste lange Fragelisten mit merkwürdigen Fragen ausfüllen. Das Auto war teuer, doch es wurden auch nur 4 am Tag, eher in Handarbeit, hergestellt. GM kündigte jene Verkäufer, die die meisten Namen auf den Wartelisten hatten für das Auto. GM, Daimler zum Schluss die Regierung unter Bush verklagten die kalifornische Umweltbehörde, welche Druck auf die Hersteller zur Fertigung des E-Autos ausübte. Bush übergab werbewirksam einen Scheck für die Entwicklung i. H. v. 1,2 Milliarden Dollar für die Entwicklung von Wasserstoff betriebener Autos. Eine interessante Alternative (also keine Rede mehr von dem funktionierenden E-Auto) Bei einem Hearing der Umweltschutzbehörde konnten Vertreter der Autoindustrie unbegrenzt reden, jener der Batterie welcher 10 Min. durfte, erhielt dann nur 3 Min. mit Unterbrechungen. Jede Information über neue Batterietechniken wurde rigoros abgewürgt. Ein Emissionsgesetz, welches den Verkauf der E-Autos gefördert hätte, wurde 2003 fallen gelassen. Später sagt Alan S. Lowenthal, Senator Kaliforniern: " Wir haben eine große Chance verspielt, in eine neue großartige Technologie investieren zu können" und Jananne Sharpless, Vorsitzende der Umweltbehörde sagte:

"...ein schlimmer Eindruck davon, wie unsere Gesellschaft und unser System in den USA funktioniert". GM ließ zuvor nicht zu, das diese E-Autos gekauft, sondern nur geleast werden konnten. Sie wurden zurückgerufen, es wurde nicht zugelassen,, dass diese weiter gefahren werden konnten! Wer es nicht zurückgab, konnte rechtlich beklagt werden. Dann kam es von den E-Auto Befürwortern zu Protesten in Kalifornien. Ein kleiner Vortrag: " Was die Gegner des E-Autos sagen ist wahr, das E-Auto ist nicht für jeden geeignet. Mit seiner Reichweite ist es nur von 90% der Bevölkerung nutzbar". (Gelächter) Sommer 2004 gibt es nur noch einen Ev1 in privater Hand. Dieser Peter Horton wörtlich: "....ich habe noch nie ein Unternehmen gesehen, das so kannibalisch gegen sein eigenes Produkt vorging". Warum hat GM alle diese Autos zurückgeholt, alle absolut in Ordnung? Ein Evil Fanclub finde viele dieser Autos später in Arizona auf einem Testgelände von GM, verschrottet. Gleiches fand man zu dieser Zeit von Toyota, Ford u.a. heraus! Aktivisten "bewachten" die letzten Ev1 Fahrzeuge. Man bietet GM an diese zu kaufen, GM sagt, niemand will diese kaufen. Mel Gibson, ehemaliger Besitzer eines E-Autos: "Wer bestimmt über die Zukunft? Wer im größten Club ist! Davon gibt es immer zwei. Den Club der das sagen hat, und Deinen Club". Dann gibt es diverse Gründe und Verdächtige von Hersteller, u.a., warum es nicht verkauft wurde. Dann ein Interview mit einem Inhaber von 200 Patenten, auch für eine Batterie. GM kaufte sich in sein Unternehmen. "Wir wurden aus über 60 großen Firmen ausgesucht...., ich dachte es würde einen kleinen Artikel in einer Zeitung geben, doch genau das Gegenteil war der Fall". Er durfte seine Batterie niemanden anbieten und keine Werbung machen. Eine

andere, schlechtere Batterie wurde in den Ev1 eingesetzt. GM übergab die Rechte an Chevron/Texaco (ÖL-Multis). Joseph J. Romm, ehem. Mitarbeiter des Energieministeriums: "...zweifellos haben Firmen die den Markt beherrschen, Alternativen zu ihren Produkten klein zu halten, außer sie kontrollieren diese selbst. GM hat z.B. vor 40 - 50 Jahren die Straßenbahnnetze gekauft und dann geschlossen und die Öl-Multis stellen sich natürlich gegen eine Infrastruktur die auf Elektrizität bassiert". Gesamtprofite Exxon-Mobil, Chevron, Texaco, Conoco-Philips:
2003: 33 Milliarden US-$
2004: 47 Milliarden US-$
2005: 64 Milliarden US-$
Obwohl die Fahrzeughersteller E-Autos herstellten, haben sie diese bekämpft. Aber warum? Der Verbrennungsmotor ist der Eckpfeiler der Autoindustrie. Mit diesem machen sie das größte Geschäft, jede Menge Ersatzteile im Leben eines Autos, welche sie mit einem E-Auto verliert. Ölfilter, regelmäßige Ölwechsel. GM konzentrierte sich auf den Hummer, mit ihm konnte man Geld verdienen. Per Regierung, max. Steuergutschrift für E-Auto 2002: $4000, für ein 3 Tonnen Auto "Hummer" 2003: $ 100.000. Unser Militär sorgt dafür, dass das Öl fließt, Autohersteller werden mit Steuergeldern gefördert ... . Die Politik hat die Macht die Zukunft zu bestimmen, die Politik förderte den Hummer als Geschäftswagen, gleichzeitig brachte sie den Staat Kalifornien dazu, das Elektroautoprojekt einzustellen. Viele meinten, man erkenne daran deutlich den Einfluss der Öl- und Autoindustrie (Foto Bush, Dick Cheney, Vizepräsident, weiteres Foto Condoleeza Rize, Außenministerin, Ehem. Dir. Mitglied von Chevron). "Jimmy Carter war der letzte Präsident, für den die Energiepolitik

höchste Priorität hatte. Seine ersten 19 Tage im Amt widmete er einen Energieplan ... seitdem hat kein Präsident mehr der Energie so viel Aufmerksamkeit gewidmet". Ronald Reagan nahm die Solarplatten vom Dach des Weißen Hauses, die Carter montieren ließ, stoppte Mitte der 90er Jahre alle Programme zur Verbrauchsminderung der Autos, 1995 brach der Ölpreis ein. Dieser und Ölpreisminderung der Saudis sollten Alternativen verhindern, den Junkie sozusagen an der Nadel gehalten, weshalb wir heute immer noch von Öl abhängig sind.

Ende des Films.

Es geht noch so weiter, doch soll obiges reichen um klar zu machen, welche Entschlossenheit von Politik und Interessengruppen an den Tag gelegt wird um gute, benötigte Dinge zu unterdrücken. Und, bei obigem geht es "nur" um ein Elektroauto, für dessen Strom immer noch dieser Strom erst mal aus Kohle, Atom oder Öl hergestellt werden muss!!!

Es geht noch nicht einmal um eine Alternative, die Energie nahezu gratis gibt!!!

Nach einem Wegfall der Enteignersysteme und ihrer zu Gesetz gemachten Tricks, würden drei bis vier mal mehr Einnahmen durch die gleiche Menge Arbeit zur Verfügung stehen.

Der Einsatz der Verbrennungstechnik hat uns aus dem Tausch mit der Natur herausgehen lassen, gleichzeitig hat die erhöhte Produktion eine Lawine privater Einkommenssysteme losgetreten, die uns die Belohnung vorenthalten, die aus unserem Fleiß wirklich möglich wäre.

Erstaunlicherweise würden wir der Natur wirklich wieder näher kommen, bzw. diese besser mit uns klar kommen, wenn wir fortschrittliche Technologien einsetzen – im Energiebereich.

Bei Kleidung, sämtlichen Ölprodukten wie Kunststoffe, Parfums, Pflegeprodukte, Medikamenten gilt genau das nicht, einfach den Anbau der Pflanze Hanf vollständig erlauben, und wir sind sämtliche Ölprodukte und deren schädliche Auswirkungen los!
Die Reform dieser Systeme hat oberste Priorität, im Ergebnis bliebe uns allen unsere Belohnung und wir könnten uns weit besser um unseren Tausch mit der Natur kümmern.
Die Systeme selbst sind nur deshalb so machtvoll, weil sie nicht tauschen oder zu tun als ob, also müssen sie dazu gebracht werden.
Wäre obiges ein Problem, müssten wir uns von späteren Generationen sagen lassen, dass wir sie verraten haben der Gewinne weniger wegen, und dass wir unserer Tierwelt, die im Tausch mit der Natur lebt, trotz all unserer Techniken in Verantwortung nicht das Wasser reichen können. Wollen wir moralisch wirklich hinter der Tierwelt unseres Planeten stehen??

Ideologien

Ideologie: Politische Theorie; hier: "Wissenschaftliche" Rechtfertigung für ein schmarotzendes System.
Es freut mich, Sie hier noch am lesen vorzufinden!
Eigentlich sollten Sie genügend Gründe zur Abneigung der einen oder anderen Art bekommen haben, da hier vielleicht schon mehrere persönliche Theorien, ein Held oder die Idee eines Systems durch den Dreck gezogen wurde.
Da war vom armen K. Marx die Rede und seinem Werkzeug für die Reichen, um die Produzenten zu

enteignen, von Adam Smith und seiner arm machenden Angebots- und Nachfrage - Theorie, vom "Expertentum", wodurch viele Jahre Studium bestimmter Fachrichtungen in Frage gestellt wurden und der Aussage, dass diese Jungs kaum Konstruktives erzeugen, außer neuen Schwierigkeiten (Symptome), von Hitler, Napoleon, Cäsar und viele anderen, die als Schmarotzer dargestellt wurden sowie natürlich das Staats-, Geld-, und Wohlfahrtswesen und einige Privatbesitzsysteme mehr.

Sie mögen sich fragen: Ist denn überhaupt irgendjemand nicht "schuldig"?

Wirtschaft ist vollständig von der Fähigkeit aller Teilnehmer abhängig, etwas produzieren zu können.
Jene die produzieren, ernähren von den Ergebnissen ihres Tuns sich selbst, ihre Kinder, die Alten und zusätzlich umfangreiche Bevölkerungsgruppen inklusive der Enteigner, besonders diese.
Für einen Menschen, der den ganzen Tag lang wirklich reale Güter produziert und doch nicht davon leben kann, muss das Leben eine Qual sein, wenn er sieht, wie auf dem Lohn- oder Einkommensbescheid nur etwas über der Hälfte des Bruttobetrages übrig bleibt, die Finanzämter scheinbar machen dürfen was sie wollen, nach Zahlung der Miete und etwas Essen fast nichts mehr übrig ist, manche Personen Millionen oder Milliarden für nichts kassieren, oder wie bestimmte Gruppen Geld vom Staat geschenkt bekommen, welches man zuvor von seinem eigenen Gehalt abzählen musste. Da kann man sicherlich eine Abneigung gegenüber dem gesamten Thema "Wirtschaft" bekommen, dem Geldwesen, den Politikern oder allem, was nur im entferntesten daran erinnert.

Dass Wahlbeteiligungen heute durchweg so verschwindend gering sind, bestätigt diese Aussage und lässt die Vermutung entstehen, dass der Schwindel wenigstens ansatzweise durchschaut ist und man nach der Devise verfährt: "Nehmt euren Teil und lasst uns ansonsten in Ruhe!"
Wirtschaft war in ihrer Geschichte nur äußerst selten frei von Gruppen, die sich an den Ergebnissen der Produktiven bereicherten.
Die Ureinwohner Afrikas, mussten sich millionenfach versklaven lassen, nur um Gold, Zucker und Baumwolle für den weißen Mann an- oder abzubauen und für 10 t Zucker, sollen bis zu fünf Sklaven gestorben sein.
Ägypten hatte seine Sklaven, das "heilige" Römische Reich baute gänzlich auf der Sklaverei auf, und heute noch, ist der größte Teil der Welt dem Sklaven haltenden Privatbesitzrecht verfallen, welches das zuvor freie Europa von Rom aufgezwungen bekam.
Wir müssen mit ansehen, wie einigen wenigen die Erde gehört.
Denn, verdienen Sie kein Geld, wird Ihre Umgebung schnell unhöflich, spätestens nach Nichtzahlung der Miete und den Sozialabgaben oder der Steuer, zu Essen haben Sie dann sowieso nicht, und wenn Sie alt sind, erhalten Sie keine Rente (Geld), sie werden schnell merken, wie weit es her ist mit der gedachten Freiheit.
Es gab zu jeder Zeit Theorien, welches die jeweilige vorherrschende Kaste durch wissenschaftliche Lügen schützte. Über Jahrhunderte waren faule Könige, Pharaonen, Aristokraten, Brahmanen, Priester und deren Hofstaate keine gierigen Ausbeuter mehr, sondern "von Gottes Gnaden" oder ähnlicher nicht weltlicher Abstammung, was eine wirklich schlaue Rechtferti-

gung war. Wer "von Gott begnadet ist", kann alles mit göttlicher Fügung erklären und das Volk, welches Gott nicht sieht, kann sich nicht an ihn wenden. Gute Idee.

Ende des neunzehnten Jahrhunderts wurden enorme Sprünge in der Produktion erreicht, immer mehr Neuerungen veränderten gerade liebgewordenes, Bevölkerungsexplosionen und auch schrecklicher Mangel an Nahrung, Bildung, Schutz und Sicherheit ließen viele Theorien entstehen, warum die Wirtschaft so ist wie sie ist, und leider kann man wohl sagen: jede Theorie oder Ideologie, die weite oder weltweite Verbreitung fand, enteignenden Gruppen half, ihr Einkommenssystem zu erhalten oder auszubauen, ob Staat, Bankwesen, Chemie, Energie und andere mehr.

Nachfolgend sollen einige Theorien oder Ideologien in ihrem Verhältnis zur Grundlage der Wirtschaft - der Produktion, kurz analysiert werden.

Liberalismus stammt von dem Wort liberal, aus dem lateinischen liberalis, "zur Freiheit gehörig, freiheitlich", zu liber "frei, freier Mensch". In seiner Definition finden sich Aussagen, wie freiheitlich gesinnt, vorurteilsfrei, nach freier Gestaltung des Lebens strebend.

Liberalismus bedeutet dem Grundbegriff nach: "Ideologie, in deren Mittelpunkt die Anschauung steht, dass der freien Entfaltung einzelner Individuen und wirtschaftlichen Gruppen keinerlei Hemmnisse auferlegt werden sollten."

In einem anderen Lexikon findet sich eine weniger romantische Erläuterung, und es heißt dort: "Welt-,

Staats- und Wirtschaftsanschauung, die die freie Entfaltung der Persönlichkeit, das freie Spiel der Kräfte und die Lösung des Einzelnen aus religiösen, politischen und anderen Bindungen erstrebt."

Der Liberalismus ist zur heutigen Zeit nirgendwo in die Praxis umgesetzt. Gesellschaften sind genauso erfolgreich, wie ihre Bevölkerungen zu produzieren vermögen.

Liberalismus erkennt regelmäßig im Umfang der Staatsaufgaben eine Beschneidung der Freiheit und so sind diese regelmäßig Ziel der Reformversuche. Aber auch freier Warenverkehr, die Schaffung einheitlicher Wirtschaftsräume und die Einschränkung von Monopolen sind einige der Forderungen, und sie haben nur soweit Erfolg, wie sie einer Seite zu nützen scheinen.

Was der Liberalismus in seiner modernen Form übersieht, ist die wirkliche Quelle, aus der der gesellschaftliche Reichtum entspringt.

Indem alles der Wirtschaft zum Vorteil zu gereichen scheint, das irgendwie Geld einbringt, folgt darauf ein freies Recht zur Sklaverei.

Privateigentum oder das genaue Gegenteil des Staatseigentums, lassen beide die Bevölkerung erst ihre Bedürfnisse befriedigen, wenn die Wünsche der jeweiligen Monopolinhaber erfüllt sind, doch da der Privateigentumssektor an Wohnungen oder Häusern z.B. sich gut im Bruttosozialprodukt in Zahlen ausdrückt, ist er im Auge eines schlecht informierten Liberalen eine wirtschaftlich sinnvolle Angelegenheit. Das gleiche Bild gilt für Unternehmer und ihren Mehrwert oder das Geld und den Zins.

Selbst der Opiumhandel Englands und die Versorgung des chinesischen Volkes mit Opium, nur um es im Besitz halten zu können, war im Sinne damaliger liberaler Gesinnung "ein freies Spiel der Kräfte", bzw. eine Art wirtschaften, "dem keine Hemmnisse" auferlegt werden sollten.

Der Liberalismus hat nicht den Unterschied verstanden zwischen einer Produktion, die Mangel beseitigt und einer, die Mangel verursacht (hier "Beschäftigung" genannt). Daran wird er auch weiterhin scheitern.

Wenn der Liberalismus eine Idee sein will, die freie Entfaltung des Einzelnen, sowie die Loslösung des Einzelnen aus religiösen, politischen und anderen Bindungen anstrebt, dann ist der Einzelne erst wirklich von solchen Dingen frei, wenn diese nicht zwischen den Naturgütern stehen, die er für seine Produktion benötigt und den Erzeugnissen daraus, die er gegen andere Güter oder gegen Geld tauscht.

Privateigentum von etwas, steht zwischen ihm und den Naturgütern, Steuerabgaben, Wohlfahrt, habgieriger Mehrwert des Unternehmers oder der Aktionäre und andere stehen zwischen seiner Produktion und seiner Belohnung daraus.

Sie alle lassen seine Freiheit nicht zu und machen ihn entsprechend ihrer Macht zum Abhängigen.

Würden die Ideen verschiedener Reformen aus diesem Buch umgesetzt werden, so wäre wirklicher Liberalismus das Ergebnis. Eine arrogante Aussage.

Liberalismus steht weit oberhalb von Privatbesitz und Staatsbesitz und trotzdem ist die liberale Lösung in der Mitte dieser beiden zu finden.

Ist alles in Privatbesitz, so muss sich die Bevölkerung täglich bis zum Tod durch Mieten, Zinsen, Abgaben, Mehrwert, tödlicher Chemieprodukte usw. freikaufen, ist alles im Staats- oder Genossenschaftsbesitz, dann gehört dem Einzelnen nichts wirklich und er wird sich dementsprechend nicht wirklich darum kümmern und bis zum Tode an allem in Wirklichkeit nichts besitzen.

Häuser fallen ein, Kartoffeln wachsen nicht und solche Dinge.
In der Mitte sind grundlegende Allgemeingüter wie Grund und Boden und das Tauschmittel Geld ein Eigentum in den Händen der Gemeinschaft (Dorf, Stadt, Land, Staat), die Benutzer bleiben weiterhin die Haushalte und Unternehmen, aber die Erträge aus der Benutzung gehen nicht in private Taschen, Tresore oder auf Konten, sondern über die Gemeinschaft an alle Bürger. Liberalismus ist von Natur aus eine Wirtschaftsform, die der Freiheit zugrunde liegenden Gerechtigkeit wegen schon nicht zulassen kann, dass wenige nichts produzieren und leben wie arrogante Götter, während der Rest die Fähigkeiten von Genies benötigt, um wenigstens die Steuererklärung ausfüllen zu können.
Im echten Liberalismus lebt jener gut, der viel produziert und derjenige, der sich ohne Gegenleistung nur dessen Erzeugnisse aneignen will, hat es schwer.

Kapitalismus bedeutet laut einem einfachen Schülerlexikon "ein Wirtschaftssystem, bei dem der wichtigste Wirtschaftsfaktor das Kapital ist, Grund und Boden und Produktionsmittel in privater Hand sind und Gewinnstreben das Motiv der Produktion ist, bei dem den Unternehmer die Arbeiterschaft als Klasse gegenübersteht.
Der Begriff Kapitalismus stammt von Louis Blanc und war anfänglich stark affektgeladen (Ausbeutung der Arbeiter durch die "Kapitalisten"). Man unterscheidet den Früh-Kapitalismus vom Ende des Mittelalters bis zum 18. Jh., den Hoch-Kapitalismus, der

zusammenfiel mit dem wirtschaftlichen Liberalismus, und dem Spät-Kapitalismus unserer Zeit, in der die Unternehmer durch den Staat und die Organisation der Arbeiter weitgehend entmachtet sind."

Nur wenigen ist wirklich bewusst, was den Kapitalismus wirklich ausmacht, und ein Hauptgrund dafür sind die versteckte Rechtfertigung und wohl absichtliche Verwirrung über die vier Faktoren Kapital, Grund, Boden und Produktionsmittel als Wirtschaftsfaktoren.

Ihnen ist bis hierhin sicherlich die Bedeutung von Produktion und deren Notwendigkeit, Naturressourcen zur Verarbeitung zur Auswahl zu haben, um im Ergebnis Bedürfnisse befriedigen zu können, deutlich geworden.

Die Bedeutung von "Kapital" ist in dem gleichen Schülerbuch als 1. einer der drei Produktionsfaktoren (neben Grund und Arbeit), 2. zinsbringend angelegte Gelder und 3. das nicht verbrauchte Einkommen beschrieben.

Diese einfache Darstellung ist sehr hilfreich. Kapitalismus ist demzufolge ein Wirtschaftssystem, bei dem knappe Naturgüter oder knappe Allgemeingüter in Privatbesitz sind, wobei mit diesen Geld verdient werden kann.

Das hört sich sehr harmlos an, doch wird der Gedanke zu Ende gedacht, findet man heraus, dass diese Güter wirklich endlich, wirklich knapp sind und durch Privatbesitz nach ihrer vollständigen Aufteilung nur wenige Besitzer haben werden. Und diese wenigen Besitzer können von der absoluten Mehrheit eine Menge verlangen, denn jeder Mensch braucht zu seiner Ernährung Boden und heute in der Mehrheit auch Geld und auch Produktionsmittel. Doch weiter: Diese wenigen Besitzer werden sich untereinander aufkaufen, während die Weltbevölkerung steil anwächst, - und so werden diese Naturgüter wirklich so richtig knapp und die Spekulation nimmt unglaubliche Dimensionen an.

Wenn ein Quadratmeter Boden in Zürich 250.000 Schweizer Franken kosten kann, oder der Bodenwert der Stadt Tokios 1990 rechnerisch über den Bodenwert der gesamten USA lag, oder der Gesamtwert der Grundstücke in Deutschland von 1950 bis 1982 um das 84fache, die Löhne aber nur um das 11fache stiegen (M. Kennedy: Geld o. Zins und Inflation"), dann bekommen Sie eine Vorstellung davon, was es heißt, die Macht zu haben, Seltenes noch seltener zu machen.

Würde der Preis zum Freikaufen des Boden, statt dem Eigentümer, als Pacht der Allgemeinheit zufließen, so würden statt wenige durch Nichtstun reicher, die Allgemeinheit jene Dinge bezahlen können, wofür heute unterdrückerische, asoziale Steuer erhoben wird.

Aber warum ist im Kapitalismus der wichtigste Wirtschaftsfaktor das Kapital, also das Zinsen "erwirtschaftende" Geld?

Wer Geld besitzt, der erhält Zinsen auf sein Guthaben. Nach einem Jahr besitzt dieser Eigentümer entsprechend dem derzeitigen Zinssatz mehr Geld als zuvor. Der Zinseszins kümmert sich nicht um die ursprünglich dem Geldkreislauf zur Verfügung gestellte Summe, sondern wird auf die Gesamtsumme berechnet, welche durch den Zins allein ständig ansteigt. Der Zinseszins macht exponentielles Wachstum der Geldvermögen im Geldwesen erst möglich (siehe das Beispiel des "Josephspfennigs"). Im Grunde ist der Zinseszins das sich in immer kürzeren Abständen verdoppelnde Krankheitsbild, das überall entsteht, wo etwas knapp gemacht wird.

Kapital bedeutet in der kapitalistischen Theorie umfassend beschrieben
1. zurzeit nicht verbrauchtes Einkommen eines oder mehrerer Vielproduzierer, das dem Markt-Geldkreislauf über die Bank zur Verfügung gestellt wird,
2. dann durch Mehrproduktion der Kreditaufnehmer eine Belohnung in Form des Zins und Zinseszinses, wodurch das Geld allein schon zinsbringend angelegt ist und somit für den echten Kapitalisten
3. zu einem "Produktionsmittel" wird.

Der Produktive oder der Beschäftigte, der der Bank 100.000 Taler überlässt, kann aus diesen bei 10% Verzinsung, innerhalb 20 Jahren das sechsfache, also über 600.000 Taler "herausholen", - ohne selbst eine einzige Stunde lang produziert zu haben oder ein Gut oder eine Leistung getauscht zu haben. Diese 600.000 Taler müssen irgendwo von dem Produzenten hergeholt werden, und Sie zahlen diese dann in Ihrem Eigenheim, den Lebensmitteln, dem Auto, einfach allem! Sie!
Für den Kapitalisten, hier Grund/Boden, Geldbesitzer, dem Produktion ein Gräuel ist, ist dieser Gewinn der 500.000 Taler aber, so merkwürdig es sich anhören mag, Produktion!
Er schwört darauf, sein Geld anderen überlassen und darauf verzichtet zu haben, dieses zu konsumieren. In Wirklichkeit aber ist dieses übrige Geld durch erhöhte Produktion entstanden, die ihm in einer früheren Zeit ohne das Tauschmittel Geld z.B. weit mehr Getreide eingebracht hätte, als er gerade verbrauchen konnte. Was macht er dann mit diesem Getreide, das übrig ist?
Er muss es lagern und zusehen, dass möglichst nichts

davon verdirbt, verschimmelt oder von Schädlingen befallen wird. Seine Arbeit für seine zukünftige Sicherheit ist also ständig in Gefahr, genommen zu werden und wenn vielleicht 1 Jahr später in den Genus kommt, es zu verbrauchen, wird er feststellen, dass von seinen 3 Tonnen Getreide nur noch 1 ½ Tonnen übrig oder brauchbar sind.
Diese Erfahrung war das genaue Gegenteil zum Zins. Die Erfahrung war eine Art Gebühr, eine Gebühr der Zeit.
Durch Geld plötzlich, verliert er nicht nur einen natürlichen Teil wie es in der Natur über die Zeit üblich ist, er gewinnt plötzlich und kommt über den Zins und Zinseszins zusätzlich an das Getreide seiner Nachbarn, wenn diese sich Geld leihen mussten.
Eine 100% Kehrtwendung!
Die gesamte Verschuldung baut darauf auf. Der Zins wird bei der Produktion nicht erschaffen und ist (Zinseszins) auch niemals wirklich zahlbar. Doch lieber hat man weltweit Millionen Unternehmenszusammenbrüche, private Insolvenzen, alle paar Jahre Bankenkrisen wie zuletzt 2008, um nur nicht an dem kriminellen Zins und Zinseszins zu rütteln.
Bibel und Koran waren gegen den Zins. Als die Bibel es vergessen hatte, bzw. jene Korrupten die um 1500 in der Kirche das Sagen hatten, haben sie für private Bankiers wie die Fugger, ein Werkzeug eröffnet, das seinesgleichen sucht.
Der Beginn des Geldes unter Verwaltung der Goldschmiede, kannte eine Zeit, wo dieser fleißige Produzent dem Schmied seine Mehrproduktion, sein Gold, gegen eine Lagerungsgebühr zum Bewachen gegeben hatte. Er wusste (jedenfalls vertraute er dem Schmied soweit), dass er seine erhöhte Produktion gegen entsprechende Gebühr auch in 20 Jahren, wenn er nicht

mehr arbeiten können oder wollen würde, beim Schmied zurückerhalten kann, etwas was ihm bei seinem unter Angriff verschiedener Feinde stehenden Getreide nicht unbedingt sicher sein konnte, - und ebenso bei dem Gold, das er Zuhause unter dem Stroh verstecken könnte.

Also war Geld, dass der Bank (damals dem Schmied) überlassen wurde, mit einer Gebühr für das Aufpassen belegt gewesen.

Der Zins pervertiert und verdreht dieses Sicherheitssystem, indem er vorgaukelt, dass er jemandem, der seine Mehrproduktion zur Verwahrung überlässt, ihm nach einiger Zeit wie Aladin aus der Flasche das Vielfache seiner Produktion verspricht. Zins ist offenbar dem Traum der Alchimisten, aus Erde Gold zu machen, entsprungen.

Aber es fehlt ein Faktor: Zins, der Geld für den Kapitalisten zu einem "Produktionsmittel" werden lässt, vermehrt dieses Geld auf obige wundersame Art und Weise.

Dieses "erschaffene" Geld kann der Besitzer in der Marktwirtschaft wirklicher Produktion, gegen die Produzenten realer Güter einsetzen, die untereinander einfach nur ihre Güter und Leistungen austauschen. Diese Produzenten müssen, bevor sie tauschen können, ebenfalls mehr produziert haben, als sie persönlich verbrauchen können. Was übrig ist, können sie dann gegen Dinge eintauschen, die andere herstellen. Brot gegen Eier usw.

Der Mehrgewinn durch den Zins wird den Tausch selbst pervertieren, indem der Betreffende entweder durch erhöhte Nachfrage (da er mehr Geld besitzt) einen Vorteil beim Anbieter einer Ware erhält oder als Anbieter eigener Waren weniger verlangen könnte und damit Käufer an sich binden wird.

Wenn, wie die letzten Jahre zu beobachten ist, Banken Geld verleihen an Wirtschaftszweige, die den Banken selbst zugute kommen, so benötigt es nicht einmal den Faktor Zins wirklich.

Ebay, Starbucks, Google, Apple, Facebook und andere amerikanische Internetseiten sind nicht besser, als tausende andere, auf der Welt programmierte Seiten.

Um ins Ausland zu expandieren, benötigt man jedoch Geld oder Neusprech, "Venture Capital".

Ungerechte Steuergesetzgebung in den von diesen Firmen beglückten jeweiligen Ländern, sorgt dann teils dafür, dass diese Konzerne nahezu Null Steuern zahlen und an Banken oder Beteiligungsgesellschaften (was dasselbe ist), schnell ihre Schuld mit Zins zurückzahlen können.

Wie oder durch wessen Druck kommen derart ungerechte Steuergesetze zustande?

Kleine private Läden in den "beglückten" Ländern können dann reihenweise schließen, da diese z.B. Ebay, kaum etwas entgegen setzen können. (Und ich habe hier schon 2x den Namen A..... gelöscht, da ich es dem Buch nicht schwieriger machen möchte, als es vielleicht schon wird.)

Benachteiligte Steuerzahler in den betroffenen Ländern und die Regierungen baden dann aus, was durch obige Firmen nicht in die Kasse gespült wird. (Was nichts an dem Übel Steuer an sich, mindern soll)

Schaut man sich das Geld der kreditgebenden Banken, Venture Capital, Beteiligungsgesellschaften oder private Equity Groups genauer an, stellt man fest, dass diese Gelder entweder Zinsen sind, die nochmals Zinsen durch die Investition bringen, oder einfach Ersparnisse sind, die nun endlich mehr als den langweiligen Zins auf der Bank bringen sollen.

Obige Firmen machen nur Probleme, sind (Ebay, Starbucks) extrem teuer und sie füllen Taschen jener, die durch Nichtstun ihr Geld verdienen wollen.
Bevölkerungen der betroffenen Länder sollten sich zusammentun und wenigstens reguläre nationale Steuergesetze auf obige Firmen in Anwendung gebracht bekommen, andernfalls wird ihr "Lohn" weiter jede Menge in Konkurs gehende kleine Läden sein.
Was nicht wirklich hier hergehört, doch obige Firmen (ausgenommen Starbucks) nehmen Daten und Information jeden Nutzers auf, kommend aus einem Land, das kaum noch wirklich etwas produziert, doch Steuern für NSA, CSI, FBI und natürlich Militär in unbegrenzter Menge zur Verfügung stellt – was, oder wofür werden dann diese durch rechtliche Tricks in den AGB`s genommen Daten verwendet?
Und warum für solche Seiten noch bezahlen, wenn die Daten unfreiwillig gegeben werden, für welche zuvor Datensammler Unsummen hingeblättert hätten?
Monopolisierung von Gedanken, von Kommunikation, wäre auch eine Beschreibung dieser Situation.
Überall dort, wo durch Privateigentum an knappen Gütern gewisse Vorteile dem Besitzer zukommen, kann die Umwelt entsprechend manipuliert werden.
Der legendäre Rockefeller z.B. wusste sein Kapital gut einzusetzen und ruinierte konsequent einen Mitanbieter nach dem anderen, bis er den Markt dominierte und dessen Erben heute einen völlig unterschätzen Einfluss auf das Weltwirtschaftsgeschehen ausüben können.
Der Kapitalismus ist eine Rechtfertigungstheorie.
Sie rechtfertigt Privatbesitz an knappen Gütern und stellt das Geschehen so dar, als ob gerade dieser Privatbesitz und die Gewinne daraus, nur durch harte Produktion zustande kommen.

Kapitalismus zwingt die wirklichen Produzenten zur erhöhten Produktion, um die Einkommen derer zu finanzieren, die das Produzieren durch ihre Knapphaltung an seltenen Gütern um das zigfache verteuern.
Der heutige Konzern, die AG, geht zum größten Teil aus diesem System hervor.
Im Grunde sind Arbeitgeber, Unternehmer oder auch Kapitalisten, wie sie gern genannt werden, ehemalige freie Produzenten, die sehr hohe Produktion vorgebracht hatten. Diese können durch den Zinsgewinn ihre Produktion ausbauen oder sie sind die ehemaligen "Gegner" dieses Unternehmers, der durch den Zins drohte, den Markt zu übernehmen.
Ein Produzent, der unter Druck steht, bringt häufiger die besseren Ideen hervor, wie er seine eigene Produktion vereinfachen, erhöhen oder ausweiten kann und dabei kommen oft neue Techniken zustande, die das Gleichgewicht verschieben. Dann gibt es auch die ausbeuterische Unternehmung, solche die die Mitarbeiter beschissen bezahlen, oder wenn lokale Gesetze dies nicht erlauben, die Produktion "outsourcen" und woanders beschissen zu bezahlende Mitarbeiter finden.
Am Ende aber ist der Zins ein entscheidender Faktor für das Vorhandensein des Unternehmers.
Dieser Unternehmer steht in den Anfängen der Wirtschaftsgeschichte dadurch unter Druck, dass er als Arbeitgeber zuvor freie Produzenten bankrott machte und diese als Folge von ihm und seinen Maschinen abhängig wurden. Indem dies geschah, wurde ihnen neben dem Boden und dem Tauschmittel Geld nun auch das Produktionsmittel Werkzeug, Maschine, Halle und mehr, vorenthalten.
Wie sie sich schon vom Grundbesitzer und dem Geldbesitzer freikaufen müssen, so müssen sie sich

nun die Produktionsmittel in Gestalt von Maschinen und Anlagen, vom Monopolisten durch ihre Arbeitskraft freikaufen.

Wahrlich keine schöne Ausgangsposition.

Dies ist die klassische marxistische Lehre, die in diesem Punkt ihre Richtigkeit behält.

Obwohl das Buch wenig Umfang behalten soll, widme ich dem Kapitalismus einiges mehr an Erklärung. Er vereint den Beginn der Abkehr von Freiheit und Gerechtigkeit durch Hinwendung zur Sklaverei, die im Grund ein striktes Privateigentum von allen Gütern ist. Der Kapitalismus ist für die Produktion nicht einmal die schädlichste Wirtschaftstheorie, da er den Bürgern wenigstens erlaubt, sich selbst durch Produktion in den Privatbesitz irgendwelcher knapper Naturressourcen zu bringen.

So kann sich jeder "totrackernde" Produzent vielleicht ein Haus kaufen, kann selbst Geld horten, um es zu verleihen usw.

Doch bei all diesen scheinbar liberalen Freiheiten wird übersehen, dass ihm soweit irgend möglich verwehrt wird, die Erzeugnisse seiner Produktion selbst oder im Tausch zu konsumieren und dass er Privateigentum erst dann erwerben kann, wenn er über die Hürden der Privatmonopole hinaus es geschafft hat, mehr zu produzieren als ihm genommen wird.

Bitte beachten, wenn hier von Privatmonopole die Rede ist, so ist auch das Staatsmonopol gemeint, als ehemals private Gruppe, die sich am erfolgreichsten über Steuerveranlagung Zugang zu sämtlicher Produktion sämtlicher Einwohner des jeweiligen Territoriums verschaffen hat.

Die Bevölkerungen kapitalistischer Nationen haben meist erst durch Revolutionen, Aufstände, Streiks und ähnlich radikale Maßnahmen erreichen können, dass

sie mehr von ihrer Produktion behalten dürfen. Und wie die Geschichte gezeigt hat, verdienen die Privateigentümer an diesen Freiheiten nun noch weit besser, als es dem alten Feudalherrenkapitalismus je in den Sinn gekommen wäre.
Und da in allen Enteignergruppen das exponentielle Wachstum schlummert (Prinzip 2, s.o.), geht es mit sämtlichen Staaten, die Bedürfnisbefriedung längst vollzogen, deutlich weniger arbeiten könnten, für jeweils ca. 90% der Bevölkerung den Bach runter, relativ zu den eigentlichen Möglichkeiten.
Frankreich, England, Deutschland, Italien, USA und andere.
Das jeweilige Volk muss kaufen und verschwenden, da sich die schmarotzenden Gruppen derart tief eingenistet haben, dass für diese immer mehr gearbeitet werden muss. So haben wir Schuldenmacherei für ein weiteres Auto und anderen Blödsinn, nur damit irgendwie das kleine Eigentum der unteren 90% auch in die Hände dieser Gruppen gelangt, um den Zusammenbruch noch etwas hinauszuzögern.

Sozialismus besitzt im deutschen Störig Wörterbuch eine vielsagende Definition. Demnach ist es eine "Bewegung zum Umsturz oder zur Umgestaltung der kapitalistischen Staats- und Wirtschaftsordnung mit dem Ziel der Sozialisierung der Produktionsmittel (Maschinen und Anlagen zur Produktion) und Kontrolle der Produktion durch den Staat."

Sie müssen sich die Situation wie folgt vorstellen; Produktion ist die Vorgabe, um Bedürfnisse erfüllen zu können, wovon die Ernährung das Minimum darstellt.
Jeder Produzent eines Landes, benötigt dafür den Zugang zu den viel beschriebenen Naturgütern, um die-

sen dann die Dinge für seine Bedürfnisbefriedigung zu entnehmen oder sie mittels Umgestaltung zugänglich zu machen.

Um Produktionsmittel überhaupt sozialisieren zu können, muss eine Gesellschaft vorher dazu gebracht worden sein, von der "Hand in den Mund", über den Tauschhandel hin zur abhängigen Beschäftigung durch kostenintensive Techniken/Maschinen und deren Besitzer, zu gelangen.

Um in diese Abhängigkeit zu kommen, müssen ihr genügend Erschwernisse in den Weg gelegt worden sein. Privateigentum an den Produktionsfaktoren Grund, Boden, Steuer jeglicher Art und später Geld durch seinen Zins, erzwangen von ihm Arbeitsteilung und Spezialisierung.

Durch diese konnte er teilweise die notwendige Überproduktion zur eigenen und zu der Versorgung der Privateigentumssysteme, die ihm seine Grundlagen nur gegen ständigen Freikauf überlassen, hervorbringen.

Der Sozialismus taucht also zu einem Zeitpunkt auf, an dem Produzenten von den Produktionsfaktoren bereits Grund, Boden und Geld (durch den Zins) seit längerer Zeit freikaufen mussten und sich dadurch bessere Techniken (Produktionsmittel) entwickelt hatten, um den Forderungen besser nachkommen zu können.

Diese Produktionsmittel werden durch die Kosten ihrer Fertigung nun selbst zu einem Faktor der knapp gemacht werden kann, womit wir den Unternehmer haben, der ausgerechnet den Faktor Arbeit kontrollieren kann, welcher zuvor schon erforderlich war, um die anderen schmarotzenden Privateigentumssysteme zu befriedigen.

Indem er Kontrolle über die Entlohnung bekommt, wird das Wohlwollen oder die Willkür des Unternehmers zu einem bestimmenden Faktor für die Existenz aller Arbeitnehmer. Der Unternehmer aber steht durch die erhöhte Produktion, die er möglich macht und durch die er letztendlich allen dazu verhilft, weit besser ihre Bedürfnisse zu decken, unter Forderungsdruck der längst etablierten schmarotzenden Systeme. Die Grund - und Bodenbesitzer treiben die Mieten/Pachten nach oben (wie es überall der Fall ist, wo viel Geschäftstätigkeit entwickelt wird), die Kreditkosten des Unternehmers laufen durch den Zins davon und der Staat fordert horrende Abgaben für teils lächerliche Gegenleistung.

Macht er seine Sache intelligent, wird er selbst, trotz all dieser "Freikaufhürden", hohe Gewinne einfahren, die nicht selten durch seine persönliche Erfindung einer besseren Produktionsmethode zustande kamen, belohnt, und wird damit zu einer Konkurrenz anderer Produzenten, deren Angebote er unterbieten kann - wenn er will.

Von allen enteignenden Systemen fördert der tauschbare Produkte produzierende Unternehmer immer noch erheblich den Reichtum und Wohlstand der Bevölkerung, auch wenn dies in den kurzen Zeitabständen der technischen Umwälzungen nicht so aussehen mag, so ist doch die gesamte Bevölkerung innerhalb Monate oder Jahre plötzlich im Besitz von Gütern, hat zum Eigentum, was sie sich kurz zuvor nicht einmal vorstellen konnte zu besitzen.

Dass die Bevölkerung erst kaufen kann, wenn sie Lohn erhält, zwingt dem Unternehmer über Umwegen auch selbst zu der Erkenntnis, dass er besser höhere Löhne und Gehälter zahlen sollte.

Der Sozialismus kommt nun daher und sagt, "dass er die Produktionsmittel verstaatlichen will".

Da der Unternehmer selbst Produzent ist, bedeutet dies, dass den Produzenten, also den Arbeitgebern,

Arbeitnehmern und Selbständigen nun neben Grund, Boden, dem Geld nun auch die Produktionsmittel nicht mehr gehören würden, mit welchen sie überhaupt etwas produzieren könnten.

Übernimmt dann der Staat oder im Hintergrund Bankiers, als zentral gelenkter Apparat die Leitung über die Produktion, so ist es aus und vorbei mit der Entwicklung von Reichtum und Wohlstand, da der Bevölkerung nun nicht einmal ihre Maschinen und Anlagen gehören. Waren diese zuvor durch ihre Benutzung noch Garant dafür, evtl. von den Grund - und Bodenbesitzern oder vom Staat Land für ein eigenen Haus zu kaufen, so fällt dies nun auch aus. Das letzte freie Mittel, die eigene Freiheit etwas zu erhalten, wird zum alleinigen Besitz einer Regierung, die zuvor schon gezeigt hat, dass sie mit fremden Geld nicht umgehen kann.

Der Westen ließ lange Jahre eine milde Form des Sozialismus zu, indem er nur grundlegende Fertigungsbereiche wie Energie, Post, Telekommunikation u.a.. verstaatlicht laufen ließ, doch ist auch dies gescheitert, denn wo kein Besitzer ist, fehlt erheblicher Anreiz, dem ökonomischen Prinzip zu folgen.

Jene im Sozialismus welche die Regierung bilden, stehen am Schluss, bei der Vollbringung des Sozialismus, als die Superkapitalisten dar.

Sie können sich über die Prozentanteile verschiedener Regierungen ein Bild machen, wie weit der Sozialismus fortgeschritten ist. Der Steueranteil ist ein Faktor, welcher in Zahlen nicht wirklich darstellbar ist und die Befugnisse seitens der Regierung, die mit dem Geld welches der Regierung nicht gehört, einhergehen.

Kommunismus ist laut Wörterbuch nach marxistischer Auffassung "die dem Sozialismus folgende Gesellschafts- und Wirtschaftsordnung, in der das Privateigentum beseitigt und die Klassengegensätze aufgehoben sein sollen".

Der Sozialismus erledigt sozusagen alle Produzenten, indem er sie ihrer Produktionsmittel, also aller Maschinen und Anlagen enteignet.
Die Produktion sinkt ins Uferlose infolge fehlenden Anreizes zum Arbeiten, da kaum noch jemanden wirklich etwas gehört.
Sozialismus ist nicht wirklich nur Verstaatlichung an Produktionsmitteln, denn die Steuersysteme des Westens nehmen sich mittlerweile bis zu 50% und mehr aller Einkommen; d.h. statt die Produktionsmittel zu verstaatlichen, ersetzen die Regierungen mittels ihrer Gewinnsteuern (Lohn-, Einkommen-, Gewerbesteuern u.ä.) den Vorteil der Unternehmer, Mehrwert aus dem Besitz von Produktionsmitteln zu zehren, indem sie einfach selbst den überwiegenden Teil des Mehrwertes nehmen - und dieses sozial nennen. So wird die Regierung selbst zum Mehrwert zehrenden Unternehmer - mit dem Unterschied, dass die Regierung nicht unternehmerisch tätig ist.
Fakt ist, dass Kommunismus ohne Privatbesitz von Gütern nicht möglich ist, da er selbst der totale Privatbesitz von allem ist.
Nimmt man nicht nur die Prozenthöhe der Staatsausgaben, sondern addiert noch Aufwendungen für Zins und Zinseszins hinzu, so kann nur für Deutschland mindestens 80, eher 90 von 100 eingenommene Euro veranschlagt werden. Somit kommt dem habgierigen Bankier eine tragende Rolle zu. Dessen Geld, im Wechselspiel mit der Regierung zum gesetzlichen Zahlungsmittel aufgezwungen, plus die Aufwendungen für Besitzer von Grund und Boden, und Bingo,

nun haben wir die breite Masse an Arbeiter, Angestellten, Selbständigen, Unternehmern, die sich in der Mehrzahl Monat für Monat wundern, nichts übrig zu behalten, und der Statistik nach, trotz aller Technik, trotz aller Mehrproduktion, hoch verschuldet zu sein. Eine Art sozialistisch-kommunistische Sklaverei, ohne dass es jemand merkt.

Die Aufhebung der Klassengegensätze ist letztendlich Formsache. Die Gegensätze sind natürlich verschwunden, wenn es allen gleich schlecht geht. Dafür sorgt ein falsch angewendeter Kommunismus.

Es muss betont werden, Marx formulierte fantastische Dinge, im Grund, hätte er statt Lohn- und Einkommensteuer (also immer mehr Staat), gerechte Mehrwertaufteilung (nicht die gewerkschaftliche Lohnerhöhung) und simple Nutzungsgebühren für die Systeme der Enteignergruppen gefordert – so wäre Marx die Ursache für wirklichen Liberalismus gewesen. Allerdings, sein Buch hätte sich dann nicht verkauft und niemand würde heute Marx kennen.

Hass auf Unternehmer und "soziale Einstellung" oder: Wie Unternehmer und Angestellte gegeneinander ausgespielt werden

Die Aussagen vieler "sozialer" Politiker oder "sozialer" Gruppen stehen, was ihr Glaubenspotenzial angeht, auf recht wackeligen Beinen.

In einigen Abschnitten wurde mehrmals indirekt und direkt dargelegt, wie leistungslose Einkommenssysteme durch ihr exponentielles Wachstum die Weltbevölkerung mehr und mehr enteignen und dass das

Ruder in die Hände einiger weniger dieser Gruppen übergehen könnte, oder dass dies längst geschehen ist.

Die falsche "soziale Einstellung", wie sie heute praktisch in allen Nationen mehr oder weniger offen oder auch versteckt in Mode ist, ist der Heuchelei der kommunistischen Ideologie entnommen, welche dem Unternehmer und letztendlich jeden wirklich produktiven oder erfolgreichen Menschen als Feind der Gesellschaft hinstellt. Er musste dies tun, denn sie sind immer die letzte Hürde, für ein totales Eigentum durch den Staat und oder bösartigen Bankiers der wenigen, nur würde es sich merkwürdig anhören, den wahren Kern so direkt zu formulieren.

In Wirklichkeit baut eine Tauschgemeinschaft auf ihre Unternehmer , Selbständige, Freiberuflicher als Arbeit schaffende wichtigste Mitglieder (in einer durch falsches Privatbesitzrecht korrumpierten Gesellschaft!), da sie die Monopolabgaben an die schon etablierten leistungslosen Einkommensgruppen (Kapital, Grund; Boden usw.) mittels ihrer erhöhten Produktion tatsächlich ausgleichen helfen und die Folgen "erträglicher" machen.

Ohne Unternehmer und Selbständige keine Angestellten – ohne diese drei Gruppen keine Steuereinnahmen.

Die immer schneller steigende Produktion obiger drei Gruppen, macht die negativen Symptome aus dem Wirken der Enteignergruppen, erträglicher.

Es ist kein Zufall, dass unter den Gegnern wirklichen Fortschritts überwiegend jene zu finden sind, die durch leistungslose Einkommen ein angenehmes Leben führen.

Die Pharmaindustrie lässt über ihre Marionetten Gesundheitsbewegungen untergraben oder angreifen, um den eigenen Dreck weiter für tausendfache Gewinne veräußern zu können.

Laut Jeane Mannings Buch "Freie Energie - Die Revolution des 21.Jahrhunderts" ordnete 1991 allein das US-amerikanische Pentagon bei 774 Patentanträgen sogenannte "Geheimhaltungsverfügungen" an, um die Energielobby "im Namen der nationalen Sicherheit" zu schützen - was sie natürlich nicht so formulieren.

Das Mittelalter ist voll von Exzessen der Inquisition und den Kerkern der Feudalherren, des Adels oder der Könige, in denen regelmäßig die fortschrittlichen Geister der Umgebung "bekehrt" wurden.

Die Nazis wussten was sie taten, als sie die beruflich oft sehr erfolgreichen Juden loswerden wollten und Lenin, Stalin, Pol-Pot, Mao und all die anderen wussten ebenfalls, wen sie lieber loswerden sollten und wen nicht.

Es ist kein großes Geheimnis mehr, wer hinter der Naziherrschaft abkassierte und selbst der Erste und Zweite Weltkrieg, als die professionellsten Zerstörer kultureller Fortschritte, haben ihre Gewinner in den oberen Reihen noch einflussreicher werden lassen.

Man kann auch fragen: "Wem dient das?"

Was wird für jede Explosion im Gewehrlauf, in jeder Bombe benötigt. Wer stellt es her?

Womit fährt jedes Fahrzeug, fliegt jedes Flugzeug, womit heizt jeder? Wer stellt es her?

Und seit Banker internationaler agieren. Wenn das Land zerstört ist, wer leiht das Geld für den Wiederaufbau?

Will man eine Gemeinschaft zerstören, so muss man sie um ihre Fähigkeit bringen, zu produzieren. Kriege sorgten und sorgen schon mal dafür, dass keine benötigten Dinge produziert werden.

Es passt von dieser Sichtweise aus gesehen auch ins Bild, dass manche Gruppen jede Art Kontrolle für wichtig halten, um "das Volk zu schützen". So bekommen wir dann bergeweise neue Gesetze, Verordnungen, Regeln wie "Du darfst nicht...!", Überwachungskameras, noch sichere Ausweise und solche Dinge.

Seit 2011 wird alles mit möglichen Terrorismus gerechtfertigt. Wenn man sich jedoch anschaut, welche Gruppen den Terrorismus finanzieren, so finden sie nicht den kleinen Produzenten oder den Chef einer mittelständischen Unternehmung!

Die Wirklichkeit hinter diesen Barrikaden ist die, dass sich diese Gruppen mit jeder weiteren Regel deutlicher etablieren. Und die Anzahl an diesen Vorschriften zeigt im gleichen Verhältnis, wie groß die negativen Auswirkungen ihres Tuns in Wirklichkeit schon sind.

Je totalitärer ein Staat, um so mehr leistungslose Einkommen werden gezahlt, um so mehr Vorschriften benötigt er. Es ist auch kein Zufall, dass die Kriminalität im gleichen Verhältnis zunimmt wie die Produktiven behindert werden. Wenn sich das Produzieren nicht mehr lohnt, weil sich diese Gruppen zu viel davon nehmen, dann muss auf andere Art und Weise das Geld her. Ob Rechtfertigung oder nicht, selbst Hollywood kann diese Leute gut verstehen und widmet ihnen jede Menge Filme.

Könnten Steuereinnahmen durch eine einzige Steuer einfachst und unkompliziert erhoben werden, zeigen mehrere 10.000 Seiten an Verordnungen zu ihrer Erhebung und Verteilung mehr als deutlich, was davon zu halten ist.

Nicht umsonst sinken die Wahlbeteiligungen wie Wasser in der Wüste. Auch wenn das Verstehen über Wirtschaft absichtlich verdreht wird, so haben die Bevölkerungen doch verstanden, dass die "Errungenschaft", wählen zu dürfen, kaum wirklichen Wert hat angesichts dessen, was mit dem eigenen Einkommen passiert.

Jene, die "Arbeit geben", die Unternehmer, Arbeitgeber oder Selbständigen, arbeiten normalerweise sehr hart, und anders als die Jungs mit ihren Systemen bringen sie Produkte in sehr, sehr großen Mengen hervor.

Das macht sie zu einer begehrten Zielgruppe all jener, die sich ständig nach neuen Quellen umsehen, wo etwas genommen werden kann - ohne Tausch.

Im Wirtschaftsmusterland Deutschland sind diese Selbständigen von 1960 mit 20% aller Produktiven auf etwa 10% im Jahre 1997 aufgezehrt worden. Dies ist um so erstaunlicher, wenn man sich verdeutlicht, dass vor langer, langer Zeit, also vor dem Beginn von Privatbesitz an Grund, Boden oder Produktionsmittel **jeder** Mensch der arbeiten konnte, ein Unternehmer, Selbständiger oder eine Art Freiberufler war. Jeder war vollständig unabhängig in seinem wirtschaftlichen Tun.

Es muss also eine enorme Aktivität gegen die freie selbständige Produktion vorhanden sein, aber wer sorgt dafür und warum?

"Soziale" Wohlfahrt, Gewerkschaften und Regierungsmitglieder machen selten ein Geheimnis daraus, dass ihnen Unternehmer ein Gräuel oder nicht ganz geheuer sind, sie sagen es nicht so offen, aber ihre Gesetze, ihre Forderungen nach Strafe und all diese Dinge sagen mehr als viele Worte.

Die Frage, die man sich stellen muss, ist vielleicht diese: Wenn das Feld der Produktiven in Arbeitgeber/Selbständige/Freiberufler und Arbeitnehmer aufgeteilt ist und die Arbeitgeber immer weniger werden, wer soll dann irgendwann dafür sorgen, dass Produkte hergestellt werden?

Den Arbeitnehmern gehören keine Produktionsmittel und viele der großen Unternehmungen sind Aktiengesellschaften (allerdings war die Aktie für einige auch Werkzeug, um ein Monopol zu erreichen), da ihnen über normale Wege entsprechende Kredite verwehrt werden, und es ist auffallend, wie viele Bankiers und womit auch immer qualifizierte Politiker, in den Aufsichtsräten zu finden sind.

Vielleicht ist die Einstellung ja einfach jene, dass man, wenn schon nicht selbst brauchbare Dinge produziert, wenigstens große Produktionsstätten als Eigentum besitzen möchte.

Da hier aber dauernd von Enteignung die Rede ist, wer oder was wird hier enteignet?

Es ist sehr offensichtlich: Diesmal ist der Unternehmer, der Arbeitgeber, der sogenannte Kapitalist dran.

Wenn immer weniger Unternehmungen, immer mehr Produktionsmittel kontrollieren und diese wenigen Unternehmungen als Aktiengesellschaften selbst nicht unter privater, aber unter Kontrolle derer in den Aufsichtsräten und Besitzer von Aktienpaketen stehen, dann entstehen wirkliche Monopole an Produktionsmitteln und Kapital und einige kleine wirtschaftliche Schwierigkeiten genügen, um dem großen Rest der kleinen Unternehmer und Selbständigen die Lebensgrundlagen zu nehmen.

Kawumm! Statt von 100.000 verschiedenen Lebensmittelhändlern erhalten wir dann nur noch von 20 kontrollierten Händlern unsere Nahrung, diese werden sich immer weitere Angebotssparten dazu holen und irgendwann ist die Einkaufswelt einfach ein großer Wal-Mart: alles aus einer Hand - auch die Preisbildung.

Dies wäre eine weitere Variante an Privatbesitz.

Wir sehen: Kommunismus muss nicht nur durch Revolution und anschließende Enteignung entstehen, der

ganze Markt kann einfach durch Geld übernommen werden und die Regierung und die hinter ihr stehende monetäre Elite ist dann im Besitz von allem und jedem.
Dies ist hier äußerst pessimistisch dargestellt und einige Leser werden zu Recht die Hände über dem Kopf zusammenschlagen, doch zeigt die wirtschaftliche Praxis einen breiten selbständigen Mittelstand in vielen Nationen, der bekanntermaßen den Bankrott nur knapp durchhalten kann; nur mit Hilfe aus der Familie, zehren von Ersparnissen, Rationalisierung, längere Arbeitszeiten und solche frustrierenden Dinge.
Doch "Hoffnung" gibt immerhin die Fehlbarkeit der großen Unternehmungen, ENRON in den USA, Kirch Media in Deutschland - auch sie machen Fehler und ihr Erfolg, es wird immer wieder deutlich, baut oft und im erheblichen Ausmaß auf geborgtem Geld auf, welches nicht zurückgezahlt werden kann und dem der Zinsanteil davon läuft.
Um dieses Kapitel abzuschließen: "Soziale Einstellung....", das ist nur ein Deckmantel aus netten Worten, um an Geld heranzukommen und es dann umzuverteilen an jene, die den Gruppen, die sich gerade austoben, irgendwie günstig oder wichtig erscheinen.
Es ist eine Art wirtschaftliche Gehirnwäsche.

Konkurrenz

Ist Konkurrenz ein wirtschaftlicher Fehler oder ein wohlstandsfördernder Wettbewerb?
Offen gesagt, eine auf gesunde Grundlagen aufgebaute Wirtschaft braucht so etwas nicht und die Ökonomen, Politiker und einige andere, die in der Regel

nicht viel wirkliche Produktion hervorbringen (etwas wovon jemand anders real besser leben kann) und Konkurrenz gerne loben, hervorheben, für wichtig halten und gleichsetzen mit freier Marktwirtschaft, wissen oft nicht, wovon sie reden, da sie alle in den gleichen merkwürdigen Wirtschaftstheorien ausgebildet wurden.

Fakt ist: Konkurrenz ist neben Steuer, Zins und Zinseszins einfach nur eine weitere Hürde für die Produktiven!

Bevor die Wirtschaft mit all dem Austausch entsteht und innerhalb der Familien überwiegend für den Eigenverbrauch produziert wird, würde die Idee der Konkurrenz auf völliges Unverständnis stoßen und auch lange Zeit später in der Entwicklung wüsste kaum jemand damit etwas anzufangen, außer beim sportlichen Wettstreit vielleicht.

Wenn Produkte, ob gejagte Braten, gefällte Bäume für die Hütte oder eine Wasserleitung zum Haus die Zielsetzung beinhalten, die Bedürfnisse zum Leben zu befriedigen, und wenn Mehrproduktion dazu da ist, für den Winter und die alten Tage vorzusorgen, so hat die Idee der Konkurrenz wohl eine andere, keine positive Bedeutung.

Ist das, was wir als Konkurrenz kennen, ein wirtschaftlicher Fehler oder ein Wettbewerb oder ist dieses Wort für einen falschen Sachverhalt benutzt worden?

Wenn Produzenten ihre Gewinnspannen beschneiden, Mitarbeiter entlassen, Investitionen verschieben, mehr arbeiten, um gegen einen weiteren Anbieter ähnlicher oder gleicher Waren zu bestehen, so ist dies offensichtlich nicht das Ergebnis, welches durch Produktion entstehen soll, nämlich ein besseres Leben, mehr Wohlstand.

Enteignungssysteme erfordern durch den Umstand, dass die Produzenten für dessen Bedürfnisse (der Systeme) mit erzeugen müssen und durch exponentiell ansteigende Kosten eine Überproduktion erzwingen, einen Überschuss an Gütern, die des Überlebens willen verkauft werden müssen, um diese Gruppen bezahlen zu können.

Die Frage ist nicht mehr, was zur Existenzerhaltung gebraucht wird, sondern: Wie oder wo kann der Überschuss untergebracht werden?

Kein Wunder, dass Naturvölker uns modernen Menschen oft nicht verstehen.

Die Bedeutung einer Zivilisation ist immer noch die, dass der Lebensstandard sich durch Wissenschaft und Technik immer weiter erhöht.

Enteignungssysteme, die mittels Privatbesitz auch an Energie, "Gesundheit" und auch über Wissen mittels Patente bestimmen, "müssen" unökonomische Produktionsmethoden bestehen lassen, da alles Moderne, Gift für ihr Monopol am alten, teuren und langsamen oder schlicht nutzlosen ist.

Wenn Maschinen in minimaler Zeit die Existenz und selbst die Luxusbedürfnisse befriedigen könnten, dann wäre das Ziel des Arbeitens erreicht und der Mensch könnte auf dem für ihn ausreichenden Level immer weniger Zeit mit der Produktion verbringen, entsprechend der Ersparnis an Zeit, Kraft und Aufwand, die ihm die Technik abnimmt.

Zinsen, Mieten, Steuern laufen wie magisch steigend der wachsenden Produktion nicht nur hinterher, sondern laufen ihr davon, und zahlte der Produzent zu Anfang noch vielleicht 30% für diese, so zahlt er, wie es in den Industrienationen mittlerweile normal ist, 80% und mehr an diese Systeme. Der Einwohner eines Industrielandes muss ständig davon überzeugt werden, in kürzerer Zeit mehr zu konsumieren und gleichzeitig steigt der Anteil der Enteignung an seiner Produktion heimlich immer weiter an. 0,5-3% mehr für die Wohlfahrt, 1% mehr Inflation, 2% mehr für Zinsgutschriften, 4% mehr für gestiegene Energiepreise, 1,5% mehr Steuer usw. usf. Jedes Jahr ein Stück hier, ein Stück dort.

All das mag weniger auffallen, denn Regierungen sind Experten im Umverteilen. Sie nehmen einfach Ihr Geld und schieben es in irgend einen Nahrungsmittelsubventionstopf, wodurch die Preise für Brot und Milch unten gehalten werden und jeder denkt, wie gut die Sache läuft. Doch ist dies einfach nur Schwindel und Betrug.

Die heutige Technik ermöglicht die Erzeugung von Produkten, die zuvor in Handarbeit fabriziert wurden, in einem Zehntel, Hundertstel, Tausendstel oder Zehntausendstel der zuvor benötigten Zeit. Auch wenn die Technik selbst erzeugt, gepflegt, gewartet, repariert und mit Ersatzteilen versorgt werden muss, so bleibt ihre weit erhöhte Produktion ein Faktum.

Technik sollte also dazu führen, und hat es in Wirklichkeit längst, dass die Produktiven die Früchte dieser Errungenschaften im Austausch in weit weniger Arbeitszeit ernten sollten, doch kommen diese Zeitgewinne nicht oder nur minimal bei den Produzenten an.

Ohne zu übertreiben kann man schreiben, dass sie (in den Industrienationen) mit ca. 20-30 Prozent ihrer jetzigen Arbeitszeit sehr, sehr gut leben könnten, die gleichen oder weit höheren Lebensstandards haben würden und sich keinerlei Sorgen um die finanziellen Aspekte ihrer alten Tage machen müssten! Gleichzeitig würde eine enorme kulturelle Wiederbelebung stattfinden und Qualität statt Quantität sich durchsetzen. Um die Luft etwas rauszulassen, muss ich hier auch schreiben, dass die von Enteignersysteme durchsetzten Industrienationen ihre Bevölkerungen in einem nicht unerheblichen Ausmaß selbst zu Schmarotzern degradiert haben: Gegenüber den billigen Rohstoff und Arbeitskraft liefernden Staaten.

So wie die Industrienationen ihre Enteignergruppen durchfüttern müssen, so werden rohstoffreiche Ländern gezwungen, die Rohstoff abnehmenden Gruppen durch zu füttern.

Öl, Tabak, Kaffee, Kakao, Holz sind nur einige, wo Wörter für die Ware direkt für Ausbeutung, teils Sklavenhaltung wie vor hundert Jahren, stehen könnten.

Da diese nicht ewig versklavt und ausgegrenzt werden können, führt der Weg hinaus nur durch das Tor der Gerechtigkeit, die gerechten Tausch bei Angebot und Nachfrage einfordert.

Diese Gerechtigkeit wird die Preise für Rohstoffe und Arbeit aus den jetzt noch ausgebeuteten Nationen steigen lassen, doch ist das ein Problem? Nur die Manager der Enteignersysteme werden mit einer solchen Entwicklung ein Problem haben, denn sie verlieren ihre Einkommensquellen und insbesondere all ihre Macht zur Kontrolle "des Pöbels, des Abschaums".

Diese Jungs brauchen die Völker der Industriestaaten, da deren hohe Produktion ihnen die Tresore füllt und sie brauchen die Sklaven des Südens um die Völker des Nordens mit billigen Nahrungsmitteln, Konsumartikeln und Überfluss an Rohstoffen bei Laune zu halten, wie einst das alte Rom sein Volk in den Arenen abgelenkt hatte.

Diese Gerechtigkeit würde von Ihnen vielleicht 10, vielleicht 20% Preisaufschlag auf gekaufte Waren erfordern, doch selbst wenn es das Doppelte wäre,

wäre dies auch kein Problem, wenn gleichzeitig von Ihrem Einkommen 60-80% mehr zur Verfügung stehen würde. Ein guter Deal für grundlegenden Fortschritt, vierfach längere Freizeit und alles, was sonst noch dabei heraus kommen kann.
Und noch einmal von anderer Seite.
Ein unternehmerischer Produzent in seinen wirtschaftlichen Zwängen sieht sich folgenden Tatsachen entgegen: Er wird seine Unternehmung zu Beginn gegründet haben infolge einer Idee, die Produktion eines Guts oder einer Dienstleistung besser, schneller, schöner gestalten oder überhaupt liefern zu können und diese Idee ist in der Regel gepaart mit der Überzeugung, dass sich genügend Abnehmer dafür finden lassen.
Ohne irgendwelche Wirtschaftszwänge könnte er einfach soviel herstellen, wie er benötigt, um seine eigenen Bedürfnisse durch Eigenbedarf, aber hauptsächlich durch das im Tausch erhaltene Geld zu erfüllen.
Meldet sich dieser bald unglückliche Produzent mit seiner Unternehmung bei seiner Behörde an, melden sich in Nullkommanichts jedes dieser Enteignungssysteme, um seine Freikaufgebühren entsprechend der steigenden Produktion und den dadurch steigenden Umsätzen und Einkommen, einzufordern - ohne selbst irgendetwas zu produzieren.
Unser hier dargestellter Unternehmer kann durch Einhaltung des ökonomischen Prinzips, wie die gesamte Gesellschaft im Durchschnitt auch, die Bedürfnisse in immer weniger Zeit durch Produktion erfüllen.
Jeder könnte nun entsprechend weniger arbeiten, doch sind die "Enteignungskosten" mit angestiegen und wollen höher bezahlt werden als zuvor. Die Existenz dieser Systeme allein bringt viele Symptombe-

handlungen hervor, welche ebenfalls Kosten verursachen.
Also wird er doch nicht weniger arbeiten, obwohl alle Bedürfnisse längst erfüllt sind. Es müssen den zu zahlenden Freikaufgebühren wegen ständig neue, aufwändigere, unnötigere Produkte ausgedacht werden und auch verkauft werden. Alle sind längst satt, doch müssen sie sich der Freikaufgebühren wegen beschäftigt halten mit der Erzeugung unnötiger Artikel, die niemand braucht.
Um es hier noch einmal auf den Punkt zu bringen: Für jede dieser Gruppen ist der Produzierende der alles entscheidende Faktor. Produziert niemand, gibt es nichts zum Nehmen. Also müssen genügend dazu gebracht werden zu produzieren. Auch die Frauen, welche sich zuvor ohne Geld um unsere Zukunft, die Kinder, kümmerten, sollen nun unbedingt, der Gleichheit wegen, für Geld arbeiten.
Heute ersetzen versteckte wirtschaftliche Zwänge die Peitsche alter Tage. Reichen die Freikauf- oder Monopolgebühren nicht aus, so kann durch breite Verschuldung die Bevölkerung am Arbeiten gehalten werden, aber was kommt danach?
Die wirtschaftlichen Probleme können überhand nehmen und die Politiker werden irgendwann die Deckel auf dem brodelnden Topf nicht länger halten können. Die übliche Variante in so einer Situation ist, jemanden oder eine Idee als Sündenbock hinzustellen. Das Nachbarland, Terroristen, ethnische oder religiöse Minderheiten, der Osten, der Westen oder was auch immer.
Die selbst schmarotzende Yellow-Press, wie Bild, Sun & Co hätte seit mehr als 100 Jahre Garten Eden aus der Erde machen können, doch setzte sich irgendwann die geisteskranke Idee durch, lieber bana-

les in großen Buchstaben zu präsentieren, über wichtiges nicht zu berichten, über unwichtiges Tag und Nacht zu berichten.

Diese Klatschblätter sind so überflüssig wie Krebs. Die stellen ja nicht mal die Dinge her, über die sie berichten. Das ist schon erstaunlich.

Presse wird die Bevölkerung anstacheln und irgendein Vorkommnis reicht aus, um alle "zur Verteidigung, zum Angriff, für die Freiheit" oder Ähnliches ins Feld ziehen zu lassen. Krieg ist effiziente Kapitalvernichtung.

Ohne die ach so wichtige Presse, hätte es keinen I. und II. Weltkrieg gegeben, wir hätten heute Hanf, von welchem alle Bauern dieser Welt leben könnten und diese, statt Chemieindustrie, könnten die Grundlagen für Kleidung, Verpackung, Papier und vieles andere herstellen und ohne diese Scheißpresse, hätte außer in Amerika kaum jemand vom 11. September 2001 gehört und die Welt hätte Millionen Überwachungskameras, tausende Gesetze "zum Schutz von ..." weniger.

Gibt es Krieg und halten sich die Enteigner über diese schwierige Periode, so steht ihnen danach ein zahmes Volk zur Verfügung, das die Nase voll von Schwierigkeiten hat, beschäftigt ist mit dem Wiederaufbau - wobei ihr produktives Vermögen wieder von Anfang an durch Tricks enteignet werden kann.

Der Süden hat seine Sklaven, die nichts besitzen und so hat der Norden seine Sklaven, die fast alles haben und sich doch nicht zurücklehnen können.

Was ist Konkurrenz? Konkurrenz ist die Folge einer erzwungenen Mehrproduktion durch leistungslose Gruppen, um deren Einkommen auch weiterhin zu sichern. Konkurrenz ist kein Spiel, kein Wettkampf, jedoch ein weiterer Trick, um die Produzenten auf

denen alles aufbaut, gegeneinander aufzubringen und zu zermürben!
Zugeständnisse sind am leichtesten zu erreichen, wenn das Opfer nicht in guter Verfassung ist. Konkurrenz schadet der Verfassung. Wir sollten uns alle in bessere Verfassung bringen, indem der ganze Unfug reformiert wird!

EURO - Einführung in Europa

"Nationale Planlosigkeit in Wirtschaftsangelegenheiten ergibt Internationale wirtschaftliche Zusammenarbeit."
Aldous Huxley
(Geschrieben 2001, und zu dem Desaster um den Euro muss wohl nichts mehr geschrieben werden)

Intelligenz und Arbeit

Es existiert eine merkwürdige Besonderheit, und zwar, dass Berufe, Tätigkeiten oder Jobs, die die Symptome, die negativen Auswirkungen der schmarotzenden Systeme beseitigen oder zu verwalten imstande sind, von oftmals sehr intelligenten Menschen durchgeführt werden.
Kapitel "Ursachen- und Symptombeseitigung" beschreibt die Menge anwachsender Symptome, wenn das Gebiet auf einer Lüge aufbaut.
Die Symptome vermehren sich, werden immer komplizierter.

Wer lügt, kennt das Phänomen der weiteren Lügen und den Umstand, irgendwann ein gutes Gedächtnis zu brauchen, um sich die diversen Lügen zu merken, die nach der ersten Lüge aufgelaufen sind.

Wirtschaft ist so ein Gebiet, Politik, "Gesundheit, Wohlfahrt/Soziales, Bankwesen, Zinswesen, praktisch alles bzgl. Regierungen, Chemie und einige mehr.

Bereiche die Menschen einstellen, können einschätzen, wer für Bereich X in Frage kommt, welche Fähigkeiten er mitbringen muss.

Je verlogener das Thema, der Bereich, um so qualifizierter muss die Person sein.

Auf jeden Fall benötigt diese Person ein gutes Gedächtnis.

Diplome, Titel, gute Noten sind ein Maßstab für ein gutes Gedächtnis.

Jemand wird bei Tests und Prüfungen chronisch durchfallen, hat er kein gutes Gedächtnis.

Er kann intuitiv die Sache verstehen, sie praktisch anwenden, doch wird er ohne gutem Gedächtnis nicht bestehen.

Das Schulwesen ist so aufgebaut, auswendig lernen. Praxis ist zweitrangig.

Im Ergebnis haben wir Menschen die nach Vorschrift arbeiten.

Würde man das Gebiet wirklich verstehen, so könnte natürlich schneller erkannt werden, was kompliziert, falsch oder gar bekloppt an dem ganzen ist.

Der Alptraum für Enteigner oder einer Unternehmung die an Symptombehandlungen verdient, wäre dann jene Person, die die Ursache der Kompliziertheiten anpackt. Hier finden wir ab und zu engagierte Politiker, Bankangestellte, Journalisten, die durch fadenscheinige Gründe "plötzlich" ihren Job verlieren.

Dies soll keine allgemeine Abwertung von Fachkräften sein. Naturwissenschaften erfordern eine enorme Büffelei, doch sind diese auch praxisbetont und vor Ingenieure, Techniker kann man nur den Hut ziehen.

Es geht hier nur um "Fachkräfte", besser bekannt als "Experten", die sich chronisch in Enteignergruppen tummeln.

Also jene Dinge, die Mangel verursachen, werden noch verstärkt und zeigen im Ergebnis laufend weitere Schwierigkeiten (Symptome), deren Beseitigung eine Menge Know-how, äußerst gute Ideen, Improvisationstalent und ähnliche Anforderungen nötig macht.

Zu viele Beamte, Finanzberater, Politiker, Werbeleute, Ärzte und Doktoren, Akademiker und viele mehr werden völlig fern ihrer Fähigkeiten für Aufgaben "verfüttert", die keine Produktion darstellen, jedoch die Symptome falscher wirtschaftlicher Grundlagen verdecken helfen.

Sie alle verdienen in der Mehrzahl gut oder sehr gut daran, da dem einfachen Unwissenden der "nur" mit "simpler" Produktion sein Geld verdient, Ideen zur Lösung seiner ihm von Seiten der Enteignersysteme aufgezwungenen Probleme eine Menge Wert erscheinen.

Da die Tätigkeit für sein Leben durch Arbeit aufzukommen in einer Zivilisation unter gesunden wirtschaftlichen Umständen immer einfacher werden sollte, erfordern alle Bereiche, die unter den Fittichen privater enteignender Gruppen stehen und sich einer lukrativen Bekämpfung der Symptome verschrieben haben, immer mehr Personal oder Helfer, die sich mit der enormen Vielzahl von Schwierigkeiten (Symptome) auskennen, auch wenn sie nicht wissen, gegen was sie angehen.

Gründet sich eine optimale Wirtschaft auf einige wenige Regeln und Grundlagen, die auf einigen wenigen Seiten mitgeteilt und von Schulkindern spätestens in der fünften Klasse vollständig verstanden werden könnten, so erfordert allein die Erhebung von Steuern jahrelange Ausbildung, um zum Experten darin zu werden, wie etwas geholt werden kann (Steuer), das weit einfacher, gerechter und mit weit weniger Verschwendung durchgeführt werden könnte.

Der Medikamentendoktor, der wissen müsste, wie er herausfindet, woran ein Mangel besteht, muss sich statt dessen mit mehreren dutzend oder hundert Symptomen herumschlagen, um am Ende eins von mehreren tausend Medikamenten der Gift/Pharmaindustrie zur Erhöhung des Mangels zu verkaufen. Um dies überhaupt tun zu dürfen, muss er viele Semester an einer Universität verbringen, deren Prüfungen er nur bestehen wird, wenn er die vermittelt bekommenden Informationen auswendig bei Abfrage wiedergeben kann, womit das wesentliche Dilemma des Universitätsstudiums recht gut beschrieben ist. Dies soll nicht die Praktiker der Ärzteschaft beleidigen!! Nicht die Zahnärzte, Chirurgen und all jene, die sichtbare Mängel beseitigen oder korrigieren.

Nicht jeder Mensch hat ein gutes Gedächtnis, doch jeder ist fähig, genug Grundlagen von allen Dingen zu verstehen. Wenn Grundlagen nicht erwünscht sind, wie sie es immer sind in komplizierten Wissensgebieten, die sich auf Lügen gründen, dann werden Menschen benötigt, die zumindest ein gutes Gedächtnis, Geschick und Fleiß aufweisen.

Dass jenes bekämpfte oder verschleierte Symptom zwei oder mehrere weitere Symptome verursachen wird, kann diesen oder wird diesen Experten nicht angelastet werden. Im Ergebnis entsteht immer weniger Wahrheit, da die Grundlage nicht herbeigeführt wird und immer mehr Lügen, da falsche "Lösungen" auf die "Lösungen" verlangt werden.

Dies erfordert neben einem guten Gedächtnis natürlich auch Kreativität und geistige Beweglichkeit, was eben auch nur ein Teil der Intelligenz ist.

So haben wir heute eine Welt in der, der hart arbeitende Bauer kaum seine alten Tage finanziell absichern kann, aber genügend produziert, um mehrere tausend bis hunderttausend Menschen zu ernähren.

Auf der anderen Seite gibt es professionelle Symptombekämpfer, die enorm beschäftigt sind, kaum wirkliche Produktion (von welcher Menschen leben können) hervorbringen und doch äußerst gut verdienen.

Jeder Mensch braucht Intelligenz, um gut zurechtzukommen und je mehr, um so besser ist es.

Intelligenz in bedürfnisbefriedigender Produktion eingesetzt, bringt laufend Verbesserungen, weitere Entwicklungen und steigende Produktionsmengen durch sinkenden Materialeinsatz und -verbrauch hervor.

In einer optimalen Wirtschaft werden weiterhin die intelligenten Menschen "gewinnen", da sie mit ihrem Leben besser zurechtkommen, indem sie es besser anpassen und mehr Produktion mit den gegebenen Mitteln hervorbringen können.

Wirkliche Zivilisation bringt den Vorteil, dass sie das Produzieren enorm vereinfachen kann und im Überfluss die Mittel hierfür bereitstellt.

Enteignungssysteme, die die Naturgüter knapp halten, halten die Mittel knapp, die benötigt werden, um die eigenen Bedürfnisse zu befriedigen.

Ihretwegen allein schon erfordert es heute eine ganze Menge Intelligenz, nur um die Existenzbedürfnisse zu erfüllen und noch mehr, um die Auswirkungen dieser Vorenthaltungen an Lebensgrundlagen auszugleichen.

Nun denn, somit sind Schmarotzer, diese Enteignergruppen für noch einer Enteignung zuständig. Eine Enteignung der Intelligenz der Bevölkerung für deren eigenen Zwecke, denn diese stehen dem guten, dem wichtigen Vorhaben nicht mehr zur Verfügung.

Mehrwert

Mehrwert ist "nach marxistischer Auffassung die Differenz zwischen Arbeitsleistung und dem dafür gezahlten Lohn."
Ein Unternehmer, der marktwirtschaftlich tätig ist, stellt für seine Ideen, seine Vorhaben Geld und in der Regel eine enorme persönliche
Arbeitsleistung zur Verfügung, und ist das Ergebnis ein Erfolg durch weit höhere Arbeitsleistung, so war daran regelmäßig Fleiß, eine neue Technik oder auch Neuorganisierung bestehender Produktionsabläufe im Spiel, die diese ermöglichen konnte.
Diese weit höhere Produktion erfordert ab irgendeinem Punkt die Hilfe anderer Personen.
Stellt der Unternehmer diese ein, so ist er dann ein Arbeitgeber. Er hat durch das entwickeln einer oder mehrerer Techniken weit höhere Produktion ermöglicht und ist dem ökonomischen Prinzip, "Einsatz der Mittel für den größtmöglichen Erfolg", entsprechend erfolgreich vorgegangen. Etwas weniger flauschig formuliert, kann dieser Unternehmer auch einfach nur ein Händler sein, mit einem neuen Trick, Billiges teuer zu verkaufen und um mehr zu verkaufen, Leute braucht.

Letztendlich, das optimale Ergebnis wäre ein Anstieg des Wohlstands und Senkung der Arbeitszeit bei gleichem Produktionsausstoß.

Je nachdem, wie viel leistungslose Einkommensgruppen von den Ergebnissen ohne Tausch nehmen, desto wahrscheinlicher bleibt die geringere Arbeitszeit eine Illusion.

Regelmäßig wurde trotz erhöhter Produktion, die gleiche oder sogar mehr Zeit mit Arbeit verbracht, was, dem ökonomischen Prinzip völlig zuwider läuft, denn der Mensch investiert nicht ohne Grund Zeit und Mühe in neue Ideen.

Normalerweise will er in Zukunft bei der gleichen Arbeit Zeit und Mühe sparen oder mit gleicher Arbeit mehr Ergebnisse hervorbringen.

Natürlich gibt es Menschen die einfach gerne arbeiten. Doch, viele Jahre zurück, wo wir jagen mussten um was in den Magen zu bekommen, wo hörte die Arbeit damals auf? Wahrscheinlich dann, wenn das Reh erlegt und zerlegt wurde!? Man hat ja einige Tage zu Essen. Warum noch ein Reh, ein Huhn oder ein anderes Tier erlegen? Es würde einfach keinen Sinn machen.

Marx sah es richtig, dass die Freiheit durch Selbstversorgung, durch eine Unfreiheit mittels der Maschine abgelöst werden kann, da diese Maschine bei Nutzung eines falschen Grund-, Boden- und Geldsystems überwiegend im Privatbesitz ist.

Durch den Privatbesitz an Produktionsmitteln steht die Gesamtheit aller Produktiven - also Arbeitgeber und Arbeitnehmer scheinbar in Konflikt zueinander.

Interessant dabei ist, dass beide Seiten im Gebiet der Produktion tätig sind, es im Grunde eigentlich keinen Konflikt geben sollte, denn beide wollen ja das gleiche erreichen..., oder?

Nun ist für den Arbeitgeber der Lohn ein Kostenfaktor, den er möglichst gering halten will, und für den Arbeitnehmer ist dieser Lohn die Belohnung für seine Mühe, die ihm später ermöglicht, seine Bedürfnisse zu befriedigen. Also doch ein Konflikt?
Wie bei allem gibt es auch hier scheinbar zwei Seiten. Wie sich beide Parteien in der Mitte treffen, ist die Frage, die Lösung.
Der Kolonialist alter Tage, der auf seiner Kaffee, Tee, Kakao, Zucker- oder anderen Plantage, Sklaven hielt gegen keinerlei Tausch, entschied sich für die Seite des Konflikts, und nur der Zwang oder die Gewalt, oft durch Gesetz geschützt, hielt ihn bis heute in milderer Form am Ruder und große internationale Konzerne haben heute dessen ruhmlose Rolle übernommen.
Ist es vielleicht so, dass ein Faktor im Spiel ist, der genau gleich dem Zins im Geld oder dem Gebührenaufbau der Wohlfahrt entspricht?
Enteignungssysteme können den Produzenten entweder fertig machen oder ihn zu Höchstleistungen anspornen, bzw. diese erzwingen.
Auf falsche Grundlagen aufgestelltes Bankwesen, welches Geld gegen seine Bestimmung knapp hält (durch den Zins), macht es für den Unternehmer schwierig, genügend Geld für größere Vorhaben zusammen zu bekommen. Der Bankier fordert Sicherheiten und die Steuer auf die Gewinne lässt es nicht zu, dass der Unternehmer sich die vom Bankier gewünschten Sicherheiten zuvor aus eigenem Antrieb ohne weiteres erarbeiten kann.
Angestellte wiederum, die sich selbständig machen wollen, stehen durch ihre oftmals schlechte Bezahlung natürlich vor dem selben Problem.
Aktien geben dem Unternehmer die Möglichkeit, Geld gegen entsprechende Herausgabe von Wertpapieren

einzusammeln (allerdings gehört ihm sein Unternehmen dann auch nicht mehr wirklich). Der Gedanke hinter der Aktie ist der, eine große Unternehmung durch die Beteiligung vieler zu ermöglichen.

Wenn Sie die Lösung des Geldwesens einige Seiten weiter im Voraus studiert haben, dann wissen Sie, dass Geld eigentlich ein gemeinschaftliches öffentliches Gut ist und der Zins dem widerspricht, da er den Nutzer zwingt, das benötigte Geld freizukaufen. Der Zins verweigert dem Geld eine gemeinnützige Rolle in unser aller Leben - und ist mit die Ursache für eine Notwendigkeit, Aktiengesellschaften zu gründen, um Kapital für das geplante Projekt zu bekommen.

Was steckt hinter dem Mysterium "Aktie"?

Indem die Käufer der Aktien ein Anrecht auf den evtl. zu erwarteten Gewinn genießen, existiert die Aktie ähnlich dem eigenen Geld auf dem verzinsten Konto, nur mit höherem Risiko. Indem Zins**gewinne** der wenigen Wohlhabenden (etwa 10% der Bevölkerung) durch alle Produzenten erarbeitet werden müssen, so muss, bzw. ist der Gewinnbetrag, um den der Wert der Aktie zunimmt, einzig und allein wie der Zinsgewinn auf die Arbeit der Mitarbeiter zurückzuführen und auch einer gehörigen Portion Spekulation, die in sich selbst aber ebenfalls, wie der Anstieg durch die Arbeit des Produzenten, einfach ein Verdienst ist, ohne selbst etwas zu produzieren.

Was beim Zins der Geldbesitzer ist, ist bei der Aktie der Aktionär (und Banken, Versicherungen und ähnliche Gruppierungen besitzen viele Aktien).

Indem dem Unternehmer genügend Kapital durch ein ängstliches oder durch bestimmte Absichten verhindertes Bankwesen verweigert werden können, wird sein Unternehmen (wie es allerdings auch durch den Kredit passieren kann) durch die Herausgabe von Aktien selbst zum Privatbesitz der Aktionäre, entsprechend der von ihnen erworbenen Anteile. Der Mehrwert, den der produzierende Unternehmer einnimmt, war sozusagen die letzte, nicht durch die üblichen Enteignungssysteme unter Kontrolle gebrachte Einnahmequelle auf Kosten der kleineren Produzenten. Durch die Aktie werden nun auch der überwiegende Mehrwertanteil des Unternehmens in fremden Privatbesitz gebracht.

Ein sicherer Weg für den Unternehmer wäre der, 1. ein Geldwesen zur Unterstützung zu erhalten, das ihm die Mittel für jegliche Investitionen zu niedrigen Gebühren statt teurem Zins und Zinseszinsen, zur Verfügung stellt. Dann müssen 2. alle Produzenten ein Steuersystem erhalten, welches ihre Einnahmen nach dem Verkauf der Produktion in Ruhe lassen und erst vor dem Verbrauch, also beim Kauf ihren Teil nehmen, womit die Steuer einzig und allein von allen Verkaufsstellen erhoben werden könnte, womit die Erhebung wesentlich vereinfacht würde. (Und die beste Steuer, also selbst von dieser einen Steuer weit entfernt, wäre natürlich ... die freiwillige Zahlung, wie jeder Kauf im Geschäft etwas freiwilliges ist).

Da dann alle Produzierenden umfangreiche Ersparnisse bilden können, um später zu kaufen oder zu investieren, würden sich allein dadurch die Produktionsmittel weg von den multinationalen Konzernen, über die breite Masse zurück zu den Produzenten aufteilen!!

Harter Stoff für einen Konzern mit Ambitionen hin zur Monopolherrschaft über bestimmte Güter oder Leistungen.

Seit einigen Jahren passiert folgendes. Einige Firmen, die bekannten sind A....., Facebook, Google, Ebay, Starbucks, zahlen in den europäischen Staaten kaum

Steuer. Diese einseitige, auf wenige Unternehmen bezogene Steuerbefreiung, ist einfach nur eine weitere Schweinerei unsere so extrem auf "Gleichheit" bestehenden Regierungen.

Allerdings, der Erfolg obiger vier Unternehmen zeigt in etwa, was passieren könnte, wenn deren freche Freiheit auch für alle anderen Unternehmen und Angestellten in einem Land gelten würde!!

Es gibt im Produktionsbereich die Notwendigkeit zur Zusammenarbeit wie in der Familie oder in der Gruppe, die Wegnahme des Mehrwerts oder einfach schlechte Bezahlung macht Menschen zu Gegner, oder spaltet diese in zwei Gruppen, wo diese endlos gegeneinander ausgespielt werden können.

Das Problem liegt an der Art und Höhe der Bezahlung, natürlich. Doch wie die Bezahlung zustande kommt, wie diese bemessen wird, das ist das Problem.

Unsere Lohn- und Gehaltssysteme müssen reformiert werden und das Verhältnis zu den Produktionsmitteln! Wie diese Reform allerdings aussehen muss, erfahren Sie im Kapitel Mehrwertreform.

Börse, Aktien, Aktiengesellschaften

Börse: regelmäßiger Markt zum Handel von Wertpapieren und bestimmten Gütern

Im Jahre 1998 sind täglich etwa 1600 Milliarden (1,6 Billionen) US-Dollar an den Devisenbörsen umgesetzt worden und nach großzügigen Schätzungen hatten nur 4%, also 56 Milliarden, direkten Zusammen-

hang mit Warenströmen, die auf echter, nutzbarer Produktion beruhen.
Schwer zu sagen, wie wenig 2013 noch mit realer Ware zu tun hatte, die Zahlen liegen mir leider nicht vor.
Man könnte demnach lakonisch sagen, "dass für sinnvolle Vorhaben kein Geld vorhanden ist", oder?
Menschen, die Ideen umsetzen möchten, um Neues aufzubauen, enden mit ihrem Traum häufig an der Hürde, dass das Bankinstitut ihr Vorhaben nicht finanzieren will - oder nicht kann. Was Ihnen normalerweise nicht gesagt wird, ist der Zwang, den sich die Bankenwelt durch ihr Festhalten am Zins selbst auferlegt hat. Vorhaben müssen voraussehbar hohe Renditen (Gewinn, Zinsertrag) erwirtschaften, um über dem Zins zu liegen, welcher dem Geldüberlasser gezahlt wird. Ist dies nicht der Fall, dann ist das Vorhaben nicht förderungswürdig.
Wenn dem so ist, was tun dann die täglichen 1544 Milliarden (im Jahr 1998), wenn nicht Vorhaben zu unterstützen, die bei Erfolg eine lebenswerte Zukunft ermöglichen?
Eine Börse ist also laut Definition ein nobler, netter, auf Nächstenliebe gestützter Ort, an welchem regelmäßig Wertpapiere und Güter gehandelt werden.
Wenn Wohlstand vollständig und allein auf Produktion, also dem realen Erzeugen von Gütern und Dienstleistungen aufbaut, muss etwas kräftig falsch an diesen Orten sein, an denen der Handel mit realen Gütern nur noch maximal 4% des Umschlags ausmacht. Und was folgt daraus?
Aktien, Devisen und Wertpapierhandel bauen auf dem Prinzip auf, dass erzeugtes Wohlwollen oder Abneigung gegenüber einem Unternehmen, Unternehmenszweig, einer Währung oder dem Land, das

die entsprechende Währung als Zahlungsmittel herausgibt, erwünschte Schwankungen nach oben oder unten verursacht.

Im Ergebnis kommt der Bereich unter die "Kontrolle" von ängstlichen, gierigen Händlern, die im Auftrag fremder Geldgeber handeln und natürlich um deren Einlagen besorgt sein müssen und gewissenlosen Manipulatoren (welche über die Medien ihre Lügen verbreiten) mehr oder weniger ausgeliefert sind.

Durch aktives Verursachen von Gerüchten gewünschte Schwankungen verursachen und entsprechend kaufen oder verkaufen, um (wie auch die ängstlichen Händler) Gewinne ohne irgendwelche Gedanken an Produktion, einzustreichen.

Ihre "Produktion" ist bis auf die 4% die mit Ware zu tun haben, reine Beschäftigung und wer glaubt, dass außer beim direkten Handel der Waren, sonst irgend etwas durch die Börse entsteht, wodurch Bedürfnisse des Menschen befriedigt werden, der glaubt auch an den Weihnachtsmann.

Die Börse ist der ideale Schauplatz um zu zeigen, wie weit eine Gesellschaft vom vernünftigen Umgang mit Geld abkommen kann!

Während die Händler realer Güter tatsächlich Wohlstand mehren durch das Verursachen von Tauschabwicklungen großer Mengen produzierter Warenberge, erzeugen die restlichen Jungs außerhalb dieses ehrbaren Bereichs des Gütertauschs nur - heiße Luft.

Somit sind es Bereiche reiner Spekulation. Sind diese Bereiche des Spekulanten, letztendlich des überdurchschnittlich bezahlten Spielers.

Da sie mit Geld handeln, das hauptsächlich durch Enteignertätigkeiten, denn durch reale Produktion entstanden ist, und da sie Gewinne durch Gerüchte erschaffen, die nicht durch Produktion gedeckt sind,

sind ihre Gewinne sozusagen durch nichts gedeckt.
Obwohl sie für ihre schmarotzende Spekulation belohnt werden, mittels realen Überweisungen von Guthaben auf ihre privaten Konten, zeigten alle vergangenen Börsencrashs, dass der ganze Schwindel zuletzt nur auf Güter aufbaut, da am Ende alles auf den Wert der vorhandenen, produzierten Güter, zusammenfällt.
Die Bevölkerung weiß recht gut, wofür Geld da ist, und immer dann, wenn niemand mehr dem gesetzlichen Zahlungsmittel traut, findet wieder reger Tauschhandel statt: Geldscheine gegen Gold und Silber, Bananen gegen Unterricht, Zigaretten gegen Schuhe oder Fleisch für Eier oder die Schrottwährung wird gegen eine zuverlässigere Währung getauscht, wie früher die D-Mark.
So wie die fleißigen Produzierenden durch Inflationen und Zwangsabgaben aller Art ihre Arbeitsstunden verschwinden sehen wie Kometen am Himmel, so sehen sich kleine Anleger in Aktien, Wertpapiere oder Devisen einer Sternstunde in Sachen Wirtschaft gegenüber, wenn ihre Papiere über Nacht zu dem zusammenschrumpfen, was sie oft sind - die nackte Wahrheit, dass ohne Produktion kein Wohlstand entstehen kann.
Das Börsenwesen ist ein Bereich, der reformiert werden muss!!
Im Grunde könnte die Polizei jedermann, außer jenen die echte Güter an den Mann bringen, verhaften, und Sie müssten sich keine Sorgen machen, ob Sie morgen Ihr Auto bekommen.
Selbst wenn dort nur viel heiße Luft erzeugt wird, so reicht dies bei einem Crash aus, Panik zu verbreiten.
Dem Besitzer vormals großer, durch Spekulation gezeugter Gewinne, ist es egal, ob das verlorene Geld nicht durch eigene Leistung verdient wurde. Und

wenn er und zu viele andere plötzlich ihre Gelder aus dem Kreislauf holen, sobald der Kurs fällt, dann sind die Produktionsstätten, die wirkliche Produktion mit den Einlagen erzeugen, in der Klemme. Panik! Und wo Panik verbreitet werden kann, stehen die Zeitungen wie Sauerstoff beim Waldbrand an vorderster Front, um alles zu tun, um die Sache noch schlimmer zu machen. Alles wofür die Börse da sein muss, ist, für ihre ursprüngliche Funktion, den Abschluss von Handelsgeschäften, einen Ort zu bieten.
Wer unbedingt spekulieren will, soll sein Geld zum Glücksspiel bringen oder Künstler beglücken.
Spekulation ist dem Endzweck des Wirtschaftens, Bedürfnisse zu erfüllen, völlig entgegen gerichtet, und auch wenn über alle Zweifel erhabene Experten immer wieder verlauten lassen, wie wichtig der ganze spekulative Blödsinn ist, so zeigt dies um so mehr, dass Wirtschaftshochschulen nicht dem Zweck dienen, für den sie geschaffen wurden - es sei denn, sie existieren gerade deswegen?!
Es wäre interessant mal folgendes zu erfahren. Eine Börse, wo jeder Artikel, jede Ware nur 1x an und dann verkauft werden darf.
Wahrscheinlich könnte dann halb New York explodieren und die Börsenkurse würden nur 2% schwanken.
Aber was ist denn nun mit diesen Aktien, wo doch so viel für diesen Scheiß geworben wird?!
Um das Aktienwesen zu verstehen, muss man sich mit dem Mehrwert der Arbeit und mit der Arbeit der Bank auseinandersetzen.
Sobald ein Produzent ein Vorhaben realisiert, das in gleicher Zeit mehr Produktion als zuvor hervorbringt, begibt dieser sich auf die Schnellstraße der industriellen Fertigung. Die Technik aus dem Vorhaben entwi-

ckelt sich weiter, wird komplexer oder einfacher und normalerweise immer effektiver, was die Menge an Erfolg durch höhere Produktivität betrifft.
Zu irgendeiner Zeit werden Vorhaben machbar, welche zuvor technisch nicht möglich waren und was oft dazu fehlt, ist genügend Geld. Indem Geld durch den Zins knapp gemacht wird oder einen hohen Preis verlangt, oder der Bankier schlicht Angst vor dem Risiko des Ausfalls hat, ist die Aktie sozusagen firmeneigene Produktion, die im Voraus gegen Geld an Abnehmer wie Privatpersonen, Banken, andere Firmen verkauft wird.
Der Anreiz für diese Käufer, die nun Aktionäre sind, ist die Möglichkeit, einen weit höheren Gewinn als bei der Bank zu erhalten. Dieser Gewinn ist in Wirklichkeit aber gleich dem Zins der Bank. Der Zins der Bank braucht für seine Gutschrift fleißige, sich durch Schulden versklavende Produzenten, die mehr als normal produzieren, um ihn zu erwirtschaften.
Der Gewinn aus der Aktie besteht wie beim Zins ebenfalls aus der Arbeit anderer Leute, nämlich aus dem Lohn und Gehalt der Arbeitnehmer, der ihnen bei ansteigendem Gewinn oder Erfolg des Unternehmens nicht gezahlt wird, der so genannte Mehrwert nach Genosse Marx.
Der Unternehmer als Arbeitgeber, der durch die Aktie mehr denn je gezwungen ist, den Mehrwertgewinn zu erhöhen, da dieser den Wert der Aktie (zusammen mit einiger Spekulation) anhebt und somit aufgrund des Kursgewinns dann weitere Geldbesitzer animiert, ebenfalls Aktien zu kaufen (womit das Kapital des Unternehmens steigt), steckt in einer Sackgasse!
Er wird von den Aktionären, die keinen Finger für ihre Gewinne krumm machen müssen, durch dessen Macht, ihm die Versorgung mit Kapital den Hahn zu-

zudrehen, beherrscht. Unternehmer können, egal wie groß und machtvoll ihr Unternehmen auch sein mag, nicht beneidet werden.

Entscheidungen, die der Unternehmer gegen seine Mitarbeiter, also gegen jene, auf dessen Produktivität das Unternehmen steht, fällt, werden den Aktienkurs hochtreiben, eine Lohnerhöhung dagegen wird den Wert der Aktie absinken lassen und ähnlich geisteskranke Abläufe.

So bekommen wir dann Unternehmer als Helden gefeiert, die in Wirklichkeit selbst Sklaven einer leistungslosen Einkommensgruppe, der Aktionäre, sind.

Die Börse, in ihrer Gründung dafür gedacht, dem Produzenten zu helfen, den Verkauf seiner Waren günstig und effektiv durchzuführen, frisst, wem sie dienen sollte!

Manchmal könnte man meinen, dass wir unseren Selbstmord auch noch gut planen und bezahlen?!

Vererbung und Dekadenz

Mehrmals wurde hier be- und geschrieben, dass der Zins eine Einkommensquelle ohne zu produzieren darstellt.

Die langfristige Entwicklung auf das gesellschaftliche Zusammenleben wurde dabei aber außer Acht gelassen, beleuchtet jedoch eine recht interessante Erscheinungsform von Ungerechtigkeit.

Traditionell herrschte einige Jahrhunderte Einigkeit darüber, dass der Besitz eines Menschen an seine Hinterbliebenen weitergereicht wird und somit das Andenken bewahrt wird.

Auch Existenznot durch den Wegfall des Einkommens des Ernährers wird so verhindert, und letztendlich findet hier eine Wertaufbewahrung statt.
Die Natur kennt eine wirtschaftliche Vorgehensweise, die dem ähnlich ist. Ein Baum zieht Wasser und Nährstoffe aus dem Boden und bildet daraus Zuwachs an Holzmasse und im Frühling neue Blätter an seinen Zweigen.
Im Herbst wirft er die Blätter ab und sie geben, zurück auf dem Boden, ihre Nährstoffe zurück und schützen den Boden vor Austrocknung. Es ist ein Kreislauf, wobei sich Nutznießer gegenseitig die Bedürfnisse erfüllen.
Anders als im Naturkreislauf, wo der Baum stirbt und vollständig verwertet wird, "zeugt" der Zins als fortlaufender Teil der Vererbung weiteres Wachstum durch sich selbst.
Ein fleißiger Bursche im fünfzehnten Jahrhundert konnte vielleicht etwas Eigentum und Gold anhäufen. Er stirbt und hinterlässt seiner Frau und seinen vier Kindern 50.000 Goldtaler. Würden sich diese 50.000 Goldtaler ohne Zins nach einigen Jahren oder Jahrzehnten aufzehren und die Nachfahren zwingen wieder zu arbeiten, so wäre alles in Ordnung.
Ist die Witwe fleißig und wird von ihren Kindern unterstützt und lässt sie das Vermögen dreißig Jahre ruhen bei acht Prozent Zins, so würden aus diesen 50.000 am Ende etwa 430.000 Taler geworden sein. 380.000 Taler aus dem Nichts dazu. Oder doch nicht?
Der Bankier hat dieses Geld wohl einige dutzend mal verliehen und daraus das Vielfache an Gewinn erzielt und jene, an die er dieses Gold verlih, mussten dafür in Höhe des Zins und Zinseszins entsprechende Mehrarbeit leisten. Die Kinder der Frau im obigen Beispiel, bräuchten durch diese 430.000 Taler nun

nicht mehr zu arbeiten, und wenn sie sparsam lebten auch ihre Kinder vielleicht nicht, und wenn diese ebenfalls ... .

Zeigt dieses Beispiel nur eine einfach Familie, so zeigt uns die Geschichte der letzten Jahrhunderte und Jahrtausende, dass viel Reichtum durch "blaues Blut" oder von "Gottes Gnaden" einfach nur durch unproduktive Produktionsübernahmen entstanden und entstehen. Von Zinsen zu leben, ist wie eine Produktionsübernahme.

Dieser Umstand könnte auch eine Erklärung dafür sein, dass untere und obere "Klassen" nie besonders harmonierten. Anscheinend wussten der Adel, die Aristokratie, Könige, Dynastien und ähnliche Kaliber, dass sie von den unteren Klassen Gehorsam, Treue, Pflichterfüllung, Ehre und solche Dinge brauchten, um sich nicht zu schlecht zu fühlen, wenn sie ihre Schatzkisten füllten durch anderer Hände Arbeit. Der Dieb ist bekannt für seine Gewaltbereitschaft, um zu verhindern, dass seine Taten aufgedeckt werden.

Werbung ist nicht unbedingt eine Erfindung des zwanzigsten Jahrhunderts, das Geldsystem und die daran verdienen, kennen diese schon wesentlich länger.

Eine Geldreform wird gebraucht, die Geldhortung oder ihre Entnahme aus dem Geldkreislauf, belohnt durch Zins, durch eine Nutzungsgebühr belangt. Diese lässt jedem Erben den gesamten Nachlass, jedoch ohne ihn zu vermehren. Überlässt der Erbe der Bank langfristig das Geld, dann wird er keine Gebühren zahlen und es durch seine private Entnahme langsam verbrauchen. Einige Millionen oder Milliarden Taler Erbschaft wird immer noch für einige Generationen Müßiggang reichen, doch was soll's: Die Nutzungsgebühr macht es für den Erben teuer, es nicht lang-

fristig zu Verfügung zu stellen, da er dann entsprechend zahlen muss, doch stellt er sein Geld der Gemeinschaft zur Verfügung, dann kann sie das Geld für diverse Investitionen benutzen und der Erbe zahlt keine Gebühren.
Es ist ein gewaltiger Unterschied zum Zins, der bewirkt, dass die Banken und durch diese die Eigentümer von Geld, nur durch höhere Renditen dazu bewegt werden können, einen Kredit oder ein Darlehen zu gewähren!
Fazit: Es ist nichts falsch daran, sehr viel zu verdienen, wenn es durch Arbeit geschieht und es ist auch nichts falsch daran, sein Hab und Gut der Familie zu überlassen, aber eben nur, wenn es sich verbraucht und keine goldenen Eier legt.

Gerechtigkeit

Es geht nicht so sehr darum, ob einige Menschen weniger Zugang zu Rohstoffen besitzen, da sie in einer Wüste, am Nordpol oder sonst wo "am falschen Ort wohnen", es geht einfach darum, dass derjenige, der die vorhandenen Mittel intelligent nutzt und Dinge hervorbringt, die andere gebrauchen können und sein Einkommen so durch Austausch erwirbt, besser dastehen soll und muss, als derjenige, der etwas durch Diebstahl erreicht.
Wenn Industrienationen hohe Importzölle auf weiterverarbeitete Rohstoffe aus Entwicklungsländern legen und jeden Zoll auf seine Produkte in diese Länder mit Sanktionen bestraft, dann ist dies eine Ungerechtigkeit und bringt Millionen Menschen viel Armut.

Unternehmen, die ihren Arbeitnehmern Hungerlöhne zahlen und jeden Gewinn einstreichen, sind auch eine Art Schmarotzer, mit dem kleinen, jedoch wirklich nur kleinen Pluspunkt, dass sie wenigstens noch Produkte hervorbringen.

Rechtsprechung, die nur Recht spricht, wenn genügend Geld für alle Instanzen da ist (wie in den USA) erzeugt natürlich das, was sie eigentlich bekämpfen soll, Unrecht und Ungerechtigkeit - und ist so betrachtet ein System einer Minderheit, einer Clique, gegen die Mehrheit.

Wirkliche Gerechtigkeit gibt jedem die gleiche Chance, aber jeder ist für sein eigenes Glück zuständig. Natürlich ist Wissen Macht und jene, die sich darauf ausruhen, können alles steuern um zu verhindern, dass der Mensch glücklich werden kann, doch holt auch diese Leute die Gerechtigkeit ein. Sie richten sich irgendwie immer selbst.

In diesem Buch geht es darum zu erreichen, dass jeder Mensch Zugang zu den natürlichen Quellen zur Aufrechterhaltung seiner Existenz und all der anderen Bedürfnisse bekommt. Diese Quellen finden, nehmen, formen und konsumieren muss jeder immer noch selbst, und je erfolgreicher und fleißiger er dabei verfährt, um so mehr Wohlstand erwirbt er vielleicht.

Das ist Gerechtigkeit im wirtschaftlichen Rahmen und Rechtsprechung ist der Schlüssel dazu. Diese Rechtsprechung ist erst dann gerecht, sobald sie in jeder Instanz einen gerechten Austausch der beteiligten Parteien gewährleistet.

Sie unterschätzen ihre Idee, wieweit das Recht in nahezu jedem Land dieser Erde vom Optimum entfernt ist, denn jede Gruppe, die nicht arbeiten aber leben will, weiß instinktiv, dass ihr langfristiger Erfolg erst durch eine Verdrehung der Rechtsprechung gewährleistet ist. Was dachten Sie, ist der Grund der komplizierten Sprache in Gerichte und der Juristen, während kleine Gauner ins Gefängnis kommen und die wirklich schlimmen, die 0,01% der Welt, die 80% und mehr aller Vermögen besitzen, frei herumlaufen?

Nachrichten über aktuelle Ereignisse

"Es wäre unmöglich gewesen, dass wir unseren Plan für die Weltherrschaft hätten entwickeln können, **wenn wir Gegenstand der öffentlichen Beobachtung gewesen wären** (keine Presse, bzw. wo diese versagt hat). Aber die Welt ist jetzt weiter entwickelt und darauf vorbereitet, in Richtung einer Weltregierung zu marschieren.
Die supranationale Souveränität einer intellektuellen Elite und der Weltbanker ist sicher der nationalen Souveränität, wie sie in der Vergangenheit praktiziert wurde, vorzuziehen". (David Rockefeller 1991 auf der Bilderberger-Konferenz)

Wir befinden uns am Anfang einer globalen Umwälzung. Alles, was noch fehlt, ist eine große weltweite Krise, bevor die Nationen die 'Neue Weltordnung' akzeptieren. (David Rockefeller 2005 auf der Bilderberger-Konferenz in Rottach-Egern)

Berichterstattungen über politische, wirtschaftliche, natürliche, kriegerische oder menschliche Katastrophen sind offensichtlich dem klassischen Vorgehen böser Klatschweiber entnommen. Während Klatschblätter "nur" über persönliche Angelegenheiten ande-

rer herziehen und nur in ihrem kleinen Bekanntenkreis verbreiten, tun es die "bösen" Berichterstatter "nur" und anscheinend vorsätzlich über die Katastrophen dieser Welt.
Warum tun sie das? Wer sich dies fragt, könnte sich fragen, was die bösen Klatschweiber bewirken wollten? Eine schlechte Nachricht, die in der Familie, innerhalb des Dorfes oder der Gemeinde bleibt, wird "nur" all jenen Schaden zufügen, die direkt damit zu tun haben. Sie macht den Einzelnen vorsichtiger, ängstlicher, unruhiger und um seine Zukunft besorgt.
Eine Zeitung, die den Terror der Welt jeden Tag allen ins Gesicht hält, erreicht, dass mehr Angst, mehr Panik verbreitet wird. (-50000 -5000-5000 usw.).
Diese Medien rechtfertigen ihre Vorgehensweise gern damit, dass sie die Pressefreiheit benutzen, um die Leute "wachzurütteln", "zu informieren" oder dafür zu sorgen, das wir alle die "harte Realität" nicht vergessen und solche Sachen. Was auch immer die Idee ist: Wenn der Mensch seine Bedürfnisse befriedigen möchte und er für sich persönlich den höchsten Gewinn, den größten ökonomischen Effekt erzielt, dann deshalb, weil er etwas Sinnvolles, etwas Aufbauendes getan hat.
Die "Klatschweiberzeitungen" sind absolut mit dem Gegenteil beschäftigt. Sie missbrauchen derart die Pressefreiheit, indem sie diese pervertieren und zur Durchsetzung bestimmter Interessen benutzen, so dass sie, statt wachsende Sicherheit zu erreichen, helfen, die vorhandene Sicherheit durch neue Gesetze gegen...., Urteile gegen....., Überwachungseinrichtungen für....., und gegen..... usw., einzuschränken.
Eine Katastrophe, Unfall oder Überfall steht dem Ziel von Produktion, Bedürfnisse zu erfüllen, völlig entgegengesetzt gegenüber. Derjenige aber, der diese Katastrophen, Unfälle, Kriege oder kriminellen Er-

eignisse unter großem Lärm verbreitet, scheint der Meinung zu sein, damit besser zurechtzukommen, und manchmal lohnt es sich vielleicht auch für ihn.
Eine feindliche Armee kann sich auf die Klatschweiber innerhalb des angegriffenen Landes verlassen, darauf, dass ihr Vormarsch und frei erfundene Gräuel dazu immer und immer wieder erzählt werden, nervös machen und von der Produktion (z.B. der Verteidigung) ablenken. Terroristen der Moderne erreichen an direktem Schaden durch ihre Taten recht wenig (am 11.9.2001 wurden 3 von weltweit vielleicht 1,5 Milliarden Häuser zerstört), doch die Nachrichtenzentralen reißen sich um deren erzeugte Katastrophen und somit wird jede noch so kleine Tat eines Terroristen gewaltige Auswirkungen haben. Der Anschlag auf die Twin-Tower war sogar in seinem materiellen Schaden gewaltig, doch haben die bösen Medienklatschweiber den Schaden wohl vertausendfacht. Und während ich die Zeilen schreibe sind sie wieder voll dabei und verbreiten Panik über Milzbrand, unglaubliche Szenarien werden gedruckt über mögliche Angriffe durch bakteriologische Seuchen, Weltuntergangszitate von Nostradamos werden zitiert, und sogar Deutschland, seit 50 Jahren neutral, soll wieder seine Soldaten entsenden. Vor wenigen Tagen gingen Selbstmordattentäter in Israel in die Luft, und die Presse gibt all diesen Dingen sehr, sehr viel Platz.
Wenn die Dreckpresse so besorgt ist, warum wird dann nicht über jene berichtet, die der Welt täglich Schaden zufügt, den 0,0 1%, den fast alles gehört?
Wer ist so gesehen der größte Freund, der größte Unterstützer der Enteignergruppen, des Terrors, des Waffenhändlers, des Kriminellen? Oh, erwischt! Die Zeitungen und TV-Sender mit der größten Verbreitung. Die mittelalterlichen Klatschweiber, böse Zun-

gen - ausgetauscht durch Funkwagen, teure Kameras, Fotoapparate, und jede Menge gefällter Bäume, um ihr Gift zu drucken oder Energie, um ihn zu senden.
Da es in diesem Buch um Enteignungssysteme geht, wovon leben dann diese Berichterstatter? Sie leben von Katastrophen, Unfällen, Unglück und Kriminalität! Obwohl in der Wirklichkeit täglich wohl das Hundert- oder Tausendfache dessen passiert, was diese Leute verbreiten, bekommt letztendlich kaum ein Mensch etwas davon mit, erst durch ihr herauspicken Massenmedien geeigneter Ereignisse kann die millionenfache "Menge Mensch" nervös gemacht werden. Diese "seriösen" oder reißerischen Berichterstatter sind also einfach nur eine weitere Gruppe Schmarotzer. Interessant, nicht?
Mir ist nicht bekannt, welche Ziele genau diese Zeitungen oder Nachrichtensender wie CNN und die vielen Boulevardblätter verfolgen, aber eins ist sicher: Ihre Ergebnisse erzeugen eine Zerstörung, die häufig weit umfangreicher ist als die irgendwelcher Terroristen oder irgendeiner Katastrophe. Dass Terroristen überhaupt existieren, kann wahrscheinlich voll und ganz auf die Existenz einiger bedruckter Klatschweiber zurückgeführt werden, denn Terror lebt von seiner Verbreitung.
Rechtsprechung ist dazu da, das Eigentum und die Freiheit des Bürgers zu schützen. Eigentum entsteht erst durch Produktion und Freiheit ist nur dort möglich, wo sie nicht durch feindliche Kräfte eingeschränkt wird. Wilde Berichterstattungen über (ich nehme wieder New York als Beispiel) den Terror, ließ weltweit (dies sind nur einige Beispiele) die Börsenkurse fallen und fügte völlig unbeteiligten Fluggesellschaften und der weltweiten Wirtschaft immensen Schaden zu.

Zurzeit fällt in Deutschland eine Freiheit nach der anderen, indem Politiker uns Sicherheit durch mehr Kontrolle verkaufen wollen. Pässe mit Fingerabdruck und 3-D Lichtbild, mehr Kameras, mehr Polizei. Dies kostet Geld, welches produktive Bürger bereitstellen müssen, nicht die Klatschweiber, nicht die Politiker.

Die Fluggesellschaften und ihre Verluste bringen jahrzehntelange harte Arbeit in Gefahr durch den Ausfall von Passagieren und den Verlust an Vertrauen (und es mussten welche Konkurs anmelden). Als ob das nicht reicht, lässt sich die halbe Welt gerade in einen Krieg einlullen, der die Steuern hochtreiben wird.

Die Tabakindustrie wird (ob gerecht oder nicht) in den USA laufend zu Schadenersatzleistungen für Opfer ihrer Zigaretten herangezogen. Letztendlich wollen die "Opfer" Ersatz für ihre Verluste, die sie in Form von Verlust durch Krankheit zu tragen haben.

Da tagelange, wochenlange Berichterstattungen den Industriezweig Flugverkehr krank machten und da sich die Bürger vieler Nationen immer mehr teuren Kontrollidiotien gegenüberstehen, sollte aufgehört werden, böse professionelle Klatschblätter oder TV-Sender als "Verfechter der Freiheit" oder noch törichter, ihr Vorgehen als Beitrag der "Meinungsfreiheit" zu rechtfertigen.

Ihr Tun ist, sobald es Menschen, Institutionen, Unternehmen o.a. schädigt, die eine weiße Weste haben, eine Angelegenheit der Rechtsprechung und sollte dementsprechend voll für Schadenersatz herangezogen werden.

(teilweise geschrieben, 2001)

Nachtrag. Es sind nicht die investigativen Journalisten gemeint, die wirkliche Vergehen und Verbrechen aufdecken und dafür Repressalien bis hin zur Bedrohung Ihres Lebens in Kauf nehmen!

Nachtrag, die zwei Zitate zu Anfang habe ich vor kurzem gefunden und eingefügt.

Im Grunde sind diese Stoff für ein ganzes Buch, nämlich die Ziele der NWO, der New World Order oder Neue Weltordnung.

Diese ist einfach ein Verbund unserer Elite, und, wenn wir die Enteignergruppen und deren installierten Systeme nicht reformiert bekommen, unsere zukünftige, diktatorische Weltregierung.

Sollten die es schaffen, wird nichts besser, doch alles was heute schlecht läuft, wird definitiv schlechter!

Und wenn Sie meinen, dass es heute so etwas wie Kontrolle gibt, werden Sie diese heutigen Tage dann bitter vermissen und sich maßlos schämen, nicht etwas dagegen getan zu haben.

Die Eigner der Enteignergruppen sind Menschenverachter. Es sind Menschen die den Verbot einer Nutzpflanze wie Hanf, Hitler, Stalin, Lenin im Zug voll mit Geld nach Russland und solche Dinge finanzierten.

Wenn Sie auch nur etwas über das Niveau der Allgemeinheit herausschauen, so werden Sie unter diesen Angriffsziel Nr. 1.

Wahre Kosten des Austauschs

Wenn bis hierhin von leistungslosen Erträgen auf Kosten der Produktiven die Rede war, so handelte alles Gesagte letztendlich vom Austausch zwischen zwei Parteien und der unausgeglichenen Balance der beiden.

Im Idealfall bekommt B in etwa gleich wertvolles, was er zuvor A von sich aus gegeben hat. Ein Liter

Milch ist B vielleicht ein Ei wert und er gibt dieses Ei zu A. Beide sind zufrieden. Das Ganze würde sich gerechter Austausch nennen. Kommt nun Partei C und nimmt sich den Liter Milch und gibt als Tausch nur eine Drohung, so ist diese Drohung natürlich nichts, wovon A leben oder seine Bedürfnisse decken kann. Diese Partei C ist also ziemlich kriminell zu nennen, oder wie hier oft genannt, - ein Schmarotzer, Enteigner, leistungsloser Einkommensbezieher.

Schmarotzer, die leistungslose Erträge durch Zwang oder Tricks einnehmen, bestrafen die Produzenten für ihre Arbeit und mindern ihre Überlebenschancen.

Die Bedeutung des Austauschs entstammt der Natur und ist ein Naturgesetz. Sämtliches Leben auf der Erde hat von Beginn an, so merkwürdig dies klingen mag, einen gerechten Austausch untereinander praktiziert. Naturvölker lebten lange Zeit im Einklang mit der Natur, indem sie alles, was sie brauchten, auf irgendeine Art und Weise wieder der Natur zurückgaben. Selbst im kleinsten, den Atomen, ist der Tausch die normalste Sache der Welt. Atome tauschen ständig ihre Elektronen aus und praktisch alle sicht- und unsichtbaren Wahrnehmungen beruhen auf diesen Umstand.

Es ist dieser Austausch, der alles im Gleichgewicht hält.

Durch Diebe, Verbrecher, Enteigner, Schmarotzer und wie man jene Kerle auch nennen mag, bekommt eine Person, die Familie, die Gruppe, das Land und heute die Welt ein Ungleichgewicht. Diese Elemente mit ihrem Tun, oder besser Nichttun, sind die Ursache.

Fortschrittliche Zustände, die auf stabile, im Gleichgewicht befindliche, wirtschaftliche Grundlagen aufbauen, können sich nicht gegen seine Verwender richten. Alles was getan werden muss ist, den gerechten

Tausch zur Angewohnheit werden zu lassen. Die Weltbevölkerung muss sich von allen schmarotzenden Systemen trennen, indem sie diese zum gerechten Austausch hin reformieren - und der Sieg ist weit über die Hälfte errungen.

Treibt man diese Reformaktion einfach weiter, so wird sich alles weitere automatisch in die richtige Richtung bewegen. Ein schlechter Tausch aber kann nicht ewig gutgehen und die Naturressourcen sind nur soundso viel Kubikmeter vorhanden. Es gilt deshalb das gleiche Prinzip, das zur Problembeseitigung innerhalb der technisierten Gesellschaft angewandt werden muss und welches auch in jeder hier beschriebenen Reform die Grundlage bildet.

Knappheit muss beseitigt werden, statt die Symptome zu pflegen oder noch Geld hineinzustecken!

Wenn Holzfirmen Millionen Hektar Wald holzen, so können sie so weiter machen und irgendwann werden sie ihre Arbeitsgrundlage verlieren und der Mensch seinen Sauerstoffproduzierer, Schadstoffabsorbierer und Feuchtigkeitsspender. Das Problem ist natürlich das Fällen zu vieler Bäume ohne entsprechenden Ersatz.

Symptome könnten sich aus den Folgen dieses Problems zu Tausenden entwickeln, bis hin zum Verkauf von Sauerstoffzelten zur Regenerierung, mit Sauerstoff angereichertes Wasser und anderer Irrsinn, aber die Lösung wäre jene, für jeden gefällten Baum so viele neue zu pflanzen, dass sie den Ausfall mehr als gut machen. Dann braucht es ein System, dass die verbrauchten Naturstoffe auch wieder ihren Weg zurück in den Naturkreislauf finden und nicht den der Müllverbrennungsanlage. (Wozu wir nur die Chemie und deren Kunststoff/Plastikprodukte ersetzen müssten).

Es gibt auch Dinge auf der Welt, für die es schwierig ist, einen entsprechenden Austausch bereitzustellen.

Ein tausend Jahre alter Mammutbaum wird kaum einen gerechten Ersatz durch junge Bäume bekommen. Nicht alles hat seinen Preis und Zivilisation ist eben auch die Fähigkeit, sich unabhängig von manchen Bedürfnissen machen zu können.

In der Energieversorgung können wir seit Jahren eine Symptomatik beobachten. Wenn seit den 40er Jahren Patente vorliegen um vom Öl wegzukommen und wir nur des Gewinns, der Gier, der Kontrolle wegen auf Öl angewiesen bleiben, so können tausende Windräder, Solaranlagen, schon geisteskrank zu nennende Treibstofferzeugung aus nachwachsenden Rohstoffen wie Ölpflanzen, Getreide, Zuckerrüben, während Millionen Menschen nichts zu Essen haben, uns schön beschäftigt halten und unter dem Label "Öko" wie gehabt tief in alle Taschen greifen.

Kolonialismus ist nur ein weiterer, allerdings extremer Zustand, von gestörtem Tausch.

Es geht in diesem Buch um eine freie Wirtschaft, um Naturgesetze, um Produktion, um Gerechtigkeit, um Recht, doch letztendlich aber ist der gerechte Tausch untereinander das oberste Ziel.

Sie können mit Ihrem Geld bestimmte Auswirkungen verursachen.

In der Praxis allerdings wird man schnell feststellen, wie weit diese Enteignergruppen sind. Sind Sie angestellt, wird Ihnen gleich für diese unglaublich "soziale" Wohlfahrt und für die Steuer alles abgezogen, zahlen Sie Miete, dann Gnade Ihnen Gott, sollten Sie 2-3 Monate nicht zahlen können, ohne Geld für Benzin kommen Sie nur schwer irgendwo hin und solche Dinge.

Also ist eine Reform für diese Gruppen eine Angelegenheit, die völlig anders vorgehen muss, denn eine sinnvolle Reform werden Sie von Ihrer Regierung nicht erwarten können, da die Regierung über die Steuer der Haupteigner ist.

Totalitäre Entwicklungen

Totalitär, das ganze beanspruchend, sich alles unterwerfend.

Werden die Zeiten durch die Raffgier einiger Gruppen härter, tauchen etwa im gleichen Verhältnis professionelle Gaukler auf, die vorgeben, durch starke Hand alles wieder ins Lot bringen zu können.
Ist dem Volk unverständlich, was die Ursache ihrer wirtschaftlichen, und als Folge davon, auch sozialen Probleme ist, wird es unfähig, entsprechende Schritte zu unternehmen um diese Probleme zu lösen.

Die Lösung der Probleme liegt überwiegend im Produktionsvermögen und der Möglichkeit, die Produkte selbst verbrauchen zu dürfen.
Der "erlaubte" Verbrauch variiert dadurch, inwieweit Enteignungssysteme zulassen, dass vor dem Verbrauch überhaupt etwas produziert werden darf oder kann (Entwicklungsländer/Dritte Welt, kein Kredit, Einschränkung durch Monopole, Patentunterdrückung etc.), und dann, wenn es geschafft wurde etwas zu produzieren, inwieweit Enteignungssysteme direkt oder indirekt an dem Produkt verdienen (Miete, Steuer, Energie u.a.), woraus dann schnell die Entscheidung getroffen werden muss, ob sich das Produkt herzustellen überhaupt lohnt, oder nicht.

Es gibt viele kriminelle Angebot-Nachfrage-Varianten, die durch Brot und Peitsche (Subventionen, Entwicklungshilfe, Steuernachlässe, Kolonialismus, Währungsmanipulation, Marktabschottungen durch EG etc.) von interessierten Seiten geschaffen werden.

Es ist natürlich klar, wenn es überhaupt kein schmarotzendes System geben würde, das Wohlergehen der Gemeinschaft nur vom Grad ihrer Produktion abhängig ist, doch ist es für manche Personen wohl eine Horrorvorstellung, wenn es den Menschen gut geht.

Radikale wie Hitler, Stalin, Lenin, Chauchesku und hunderte weitere Verbrecher dieser Kaliber hatten allesamt ihre Sternstunden in dem Moment, in dem es dem Land dreckig ging, es von Schmarotzern nahezu leer geraubt wurde und kurz vor dem Zusammenbruch stand.

Deutschland bekam seinen Hitler, nachdem es zwischen 1914 und 1933 auf sechsfache Weise enteignet wurde. Erst die Verschuldung durch den Ersten Weltkrieg (wem nutzte dieser?) und die Zinsen daraus (wer erhielt diese?), dann kam Versailles und seine Reparationszahlungen (wem nutzten diese?), dann die große Inflation (wem nutzte diese?), gefolgt vom Dawes-Plan (wer erhielt die Zinsen für die Kredite?), dem Young-Plan (wer erhielt die Zinsen) und am Ende die Weltwirtschaftskrise (wer waren die Gewinner?).

"Hitlers" können tatsächlich gezüchtet werden, sie finden sich in jedem Land und warten auf Gelegenheiten, ihre radikalen fixen Ideen zu vervielfachen. Schauen Sie sich Diktaturen und deren "Lösungen" an - ein gebündeltes Maximum an Dummheit wie es nur in geistig ungesunden Umfeld von Enteigner oder Schmarotzergruppen expandieren kann.

Russland hatte seinen konservativen Zaren, ein Mann wie Lenin wird vom Feind per verschlossenem Zug ins Land geschleust und stachelt mit einer neuartigen Enteignungsideologie alle gegeneinander auf - Peng!, eine neue Diktatur entsteht. Hitler warb gegen seine Feindbilder, die als parasitäre Geschwüre der "Arischen Gemeinschaft" dargestellt wurden (und mit die fleißigsten im Land waren), und machte jene Gruppen, die ihn finanziell unterstützten, um ein Vielfaches reicher als zuvor. Seine Parteifreunde mischten dabei kräftig mit, und sein Stellvertreter, der "große Göring" zum Beispiel, ließ güterwaggonweise Kunstwerke im kaum zu schätzenden Umfang zusammenscharren - alles gestohlen. Es sind nur wenige Diktatoren bekannt, die nicht als äußerst reiche Männer am Ende hervorgingen - wenn sie nicht zuvor erschossen wurden.

Radikale sind zur Stelle, sobald sich die Gelegenheit bietet und die Wirtschaft hat viele davon hervorgebracht. Ihre Gemeinsamkeit ist vielleicht die, dass keiner von ihnen eine Idee besitzt, wie man durch Erzeugung brauchbarer Güter oder Leistungen an Geld kommen könnte.

Da sie selbst nicht durch Produktivität glänzten, scheinen sie eine Abneigung gegen alle Produktiven zu haben, denn die Produktiven sind Hauptangriffsziel Nr. 1, sobald diese Radikalen genügend Macht besitzen.

Lenin wusste, warum er die Intelligenzia richten ließ, Hitler genauso, und Todeslisten und Angriffsziele "religiöser" Fanatiker sind häufig das "Who is Who" der Fleißigen. Zimbabwe hat seinen Mugabe und die Hauptnahrungsmittelerzeuger müssen für die Dummheit und kriminelle Energie dieses Burschen herhalten. Bin Laden hätte sich kein besseres Ziel aussuchen können, als die Twin-Tower in New York. Falls jemand hier denkt: Ja, aber unter Hitler machten die produktiven Rüstungskonzerne doch Milliarden -

nun: Stellen Rüstungskonzerne gewünschte Produkte her? Unter den Freunden eines Diktators sind die Creme de la Creme des Schmarotzertums zu finden. "Einkommen ohne Produktion", könnte der Leitspruch alles Tuns dieser Freunde des Volkes sein.

Die Frage, "Warum in einer Diktatur derartig viel kontrolliert werden muss und wird?" kann wie folgt beantwortet werden: Das Leben innerhalb einer unterdrückt-enteigneten Wirtschaft wird kompliziert, das Überleben ist kompliziert und jedes Gesetz, jede Verordnung gibt dem Menschen die Hoffnung, dass alles wieder einfacher werden könnte.

Radikale geben also Hoffnung durch Unterdrückung.

Die Bevölkerung ist in der Regel unfähig, die Ursache zu sehen, und wird auf weitere Radikale hereinfallen, die "mehr Sicherheit, mehr Kontrolle, mehr und höhere Strafe für die Kriminellen" und ähnlichen Schwachsinn versprechen - und die Menschen werden diese Radikalen wählen, da ihre Aussagen Sinn machen, denn die Kriminalität und ihre Folgen sind sichtbar, die Tricks der Enteigner nicht.

Die Antwort auf diese radikalen Spinner, ist zwangsläufig die folgende: Totalitäre Entwicklungen werden beseitigt, indem das Produzieren erleichtert und dem einzelnen ein Maximum der eigenen Produkte zugestanden wird.

Die Reformen müssen dort anfangen, wo sich die Mehrheit der Probleme entwickeln. Die Reihenfolge der Reformen müsste (für Deutschland) in Industrienationen folgende sein:

1. das Steuerwesen, 2. die "soziale" Wohlfahrt, 3. das Geldwesen, 4. Energie, 5. Gesundheit.

Für die USA wären 1. Geldwesen, 2. Energie zu nennen, da beide Gruppen in private Hände sind und mittels Druck und Erpressung Zwang in die gesamte

Welt ausstreuen und als Hauptgrund für die Existenz des "militärisch-industriellen Komplex" genannt werden können.

Entwicklungsländer können mit einer Reform der Wohlfahrt nicht viel anfangen, da diese erst vorhanden sein kann, sobald mehr als genügend produziert wird, was überwiegend nicht der Fall ist. Für Entwicklungsnationen wäre wahrscheinlich folgende Reihenfolge die geeignete: 1. das Geldwesen, dann 2. eine Land und Boden- und schließlich 3. eine Unternehmensreform. (Mehrwert) Sind diese Reformen durchgeführt, wird auch das Produktionsvermögen sprunghaft steigen, und wenn dann einige Jungs Steuerabgaben einfordern wollen, wäre als Punkt 4 eine Steuerreform die nächste.

Als das alte Rom Europa sein Privatbesitzrecht aufdrückte, war es selbst derart in einem Schmarotzertum über fremde Völker verwickelt, dass der parasitäre Charakter seines Rechts wohl nur deshalb nicht auffiel, weil alle von den glänzenden Rüstungen seiner Soldaten geblendet wurden.

Aber ist dies nicht eben auch das Zeichen schmarotzender Systeme, dass sie mit viel Prunk und Glaspalästen daherkommen müssen?

Obige Reihenfolge der Umsetzung von Reformen mag Sinn machen, letztendlich ist aber entscheidend, was machbar ist.

Ich bin mir sehr, sehr sicher, das es tausende bis millionen Beschäftige bei den Enteignergruppen gibt, die nur hoffen, dass es endlich einfacher wird. Wenn verantwortungsvolle Führungskräfte dabei sind, die man "zur richtigen Zeit" erwischt, könnte im Unternehmen X vielleicht innerhalb Tagen etwas umgesetzt werden.

Steuerreform könnte sich in sehr kleinen Ländern deutlich schneller umsetzen lassen, wenn die, sich aus

aus den Reformen ergebenden Vorteile am Zuwachs ausländischer Unternehmungen und Geldes bemerkbar macht, kann der Neid anderer Regierung und Gruppen das seine tun.

Verantwortung

Es gibt ein Gruppe Mensch, etwas radikal (was eigentlich nur ein Schleier über deren Angst bedeutet), die immerzu dies wollen, jenes wollen, alles wollen, geschützt werden wollen, Freiheit wollen, wollen, wollen, wollen – und immer von dem Staat.
Diese, sie sollen hier mal "Dummradikale" genannt werden, wünschen sich also immerzu ihren Henker als Finanzier, um (daher das "Dumm...") am Ende wohl wirklich gehängt zu werden. Es ist in etwa so wie mit Drogen. Man fing damit an, wurde abhängig, und will immer mehr. Es ist gut für den Dealer und im Bezug zum Henker, wären somit der Staatsapparat mit seinen Millionen beschäftigen eine Armee von Dealern denen die Radikalen nur recht sein können.??
Zum Schluss, viele Schritte weiter, haben wir dann Behörden und Beschäftigte für jedes erdenkliche Wehwehchen, das wenige Dummradikale einst forderten.
Wenn also Regierungen an sich eine Enteignergruppe sind, so helfen diese "macht alles für mich" Ängstlichen für die totale Ausbreitung dieser Gruppe.
Verantwortung ist also auch, diese unterdrückerischen Enteignergruppen zu reformieren (was äußerst schwierig ist), aber auch den ängstlichen unter uns 90% der gerupften Bevölkerung, irgendwie den Mund

zuzuhalten, wenn sie von Mama-Staat wieder was wollen (am besten umsonst, was es nicht gibt).

In Zeiten von Bild, Sun und ähnlichen Drecksblättern ist Verantwortung dann natürlich unpopulär, sind diese Blätter (für die sogar Bäume gefällt werden dürfen) für die Dummradikalen unter der Bevölkerung doch wie Freunde auf gleicher Wellenlänge. Die Drummradikalen fordern immerzu, diese Zeitungen fordern immerzu.

Und beide sind nicht im Traum bereit, das was sie fordern, selbst zu bezahlen.

Für den ängstlichen Bürger mag vieles des hier gelesenen kleine Schweißbäche verursachen, hat er sich doch oft an die große "Mama" Staat gewöhnt, die ihm scheinbar alle Sorgen abnimmt.

Des Rätsels Lösung ist eben die, dass die Vorgänger heutiger Staaten und Gruppen die an deren Gesetze verdienen, in der Regel durchweg für die Probleme verantwortlich sind, die sie vorgeben für den unmündigen Bürger lösen zu wollen.

Sie machen es natürlich nicht umsonst, und der Preis ist nicht nur etwa die Hälfte aller Einkommen, also die Hälfte unserer Produktionsergebnisse, sondern ein Berg ineffektiver Lösungen, der alles Dagewesene in den Schatten stellt. Der Staat, die Regierung kann nicht wirklich daran interessiert sein, dass Gerechtigkeit vollständig Einzug hält, denn dies würde für jeden Bereich die totale Verantwortung bedeuten - und am Ende würde einigen auffallen, dass jene Geldbatzen, welche monatlich vom Lohn an die Regierung gegeben werden "dürfen", im keinen Verhältnis zur Gegenleistung stehen. Es lohnt sich so gesehen also, alles kompliziert, teuer, mit viel Vetternwirtschaft, Subvention, Korruption, unterstützender Rechtsprechung für andere private Enteignergruppen etc. über die Bühne gehen zu lassen, denn dies ist immer noch angenehmer, als wirklich Leistung und Ergebnisse für die Unsummen zu bringen, welche kassiert werden.

Jede hier folgende Reform zielt auf die totale Verantwortung eines jeden Einzelnen ab. Es ist nun einmal so, dass für jeden Menschen der Anreiz am höchsten ist, wenn sich seine Arbeit, seine Ideen, sein Fleiß, sein Ehrgeiz für ihn persönlich in Form einer Belohnung sichtbar macht. Es muss nicht immer Geld sein, doch ist es durch die leistungslosen Gruppen seit vielen Generationen schwierig, an dieses alles entscheidende Geld in genügender Menge heranzukommen, und somit steigt sein persönlicher Wert enorm für jeden Einzelnen innerhalb der Gesellschaft.

Wenn der Kriminelle nimmt, ohne etwas oder nur Probleme zurückzu geben und daraus all die hier beschriebenen Probleme Realität geworden sind, dann wäre eine 180% Kehrtwendung die, dass niemand mehr freiwillig etwas gibt, ohne etwas zurückzubekommen, oder zurückzufordern - also der vollständige Tausch.

In der Praxis der Verwaltung würde sich diese Kehrtwendung als eine konsequente Eigenvorsorge plus einem sozialen Faktor, durch den niemand in der Not allein gelassen wird, vereinigt mit eine vollständigen Rückerstattungspflicht nach jeglicher Notlage, bemerkbar machen.

Mag sich noch etwas merkwürdig bis kompliziert anhören, ist jedoch in der Praxis sehr einfach und wird voraussichtlich nur jenen nicht gefallen, welche sich dazu berufen fühlen, auf Kosten der Mitbürger oder im Falle der Enteignergruppen, auf Kosten der Bevölkerung zu leben.

Unterschied zwischen "Besitz" und "Nutzung"

Besitz (Wahrig) 1. tatsächliche Herrschaft, Gewalt über eine Sache, **auch Eigentum**: die Sache selbst, deren Gebrauchs- und Nutzungsrecht man hat, umgangssprachlich auch Eigentum: Besitzung, Grundstück, Landgut 2. Von etwas Besitz ergreifen, sich etwas aneignen.
Besitzer 1. jemand der etwas besitzt, jemand, der die Gewalt, die Herrschaft über eine Sache hat.
Diverse **Synonyme**: Besitzstand, Besitztum, Eigentum, Güter, Habseligkeiten, Haus und Hof, Reichtümer, Schätze, Vermögen, Vermögenswerte; (gehoben) Eigen, Geld und Gut, Habe, Hab und Gut; (veraltet) Habschaft Anwesen, Besitztum, Besitzung, Grundbesitz, Gut, Land, Landbesitz, Ländereien, Landgut; (Wirtschaft) Immobilie
Es folgt (erzwungen durch Recht/Gesetz/Zwang) aus obigen jeweils für den Besitzer eine **Belohnung** (Duden) 1. das Belohnen; das Belohnt werden 2. etwas, womit man jemanden für etwas belohnt.
Erstaunlich hierzu die **Synonyme: Abfindung, Anerkennung, Auszeichnung, Ehre, Ehrung, Lohn, Preis, Würdigung**

Nutzung (Wahrig), das Nutzen, Benutzen: jemanden ein Grundstück zur Nutzung überlassen, **Nutzen**, Ertrag, Gewinn; Vorteil bringen; aus etwas (großen) nutzen ziehen (von althochdeutsch, nutzes "Gebrauch, Nutzen, Ertrag, daneben nuzzi, nuzza "Erstrebtes in in Nutzung nehmen";verwandt mit genießen.)
Die Tätigkeitsform **nutzen, nützen:** 1. ein Ziel zu erreichen helfen, Vorteil bringen 2. ausnutzen, Vorteil ziehen aus, vorteilhaft gebrauchen.

Wenn aus obigen Bedeutungen die ursprüngliche Herkunft "Gebrauch, Ertrag, die Verwandtschaft mit "genießen" und aus der Verbform "ein Ziel zu erreichen helfen, Vorteil bringen 2. ausnutzen, Vorteil ziehen aus, vorteilhaft gebrauchen" so wäre statt Belohnung eine Gebühr, und deutlicher, eine Nutzungsgebühr, in Umkehrung zur Belohnung, brauchbar.
Gebühr 1. Schuldigkeit: Angemessenheit, 2. (zählbar) öffentliche Abgabe; Kosten: Vergütung für geleistete Dienste. **Nutzung** (siehe Definitionen oben), **Nutzungsgebühr** wäre dann: Gebühr für die Nutzung von etwas.

Noch eine Beschreibung der heutigen Welt könnte folgende sein: Die Elite (Besitzer) von Enteignergruppen zwingen uns restliche 99% zur täglichen Belohnung für deren pervertiertes Eigentum an Geld, an pervertierten Recht/Gesetz für Besitzer (Regierung), an pervertierter Wohlfahrt/Soziales (Versicherungen), pervertierter Gesundheit (Pharma- Ölindustrie/Krankenkassen), pervertierter Nahrung (Nahrungsindustrie, Chemie/Öl), pervertierter Kleidung (Öl, Chemie-Verbot von Hanf), pervertierter Grundbesitz (Regierung, Grund-u Bodenbesitzer).
Alle im Grunde geisteskranken (bezogen auf die Nutznießer) ... ismen wie Kolonialismus, Kapitalismus, Kommunismus und all die anderen, Wirtschaft betreffend, könnten durch obiger Beschreibung etwas oberflächlich, allerdings treffend, beschrieben werden.
Zwischen Besitz und Nutzen besteht ein absoluter Unterschied.
Während ein Mensch im Besitz von endlichen Naturressourcen nur noch für sich Erträge, Gewinne und Vorteile zieht und mit der Gemeinschaft völlig aus dem Tausch gehen kann bzw. dafür sorgt, dass sein

Besitz keiner anderen Bedürfnisbefriedigung zugute kommt, außer seinem persönlichen Egoismus, beinhaltet Nutzen eine angemessene Form des Tauschens.

Eine endliche Naturressource (Grund, Boden, Luft, Wasser usw.) aber auch Produktionserzeugnisse können zum eigenen Vorteil oder Gewinn genutzt werden, doch erhält die Gemeinschaft ebenfalls Vorteile in Form von Gebühren, Abgaben oder einfach Wohlstand, der durch Nutzung dieser Sache oder des Guts hervorgebracht wird. Während im egoistischen Besitz, Vorteile für die Gemeinschaft niemals zwingend gegeben sind, sind sie bei einer Nutzung elementarer Bestandteil!

Der Unterschied besteht aus der Essenz des Austausches. Es ist ein Naturgesetz des Ausgleichs, welcher in der Natur in allen Abläufen zwingend gefordert wird. Es muss gegeben werden, wo genommen wird, ansonsten wird bald nichts mehr genommen werden können – da der gebende und nehmende Tod ist. (Würden Bienen z.B. nur den Nektar aller Pflanzen nehmen, jedoch keine Pollen aufnehmen um diese an andere Pflanzen weiterzugeben, dann würde in kurzer Zeit beide, die Pflanze und die Biene, welche im nächsten Jahr keine Pflanzen vorfindet – aussterben).

Unsere Scheiß Eliten geben sich gern Tierlieb, da diese durch Ihre Enteignersysteme auch weiter Bevölkerungsgruppen mit ihrem Egoismus angesteckt haben, wundern diese Eliten sich nun seit Jahrzehnten, warum "Ihre" lieben Tiere überall aussterben.

Logik und Enteignung sind keine Synonyme untereinander.

Irgendwann halt haben die Eliten ihre Systeme dann zwangsläufig so aufgebaut, dass diese bei längerer Anwendung die (uns) 99% der anderen Menschen

möglichst ausrotten sollen. Da wir 99% ja nur dummer Pöbel sind, nicht an Oxford, Cambridge, Harvard studieren (es bezahlen können) und auch ihre lieben Tiere (die sie lieber selbst jagen würden) andauernd auf den Mittagstisch servieren – und, da das Grundschema jeder Enteignergruppe wirtschaftliche Kriminalität ist, wären sie dann auch das Problem los, für ihre Verbrechen belangt zu werden.
Es ist rechtlich gefährlich obiges zu schreiben, doch Verbrechen und Kriminalität sind eindeutig definiert durch "zu nehmen, ohne zu bezahlen" und diese wenigen haben es sogar hinbekommen, uns bezahlen zu lassen, was sie sich genommen haben. Es ist schon irgendwie köstlich wie unglaublich.
Und wenn der honourable Mr. Malthus eine Art "Wissenschaft" vorgab, wonach ab dem Jahr X jeder weiterer Mensch ein Esser zu viel ist, und all die obigen, öfter aufgezählten Gruppen jeweils mehrere Millionen Tode jährlich zu verbuchen haben, und wenn nicht Tode, so statistisch nicht zählbare Tode durch Überarbeitung weniger, um viele zu ernähren (Wohlfahrt/Soziales), so soll es egal sein, was deren (Elite) Anwälte bezahlt bekommen, juristisch zu denken.
Wo nur genommen wird, gehen beide Seiten zugrunde, die benachteiligte nur schneller als die bevorteilte.
Und wir sitzen auf über 10.000 Atombomben. Die Eliten haben Bunker, wir nicht. Und die Eliten haben diese Dinger bauen lassen mit unserem Geld und sollte ein psychisch Gestörter diese mal einsetzen, gehen wir zuerst zugrunde, aber die Elite nur etwas später.
Ein Fakt, praktisch auf atomarer Ebene.
Atome "denken" praktisch an kein anderes Gesetz als an das des Austauschs.
Außer Helium, wo die äußere Schale mit Elektronen voll besetzt ist, versuchen alle Elemente ihren instabi-

len Zustand auszugleichen, indem sie mit anderen Atomen und Molekülen oder Atomverbänden zusammentreten. Tun sie dies, erhalten sie die Elektronen ihrer äußeren Schale voll besetzt. Philosophisch gesehen, geben sie ihre Freiheit für eine Gruppe auf, um dann vollständig zu sein.

Die gesamte Chemie ist eigentlich eine Austauschbeschreibung. Gibt man Atom X auch nur die Möglichkeit, seine fehlenden Elektronen zu bekommen oder abzugeben, geht er eine Verbindung ein.

Falls manche Leute das ganze Gerede von Austausch und Gerechtigkeit für Geschwätz halten, haben dann die Atome, die kleinsten Teile des Lebens, unrecht? Dann müssen diese sich natürlich die Frage gefallen lassen, woraus letztendlich ihre Zellen bestehen?!

Nun ist das ganze hier etwas vom Weg abgekommen, bezüglich Besitz und Nutzung.

Im bloßen Besitz also, weigert sich der Besitzer etwas abzugeben.

Um zuvor an den Besitz zu kommen, weigerte er sich ebenfalls, dafür etwas zu geben, und wenn er vorgab etwas zu geben, so war dies direkter oder versteckter Tod. (Chemie, Bankwesen und andere.)

Bei der Nutzung wäre immer noch Recht und Gesetz notwendig, doch um den einzelnen zu zwingen, der Allgemeinheit etwas zukommen zu lassen, dafür, dass er die Vorteile aus der Nutzung von etwas (ein Stück Land, Geld und andere Dinge) nutzen kann.

Mehr ist das nicht.

Wahre Kosten

Eine Wirtschaft wird sich erholen und auf wirklich benötigte Produktion ausrichten, sobald die heimtückischen Enteignergruppen reformiert oder jene, deren Existenzberechtigung nur aus dem vertuschen von Alternativen (Hanf, Tesla (Patente aller Richtungen)u.a.), beseitigt sind.
Sämtliche uns in Rechnung gestellte Preise nahezu aller Produkte dieser Enteignergruppen, beziehen keine vollzogene Zerstörung ein (dies ist detailliert nachvollziehbar), welche diese uns allen aufzwingen.
"Produktion" dieser Enteignergruppen zerstören bei der Erzeugung und zerstören bei der Nutzung. Für keine der zwei wird wirklich bezahlt und wenn doch, nur auf Grund von Protesten, Engagement einzelner – und selbst bei letzteren kann man davon ausgehen, dass die (wir) 99% die Rechnung über Steuer oder anderer versteckter Abgaben selbst bezahlen werden.
Wird man diese Gruppen bzw. deren kriminelle Erzeugnisse los, würden sich bei der übrigen sinnvollen Produktion schnell die wahren Kosten in den Preisen der Produkte widerspiegeln.
Der einzelne Mensch versucht für sich im kleinen normalerweise aus wenig, möglichst viel zu machen. Ökonomisches Prinzip.
Er mag sich in sportliche Abenteuer stürzen, die seine Gesundheit gefährden könnten, doch im täglichen einerlei, Nahrungsbeschaffung, Hausbau, allgemeine Produktion, wird er kaum zulassen, für etwas zahlen oder arbeiten zu müssen, das ihm nichts oder sehr extrem, seinen Tod als Tausch zurück gibt.
Wenn ich an anderer Stelle von Schwindel im Bezug auf gewisse Ambitionen einiger Gruppen hindeute, dann ist damit auch gemeint, dass diese Jungs mit

Tricks, Verschlagenheit und Tücke das ökonomische Prinzip außer Kraft zu setzen versuchen, indem sie die wahren Kosten verschleiern.

Wohlfahrt/Versicherungskonzerne sind Experten darin, und das gesamte Pharmakartell ist am Ende, sobald die wahren Kosten dem Bürger in Rechnung gestellt werden und wirklich freier Zugang zu Alternativen gewährleistet und vorhanden ist.

Unser aller Geldwesen und sein Zins konnte uns nur deshalb solange zum Narren halten, weil anscheinend niemals jemand die wahren Kosten bekannt machte und natürlich deshalb, weil diese "über allen Verdacht erhabenen" Jungs ganz oben, die davon profitierten, anscheinend (die Praxis spricht dagegen) nicht die Idee hatten, Geld für das zur Verfügung zu stellen, wofür es gedacht war: zum Tausch.

Wahre Kosten.

Alle nun folgenden Reformen fußen unter anderem auf dem Prinzip, dem Einzelnen die Vorteile aber auch die Nachteile seiner persönlichen Handlungen in Rechnung zu stellen.

Gewinner werden insbesondere all jene sein (die absolute Mehrheit), welche überwiegend gesund leben, produktiv nicht beschäftigt sind, vorsichtig genug, ehrlich und all diese positiven Dinge sind.

Es wird die Konten derjenigen negativ belasten, welche dauernd ihre Gesundheit gefährden (sich bei gefährlichen Arbeiten nicht ausreichend schützen, sich kaum bewegen, ständig wertlose Nahrung konsumieren und solche Dinge), unvorsichtig in ihrem Tun sind (Unfälle bauen, Schäden aller Art verursachen etc.), kriminell sind - Sie wissen selbst, was alles hier hineingehört.

Im aufgezwungen Geldsystem würden z.B. jene verlieren, die ca. eine Million besitzen, da diese mehr

Zinsen erhalten, als diese über Ausgaben zahlen. Also betrifft es nicht viele die "verlieren".

Derzeit zahlen 90% der Weltbevölkerung in allen Preisen versteckt etwa 35% ihrer Einkommen an die Geldbesitzer. Falls Sie dies nicht glauben, so schauen Sie bei einem Hauskäufer den reinen Kaufpreis/Wert (in welchem selbst schon Zinsen eingerechnet sind) des Hauses, und dann den Endpreis nach 30 Jahren Ratenzahlung an. Und es gibt teurere Dinge als ein kleines Haus und es gibt die Zinsen in den Staatsschulden usw. usf. – endlos.

Die Reform würde diesen Spuk beenden und dafür sorgen, dass wirkliches Angebot und Nachfrage etabliert werden, wo der Mensch die wirklichen Kosten erfährt und entsprechend kaufen will oder nicht.

Und natürlich dürfen die "heiligen" Steuerabgaben nicht vergessen werden. Steuerabgaben in jeder Nation haben ihre Begründung überwiegend im Tun irgendwelcher Räuber oder Kriminellen vor vielen, vielen Generationen - aber immer irgendwelcher Personen, welche partout nicht arbeiten wollten und stattdessen von denen nahmen, die dies konnten, - nur dass sie nichts zurück gaben. Es ist ein überliefertes System, heute jedoch mit einer riesigen Werbe- und Gehirnwäscheabteilung ("Sie bekommen eine Gegenleistung für Ihre Steuer...") ausgestattet. Das ist das weltweite Steuersystem in kurzen Worten.

Wahre Kosten sind bei Regierungen schwer zu berechnen oder nachzuvollziehen. Denn, eine Regierung liefert offensichtlich nicht, da diese keine Rechnung schreibt (oder haben Sie schon mal eine bekommen). Weder Ihr Haus, Ihre Wohnung, Ihr Garten, der See in dem gebadet wird, noch die Wiesen und Wälder, weder die Möbel in Ihrer Wohnung und auch nicht Ihr Auto, Ihr Fahrrad, die Bahn wurde von ihr produziert.

Wenn das als erzkonservative, militaristische gezeichnete alte Preußen mit 15% Staatshaushalt auskommen konnte, in Zeiten wo die Anfertigung jedes Behördenbriefes harte Handarbeit war, so gibt dies eine Idee, in welcher Höhe Staatsausgaben eigentlich maximal sein dürften (vielleicht 5%!?) und es zeigt, was die wahren Kosten derzeit für uns eigentlich bedeuten.

Es ist nahezu unglaublich und als Papst Damasus I. (366–384) für seine schon vom Weg abgekommene römisch-katholischen Kirche auf die Einführung des römischen Zentralismus drängte, wusste er wohl, das sich Enteignung durch Diktaturen am besten zentral gesteuert durchführen lassen. Es kann heute in eigentlich jedem Land beobachtet werden. Eine private "Zentral"-Bank, "zentrale" Energieversorgung, "zentrale" Behörden und neuerdings das "zentrale" Ansammeln unserer Kommunikation, Bilder, Adressen, Telefongespräche auf wenige Rechner amerikanischer Unternehmen, und solche Dinge. Der kleine Mann kann sich dem direkt bei ihm an der Haustür klopfenden Steuereintreiber gegenüber kaum wehren, er wird sich noch weniger wehren können, wenn dieser Eintreiber von weit weg zentralisierten Gruppen geschickt wird. So bekommen wir supersozialistische Behörden in Brüssel die wir nicht wählen dürfen, deren Gesetze für jedermann zur Pflicht werden.

Geht man ins Detail was Regierungen seit Jahrzehnten tun, so findet man Forderungen nach Auflösung der Familie, unterdrückerisches Inkasso seitens deren Finanzämter, laufende Zerstörung kleinere Betriebe oder Selbständiger (weil diese z.B. die Steuerbescheide nicht richtig ausfüllten oder sich einige Wochen nicht beim Inkassobüro meldeten), man findet das Anfordern von Waffen (sehr schön in den USA zu beobachten), strengstes Inkasso (bis hin zur Konkursandrohung) für Wohlfahrt/Versicherungsgruppen und deren exponentiell steigende Kosten, – viele solche und andere Verbrechen.

Wahre Kosten im Sinne nachvollziehbarer Steuer für den einzelnen, sind in diesem Bereich nur etappenweise durchzuführen, denn sie sind erst dann wirklich möglich, sobald die Regierungen ihre wenigen, einzigen und wirklichen Aufgaben erfüllen, denen sie derzeit nur wenig nachkommen.

Wahre Kosten werden hier in der folgenden Reform erst einmal konsequent auf die Besteuerungsart und ihre Höhe angewendet. Sie und jeder andere werden dann sehr genau wissen, wie viel er wirklich und genau an den Staat und dessen Institutionen abgibt und viel wichtiger, da der Staat einzig und allein die Sicherheit von Hab, Gut und der Persönlichkeit gewährleisten soll, werden die Kosten für den Einzelnen mit soviel wahren Kosten einhergehen, wie er durch seiner Betätigung innerhalb der Wirtschaft die Dienstleistung des Staates in Anspruch nimmt. Das ist gerecht.

Wenn Regierungen nur für die Sicherheit "gebraucht" werden, so zeigt es in etwa, wie viele überflüssige Abteilungen, Behörden mittlerweile durchgefüttert werden müssen.

In Regierungen herrscht ein großes durchfüttern von "Beschäftigten" und wehe, Sie zahlen Ihre Steuer nicht für deren Unterhalt!

Führen Sie eine einzige Steuer ein auf den Verbrauch und Sie werden in kurzer Zeit einen hohen Prozentsatz dieser nur Beschäftigten los. Schaut man sich auch deren Ergebnisse genau an, wird man sehen, das deren Produktion oft nur Schaden verursacht, es ist dann nur gut und konsequent, diese loszuwerden. Es gibt natürlich Geschrei wegen der "verdienten Pension" und solche Dinge, doch es würde die Gesellschaft deutlich günstiger kommen diese Pension zu zahlen, wenn die Person nicht an ihrem zerstörerischen Tun (Symptombehandlung) Tag für Tag weitermachen kann.

Es gibt auch wahre Kosten im Arbeitgeber- Arbeitnehmertauschbereich.
Mehrwert: Nach marx. Lehre "die Differenz zwischen der tatsächlichen Wert der Arbeitsleistung und dem Arbeitslohn", oder, "den Lohn übersteigenden Teil des Werts, den ein Arbeiter/Angestellter produziert."
Zur pervertierten "Lösung" obiger Definition wurden zwei Dinge eingeführt: Lohn- u. Einkommensteuer. Der "böse" Unternehmer klaut vom Arbeiter den Mehrwert, also nimmt eine andere Gruppe (Regierung) sich einfach diesen nicht ausbezahlten Mehrwert vom Unternehmer durch die Einkommensteuer und nennt es Gerechtigkeit, da diese Steuer durch Progression auch noch steigt, je höher der Verdienst.
Den Vogel schoss man dann ab, indem alle Arbeiter und Angestellten auch gleich ihre Einkommenssteuer erhielten, nur nannte man diese einfach Lohnsteuer.
Diese Gruppe namens Regierung sagte natürlich nicht, dass sie damit zum "Superunternehmer" wird, zum Supermehrwertdieb. Und Definitionen sagen nicht ohne Grund aus, dass nach dem Sozialismus der Kommunismus folgt. Denn diese Gruppe namens Regierung wird Schulden machen, sie wird diese Schulden mit Drucken von Geld finanzieren und wir bekommen Inflation. Die Inflation wird durch anpassen der Löhne dies nach oben bringen und Arbeiter X, der 1960 400 DM im Monat erhielt und 5% Lohnsteuer zahlte, bekommt 2012 4500 € und zahlt 35% Steuer

auf diese. Alles sehr gerecht, hört sich einfach gut an dieser Trick mit dem bösen Unternehmer, welcher den Mehrwert klaute.

Dann als zweite "Lösung" Tariflöhne, womit wir Gewerkschaften mit deren überbezahlten Bonzen erhielten. Diese sorgen seit Beginn an nur für Schwierigkeiten, denn es gibt im Mehrwertdiebstahl zwei verschiedene Unternehmensarten. Unternehmen X und Unternehmen Y.

Über den täglichen Mehrwertdiebstahl, wird die Masse der angestellten Produzierenden am produzieren gehalten. Es ist ein Unterschied, ob das kleine Unternehmen Y zu wenig Umsatz macht und gerade über die Runden kommt und in der Folge wenig Lohn zahlt, oder ob Unternehmen X schädigende Dinge vertreibt, und/oder diese Dinge auch noch billigst einkaufen kann (was auch schon ein Mehrwertdiebstahl ist) und durch diese gegen Unternehmen Y dauernd einen Vorteil besitzt.

Nutzt Unternehmen Y dann auch noch Privilegien wie Steuerbefreiung (derzeit aktuell A...., Facebook, Ebay, Apple & viele andere), so hat Unternehmen X kaum noch eine Chance. Unternehmen X wird seine Leute immer schlechter bezahlen und zum Schluss überhaupt nicht mehr = Insolvenz. Finito.

Unternehmen Y klaut also den Mehrwert durch ausbeuterischen Einkauf (typische Floskel: "Im Einkauf liegt der Gewinn") und so haben wir Verkaufsketten die über deren Massenabnahme Preise bis zum Herstellungspreis und tiefer drücken (Lebensmittel z.B., wo Sie dann später über Steuersubvention die Landwirtschaft am Leben erhalten dürfen) und dann im eigenen Verkauf durch niedrigere Preise oder mehr Investitionsmöglichkeiten (Steuerrabatt: Starbucks & Co) Beinahemonopole zu erhalten.

Diese Unternehmen YYYYYY könnten deren Mitarbeiter deutlich besser bezahlen, doch klauen sie bei den vielen lieber nochmal den Mehrwert – um mit diesen dann weitere Zweigstellen oder Filialen zu eröffnen. Mit deren Gewinne dann ergibt sich mehr Kapital, mit diesen dann größere Volumenabnahme im Einkauf = mehr Druckmöglichkeiten im Preis und so dreht sich der Niedergang für die vielen, außer für die Geschäftsleitung und den Inhabern, hin zu Sklaventum.

Gewerkschaften fordern für "Ihre" Arbeiter und Angestellten höhere Löhne. Höhere Löhne sorgen bei destruktiven Lohnsteuern automatisch für höhere Abgaben für diese. Wenn es nun Unternehmen X und Y gibt und Y seine Lieferanten und seine Produzierenden täglich beraubt um seine Monopolstellung zu behaupten oder eine zu erreichen und wenn der gewerkschaftlich ausgehandelte höhere Lohn auch für alle Unternehmen XXXXX gilt, so werden alle Unternehmen XXXXX noch deutlichere Probleme bekommen, sich gegen Y zu behaupten.

Diese durch Steuer und gewerkschaftliche Forderungen am Leben gehaltene Konflikt zwischen Unternehmer und Arbeiter lässt die Freunde von Regierungen und Gewerkschaften gut leben, während die zwei Produzenten von einem Problem zum nächsten getragen werden.

Die wahren Kosten sind dann weltweit Milliarden unterbezahlte Arbeiter und Angestellte und Millionen Unternehmer, die nicht investieren können, da Regierung und Co dafür sorgen, dass nichts zum investieren übrig bleibt.

Diese Unternehmer sind dann reif für den Bettelgang zur Bank, um von benötigten 50 Millionen vielleicht nur 25 zu erhalten, dann zu scheitern und zum Schluss

das gesamte Unternehmen an die Bank zu verlieren, der Clou dabei (Eigenkapitalquote), die Bank besaß nicht einmal diese 25 Millionen.
Es gibt noch viel mehr solche Varianten, wie Produzenten um deren Hab und Gut gebracht werden können.
Weitere wahre Kosten sind dann auch chronische Unsicherheit für Milliarden Unternehmen und ihre Arbeiter und Angestellten, da morgen schon Feierabend sein kann.
Sicherheit bedeutet jedoch eine Art Wissen über die Zukunft. Regierungen, Gewerkschaften und Banken wollen jedoch keine Zukunft.
Das ist ein Problem.
Es gibt noch die Unternehmer Y-Variante, welche statt Geld von Banken, Geld über Ausgabe von Aktien zu beschaffen versucht.
Diese Unternehmer werden für Unternehmer X zur noch größeren Gefahr. Stand zuvor eine Unternehmensspitze mit ihren Mehrwertdiebstahlentscheidungen in etwa alleine da, machen über die Aktien nun hunderte bis tausende Schmarotzer über den Aktienbesitz Druck auf diesen einen, dem das Unternehmen mal gehörte.
Dieser Druck wird den Mehrwertdiebstahl auf Lieferanten und Arbeiter dann noch erhöhen. Der Unternehmer wird sich durch die Aktionäre noch in seinem denken bestätigt finden, sind doch viele Aktionäre (Banken, Investoren, Fonds, Spekulanten) durch ähnliche Vorgehensweisen zu Geld gekommen wie er es gerade versucht.
Es gibt eine ziemlich brauchbare Lösung, wie Unternehmer, Selbständige, Arbeiter und Angestellte gleichberechtigt sein können, jeder nach seiner Leistung bezahlt wird, wie es der Steuererhebung schwie-

rig gemacht, Mehrwertdiebstahl unmöglich gemacht, Gewerkschaften rausgeworfen werden können und keine Aktionäre gebraucht werden.

Etwas mehr zu Geld, Banken und Regierungen

Obwohl hier wiederholt die Banken kritisiert werden, geben die Reformen in diesem Buch dem von Notenbanken emittierten Papier- und Münzgeld eindeutig den Vorrang als Tauschmittel. Dass dies die beste Tauschform ist, soll damit nicht ausgesagt werden, jedoch ist sie in praktisch jeder Nation die am besten "eingespielte" Tauschmittelvariante. Im Zeitalter der Bankentürme kann wohl auch behauptet werden, dass Menschen existieren, die besser mit Geld als mit ihren eigenen Beinen umgehen können.
Regierungen sind sehr machtvoll in ihren Möglichkeiten geworden, um Einfluss auf unser aller Leben zu nehmen und Geld spielt die Hauptrolle dabei. Diese Besonderheit macht internationale Bankiers so gefährlich, die um diesen Einfluss wissen, und ihre Kontrollmöglichkeiten über die Gemeinschaften haben jene der Regierungen durch Geld pervertiert.
"Geld regiert die Welt!" stimmt nur in einem korrumpierten Geldsystem, da Geld nur Waren und Leistungen darstellt und hilft diese zu tauschen. Geld kann also nur die Welt regieren, wenn es seine ursprüngliche Aufgabe nicht korrekt wahrnimmt.
Die folgenden Reformen sind sehr nett und freundlich zu den Banken, die ihre scheinbare Macht einzig und allein aus den Fehlern im Geldsystem ziehen. Sie werden nirgendwo Aufrufe zum Streik, Geldhortung

unterm Kopfkissen oder Flucht in andere Tauschmöglichkeiten und ähnliches hören, da Geld richtig angewendet einwandfrei funktionieren und sehr günstig in seinem Gebrauch sein kann, warum also das Kind mit dem Bade ausschütten?

Geldinstitute verdienen nach der Reform nur noch durch Dienstleistungen rund um das Geld und natürlich durch seinem Verleih. Kein Gerede mehr vom Zins.

Die Banken, die intern am besten wirtschaften, (und dies ist nicht zu verwechseln mit heutigen internationalen Banken, schon ein Blick auf die Eigenkapitalquote vieler dieser "großen" sagt einiges) - diese Banken können auf lange Sicht die Führung übernehmen.

Dies ist kilometerweit entfernt von der heutigen Situation, die heutige Situation ist eher umgekehrt.

Folgendes darf nicht unterschätzt werden: Regierungen und Banken arbeiten eng zusammen! Beide sind durch und durch korrupt durch ihre installierten Systeme, und steht das Vermögen des, des Volkes oder des Bankensystems zur Diskussion, so wird das Volksvermögen geopfert, und steht das Volk oder die Regierung zur Diskussion, wird das ... Volk geopfert. Das Geldsystem und Regierungen wissen, was sie sich untereinander verdanken. Und die Floskel "teile und herrsche" wird konsequent angewendet.

In dem Buch "Der größte Raubzug der Geschichte" von M. Weik und M. Friedrich ist grundlegendes zum Thema Geld und Geldschöpfung aus dem Nichts sowie minutiös die letzte weltweite Krise 2008 beschrieben. Damals zeigte es sich, dass lieber ganze Volkswirtschaften, hunderttausende Unternehmen ruiniert werden, lieber Billionen Steuergelder zur Rettung des Verbrechersystems genommen wird, als die

Eigentümer dieser Banken hinter Gittern, deren Unternehmen abzuwickeln, und auch nur einen Windhauch von Reform zuzulassen.

Und die Autoren kommen am Ende zum Schluss, dass exponentielles Wachstum nicht möglich, eine absolut kriminelle Umverteilung von den Fleißigen zu den Reichen, am System nichts geändert wird.

Die Beiden versuchten herauszufinden, wer die von unseren Regierungen bezahlten Zinsen eigentlich bekommt – und liefen praktisch ins Leere!

Sie kamen immerhin soweit die Besitzer von Staatsanleihen als Nutznießer und als Eigentümer dieser Staatsanleihen a) normale Menschen, die sich einige dieser Staatsanleihen ins Portfolio gelegt haben, b) Versicherungen, und c) Banken, ausfindig zu machen. Diese Banken leihen Regierungen also unser (Ihr) Geld, von welchem diese laut Eigenkapitalquote nicht wirklich etwas besitzen, diese also wie Geldfälscher selbst das zu verleihende Geld erzeugen.

Demnach sind von Anfang der 70er bis 2012, nur in Deutschland 1611,3 Milliarden!! an Zinsen an die Eigentümer dieser Staatsanleihen verschoben worden, "Gebühren" für etwas, dass die Banken nicht besitzen!!! Die beiden Autoren forschen weiter, wer genau diese Zinsempfänger sind, und die Bundesbank mauert mit dem Bankgeheimnis, die Deutschland Finanzagentur GmbH kann wiederum nur Bietergruppen anbieten, wer diese sind … wird nicht veröffentlicht! Zum Schluss konnten wenigstens 11% dieser Anleihen geschätzt werden und von diesen 11% fielen 50% auf Investmentfonds, 25% an Banken, 20% an Privatpersonen – und hinter Banken, Versicherungen und Investmentfonds stehen Privatpersonen.

Wir (Sie) dürfen also z.B. 2011 62 Milliarden Zinsen zahlen, die Empfänger sind Staatsgeheimnis.

Ähnlich wie hier wird es wohl in jedem Land der Erde aussehen.
Nun denn, denken Sie an obiges, sobald Sie ihren heldenhaften, mit Ihrem Geld spielenden Politiker in irgendwelchen Finanzrunden sehen oder hören.
Wir sind dem Gesetz nach alle gleich, andere sind leider gleicher.

Reformen

Reform: verbesserte Umgestaltung, planmäßige Neugestaltung
Revolution: Umwälzung, politischer Umsturz

Eine Reform ist eine verbesserte Neu- oder Umgestaltung. Zu reformieren bedeutet nicht zu zerstören, wie es in einer Revolution geschieht.
Eine Reform muss demnach darauf abzielen, einen nicht optimalen Zustand durch einfache Schritte zum Besseren hinzuführen. Langfristig erfolgreiche Reformen gab es nur dort, wo sich diese den Ursachen eines Problems zugewendet haben und die Beseitigung des Mangels durchführten. Jahrhunderte starben Menschen an Verletzungen, kleinere oder größere Schnittwunden, und auch von Ärzten Operierte an den Folgen unzureichender Hygiene. Die Herbeiführung sauberer Verhältnisse war eine kleine Revolution (in den Köpfen) medizinischer Kreise und musste tatsächlich zäh errungen werden, am Ende siegte diese einfache Reform und immer mehr Patienten überlebten.
Diese Tatsache war eine einfache Veränderung der Arbeitsbedingungen. Heute ist es eine Selbstverständ-

lichkeit, dass Operationssäle frei von Staub und Bakterien sein müssen, die beteiligten Ärzte sich zuvor die Hände waschen, und als Resultat sind die Überlebenschancen selbst nach umfangreichen chirurgischen Operationen so hoch, wie damalige "Experten" sie nicht im Traum für möglich gehalten hätten.

Die dadurch deutlich gesunkene Kindersterblichkeit ist der Hauptgrund für die gestiegene Lebenserwartung.

Eine Reform setzt dort an wo ein Bereich anfing, falsch zu laufen. Jede echte Reform erzeugt mehr Wohlstand für die Produktiven und merzt Fehler der Enteigner aus, welche durch Lügen und Täuschung ihre Einkommen beziehen.

Die vorausgegangen Kapitel haben Ihnen gezeigt, dass alles Wirtschaften auf dem ökonomischen Prinzip basiert und wie einige mehr oder weniger bekannte Prinzipien Enteignungssysteme unterstützen helfen:

1. Produktion befriedigt Bedürfnisse, Beschäftigung tut dies nicht,
2. exponentielles Wachstum,
3. Ursachenbeseitigung löst das Problem, Symptombehandlung
 vergrößert es,
4. teile und herrsche und
5. was umsonst sein sollte, wird am teuersten bezahlt,

sind fünf dieser Enteignergruppen "unterstützenden Faktoren".

Die obigen Prinzipien können auch mit Plus, Minus, Mal und Geteilt, ausgedrückt in Zahlen, überprüft werden, womit für jedes Prinzip ein eigenes Buch geschrieben werden könnte.

Rechtsprechung und Reformen

Die Thematik dieses Buches ist mit dem Recht eng verbunden und es geht bei den Reformen letztendlich darum, wirkliches Recht, das den Namen verdient, eingeführt zu bekommen. Wenn hier von Recht die Rede ist, dann sind damit nicht die Gesamtheit der Gesetze und Vorschriften gemeint. Gemeint ist die Anwendung von Recht darauf, Gerechtigkeit herzustellen, indem es auf Mangel oder Knappheit herbeiführende oder beibehaltene Missstände angewandt wird, um dessen Verursacher in die Verantwortung zu nehmen.

Die bloße Masse an Gesetze, Vorschriften und Paragraphen gehorchen nur den Prinzipien und (besonders im Steuerrecht) wachsen diese parallel zu dem Irrsinn, der durch Enteignergruppen und deren wirken verursacht wird. Gesetze und Paragraphen sollen die Schäden mindern helfen und kommen selbst in den Zwang des exponentiellen Wachstums.

Wird man diese Enteignergruppen los, wird man auch eine enorme Anzahl dieser Gesetze und Paragraphen los – und das Leben aller Beteiligten wird einfacher.

Schaut man sich die moderne Rechtsprechung genauer an, so findet man ein System, welches überwiegend zum Schutz von Privatbesitz und wirtschaftlichen Vorteilen weniger Menschen gedacht ist.

Es gibt ein Naturrecht, das den Ur-Völkern immer sehr leicht verständlich, natürlich und außer Frage stand und heute in seiner Auseinandersetzung mit den Bollwerken der jedermann enteignenden Zivilisation, kaum genügend Durchsetzungsvermögen beweist. Diese Ur-Völker, die ihre Böden, ihre Wälder oder sogar, wie die Aborigines in Australien, ihre Wüsten, an diese im Privateigentumsrecht ausgebildeten Jungs

Stück für Stück verlieren, haben es mit der Grundlage des Kapitalismus zu tun. Seine Grundlage ist das Beschützen der wenigen, die das Privatbesitzrecht benutzen, um die Lebensgrundlagen der vielen knapp oder vollständig vorzuenthalten. Dieses Privatbesitzrecht kollidiert in all seinen Auseinandersetzungen mit dem privaten und gemeinschaftlichen Nutzungsrecht, welches Lebensgrundlagen wie Boden, Luft, Wasser, Geld zum gemeinschaftlichen Gut erklärt. Während das private Eigentumsrecht ein Monopol an diesen Dingen bildet, sind diese Dinge als gemeinschaftliches Gut allen zugänglich, aber unter privater Nutzung, was ein enormer Unterschied ist.
Es ist nichts verkehrt daran, Eigentum zu besitzen. Jeder kann sich ein Haus bauen, soweit er durch reale Produktion Geld oder Zeit für das Fällen von Bäumen und deren Bearbeitung dafür aufwenden kann, doch verkehrt ist es, wenn er es in seinem Leben mehrmals abzahlen muss, da der Preis für das Spekulationsobjekt Boden und die durch Zins hochgedrückten Hypotheken ja unbedingt den Kreditgeber (Geldbesitzer), Bodenspekulanten und den Bankier ernähren muss.
Privatbesitz an Boden oder Geld ist genauso absurd wie Privateigentum an Luft, Weltraum oder Wasser.
Die Lösung, die allen zugute kommt, liegt dazwischen.
Die Indianer von Nordamerika erklärten dies so: "Die Erde ist unsere Mutter, wie können wir sie aufteilen und verkaufen?" Mit dieser Auffassung war es kein Wunder, dass sie in Konflikte mit den aus Europa flüchtenden, im Kapitalismus "ausgebildeten" Kolonialisten gerieten.
Diese Kolonialisten hatten von ihren Schmarotzern zuhause ?? so ziemlich die Nase voll, doch da sie

nicht wussten, was die Waffe dieser Schmarotzer war, übernahmen sie unbewusst deren Waffen ins goldene Land, und schon bald mussten sie sich selbst von dort aus wieder mit ihren Schmarotzern von zuhause in einem Unabhängigkeitskrieg herumschlagen. Die Mehrzahl der Kriege dienen letztendlich dem Privatbesitz der wenigen. Als die Europäer Südamerika, Afrika und andere Kontinente entdeckten, dienten die Gemetzel überwiegend den privaten Gruppen und nur wenig dem Volk, aus dessen Reihen sich die Soldaten melden "durften". Im zwanzigsten und nun auch schon im einundzwanzigsten Jahrhundert tobten über ein Dutzend erklärte und nicht erklärte Kriege um Rohstoffe in zumeist unterentwickelten Nationen. Der Nahe Osten, der das Pech hat, Öl unter seinem Sand zu besitzen, werden nicht mehr in Ruhe gelassen und jede Demokratisierung wird dort genauso wie in anderen rohstoffreichen Entwicklungsnationen durch militärische Gewalt oder geschickte wirtschaftliche Beeinflussung ständig unterdrückt. Die Enteigner wissen wohl, dass Demokratisierung in mehr dem Naturrecht zugewandten Nationen ihre privaten Interessen und Geldströme stören könnten.

Die Bevölkerung der Industriestaaten ist von den in ihr blühenden privaten Gruppen sehr intensiv ausgebeutet worden, und doch halten Menschen in jedem Staat die Sicherheit durch Recht und Ordnung für so heilig und wichtig, dass sie halb rasend werden, sobald eine sichtbare Ungerechtigkeit wie Mord oder Diebstahl passiert, für die sie in der Regel immer irgendeine Strafe fordern. So haben wir weltweit eine äußerst schwache aber hochkomplizierte Rechtsprechung, die (oh, Wunder!) nicht die Ursachen (die Knappheit), aber mit lautem Getöse die Symptome bekämpft. Ein Taschendieb kann ins Gefängnis kommen, in vielen Nationen werden Menschen für (im Verhältnis zu den hier beschriebenen) lächerlichen Delikte mit dem Tod bestraft, während Enteigner im großen Stil von Regierungen belohnt werden.

Es gibt wohl kaum ein anderes Gebiet, wo in Ermangelung der Kenntnis der wahren Ursachen soviel weitere Ungerechtigkeit entsteht wie im Recht!

Und natürlich, da diese Enteignergruppen uns alle Tag für Tag bestehlen, können diese natürlich Recht und Gesetz, Anwälte und Gerichte bezahlen.

Es ist teils eine eingebürgerte Korruption, ähnlich wie dem Gewohnheitsrecht.

Knappheit an Lebensgrundlagen kann die Menschen offensichtlich sehr verrückt machen.

Wenn die Aufgabe des Rechts nur die Herstellung von Gerechtigkeit ist, indem sie schlechte Austauschverhältnisse wiederherstellt, so muss die Grundlage die sein, absichtlich herbeigeführte Knappheit zu bekämpfen. Da die heute zu beschützende Grundlage des Rechtswesens stattdessen aber der Privatbesitz von ... ist, hat dieses Gebiet sozusagen den Teufel in die eigene Verfassung geschrieben.

Wir alle (in jedem Land) benötigen ein neues Recht, eine neue Rechtsprechung, die wirkliche Gerechtigkeit fordert und unterstützt.

Solange knappe Güter durch wenige aufgeteilt werden können, solange sorgt angewandtes Recht direkt für weitere Ungerechtigkeit.

Reformen in diesem Buch fordern in der Verteilung der knappen Naturgüter eine Rückbesinnung auf die Gemeinschaft, sie fordern die Einhaltung des ökonomischen Prinzips und die Umkehrung der fünf Prinzipien, welche derzeit die Enteignungssysteme unterstützen, hin zu Prinzipien, welche die Lösungen unterstützen und Teil von ihnen sein werden.

Rechtsorgane, wenn diese überhaupt etwas dazu beitragen wollen, können hilfreich sein, die Vorhaben durchzuführen. Doch Gesetze und Paragraphen entstehen erst aus Ungerechtigkeiten.
Im Grunde könne diese abwarten. Es geht um Reformen, nicht um Revolution, bei welcher diese von normalerweise von sich aus tätig werden würden.

Steuerreform

Würde die Regierung das Geld selbst als öffentliches Gut verwalten und herausgeben und auf dessen Ausgabe selbst die Zinsen kassieren, so wäre von heute auf morgen praktisch jegliche Steuer überflüssig!
Im Jahr 2000 beliefen sich die Bankzinserträge in Deutschland bei 724 Mrd., womit diese **79%** der gesamten Steuereinnahmen (913 Mrd.) ausmachten!
Doch Regierungen können mit Geld grundsätzlich nicht umgehen, dies zeigt die Geschichte. Doch würde man das Thema Geld als öffentliches Gut ansehen und wie Wasser, Straßennetz unter staatlicher Verwaltung stellen, so würden nur mit dieser Maßnahme sämtliche Schikanen und Papierberge durch Steuererhebung, Erfassung, Kontopfändungen, Überwachung und Bespitzelung erledigen.
Die Alternative wäre, Banken zu zwingen, endlich aufzuhören die Elite durch Zins und Zinseszins noch reicher zu machen und die Steuererfassung derart einfach zu machen, dass sich eine Banken/Geldverstaatlichung erübrigt.
Zusammenfassend lässt sich das Dilemma der Mehrzahl heutiger Steuersysteme wie folgt beschreiben:

Öffentliche Aufgaben, die laut Regierung niemand privat erledigen würde oder könnte, benötigen zu ihrer Bewältigung eine Finanzierung in Form von Geld.

Indem diese Bewältigung erzwungen und nicht auf Freiwilligkeit beruht, sollen es (laut Regierung) Steuern sein, die natürlich nur dort erhoben werden können, wo Geld seinen Sinn und Zweck erhält: bei den Produzenten realer Güter.

Indem Regierungen durch Umverteilung umfangreiche Beschäftigungen finanzieren wollen statt realer Leistungen, erfüllen sie das erste Prinzip, mit dem Beschäftigung statt Produktion gefördert wird. Denn ergibt der Einsatz von Geld keine Befriedigung von Bedürfnissen, wie es bei reiner Beschäftigung der Fall ist, so erzeugt diese Verschwendung von Geld eine Knappheit eben an diesem Geld, welches zuvor von Produzenten realer Güter und Leistungen genommen wurde. Knappheit an Dingen wird Probleme, endlose Schwierigkeiten hervorbringen und widmet sich die Regierung diesen, dessen Ursache sie selbst ist, so erfüllt sie das zweite Prinzip, indem sie sich der Symptombeseitigung verschreibt. Almosen für Sozialfälle, Mietsubvention, Vergünstigungen, Subvention für die Freunde, Spenden an..., Kredite an... usw. - all dies und viel mehr, um der Bevölkerung das Gefühl eines sozialen Friedens zu geben, einen falschen Frieden, den diese selbst bezahlen **muss**.

Diese Umverteilungen verselbständigen sich und machen zu irgendeinem Zeitpunkt weitere Steuererhebungen notwendig. Die Mehrheit dieser Steuererhebungen zur Symptombeseitigung halten die Opfer (Produzenten) ruhig, da sie auch ihnen scheinbar Vorteile zukommen lassen, womit sich das dritte Prinzip erfüllt. Wenn es ums Sparen geht, wird keine dieser

Gruppen, ob produktiv oder nicht, auf die Subventionen, die Spenden, die Kredite oder Almosen verzichten wollen und wird (wie es in einer "Demokratie" üblich ist) damit drohen, bei der nächsten Wahl die Unterstützung zu entziehen, sollte die Umverteilung gestrichen oder nur gekürzt werden. Dieses Gerüst insgesamt gibt dem ganzen ein Bild von Willkür und Wankelmütigkeit, und die rasante Entwicklung mag dem Recht geben. Das vierte Prinzip tritt dort in Erscheinung, wo das exponentielle Wachstum voll wirksam ist, um an dem Punkt, wo Panik aufkommt, seinen Wirt und sich selbst unter die Erde zu bringen.
Derzeit, 2014, sind nahezu alle Länder abnorm hoch verschuldet.
Diese Schulden allein sorgen für ein diktatorisches erzwingen der Steuerabgaben und während die wirklich Reichen und die Besitzer von Grund und Boden nichts zu befürchten haben, sehen sich die unteren 99% mit immer mehr ins Detail gehender Kontrolle drangsaliert.
Wenn, wie in Deutschland, die Staatsquote bei 47% steht, muss im laufenden Jahr jeder zweite Euro für diese Gruppe, genannt Regierung, gegeben werden, ohne Schulden abzubezahlen.
Und wenn, wie zuvor mit den gezahlten Zinsen und den Besitzern von Staatsanleihen beschrieben, ALLE Regierungen abzüglich der gezahlten Schulden der vergangenen Jahrzehnte, praktisch schuldenfrei sind, macht eine Steuerreform nur wirklich Sinn, wenn die Geldreform konsequent angegangen wird. Es gibt für die Elite kein Recht auf Schmarotzerei, nur weil die Vorfahren gerissene Verbrecher waren!
In welche Richtung muss die Reform gehen?
Die Reform des Steuerwesens hin zur freiwilligen Zahlung, so wie jeder Warenkauf mehr oder weniger

freiwillig ist, ist derzeit noch reines Wunschdenken, aber eine höchstmögliche Vereinfachung des Steuerwesens ist sehr einfach möglich.

Allerdings, es hängen viele, viele Millionen Menschen am Tropf der Regierung, und wenn das einfache noch so klar und deutlich ist, diese Millionen werden schreien und heulen, es nicht zu tun. Kaum jemand wird allerdings sagen, dass er dann vielleicht Gefahr läuft, zu arbeiten. Natürlich nicht. Aber so ist das mit Veränderungen.

Die Reform muss in Umkehrung zum obigen ersten Prinzip zur Produktion statt Beschäftigung hinführen. Dann muss sie Knappheit beseitigen, statt an den Symptomen zu pfuschen. Und dass sich Politiker nicht die Zustimmung breiter Schichten der Bevölkerung durch deren eigenes Geld, mittels Umverteilung erkaufen kann (teile und herrsche). Und kein weiteres exponentielle Wachstum von "Lösungsversuchen".

Sie muss für den Einzelnen die Kosten sichtbar werden lassen und sie muss dem Einzelnen entsprechend seiner wirtschaftlichen Aktivität (in Höhe seines Kaufvolumens) die Rechnung präsentieren.

Steuer ist unpopulär. Sie war es immer.

Ein Trick, diese trotzdem erhöht zu bekommen, ist, diese "unsichtbar" zu machen. Dem Arbeiter und Angestellten wird diese einfach abgebucht, fängt jemand irgendwo eine neue Tätigkeit an, wird er sich nach wenigen Monaten an diese Abbuchung gewöhnt haben, der Arbeitgeber und Selbständige allerdings muss sich wirklich mit den sichtbaren Steuerarten herumschlagen. Monat für Monat oder im Quartal oder jährlich muss er ausrechnen, wie viel zu zahlen ist – und zusehen, diese teils unglaublichen Summen pünktlich an das Inkassobüro der Regierung zu überweisen.

Deshalb tun Regierungen so ziemlich alles, das Leben der kleinen Unternehmer und Selbständigen schwierig zu machen, gleichzeitig tun und unterstützen diese all das, was große Unternehmen, Monopolisten, AG`s, internationale Konzerne noch größer werden lässt (diese haben pro Mitarbeiter weit weniger Verwaltungsaufwand und je größer die Unternehmung, um so deutlicher hat diese ihre Größe den Enteignergruppen zu verdanken, bzw. ist diese Unternehmung Teil von diesen) da diese (die kleinen Unternehmer) wirklich sehen, was zu zahlen ist – und sich wehren mittels Steuerberater, Eingaben und einige wenige Möglichkeiten, die diese so haben.

Es ist nur logisch seitens einer Regierung, zum Schluss durch Großunternehmen nur noch Lohnarbeiter haben zu wollen! Steuer wird einfach "unsichtbar" abgebucht. Ein Traum. Natürlich können Politiker nicht logisch denken und vergessen, wie Lohnempfänger überhaupt entstehen – durch jene immer weniger werdenden, die Arbeit geben.

Wenn gearbeitet wird, will mit der Bezahlung später etwas gekauft werden.

Sei es Haus, Miete, Ernährung, Auto, Energie, Urlaub, Ware jeder Art.

Diese Reform würde für alle Verkäufer sichtbar etwas unangenehm werden, da diese das Gefühl bekommen würden, dass alles teurer wird, was nicht der Fall ist. Die Steuer wird nur an anderer, an sehr viel weniger "Stellen" erhoben werden.

Die Reform.

Um der verwirrenden und unnötig beschäftigt haltenden Vielfalt im Steuerwesen ein Ende zu bereiten, werden alle Steuern durch eine neue Steuer, die sogenannte Verkaufssteuer ersetzt. Diese Verkaufssteuer beträgt nur EINEN PROZENTSATZ und wird auf

jeden Verkauf an ENDVERBRAUCHER gleichmäßig erhoben.
Die Folgen wären unter anderem, dass die Steuerämter sich nur noch an die Verkaufsstellen von Waren und Leistungen (Haus, Miete, Ernährung, Auto, Energie, Urlaub, Ware jeder Art.), wenden, statt zusätzlich an jeden Arbeiter und Angestellten. Alle Arbeiter und Angestellten würden also deren Nettolohn plus Lohnsteuer ausgezahlt bekommen, Unternehmer, Selbständige, Freiberuflicher müssen sich keine Gedanken um unterdrückerische Einkommensteuer, Gewerbesteuer machen, doch werden deren Produkte durch die eine Steuer auf dem Verkauf teuer. Letztendlich wird Geld immer gegen eine Ware oder eine Leistung getauscht und landet bei einer Verkaufsstelle, beispielsweise dem Supermarkt, dem Jeansladen, dem Plattenladen, dem Fleischverkäufer, in der Dienstleistungsbranche ist die Dienstleistung das Produkt, der Verkauf, auf welchem die Steuer erhoben wird.
Die Produktion wird sehr erleichtert, kein Produzent muss sich Gedanken um die Steuererklärung machen und wie er sie umgehen oder manipulieren kann. Er kann sich einfach seiner Arbeit widmen und weiß immer zu jeder Zeit, wie viel er am Ende des Monats oder Quartals abgeben muss. Einfach X-Prozent vom Verkauf - das wär's! Eine Karte wird als Steuerklärung genügen!
Dienstleistungen aller Art gelten hier natürlich als "Ware".
"Aber was ist mit den bösen Kapitalisten, die Millionen und Milliarden besitzen? Die haben doch schon alles und müssen kaum noch Dinge kaufen? Das ist Ungerecht!" Stimmt! Ist es!
Doch in der Praxis haben sich unsere Reichen längst aus jeglicher Verantwortung entzogen und Banken

und Regierungen plus Steuer- und Unternehmensberater verarschen ganze Völker, indem diese ihr Geld verstecken. Ob in Steueroasen oder in Stiftungen. Aus peinlicher Angst oder Feigheit oder nackter Raffgier, es soll hier egal sein.

Am 14.12.2012 wurden Berichte im Internet veröffentlicht, wo unsere "hart arbeitenden" Reichen, und in welcher Höhe diese Geld in Steueroasen verstecken. Es ist die Rede von ca. 21.000 Milliarden (21 Billionen). Anscheinend wird dieses Geld im Inland durch Zins und Zinseszins nicht mehr genügend "belohnt", und diese Reichen, obwohl diese den unterdrückerischen Gesetzen der jeweiligen Regierung ihre Vermögen (selten durch harte Arbeit) zu verdanken haben, deren Vermögen verstecken. Lasst die kleinen Idioten, den Pöbel, alles zahlen. Was geht mich das an. Tobinsteuer wäre nur eine weitere Kompliziertheit. Denn erst mal müsste man dieses Geld finden und wir haben schon eine Art sozialistische Diktatur, jede weitere Steuer bringt uns mehr Diktatur.

Indirekt über diese Steueroasen, sorgen diese versteckten Gelder auch zur Finanzierung oder ermöglichen die Geldwäsche von Waffenhandel, Geheimdienste, Drogenhandel, Fonds, Hedgefonds und sorgen dann international für Krisen jeder Art.

Nur eine einzige Steuer würde unsere "treuen" Reichen dumm aussehen lassen, ihr hart verdientes Geld nicht zurück ins Land zu holen.

Um diese "treuen" Reichen allerdings in die Verantwortung zu bekommen, muss auch die Geldreform und Mehrwertreform angewendet werden. MUSS!

Letztendlich, bei nur einer Steuer auf den Verkauf, kann die Staatsführung zur Durchsetzung ihrer wirtschaftlichen Vorstellungen, nicht mehr auf das Instrument der Umverteilung zugreifen, denn da sie nur noch den einen Faktor der Verkaufssteuer als Einnahmequelle übrig hat, kann sie einzig und allein erhöhen oder senken, - beides ist für die Steuerzahler wahrnehmbar und beides gilt immer für alle Produzenten.

Es ist leichte Rechenarbeit, man ziehe prozentual Summe X von der Lohn-, Einkommens-, Gewerbe- und den vielen anderen Steuern ab und legt diese prozentual auf die Verkäufe, z.B. auf die Mehrwertsteuer.

Steuer ist nie gerecht, auch diese nicht. Und selbst "soziale" Dienstleistungen müssen diese eine Steuer zahlen.

Wenn überhaupt, sollte selbst die eine Steuer nur ein Zwischenspiel sein – denn irgendwann vielleicht, zahlt jeder Steuer wie man heutzutage spendet, soviel wie man möchte und wohin oder an wen man möchte. Das Steuerrecht (eine Steuer) wird selbst für Kinder verständlich. Steuergesetze können Reihenweise gestrichen werden.

Wer nicht oder wenig konsumiert, ob Ware, Miete, Dienstleistung, kann nun leichter, viel leichter sparen und sich dann wirklich brauchbare Dinge, die er sich heutzutage nicht leisten kann, viel leichter kaufen.

Somit wäre eine Steuer auch eine ökologische Angelegenheit.

Als Beispiel: Sie als Arbeitnehmer gehen täglich einer Arbeit nach und erhalten einen gewissen Betrag am Monatsende ausgezahlt. Statt vom Lohn, Gehalt oder Gewinn steuerliche Forderungen in Abzug zu bekommen, erhalten Sie Ihr Geld voll ausgezahlt! Erst dann, wenn Sie oder Ihre Familie dieses Geld für Kleidung, Essen, ein neues Auto, ein Haus oder, oder, oder ausgeben, erst dann kommt die Verkaufssteuer zum Abzug, jedoch nicht bei Ihnen, sondern bei der

Verkaufsstelle, also beim Jeansstore, beim Restaurant, Autohändler, Immobilienverkäufer oder, oder, oder.
Die Steuerbehörde hält sich einzig und allein an die Verkaufsstellen, also alle Firmen, Unternehmen, Händler, an die sich ein Käufer wendet um etwas für sein Geld zu kaufen!
Jede Art von Halbtagsjobs, Nebenjobs, Wochenendjobs, die häufig durch unglaublichen Verwaltungsaufwand verhindert werden, verlieren einfach ihre Daseinsberechtigung, da sie nur komplizierte Konstrukte der Steuergesetzgebung sind!
Jeder Produzent kann sich Hilfe holen für so viele Stunden wie notwendig und dementsprechend den Lohn zahlen, er zahlt am Ende einfach nur eine Steuer auf seine Dienstleistungen oder verkauften Güter. Wenn Sie privat und/oder selbständig eine Dienstleistung erbringen oder Dinge verkaufen wie Nachhilfe geben, Babysitten, Websites erstellen, Obst verkaufen, irgend einer Art Arbeit nachgehen, dann liefern und produzieren Sie etwas, und es hat niemanden zu interessieren, ob Sie dies nur 10 Minuten oder 16 Stunden am Tag tun, Sie zahlen einfach eine Steuer auf den Verkauf, - das war's! Sie können wirtschaftlich tun und machen was Sie wollen, wann Sie wollen und wie Sie es wollen - es hat die Regierung nichts anzugehen, solange Sie niemanden schädigen!
Weitere Folgen: Finanzbeamte verbringen nicht unerhebliche Zeit damit, in Ihren Privatangelegenheiten zu spionieren. Praktisch jeder Bürger, der Steuern zahlt, besitzt auch eine Akte in seinem Finanzamt oder ist digital gespeichert. Werden die Produktionseinkommen nicht mehr besteuert und nur der Waren- und Leistungsanbieter/-verkäufer durch eine einzige Verkaufssteuer belangt, so fallen alle Arbeiter und

Angestellten, alle Lohnempfänger heraus. Die Steuererklärung wäre denkbar einfach und kann aus einer simplen Karte bestehen, auf welcher die Bruttoverkaufserlöse der Güter oder Leistungen angegeben werden. Keine Vorauszahlungen, kein Lohnsteuerjahresausgleich, keine Bilanzierung, die dem Finanzamt zur Kontrolle übergeben werden muss oder anderer zeitraubender Irrsinn. Die Fleißigen können aufhören sich Gedanken darüber zu machen, wie sie ihren Verdienst vor dem Zugriff im Ausland, auf geheime Konten, unterm Kopfkissen oder lieber gleich durch Schwarzarbeit vorbei an der Legalität, behalten können. Alle Produzenten können sich voll und ganz um ihre Arbeit, und dann um ihr Privatleben kümmern, keine Auseinandersetzungen mehr mit Steuergesetzen oder unnötige Kosten für den Steuerberater. Steuerberater und Finanzberater werden einen ziemlichen Mangel an Arbeit bekommen, doch ist das dem ökonomischen Prinzip nach auch sehr sinnvoll, da deren Tätigkeiten überwiegend reine Beschäftigungen (Symptombehandlungen) sind.

Gehören Sie zu denjenigen, die eine Geschäftsidee umsetzen wollten, doch das Geld nicht zusammen gespart bekamen? Nun könnten Sie durch Ihre Arbeit in weit weniger Zeit die notwendigen Gelder zurücklegen, um dann die Idee umzusetzen. Arbeiten sie viel, sparen Sie an Ihren Ausgaben, und Sie können ziemlich hohe Beträge an Eigenkapital zusammenbekommen. Ein Alptraum für jede Bank! Was an Kredit benötigt, wird bei entsprechendem Eigenkapital immer leichter genehmigt, doch wird eine Geldreform Ihnen (bei einer guten Idee und entsprechenden Sicherheiten etc.) Kredit oder Darlehen förmlich aufzwingen wollen. Letztendlich aber gilt: Kein Gedanke daran, dass Sie von Ihrem Gehalt prozentual immer weniger erhalten, je mehr Sie arbeiten, keine Lohn/Einkommenssteuer-Progression, sodass diese entsprechend Ihrem Einkommens steigt.

Bringen die Reichen ihr verstecktes Geld zurück in das Land, erhöht dies die Eigenkapitalquote der Banken und diese könnte es einfacher verleihen, niedrigere Zinsen, gesündere Banken.

Es gibt (aus der Sicht des Fleißigen) keinen einzigen Grund, warum es mehr als eine Steuer oder mehr als einen Steuersatz gibt. Grundsätzlich ist jede Steuer Willkür, es gibt in Wirklichkeit keine Sinn machende Rechtfertigung für irgendeine Steuer, außer jene, dass vor Generationen die Führungen und ihre Freunde nicht arbeiten wollten, dass ist alles dazu, was Sie eigentlich wissen müssen. Ich glaube, ich bin nicht der einzige, der so denkt.

Der Idealfall einer Staatsfinanzierung wäre die der Spenden und Gebühren, und sollte die Verbrauchssteuer konsequent eingeführt werden und die Leute gefallen daran finden, ist es nur noch eine Frage der Zeit, bis sich auch diese erübrigt. Jeder notwendige Job innerhalb einer Regierung kann wie der des Arbeiters, Unternehmers oder Angestellten nach Leistung bezahlt werden, und so wie zwei Käufer für die Ware des anderen das geben, was diese ihnen wert ist, so wird vielleicht irgendwann kein Volk mehr zulassen, die Führung auf andere Art und Weise zu entlohnen. Warum auch! Der Staat ist ein Dienstleistungsunternehmen, er weiß es nur noch nicht und ist derzeit ein Werkzeug zur Kontrolle und Enteignung der vielen.

Mit vielen, vielen Steuergesetzen kann alles gesteuert werden, können gesamte Produktionszweige ruiniert werden, mit den Ausgaben dieser Einnahmen können Familien zerstört werden, am laufenden Band Ungerechtigkeit produziert, zerstörerische Gruppen heimlich finanziert werden. Unsere derzeitige Steuer erst, ermöglicht den internationalen Konzern, die AG und diesen Dreck. Denn wer kann sich ganze Steuerkanzleien und Juristenbüros leisten, die Tag und Nacht ausarbeiten, wie deren Auftraggeber keine Steuer zahlt? Richtig, der internationale Konzern, die AG, die Banken und Versicherungen. Was meinen Sie, warum sich keiner dieser Konzerne lautstark für wirkliche oder gerechte Steuervereinfachung einsetzt? Geschweige einer Geldreform? Oder noch schlimmer, einer Mehrwertreform? Auch richtig, es würde diesen ach so wichtigen Großkonzern nicht geben!

Aber das soll erst mal egal sein. Eine einzige Steuer macht alles einfacher und auch die Ausgaben würden in neuen Blickwinkel geraten.

Diese Großunternehmen, die Geldbesitzer, die Besitzer von Staatsanleihen werden obige Steuerreform HASSEN! Und wahrscheinlich bekämpfen.

Es gibt eine Theorie, wonach wir die uns alle arm haltende Marx`sche Lohn und Einkommensteuer nur deshalb bezahlen müssen, weil durch diese Summen direkt die Besitzer der Staatsanleihen, die heimlichen Besitzer in Banken, Versicherungen u.a. Drecksläden, den Zins und Zinseszins bezahlen.

Wenn dem so ist, so ist die Lohn-, Einkommensteuer und Gewerbesteuer einfach nur ein Verbrechen, installiert von bösartigen Geldleuten.

Wohlfahrts-, Sozial-, Versicherungsreform

Wohlfahrt, Sozialeinrichtungen und das gesamte Versicherungsgewerbe baut auf Hilfe auf. Dies ist vom Grundgedanke her löblich, sozial und anständig und man sollte den Hut vor Menschen ziehen, die sich beruflich von früh bis spät mit den oftmals unangenehmen Dingen des Lebens auseinandersetzen.

Es muss auch nicht wirklich viel verändert werden, bis auf die Art der Finanzierung. Denn diese sorgt derzeit für ein exponentielles Anwachsen der Forderungen, ein Ausnutzen der Allgemeinheit wie sie allein für sich, die gesamte Volkswirtschaft ruinieren kann.

Versicherungen (und Wohlfahrt und Soziales sind an sich reine Versicherungen) sind das Ideal einer Umverteilung von A nach B. Die Gesunden zahlen für die Kranken, die Fleißigen für die Faulen, der Achtsame für den Unachtsamen. Dies schreibt sich hier natürlich recht einfach, gibt es einzelne Schicksale, die ihre familiäre Umgebung durch die finanzielle und persönliche Aufmerksamkeit binden würden, würde nicht die Gemeinschaft für die oft hohen Kosten aufkommen, die eine Invalidität, großer Verlust an Eigentum, oder Sachschäden am Eigentum fremder Menschen mit sich bringen können.

Fakt jedoch ist: Unser bekanntes ökonomisches Prinzip lehrt das Mitglied der Versicherung **nicht** darin, mit den vorhandenen Mitteln wie im Beruf und im Leben durch Erfahrung immer effektiver umzugehen. Der Schaden, verursacht durch einen persönlichen Fehler, hat keine fühlbaren finanziellen Folgen und im Gegenteil, wer krank ist, dessen Bedürfnisse werden ohne Leistung gedeckt und schlimmer noch, er macht dadurch eine Erfahrung, die ihm suggeriert, dass Fehler zu machen kein Problem ist, ihm sogar einen zusätzlichen Urlaub einbringt. Es ist sogar von Nutzen, da er zuvor eingezahlt hat und nun endlich einige seiner Beiträge auf diese Art wiederholen kann - so der unausgesprochene Gedanke vieler (ich selbst mache keine Ausnahme).

Und somit dreht sich das ökonomische Prinzip in sein Gegenteil. Kaum ein westliches Land plagt sich nicht mit rapide steigenden Kosten für seine Wohlfahrt, und die "Lösungen" verschlimmern alles, statt der ursprünglichen Absicht von Wohlfahrt gerecht zu werden.

Doch auch finanziell arme oder unproduktive Nationen, wo die Allerärmsten durch Almosen am Leben gehalten werden, bringen sich selbst in eine Situation, in der mit den vorhandenen Mitteln nicht effizient genug umgegangen wird.

Wohlfahrt/Soziales ist wie eine Waffe, welche die Produktiven gegeneinander aufbringt, denn sie gestaltet es den Einzelnen einfach, auf Kosten der Kollegen zu leben. Das ökonomische Prinzip, dass ein angestrebter Erfolg mit möglichst geringen Mitteln erreicht, und mit den gegebenen Mitteln ein größtmöglicher Erfolg erzielt werden soll, wird durch den Aufbau der staatlichen "sozialen" Wohlfahrt und der privaten, der gewinnorientierten Versicherungskonzerne, auf den Kopf gestellt.

Wie bei jeder Lüge verlieren am Ende beide Seiten, dann rächt sich das "schöne Leben" durch einen großen Zusammenbruch und dann, danach, haben beide Seiten ihre Sicherheit verloren. Es wird dann niemand mehr jemanden helfen, außer sich selbst, was auch als Egoismus geläufig ist.

Wohlfahrt kann sich ein Volk nur leisten, wenn nach der Arbeit etwas übrig bleibt und abgegeben werden

kann. Fortschrittliche Staaten, und Fortschritt geschieht nur durch Fleiß und Produktivität, können sich Hilfe bis zu einem Punkt leisten, wird es mit der Hilfe übertrieben, wird die Lust am arbeiten boykottiert durch erzwungene Abgaben, wird bald keine Produktion mehr geleistet und was dann kommt, muss nicht weiter aufgeführt werden.
Versicherungen sind nicht nur ein Geldproblem.
Wurde vor noch gar nicht so vielen Tagen die Wohlfahrt innerhalb der Familien getragen, auch die Fürsorge für die Alten, wodurch ein Zusammengehörigkeitsgefühl, Solidarität und ein Familiensinn erhalten blieb, so kann sich das Versicherungs- und Wohlfahrtsgewerbe wohl auf die Fahne schreiben, einen massiven Schlag gegen jeglichen Zusammenhalt der Familienbande per Gesetz vollzogen zu haben. Die Praxis beweist es, und die durch staatliche Fürsorge beglückten Nationen haben in nur wenigen Generationen die menschlichen Beziehungen derartig verkompliziert und zerstört, wie es zuvor tausende oder hunderttausende Jahre Entwicklung nicht vermochten.
Dies hört sich alles so an, als ob für ihre Abschaffung gestimmt werden sollte, doch weit gefehlt, denn die Reform ist denkbar einfach.
Um die zerstörerische Grundlage "sozialer" Wohlfahrt und aller Versicherungen zu veranschaulichen, soll sie hier mittels der Prinzipien 1-5 betrachtet werden.
Das Wohlfahrt- Versicherungssystem ist so aufgebaut, dass Geld als Ergebnis von Produktion, von dem Produktiven (vom gesunden, vorsichtigen) genommen wird, um es dann an jene umzuverteilen, die gerade nicht produktiv sein können aufgrund von Krankheit oder Unfall oder denen Schaden zugefügt wurde. Dies wäre das erste Prinzip. Infolge des Aufbaus des Wohlfahrtsystems und seiner konsequenten

Ausrichtung auf Symptombehandlung, statt darauf, die wirkliche Ursache (Knappheit) zu beseitigen (Prinzip 2), stellt dieses System allen Versicherten zusammen "hoch-beschäftigte" Gruppen als Dienstleister in Rechnung. Diese sind derart beschäftigt mit den Symptomen, statt die Ursachen anzugehen, infolgedessen sich weitere falsche "Lösungen" (Anzahl der Medikamente, medizinische "Durchbrüche", Genmanipulationen, Altenpflege usw.) durch Gesetz und Verordnung ähnlich wie Krebs, ausbreiten (Prinzip 4). Und etwa im gleichen Verhältnis steigen auch die Kosten. Die "hoch beschäftigten" Symptombehandler (Pharmaunternehmen, Sozialversicherungen, Versicherungskonzerne u.v.m.), schützen durch diese ökonomische Falle gegenseitig ihre Einkommen. Sie teilen scheinbar ihren "Erfolg" mit den Versicherten und herrschen so über sehr große Teile aller verfügbaren Einkommen. Im Ergebnis bekommt ein großer Teil der Weltbevölkerung eine unglaublich teure Wohlfahrt und teure Versicherung, letztendlich teure Hilfe, welche nach gesunden Prinzipien aufgebaut, finanziell kaum ins Gewicht fallen dürfte. Womit das fünfte Prinzip Realität erhält.

"Soziale" Wohlfahrt ist ein Schwindel! Es ist die hohe Kunst des Trickbetrügers, maximale Gewinne einzufahren und dabei produktiv auszusehen, während der Gesundheitszustand der Bevölkerung sich ständig verschlechtert. Die Reform muss das ökonomische Prinzip, die Umkehr der fünf Prinzipien, wirkliches Angebot und Nachfrage wiederherstellen und jeder Art Monopol einen Riegel vorschieben.

Wenn Sie sich all die obigen Enteignergruppen und deren "Produkte" genau anschauen, wird Ihnen evtl. Folgendes auffallen: Im normalen Produktionsgewerbe fallen durch Konkurrenz teils schon nach Wochen die Preise für deren Produkte. Steuer (Regierung), Rundfunkgebühr (Zwangskultur), Soziales (Versicherung), Energie und andere monopolisiert, aufgezwungene Erzeugnisse steigen in ihren Preisen. Die Enteignergruppe sagt einfach, wir brauchen mehr Geld und da nur sie diese Sache anbieten, bekommen sie auch das Geld.

In Deutschland konnte man sich 1970 für 8,2% krankenversichern, heute muss man knapp 15% seines Bruttogehalts hinlegen. Und es ist nicht einfach eine Preiserhöhung, es ist von jedermanns Lohn und Gehalt in Prozent. Ein Traum für jedes Unternehmen. "Da wir nicht liefern können (Gesund machen, oder heilen), müssen alle mehr zahlen". Dieses Muster kann quer durch die gesamte Versicherungsunternehmung beobachtet werden.

Obwohl das System für die Allgemeinheit untragbar ist, haben selbst die Beteiligten teils erhebliche Probleme damit.

Während es 1931 in Deutschland unglaubliche 6985 Krankenkassen gab, sind es 2013 nur noch 134. Man kann also erkennen, dass selbst jene, die trotz steigender Kosten scheinbar profitieren, selbst in Schwierigkeiten geraten. Allerdings, Krankenversicherungen sind letztendlich eine Art Inkassobüro, ähnlich dem Finanzamt für die Gruppe "Regierung". Wo das Geld u.a. hinkommt, über die Krankenkasse zur Pharmaindustrie, werden teils noch Milliardengewinne im Jahr erzielt. Man könnte auch sagen, Enteignergruppen lassen es nicht mal jenen gutgehen, die das Geld hereinholen. Es könnte etwas über den Charakter über diese Gruppen aussagen … .

Was also tun um gegen diese schleichende Enteignung, gegen diese aufgezwungene Umverteilung anzukommen?

Dies geht wie folgt:

1. Es bleiben alle Versicherungen wie Kranken-, Unfall-, KFZ-, Sozial-, Rentenversicherungen und all die anderen ganz normal erhalten.

2. Die Beiträge, die jeder Versicherte einzahlt, gehen jedoch nur noch zu einem kleinen Teil in das Gemeinschaftskonto. Stattdessen gehen (je nach Schadensumme) z.B. zwei Drittel der Beiträge auf ein persönliches Konto, das von der Versicherung verwaltet wird, ähnlich wie das Geld bei der Bank auf einem eigenen Konto und das verbliebene Drittel geht in das Gemeinschaftskonto.

3. Der Versicherte hat immer die Beiträge für den Gemeinschaftstopf zu zahlen, während für das eigene Konto eine willkürliche Summe (z.B. ein Jahresbeitrag) festgelegt wird. Ist diese Summe angespart, muss nicht weiter eingezahlt werden!!

Beispiel Krankenversicherung: Übliche Einzahlung bei 15% 300€ im Monat. Hier stattdessen 2/3 = 200€ auf das eigene Konto, 1/3 auf das Gemeinschaftskonto. Die Krankenkasse legt die anzusparende Summe mit z.B. 10.000€ fest, so zahlen junge Leute (10.000 : 200 = 50) 50 x ein und die 10.000€ sind erreicht. Keine weitere Einzahlung!

4. Nimmt der Versicherte aufgrund von Krankheit oder Unfall seine eingezahlten Beiträge in Anspruch, so muss er danach sein persönliches Konto wieder bis zum Jahresbeitrag durch monatliche Beiträge ausgleichen.

Beispiel: 1.600€ werden für den Zahnarzt benötigt. 10.000 – diesen Betrag sind gleich 8.400€, Kunde zahlt nun 8x 200€ monatlich ein. Dann keine weitere Einzahlung!

5. Erfordern seine Krankheit oder die von ihm fabrizierten Schäden eine Summe, die über das Guthaben

des persönlichen Kontos hinausgeht, springt die Versichertengemeinschaft mittels des Gemeinschaftskontos ein und begleicht alle finanziellen Forderungen, womit der ursprüngliche soziale Sinn und Zweck der Wohlfahrt und der Versicherung gewährleistet ist!

Beispiel: Behandlung kostet 30.000€. Die 10.000€ plus 20.000€ aus dem Gemeinschaftskonto werden benötigt. Wird der Kunde wieder gesund, so zahlt er seine 10.000€ mit je monatlich 200€ und die 20.000€ an die Gemeinschaft zurück. Er hat dann einige Jahre zu zahlen, ist aber gesund.

6. Der Versicherte muss aber nun nicht nur sein Konto wieder ausgleichen, sondern so viele Monate den vollen Monatsbeitrag weiterzahlen, bis er die Entnahme aus dem Gemeinschaftstopf zurückgezahlt hat! Die Versichertengemeinschaft leiht praktisch, wie die Guthabenbesitzer einer Bank dem Kreditnehmer, nur die benötigte Summe und berechnet dafür auch Gebühren! Durch dieses System wird jeder Versicherte dazu gezwungen, auf seine Gesundheit zu achten und vorsichtig zu sein, denn ihm wird sein Fehlverhalten vollständig berechnet.

Jemand der auf sich Acht gibt, könnte also wenige Jahre einzahlen (bei 10.000€ z.B. 50x 200€) und dann jeden gesparten Betrag Monat für Monat für andere Dinge ausgeben.

7. Personen, die grundsätzlich arbeiten könnten (Arbeitslose, Sozialhilfeempfänger usw.), werden anteilig entsprechend der Mitgliederanzahl der Versicherung aufgenommen. Also jedes Unternehmen muss prozentual gleich viele dieser Mitglieder aufnehmen. Da sie keine Beiträge einzahlen können und auch bei Krankheit und Schadenverursachung die Gemeinschaft belasten, werden ihnen die Beträge wie bei einem Kredit nur geliehen und genauso mit Gebühren belastet

wie bei einem normal Versicherten. Diese Forderungen belasten natürlich den Gemeinschaftstopf. Da die Versicherung im freien Wettbewerb steht und entsprechend Mitglieder gewinnt, wie sie mit günstigen Beiträgen oder guten Leistungen werben kann, wird sie und alle Versicherten ein Interesse daran haben, die produktiven und zahlungsfähigen Mitglieder zu bekommen. Andererseits würden wirklich hilfreiche Versorgungen Einfluss gewinnen um jene, die die Beiträge nicht zahlen können, arbeitsfähig zu bekommen, um dann die Beiträge zu erhalten.

Und, ob arbeitslos oder nicht, ist oder wird jemand nicht krank, belastet dieser die Gemeinschaft nicht. Es könnte sein, dass zwar jemand arbeitslos ist, die Gemeinschaft jedoch nicht belastet.

8. Die Zukunft jeder Gesellschaft sind die Kinder. Die Familie mag sie großziehen, ausbilden und viel Zeit opfern, doch könnten die sozialen Verpflichtungen, die eine moderne und auf Geld aufgebaute Gemeinschaft mit sich bringt, diese Familie durch die Haftung für von den Kindern verursachten Schäden, finanziell ruinieren, was nicht im Interesse der Gemeinschaft liegen kann. Kinder sind wirtschaftlich ausgedrückt eine Investition in die Zukunft, da sie in Zukunft die Produktion liefern, welche die Alten am Leben halten wird. Wie die Arbeitslosen, Sozialhilfeempfänger usw., werden auch die Kinder entsprechend der Mitgliederanzahl der Versicherung zu prozentualen Anteilen aufgenommen. Anders als die Sozialhilfeempfänger, Arbeitslosen u.a., werden Kinder erst noch im Leben ausgebildet und dürfen oder können in der Regel erst ab einen bestimmten Alter arbeiten und selbst Beiträge zahlen, die Gemeinschaft übernimmt solange mittels des Gemeinschaftskontos deren Kosten für Gesundheit, Medizin oder verur-

sachte Schäden, bis sie selbst arbeiten und einzahlen können. Die Gemeinschaft investiert dadurch in ihre persönliche Zukunft. Dieser Faktor zusätzlich wird es im Interesse des Versicherungsunternehmens und seines Werbeinstruments der niedrigen Beiträge etc. sinnvoll erscheinen lassen, wirkliche Vorsorge in Gesundheitsfragen und Unfallschutzmaßnahmen zu treffen oder zu veranlassen. Das ökonomische Prinzip fordert eine andere Aktivität als heutzutage heraus, um die Beiträge niedrig zu halten.

Denn was haben wir heute? Sie wollen Leistung XY und müssen diese beantragen, die Krankenkasse hat ihre "Ja/Nein-Listen" und wenn Sie meinen Vitamine, eine Kur oder anderes könnte Ihnen helfen, so müssen Sie diese genehmigen lassen (und bekommen diese normalerweise nicht genehmigt). Nun, nach obigen ist es Ihr Geld, wirklich Ihr Geld und was Sie damit machen, geht niemanden etwas an!

9. Die Beiträge für das Gemeinschaftskonto setzen sich zusammen aus den Kosten für die Arbeit des Versicherungsunternehmens und einer Risikoprämie in Höhe der Ausgaben für Gesundheit und Schäden, welche für Aufwendungen über die persönlichen Kontoguthaben der Versicherten hinausgehen, sowie der Auslagen für derzeit nicht einzahlende Versicherte und jener Kosten für die Zukunft - der Kinder. Letztendlich sind wirkliche Ausgaben, nur jene der Arbeitsgebühren für das Unternehmen (ähnlich oder gleich den Kontoführungsgebühren bei einer Bank) und jene für die Kinder. Und Kinder haben Eltern und sollte obiges in der Praxis deutlich günstiger als das heutige Model bekommen, so könnten die Eltern sicherlich auch für Ihre Kinder ein Konto anlegen.

10. Alle anderen Auslagen werden von den Versicherten, oder sollen es zumindest, zurückgezahlt,

weshalb regelmäßig Rückzahlungen zu erwarten wären. Das Versicherungsunternehmen muss sich weiterhin mit Rückversicherern gegen unerwartete Katastrophen usw. zusammenschließen. Insgesamt fördert obige Reform das Verursacherprinzip und zwingt jedes Mitglied zur Einhaltung des ökonomischen Prinzips bei seinen persönlichen Handlungen (zur Verantwortung), die obige Lösung zwingt alle Versicherten zur "Produktion" von fehlerfreiem Verhalten, während es gleichzeitig jeglicher Symptombeseitigung (Chemie, Pharma) ein Ende bereitet. Schnell werden sich bei den Versicherten, wie auch bei den Versicherungsunternehmen, die günstigsten und effektivsten Heilungs- und Behandlungsmethoden "herumsprechen" und auf breiter Basis eingeführt werden, genauso wie alles Erdenkliche getan wird, um Unfälle zu vermeiden. Obige Reform wird die Wohlfahrt bei ihrer Einführung zu dem machen, wofür sie ehemals gedacht war, sehr schnell sogar. Eine Tabelle würde unsere gegenwärtige gegenüber der reformierten Versicherung wie folgt darstellen:

	Gegenwärtiges Versicherungswesen	**Reformierte Versicherung**
a) Arbeit der Versicherung in % der eingez. Beiträge	Keine marktwirtschaftliche Kontrolle. Teils Pflichtmitgliedschaft, in d. Privatwirtschaft nur scheinbare Konkurrenz.	Deutlich günstiger, von eigener Gesundheit, Vorsicht, Vorausplanung abhängig und steuerbar. Kostenhöhe von Ihnen steuerbar.

b) Risikoprämie in Prozent der Kreditvermittlung	Keine marktwirtschaftliche Kontrolle.	Wie oben.
c) "Zins" (expon. Wachstum)	Ständig anwachsende Kosten durch ständig neue Symptombehandlungen, Betrugsmöglichkeit sehr leicht möglich (Kfz, Rente u.a.)	Über Zeit und Erfahrung Abbau von Symptombehandlungen (warum zahlen für etwas das nicht funktioniert?), warum sich selbst betrügen? Sinkende Kosten

Würde es nur ums leidige Geld gehen, so würden sie durch die Reform deutlich sparen. Es würde jedoch auch etwas an dem Grundzweck vorbeigehen. Es geht nicht nur um das Geld, es geht um kriminelle Enteignergruppen und den gefährlich, gesellschaftsschädigenden Auswirkungen ihrer Systeme.

Obige asoziale Wohlfahrt hat unter anderem die gesamte Familienstruktur in wenigen Jahren zerstört. Ob diese Reform diese reparieren kann, ist nicht eindeutig, doch indem diese schmarotzenden Systeme die Bevölkerung gegeneinander ausspielt, fällt dieser Faktor weg – und indem auch mehr Geld zur Verfügung steht, hat die eine oder andere Familie auch mehr Zeit für sich oder lebt besser zusammen, weil weniger Sorgen um die Zukunft vorhanden sind.

Sind Sie es gewohnt auf Kosten der Allgemeinheit zu leben, dann ist das gegenwärtige heutige System für

Sie geeignet, doch verlieren tun wir alle daran, auch Sie selbst. Die finanzielle Ersparnis durch obige Reform ist schwer in Zahlen auszudrücken, doch nehmen wir als Beispiel eine Frau, die praktisch nie krank ist und nie einen Unfall verursacht. Diese zahlt ihren Mindestbeitrag (Beispiel 10.000€) auf ihr persönliches Konto ein und die folgende Zeit nur noch die niedrigen Arbeitsgebühren der Versicherung und die in den Gemeinschaftstopf gehende Risikogebühr für Vorauslagen, Versicherungsschutz der Kinder usw. Nachdem Sie ihren Mindestbeitrag eingezahlt hat, entfallen diese Einzahlungen, die Arbeitsgebühr bleibt bestehen wie auf der Bank die Konto und Verwaltungsgebühr, die Einzahlungen in den Gemeinschaftstopf können bei niedriger Inanspruchnahme immer weiter sinken. Wurden diese durch ein größeres Unglück stark in Anspruch genommen, dann würden die Gebühren steigen. Da die Versicherten ihre Entnahmen aus dem Gemeinschaftstopf nach Genesung wieder zurückzahlen sollen, kann jeder Versicherte zu irgendeinem Zeitpunkt mit Rückzahlungen oder ständig sehr niedrigen Beiträgen für das Gemeinschaftskonto rechnen. Letztendlich zahlt jeder Versicherte eine Arbeitsgebühr für die Versicherung, einen Beitrag für die Kinder und das war's.
Ob Sie es glauben oder nicht, obige Reform ist praktisch ein Naturgesetz!
Mathematik: Mit nur 1+1+1+1+1 kann schwierig ein Polster angelegt werden, nutzt man nur etwas Technik, erhalten Sie vielleicht 10+10+10 und können davon etwas zurücklegen.
Unser derzeitiges Wohlfahrt- und Versicherungswesen sorgt ständig für Knappheit. Minus -5-5-5-5 usw., man darf nicht ansparen, man muss immer am arbeiten bleiben um monatlich Gebühren zu bezahlen, sie

dürfen kaum entscheiden, was bezahlt wird, und was nicht, - Entmündigung, das Grundziel des Enteigners, ist eine Definition zu diesem Zustand.
Regierungen und Geldbesitzer sowie die Pharma- und Chemieindustrie werden diese Reform HASSEN!
Regierungen, da deren asozialen Wohlfahrtsbehörden ihren Einfluss verlieren, damit die Enteignung der Bevölkerung, die Geldbesitzer, da diese Reform jeglicher Willkür und Geldverbrennung und Spekulation seitens Versicherungen einen Riegel vorschiebt, und die Pharma- und Chemiebranche, da jedermann der krank ist, deren Mittel nimmt und merkt, von diesen nicht gesund, eher kränker zu werden, diese von dem nun seinen eigenen Geld, nicht lange freiwillig bezahlen wird!
Auch wenn es um Reformen geht, die mögliche Gegenwehr dieser Gruppen kann das Gefühl einer Revolution gleichkommen.

Geldreform

"Eigentlich ist es ganz gut, dass die Menschen der Nation unser Banken - und Währungssystem nicht verstehen. Würden sie es nämlich, würden wir eine Revolution vor morgen Früh haben, glaube ich."
Henry Ford 1920

Auf der Seite helmut-creutz.de existiert eine deutlich machende Grafik mit dem Namen "**Zinserträge der Banken im Vergleich**"
Im Jahr 2000 lagen die Bankzinserträge in Deutschland bei 724 Mrd.,

prozentual machten diese . 79% der gesamten Steuereinnahmen in diesem Jahr aus und das 10,2 fache aller gezahlten Sozial- und Arbeitslosenhilfe!
Es muss betont werden, es handelt sich bei dem Zins um eine Einnahme ohne irgendwelche Produktion, ohne ein Brot, ein Auto hergestellt, ohne Kinder unterrichtet zu haben.

18% des Bruttoinlandsprodukts (3.960 Mrd)
28% des verfügbaren Einkommens (2.564 Mrd)
31% der Haushaltsausgaben (2.314 Mrd)
42% der Bruttolöhne und -gehälter (1.727 Mrd)
79% der gesamten Steuereinnahmen (913 Mrd)
140% des Bundeshaushalts (518 Mrd)
294% der Krankenversicherungskosten (246 Mrd)
1020% der Sozial- und Arbeitslosenhilfe (71 Mrd)

Zins uns Zinseszins teilt die Bevölkerung eines jeden Landes, welches mit diesem leistungslosen Einkommenssystem arbeitet, in (1. Prinzip) einen produktiven und einen unproduktiven Teil. Hier kann nicht einmal von Beschäftigung gesprochen werden, da der Zins sein exponentielles Wachstum und damit die Höhe des zu verteilenden Geldes im Lauf der Zeit selbst "erschafft". Statt durch Geld die Produktion von benötigten Gütern und Leistungen zu erleichtern, sorgt der Zins durch seine "Freikaufkosten" (Prinzip 2) für Knappheit an diesem Geld und mindert Ersparnisse oder Investitionsvermögen der Produzenten, aus dem die Produktion und im Ergebnis die Bedürfnisse der Zukunft gestaltet werden könnten. Der Mangel an diesem Geld für zukünftige Investitionen wird die Produzenten im Eigeninteresse dazu bringen, Vorteile, Zuschüsse, Gesetze, Zölle gegen die Konkurrenten, staatliche Darlehen, Subvention u.ä. Dinge zu fordern, wodurch sie selbst einen Anteil an zusätzlichen Problemen hervorrufen werden. Dieser Nachteil des Geldes, den Austausch von Gütern und Leistungen weit weniger zu fördern als möglich ist und statt dessen jene zu bestrafen, die produzieren wollen und jene zu belohnen, die Geld aus den Kreislauf heraushalten, ist neben einer destruktiven Besteuerung die Hauptursache einer Vielzahl schwer lösbarer wirtschaftlicher Probleme. Der Zins etablierte sich ständig durch das vierte Prinzip wieder neu, indem er es theoretisch durch seine Zinsgutschriften so aussehen ließ, als ob er mit den Nutznießern teilt. Das exponentielle Wachstum der Geldumverteilungen durch den Zins und die daraus steil anwachsenden Schwierigkeiten sozialer, wirtschaftlicher und kultureller Probleme, zwingt die Gesellschaft in eine Periode scheinbar hoher kultureller Blüte, hoher materieller Versorgung und hektischer Bewegung, wie jede Art von Droge ihren Konsumenten hochpuscht, um ihn dann in den Abgrund zu stürzen.

Zu irgendeinem Zeitpunkt bildet der Zinsschuldendienst des Staates einen unangenehmen Umfang des Haushaltes, die Führung des Staates wird Mittel und Wege finden wollen, um das Ruder in Händen zu behalten und irgendwann zu der Erkenntnis getrieben, Einsparungen vornehmen zu müssen. Sie spart dort, wo es am leichtesten geht, also bei sozialen Errungenschaften, Investitionsvorhaben, Bildung u.ä. Am Ende bewahrheitet sich auch hier das fünfte Prinzip, dass wir ein (in seiner Idealform) nahezu kostenloses Tauschmittel Geld, in der Gegenwart einen äußerst hohen Preis zahlen.

Totalitäre Einstellungen gewinnen mehr und mehr Stimmen, Freiheiten verschwinden und Gesetze, Verordnungen, Paragraphen nehmen Überhand. Sinnvolle

Arbeit wird immer schwieriger zu bekommen sein, worauf sich eine unangenehme und breite, alle Gesellschaftsgruppen durchsickernde Kriminalität bildet und den Niedergang beschleunigt. Die Regierung kann aufgrund dessen in Bedrängnis geraten, der Bevölkerung wird eine falsche "Ursache" durch private Drecksmedien verkauft, die nichts mit den wirklichen Problemen zu tun hat.

Obwohl es hier um Reformen geht, beschreibe ich diesen Ablauf so detailliert, da der momentane wirtschaftliche Druck allein durch terroristische Anschläge explodieren kann und den "Eliten" genügend Gelegenheit gibt, ihre in den Schubladen liegenden Pläne zur Kontrolle herauszuholen und umzusetzen. New York hat gezeigt, wie schnell das weltweite wirtschaftliche Klima innerhalb Stunden umschwenken kann, und es gibt Möglichkeiten des Terrors, die weit subtiler sind, als mit Flugzeugen in Hochhäuser zu fliegen: Börsencrashs, Immobilienblasen oder eine bewusst herbeigeführte Deflation oder Inflation.

Wiederholt wurden von Politikern, Bankiers, selbst vom vorherigen Papst der Wunsch nach einer "Neuen Welt Ordnung - NWO" geäußert. Wir 99% werden es dann mit einer Elite zu tun haben, die so richtig zeigen kann, was an Kontrolle möglich ist.

Wenn man behaupten kann zu einer Thematik die Naturgesetze und die Art der Abweichung von diesen herauskristallisiert zu haben, so kann als Folgebehauptung festgestellt werden, dass die nötigen Schritte zur Korrektur der Abweichung, hin zu dem Naturgesetz, möglich sind, plus die notwendigen Schritte dazu.

Jede einzelne Reform aus diesem Buch, kann an sich den planenden Eliten ordentlich was zum Nachdenken geben. Da diese Eliten sich von der Produktion

der Produktiven ernährt, jede Reform die Produktionsbelohnungen (Geld, Ware) außer Reichweite ihres Zugriffs bringt, schwächt jede einzelne Reform diese "Eliten".
Wie diese damit umgehen werden, ist eine andere Frage und muss hier erst mal nicht interessieren.

Die Reform

Wie zuvor im Steuerwesen muss eine Umkehrung von der Nichtproduktion (1. Prinzip) hin zur Produktion stattfinden. Der Zins als Quelle exponentiellen Wachstums (2. Prinzip) muss durch sein Gegenteil, einer Nutzungsgebühr ersetzt werden, wodurch dann aufgehört werden kann, laufend neu entstehende Symptome zu bekämpfen. Der Zins ist die Ursache der Schwierigkeiten mit unserem Geld und man löst das Problem, indem man die Ursache beseitigt (3. Prinzip). Es wird ein gesundes drittes Prinzip des Teilens und Herrschens benötigt, indem ein neues Geldsystem installiert wird, das mit allen Nutzern des Geldsystems die in ihm schlummernden Möglichkeiten teilt (4. Prinzip). Dann erst können alle am Austausch Teilhabenden über ihre eigene Zukunft herrschen. Und schließlich haben wir ein Tauschmittel als sehr, sehr günstiges Hilfsmittel, statt eines privaten Spielzeugs, das uns alle sehr, sehr teuer zu stehen kommt (5. Prinzip).
Wir können es uns nicht viel länger erlauben, derartig viel in Geld manifestiertem Arbeitsaufkommen ungenutzt brachliegen zu lassen (u.a. 21 Billionen in Steueroasen), obwohl die Welt förmlich nach Lösungen schreit, die Investitionen benötigen!!
Durch die Reform unterstützt sich die Bevölkerung gegenseitig, und indem die Mittel durch die Bank dorthin verteilt werden, wo sie benötigt werden, stei-

gert die Gemeinschaft als Ganzes ihren Wohlstand, ohne den Umwelt zerstörenden Auswirkungen, wie wir sie seit einigen Jahrzehnten als Preis für den Fortschritt scheinbar hinnehmen müssen.

Die Geschichte überliefert einige wenige erfolgreiche Versuche, den Tausch von Gütern und Leistungen durch funktionierendes Geld zu gewährleisten. In den bewegten zwanziger und dreißiger Jahren waren die Geldsysteme wie auch heute einigen Einflüssen ausgesetzt, doch zusätzlich zu dem Zins als nicht funktionierende Umlaufsicherung sollte Geld durch Gold (welches richtig schön knapp ist) gedeckt sein, was absoluter Blödsinn war und ist, da Waren und Leistungen durch entsprechende Geldmenge gedeckt sein sollen und sonst nichts. Der Höhepunkt finanzieller Schwierigkeiten könnte wohl die galoppierende Inflation Deutschlands gewesen sein, wo am 18. November 1923 ein Dollar für 4,2 Billionen Reichsmark erhältlich war, Arbeiter mit einem Berg Geld für ein Brot anstanden und die Gehälter täglich zweimal ausgezahlt wurden, weil einige Stunden später der Verlust schon zu hoch gewesen wäre. Während in Deutschland weit mehr Geld gedruckt wurde, als Güter und Leistungen vorhanden waren und dies zu einer Inflation führte, kannten andere Länder durch Bankenpleiten größeren Ausmaßes das Gegenteil von zu vielem Geld, die Deflation.

So wie in größter Not der Einfallsreichtum oft am größten ist, so entsannen sich zur damaligen Zeit viele Gemeinden der Grundlage des Geldes als simples vereinbartes Tauschmittel und schufen dementsprechend ein oder gar zwei Systeme, um den Mangel an brauchbarem Geld auszugleichen. Das eine waren Komplementärwährungen (komplementär: ergänzend), um die knappe Landeswährung auszugleichen, das Andere war eine lokale Währung mit einem Mechanismus versehen, um das Horten der Währung zu verhindern, da Geldbesitzer das Geld solange zurückhalten konnten (wie heute auch), bis ihnen ein entsprechender Zins als Belohnung ausreichend erschien, um Geld wieder für Investitionen freizugeben.

Soweit mir bekannt ist, bestand das erfolgreichste Konzept aus einem "Freigeld" oder "Schwundgeld" nach dem deutsch-argentinischen Kaufmann und Finanztheoretiker Silvio Gesell, über welchem J.M.Keynes schrieb: "Ich glaube, daß die Zukunft mehr vom Geiste Gesells als von jenem von Marx lernen wird".

Im bayrischen Schwanenkirchen und später in der Stadt Wörgl (Österreich) wurde Gesells Konzept in der Not hoher Arbeitslosigkeit durch nicht verfügbares Geld in die Praxis umgesetzt. In Wörgl gab es 1931 unter den 4200 Einwohnern 500 Arbeitslose und weitere 1000 in der unmittelbaren Umgebung. Etwa 200 Familien waren absolut mittellos. Der Bürgermeister besaß eine lange Liste mit Projekten und Arbeiten, angefangen von Straßenbau, über eine Kanalanlage bis hin zu einem Waschhaus und einer Notstandsküche. Es waren genügend Arbeitswillige vorhanden, doch hatte die Stadt zu wenig Geldmittel zur Verfügung. Der Bürgermeister überzeugte die Einwohner von Gesells Idee, woraufhin "Freigeld" im gleichen Betrag zur österreichischen Währung herausgegeben wurde. Diese neue Währung wurde zur Finanzierung des ersten Projekts benutzt. Da die Besitzer dieser Scheine statt einen Zins zu erhalten eine "Nutzungsgebühr" zahlen mussten zu einem Prozent ihres Nennwertes im Monat, war jeder Besitzer bestrebt, dieses Geld schnellstmöglich vor Ultimo weiterzugeben - und verschaffte so automatisch anderen

Bewohnern Arbeit. Es ging soweit, dass die Bewohner die Steuern im Voraus zahlten, um Gebühren zu vermeiden. Zu dieser Zeit, wo landesweit die Arbeitslosenzahlen steil anstiegen, sank sie in Wörgl innerhalb eines Jahres um 25 Prozent! Die Nutzungsgebühr für das Geld verschwand nicht wie zuvor beim Zins in private Taschen, sondern konnte für öffentliche Zwecke verwendet werden. Die Straßen erhielten einen neuen Belag, die Wasserversorgung wurde ausgebaut und all die anderen Projekte auf der Liste des Bürgermeisters wurden vollendet. Zusätzlich entstanden neue Häuser, eine Skischanze und eine Brücke. Sechs benachbarte Dörfer übernahmen das System. Der französische Ministerpräsident Edouard Daladier stattete dem Dorf einen Besuch ab, um das "Wunder von Wörgl" mit eigenen Augen zu sehen.
Wer nun glaubt, dies sei simple Beschäftigungspolitik durch Nachfrage, muss sich sagen lassen, dass der überwiegende Teil der Arbeit geschaffen wurde, nachdem die ersten vom Bürgermeister angeheuerten Arbeiter dieses ausgaben. Dieses Freigeld verursachte effektiv neue Arbeitsplätze wie der offizielle, von der Notenbank mit einer Freikaufgebühr (Zins) belegte Schilling es nicht vollbringen konnte, und erwies sich als sehr effektive Arbeitsbeschaffungsmaschine. Der Bürgermeister sprach später vor einer Versammlung von Vertretern aus 170 Städten und Dörfern. Bald danach wollten 200 Gemeinden in Österreich das System übernehmen. Die Zentralbank wurde nervös und sah ihr Monopol gefährdet und läutete das Ende eines erfolgreichen Experiments ein. Nachdem Wörgl zum alten Währungssystem zurückkehrte, stieg die Arbeitslosenquote bald wieder auf 30%. Das Beispiel aus Schwanenkirchen soll genauso erfolgreich gewesen sein, und in Deutschland verwendeten über 2000

Unternehmen diese Alternativwährung, bis der später berühmt berüchtigte Finanzier Hitlers, Hjalmar Schacht und seine Zentralbank intervenierte. Im Oktober 1931 wurde jegliches Notgeld verboten. Wieder ein erfolgreiches Experiment weniger. Zur gleichen Zeit hielt ein Österreicher in bayerischen Bierkellern seine anstachelnden Reden. Dieser Mann (A. Hitler) sollte der folgenden Geschichte neue Beispiele möglicher Menschenfeindlichkeit beibringen, doch sein Aufstieg bei den Wahlen ging fast gleich auf mit der Arbeitslosenquote. Im Mai 1924 lag sie bei 3,4% und die NSDAP kam auf 6,6, im März 1933 war sie auf 55,98% geklettert und die Nazis erhielten 43,9% und einige Monate später schon gab es keine andere Partei mehr. Arbeit ist Produktion, Produktion bringt besseres Leben mit sich. Arbeitslosigkeit degeneriert betroffene Menschen zu einem Wrack ohne Stolz, da diese sich nicht durch eigene Anstrengung ernähren können. Kleine Kinder oder Greise können sich nicht selbst ernähren, sie können nicht arbeiten.

Ein Geldwesen, welches zulässt, dass Geld nicht zum Produzieren benutzt werden kann oder dies unnötig schwer macht, ist eine gute Quelle für jede Art Radikalismus. Afghanistan brachte Bin Laden und seine Helfer hervor und ist bekannt für seine hohe Arbeitslosigkeit. Südafrika, Russland, Togo, Mexiko, Uzbekistan u.v.a., sind bekannt für die hohen Gewalt- und Kriminalitätsraten. Schauen Sie sich die Arbeitslosenzahlen an und Sie sehen sehen die Verfassung des Landes. Erstaunliche Übereinstimmungen.

Geld, das frei gekauft werden muss, macht viele nur sich selbst tragende Projekte und jegliche Handarbeit zunichte. Gleichzeitig sorgt dieser freizukaufende Zins und Zinseszins für wenige, immer reichere Menschen.

In Deutschland - laut dem Manager-Magazin - besaßen 2013 100 Personen 336,6 Mrd. €, 500 Personen 528,4 Mrd. €.

Gleichzeitig scheitern überall Vorhaben, weil z.B. 50.000€ und weniger nicht aufzutreiben sind. Was ist das für ein System, das so etwas unterstützt? Was sind das für Menschen die daran festhalten? Gibt es in so einem System etwas für Ethik oder Moral oder ist es umgekehrt einfach die Ursache von weitverbreiteter Unethik und Unmoral?

Wohl keiner von diesen Milliardären wird wohl Geld für 0, auch nicht für 1, 2 oder 3% verleihen, wenn sich "Investitionen" in Hedgefonds, Aktien, Rüstung, Pharma, Chemie, Atom, Öl oder ähnlich zerstörerischen Unternehmungen verdienen lässt.

Lässt man obige Personen statt Zins zu erhalten, eine Nutzungsgebühr bezahlen, wenn diese das Geld aus der Benutzung heraushalten, so würden deren Guthaben immerhin nicht mehr anwachsen.

Natürlich kann man sich Sorgen machen, wie "Ja, dann werden die Ihr Geld in das Ausland bringen!", doch sind 2012 schon geschätzte 21.000 Milliarden Euro in Steueroasen versteckt. So wie es aussieht, hat schon jeder Reiche sein Geld in das Ausland gebracht, also wie soll es da schlimmer werden. Man muss wohl leider damit rechnen, dass bei keiner dieser Reformen irgendein Wohlhabender ab X-Millionen aufwärts diese irgendwie unterstützen wird, da diese die Gemeinschaft auch bis jetzt nicht unterstützt hat.

Was für arme reiche Schweine!

Für uns 90-99% stellt sich die Frage nicht, wie wir unser Geld verstecken können, entweder reicht die Kohle nicht für die Fahrkarte, oder die Bank lässt uns mit den paar Scheinen gar nicht erst herein.

Was sind wir für arme Schweine!
Es scheint so zu sein: Hat man erst mal Geld, kann man nicht genug davon haben, hat man noch mehr Geld, darf auch niemand mehr etwas davon in die Hände bekommen.
Wenn Zins dem Geld seinen Zweck nimmt, indem es das Geld festhält und den Produzenten zwingt es von Besitzern freizukaufen, dann besitzt es keine effektive Umlaufsicherung = es ist einfach schwer zu bekommen, egal wie sinnvoll, egal wie viele Menschen Summe X auch ernähren könnte. Geld benötigt wieder eine Umlaufsicherung und so wird dies durchgeführt:
(Die Zahlen sind Beispiele, wie auch oben zum Thema Versicherung!)

UMLAUFSICHERUNG DURCH...

... Zinsen (egoistisches System)	... Nutzungsgebühr (System für die Gemeinschaft)
(+) hier gleich Belohnung für den Besitzer + 6-8 % für langfristige Anlagen + 3-6 % für kurzfristige Anlagen + 0,3-1% für Girokonten +/- 0 % für Bargeld	"Nutzungsgebührentreppe"
"Zinstreppe"	(-) hier zahlt der Besitzer, wenn er das Geld aus dem Kreislauf heraushält oder hat keine Kosten, wenn er es lang-

	fristig zur Verfügung stellt.
	+/- 0 % für langfristige Anlagen
	- 0,5-1 % für kurzfristige Anlagen
	- 3-6 % für Girokonten
	- 6-8 % für Bargeld

Deutlich ist zu erkennen, dass der Geldbesitzer um so mehr Belohnung durch den Zins bekommt, je länger er sein Geld zur Verfügung stellt. Alle diejenigen die es investieren wollen, müssen dementsprechend mehr dafür herausgeben, um es freizukaufen. Wer Bargeld im Tresor liegen hat, nimmt dieses Geld vollständig aus dem Geldkreislauf heraus und seines, wie auch das der Girogelder muss erst durch gute Angebote der Bank dazu gebracht werden, sich endlich für den Gebrauch zur Verfügung zu stellen. Sie sehen die Bank dabei, wenn Sie Werbeflyer aussenden, Anzeigen schalten usw., welche X-% mehr Zins für langfristige Anlagen anbieten und vergleichbare Aktionen, alles, um den Besitzer genügend zu belohnen, bis dieser dann, endlich, mutig sein Geld zur Verfügung stellt.
Die Nutzungsgebühr dreht das Bild um 180 Grad und nimmt entsprechend Gebühr, je kürzer der Geldbesitzer sein Geld dem Geldkreislauf zur Verfügung stellt (Bargeld, Girokonto) und belohnt ihn mit bis zu 0% oder keine Gebühr, wenn er es ihr langfristig überlässt.
Die Frage, welche sich Investoren (diese werden dann allerdings nicht mehr benötigt) oder Kreditnehmer und Verleiher nun stellen mögen, ist die der Kreditkosten. Bekommt der Kreditnehmer etwa seinen Kre-

dit umsonst? Nein, die Unternehmung die das Geld einnimmt, sichert, zur Verfügung stellt, muss für Ihren Aufwand bezahlt werden. Es wird ja auch weiterhin vorkommen, dass manche Kreditnehmer nicht zurückzahlen können, da jegliche Investition in etwas Neues, unbekannte Risiken birgt. Und natürlich, wird es auch weiterhin schlicht den oder die Betrüger geben, die Geld nehmen mit der Absicht, es nicht zurückzuzahlen, was dann die Risikoprämie hoffentlich ausgleichen wird.

Die Kreditkosten betragen 1991 im Durchschnitt

	bei verzinstem Geld	Geld mit einer Nutzungsgebühr
a) Arbeit der Bank b) Risikoprämie c) Zins d) Inflationsausgleich	1,7% 0,8% 3,0 % 4,0 %	1,7% 0,8% 0,0 % 0,0%
Insgesamt	9,50%	2,50%

Doch ist auch dieses Bild nicht sehr aussagekräftig, denn ohne den Zinseszins gibt es keine Möglichkeit des exponentiellen Wachstums.
Der Kreditnehmer bekommt z.B. 10.000 Einheiten irgendeiner Währung und zahlt bei einer Nutzungsgebühr jährlich 2,5% auf seine 10.000, also beispielsweise 250, 250, 250 ... , womit er nach 10 Jahren 12.500 EURO zurückzahlen müsste, während er bei 9,5% (wenn er die Grundsumme nicht tilgt) nach 10

Jahren ohne den Zinseszins 19.500€ und inklusive dem Zinseszins schon 24.7822€ zahlen müsste! Das ist ein Unterschied!!

Weit spektakulärer entwickelt sich der Zinseszins über einen noch längeren Zeitraum. Bei 9,5% Zins und Zinseszins verdoppelt sich die Summe 10.000€ in den ersten 8 Jahren, um dann die nächste Verdoppelung in nur etwas über 4, wieder die nächste in etwas über 3 und jede weitere in immer kürzeren Zeitabständen durchzuführen. Nach nur 24 Jahren wird sich die ursprünglich angelegte Summe von 10.000€ innerhalb eines Jahres verdoppeln, und dann dauert es auch schon nicht mehr lange Zeit für eine Verdoppelung in weniger als drei Monaten, dann in einem Monat, in einer Woche und irgendwann in nur einem Tag! "Das ist doch Irrsinn!", mag hier mancher denken - und erkennt somit unser "modernes" Geldwesen und die Schwierigkeiten, in welche alle Schuldner, ob Regierungen, gewerbliche oder private Haushalte geraten.

Der Zinseszins und sein Wachstum fällt vielen einfach nicht auf, weil die z.B. monatliche Ratenzahlung, das Wachstum, die Zunahmegeschwindkeit ausbremst, doch, sollten diese Ratenzahlungen Monate oder Jahre ausfallen, dann, sprichwörtlich, gute Nacht

Die Zeit arbeitet für den Zins und gegen den Menschen, der sie durch Geld sinnvoll nutzen will.

Bei einer Nutzungsgebühr zahlt der Kreditnehmer nur die jährlichen Gebühren inklusive Risikoanteil der Bank, keine Zinsen und keinen Inflationsausgleich, da die Nutzungsgebühr auch die Inflation sehr effektiv beseitigt.

Inflation wird per Schulbuch durch mehr gedrucktes Geld, als Ware vorhanden ist, "hergestellt". Was tut

der Zins? Es stellt Geld für den Besitzer her, für welches im Grunde keine Ware vorhanden ist, diese Ware muss erst noch produziert werden. Es ist ein Tool der Sklaverei. Wer frei war, wird unfrei. Durch Schulden.
Wenn es überhaupt so etwas wie einen Teufel gibt, - hier ist er.
Indem nicht nur der Zins, sondern auch der Zinseszins fehlt, können Sie sich vorstellen, welch großen Unterschied dies bei der Finanzierung eines Hausbaus ausmacht, auch bei Wohnungsmieten und vielen anderen kapitalintensiven Nutzungsgütern. Im Grunde aber ist dies eine Einladung zu einer fortschrittlichen Kultur und nur mathematisch berechnet könnte gesagt werden, "dass jeder Produktive ein Drittel seiner Arbeitszeit zuhause bleiben könnte, da er diese nicht mehr für den Zinsdienst einsetzen muss". Ich denke, auch dies würden Sie befürworten!
Zum Schluss stellt sich die Frage, was sind das für Leute, die Zinsen eingeführt haben? Und auf nationaler und internationaler Ebene; was sind das für Unternehmen,- Banken, Weltbank, IZB und solche Drecksläden, die am Zins festhalten?? Es gibt genügend Literatur über obige Lösung. Ohne Beweis kann man sagen: Es ist nahezu unmöglich, dass es denen nicht bekannt ist – und diese Unternehmen besitzen alle Macht, alles nur mögliche Geld, um diese Lösung umzusetzen! Vor Jahren, vor Jahrzehnten!
Fazit: Wir haben es mit einem asozialen, verbrecherischen Dreckspack zu tun.
Wörgl ist nur ein Beispiel, es gab und gibt andere Versuche:
Komplementärwährungssysteme in der Vergangenheit
Das Wära-System von Schwanenkirchen
Das Freigeld-System von Wörgl

Komplementärsysteme der Gegenwart
Die JAK-Bank in Schweden
Die "WIRBank" in der Schweiz
Der "Chiemgauer"
Der REGIO e.V. aus Eurasburg/Oberbayern
Die Regionalwert AG aus Freiburg
Die ReWiG
Die LETS (Local Exchange Trading Systems)
Das Furei Kippu Pflegesystem
Die Time-Dollars Systeme
Projekte der EU
Die PEN-Exchange-Währung

Mehrwertreform

Unternehmer, Arbeitgeber, Selbständige, Gewerbetreibende, Freiberufler, Gruppen also, die Arbeit schaffen, neue Fertigungsmethoden ausdenken, Arbeit erfinden die produziert werden kann um diese dann zu verkaufen, sind zum Teil aktive Enteigner der bei ihnen Angestellten und wiederum für Enteignergruppen wie Regierung, Versicherungen, Soziales, Wohlfahrt und Banken das Angriffsziel Nr. 1.
Denn erst durch Arbeit erhält Geld seine Bedeutung und Arbeit, wenn diese Produkte, Dienstleistungen, Waren, Teile von etwas, neue Dinge -einfach neu erschaffenes beinhaltet, erzeugt die Erhöhung der Geldmenge. Und auf diese neue Geldmenge zielen obige Gruppen ab.
Diese Gruppen erreichen ihren Höhepunkt in der kommunistischen Doktrin, in der, nachdem alles Mögliche enteignet und in Privatbesitz der Regierung

(Regierung muss hier nicht die Ihre Regierung bedeuten, es kann auch einfach jene Gruppe sein, welche die Regierung kontrolliert) übergegangen ist, nun auch die Produktionsmittel (Maschinen und Anlagen) folgen sollen. Diese Produktionsmittel sind von allen Naturgütern nach einer Kette von Enteignungen über Grund und Boden, Geld, Gesundheit u.a., die letzte "Bastion", die in den Händen von wirklichen Produzenten geblieben ist. Es ist vollkommen richtig, dass der Verbleib aller Produktionsmittel in wenigen Händen all den anderen Ungerechtigkeiten ein weiteres Übel hinzufügt. Und der Mehrwert aus der Produktion, der aufgrund des Monopols an diesen Maschinen und Anlagen, nun nach Belieben den Besitzer zufließt, ist zu einer Quelle ewigen Streits gemacht worden!!! Die Lösung war dann, der Unlogik folgend, den Unternehmer abzuschaffen.

Die Unternehmer, als Großproduzenten riesiger Mengen Waren und Dienstleistungen, sehen sich merkwürdigerweise als einzige "enteignende Gruppe" (gegenüber den Mitarbeitern) enormen Angriffen ausgesetzt, während die Eliten hinter dem Geld, Grund u. Bodenbesitz usw. keinerlei Schwierigkeiten durchzustehen haben (wir kennen diese in der Regel nicht einmal) und nur wenig tun, um die Bedürfnisse auch nur irgendeines Menschen zu gewährleisten.

Dies soll manche habgierige Unternehmer nicht besser stellen, als diese vielleicht sind.

Die Lösung dieses Rätsels ist, dass Unternehmen in privater Hand (und noch gibt es auch Einzel- oder Kleinunternehmen), eine Unabhängigkeit und Freiheit gegenüber den Beschlüssen der professionellen Enteigner garantieren. Für Enteigner mit weniger fortschrittlichen Ambitionen gegenüber der Gemeinschaft, müssen diese Unternehmer als Gruppe ein

Dorn im Auge sein - Produzenten die nicht unter ihrer Kontrolle sind ... !

Um die vielen kleinen Produzenten wie Arbeiter und Angestellte unter Kontrolle zu bekommen, müssen zuvor jene, die diese beschäftigen, unter Kontrolle gebracht werden!

Falls der aufrichtige Sozialist oder Kommunist hier das Buch zuklappen will, so sei ihm nochmals gesagt, dass wir alle, auch er, vor gar nicht so langer Zeit allesamt selbständig, in unserem Tun frei und unabhängig waren!! Wer für Freiheit und Unabhängigkeit kämpft, kann seinen Erfolg daran messen, inwieweit die Anzahl der freien Unternehmer oder Selbständigen im Verhältnis zur Gesamtanzahl aller Produktiven innerhalb eines Landes steht. In Deutschland sind die Unternehmer und Selbständigen innerhalb von 15 Jahren von 20% auf 10% gesunken, und 20% ist schon wenig! Wie sieht es in den anderen Nationen aus? Besorgen Sie sich die Statistiken!

Dass der Mehrwert aus der Produktivität der Arbeitnehmer oftmals im ungerechten Verhältnis dem Unternehmer zufließt, ist ein berechtigter Streitpunkt und muss reformiert werden!

Das Geldwesen eignet sich bestens dazu, das gesamte Produktivvermögen, also auch die Produktionsmittel, heimlich auf leisen Sohlen zu übernehmen. Am Ende steht dann (so soll es wohl sein) eine auf Geld aufgebaute Welt, kontrolliert von wenigen "Geldheinis", die meinen genau zu wissen, wer, wie, wann und warum und wieviel wovon braucht. Jeder Unternehmer, der zulässt, dass seine Helfer, die Arbeitnehmer, mit einem geringen Teil ihrer Produktion abgespeist werden, mag denken, dass er immer mehr Einfluss gewinnt wenn er nur möglichst viel Geld auf der hohen Kante liegen hat, doch am Ende verliert gerade er ganz besonders. Menschen die nur an Geld denken, haben am Ende keines. Hat man es nicht ehrlich verdient, meint man, immer darauf aufpassen zu müssen. Ziemlich anstrengend.

Wenn sie ihr Entlohnungssystem reformieren, können sie sich jeglichen Gewerkschaftseinfluss und Tariflohnquatsch sparen, da es keinen Mehrwert mehr gibt, und erst recht muss der Unternehmer nicht für das Versagen und die Gier der Eliten herhalten, indem er zum Feind seiner Helfer durch Lohnkämpfe, Entlassungen oder ähnlichen Blödsinn wird.

Marx und Lenin waren mit ihrem Marxismus-Leninismus-Kommunismus über hundert Jahre lang einfach deshalb so erfolgreich, weil diese einseitige Ideologie sehr plausible Gründe zu liefern schien, dass die Kapitalisten, die bösen Unternehmer und Arbeitgeber Schuld an allem sind - und somit zwei große Gruppen innerhalb der Gemeinschaft gebildet werden, um einander zu bekämpfen, sich zu verzetteln und aufzureiben, um dann die lachenden Dritten, die wahren Verursacher der Probleme (Regierungen u. Banken), völlig unbeachtet abseits stehen und je nach Bedarf entsprechend die weiteren Fäden ziehen.

Die Reform des Geldwesens wird den lachenden Dritten die Macht aus den Händen nehmen. Es ist nicht nur so ein Spruch. Die Reform des Mehrwerts bleibt jedoch ein Muss, die Arbeiter und Angestellten werden zum Schluss deutlich mehr Einkommen besitzen.

Wenn die breite Masse nur mit Mindestlohn daher dümpelt, nicht weiß, ob Morgen noch der Job vorhanden ist, sich für langfristige Investitionen oder einen lausigen Urlaub verschulden muss, was will man an Teilhabe an der Gesellschaft von solchen Menschen verlangen!? Kaum irgend etwas ... .

Die Reform.

Bevor ein Unternehmer zum Ende des Monats überhaupt von Gewinn sprechen kann, müssen diverse Ausgaben abgezogen werden wie Energiekosten, Miete, Zinsen, Telefon, Verbrauchsmaterial, Versicherungen, Material usw. usf.
Zu den Ausgaben zählen auch Löhne und Gehälter.
Wird irgendeiner dieser diversen Posten nicht bezahlt, droht Einstellung der Lieferung und die gesamte Unternehmung gerät ins stocken.
Da es hier um den Mehrwert, um Lohn und Gehalt geht, folgt natürlich eine andere Buchhaltung, wo Lohn und Gehalt nicht direkt bei den Ausgaben erscheinen können.
Es gab und gibt eigentlich auch keinen Grund dafür, außer, man sieht den Arbeiter und Angestellten nur als Ausgabe, als Kostenfaktor, oder bei manch geldgierigen Chefs als Verbrauchsmaterial.
Für jeden normalen Haushalt ist es in mehr oder weniger organisierter Form selbstverständlich, alle Einnahmen in einen Topf zu legen (wenn es denn getan wird), davon die festen Ausgaben wie Miete, Mietnebenkosten (Strom, Müllabfuhr, Wasser) Versicherungen, Lebensmittel zu begleichen und die restlichen Einnahmen für die weniger wichtigen Dinge auszugeben, um dann am Schluss für Spaß, Urlaub, Konsum, Luxus oder einfach für den Spartopf weiter aufzuteilen. Die absichtlich verursachte Feindschaft zwischen Arbeitgeber und Arbeitnehmer ließ die Geldaufteilung eines einfachen Haushalts etwas außer Sicht geraten, doch ist in ihr ein Teil der Lösung enthalten.
Ein Unternehmen stellt also Dinge her, um diese gegen Geld einzutauschen. Von diesem Geld möchten der Arbeitgeber und alle Arbeitnehmer leben. Wie sie alle davon leben, hängt zum überwiegenden Teil von

ihrer Produktionsleistung ab. Wenig verkauft, wenig Einkommen, wenig in der Lohntüte. Denken Sie nicht, dass dies jedem klar ist. Tariflöhne zum Beispiel sehen dies gänzlich anders, sie müssen völlig unabhängig vom Einkommen der Unternehmung gezahlt werden. Noch eine Verrücktheit also. Aber weiter: Von den Einnahmen des Unternehmens müssen zuerst einmal obige Ausgaben und einiges mehr finanziert werden.

Sobald alles gezahlt ist, kann (wenn ein Unternehmen langfristig bestehen soll) daran gedacht werden, Lohn, Gehalt aus der Arbeit der letzten Tage, Woche, des Monats, Quartals oder des Projekts zu berechnen. Wurde z.B. sehr viel hergestellt, aber nichts verkauft, dann wäre es Wahnsinn, Lohn und Gehalt zahlen zu wollen, denn am Ende existiert das Unternehmen nicht mehr, das alle ernähren könnte, es ist heute jedoch völlig normal eine Unternehmung Pleite gehen zu lassen, kann diese zum Monatsende Löhne und Gehälter nicht zahlen.

Ziemlicher Irrsinn. Man vergisst: Irgendwann, vor langer Zeit, waren wir alle Selbständig/Unternehmer. War die Jagd oder Ernte nicht erfolgreich, gab es nichts zu Essen. Anders herum, war eine oder beide Tätigkeiten erfolgreich, gab es schöne Tage, Wochen, Monate.

Also ist der "Kampf" um Lohn und Gehalt oder seine Erhöhung ziemlich weit vom Instinkt weggekommen, da es völlig unnatürlich ist, jeden beknackten neuen Monat das gleiche Geld ausgezahlt zu bekommen! Es gibt in der Natur keinen gleichen Lohn, Monat für Monat!

Doch worin besteht nun die Reform?

Nachdem alle festen oder anteiligen Rechnungen (Ausgaben) gezahlt wurden, kommt der Rest der Einnahmen in den sogenannten "Topf", aus dem Arbeitgeber wie auch alle Arbeitnehmer anteilig nach einem Schlüssel bezahlt werden! In diesem Schlüssel sollten sich Dinge wie geleistete Produktionsleistung, Ausbildungsstand, Funktion innerhalb der Unternehmung etc. spiegeln, um dann dementsprechend bezahlt zu werden. Alternativ auch das typische Verfahren: Dauer der Betriebszugehörigkeit.

Zu obigen festen und anteiligen Kosten würde die Entscheidung hinzukommen, wie viel von allen übrigen Einnahmen für spätere Investitionen gespart werden sollen, um durch Eigenkapital unabhängig von fremden Krediten oder Darlehen zu werden oder zu bleiben. Sind nach allen festen und anteiligen Kosten als Beispiel 100.000 Einheiten irgendeiner Währung übrig, so werden diese entsprechend dem Verteilerschlüssel verteilt. Jeder erhält entsprechend seiner persönlichen individuellen Leistung, Anzahl Stunden, seines Ausbildungsstandes und seiner Funktion innerhalb des Unternehmens seinen Lohn oder sein Gehalt. Es können und sollten diverse Extras in den Schlüssel mit hineinkommen. Verkauft das Unternehmen ein Produkt, zu welchem der Arbeitgeber oder irgendein Angestellter die Idee beisteuerte oder gar das Patent innehat, so hat dieser natürlich an jedem verkauften Stück seine Belohnung zu erhalten, besondere Leistungen, jede individuelle Aktivität, die zum besseren Überleben des Unternehmens beisteuert, könnte hier mit einfließen. Da diese Reform dem Unternehmer den Mehrwert streitig macht, jede Unternehmung erst aber durch hingebungsvolle Kreativität, persönlichen Einsatz von Kapital, sehr viel Zeitaufwand des Unternehmers zustande gekommen ist, muss der Unternehmer einen per Verteilerschlüssel deutlich größeren Anteil am Umsatz zugeteilt bekommen. Mühe, Kreativität, Einsatz müssen sich lohnen! Befriedigte Bedürfnisse gehen immer auf individuelle Kreativität und den außerordentlichen Ehrgeiz Einzelner zurück. Würde dies nicht getan werden, könnte man in kurzer Zeit Verhältnisse wie in alten Sowjetzeiten beobachten, allerdings, es ist auch nur äußerst schwer möglich, im Grunde unmöglich, Millionär, Milliardär oder Billionär zu werden. Hätten wir obige Art der Bezahlung seit nur 30 Jahren, es würde heute keinen Milliardär und höher geben!

Produktive Personen können also immer noch Millionäre werden, doch selbst dies wird schwierig, wenn die Arbeiter/Angestellten gerade so über die Runden kommen.

Tariflöhne und somit ziemlich gleiche und feste Löhne, sind willkommen, um die Steuer- und Sozialabgaben für das Jahr im voraus berechnen zu können, die Finanzwelt wird die Idee nicht mögen, da sie die Unternehmung nahezu unzerstörbar macht und nahezu frei von Kredit- und Darlehenswünschen und schlimmer noch, ohne Mehrwert geht die Existenzfähigkeit der Börsenspekulation zugrunde, denn wo kein Mehrwert, dort auch keine Rendite für den faulen, unnützen Aktionär.

Projekte ab einer bestimmten Größe, neue Gründungen, Start-Ups benötigen immer noch ab und wann Kredit, doch verliert auch Kredit seine zerstörerische Kraft, wenn kein Zins und Zinseszins vorhanden ist und dadurch würde sich langfristig keine Unternehmung irgendwelche Abgesandten irgendwelcher Geldinstitute oder einen lausigen Politiker aufgrund seiner "Connections" in ihren Aufsichtsräten gefallen lassen. Und wieso überhaupt so ein Verwaltungs-, Diskussions- und tantiemenbeladene Institution wie die des Aufsichtsrates? Weg damit!

Jede Unternehmung braucht einen Kopf, einen Chef und bestimmt keinen Fuzi irgendeiner Bank, Ex-Politiker oder, oder, oder mit im Aufsichtsrat. Wenn überhaupt gehören, nach obigen Verteilerschlüssel, die Besten/Fleißigsten der Unternehmung in diesem hinein. Wer kennt am besten die Unternehmung? Jene, die dort arbeiten. Man muss nicht mal über Logik diskutieren um diese Frage zu klären.

Eine Unternehmung kann nur noch in Probleme geraten, wenn sich ihr Erzeugnis oder ihre Leistung in so geringer Stückzahl verkauft, dass nicht einmal die grundlegenden Kosten beglichen werden können; doch steht der Geschäftsführer nicht allein vor der Situation, alle in dieser Unternehmung haben ihre sich leerende Lohntüte vor Augen und es zeigt sich immer wieder, wenn mehrere an einem Strang ziehen, kann sich diese Lohntüte auch wieder füllen. Generell wird "am Strang ziehen" heutzutage mit Entlassungen, Arbeitszeitkürzung, Einstellung von Zeitarbeitern und ähnlicher Scheiße gehandhabt. Zum Schluss wird der Arbeiter/Angestellte durch Zwang am Strang ziehen, nicht durch Überzeugung.

Es gibt nicht wirklich einen Unterschied zwischen Selbständigen, Unternehmer, Freiberufler, Arbeiter und Angestellten. Man denkt sicher anders und der Status der Sicherheit sieht unterschiedlich aus – doch sind diese anerzogen wurden. Es sind etablierte Trennungen zwischen Arbeitgeber und Arbeitnehmer.

Unternehmer mögen vor obiger Reform einen beschleunigten Puls bekommen, doch sollten sie nachdenken!

Hätten unsere so demokratischen Regierungen ihre Millionen Beamten nach diesem noch näher zu beschreibenden Schema bezahlt, so müssten diese Beamten seit 40 Jahren aufgrund der Staats-

/Regierungsschulden immer weniger verdienen – oder diese Millionen hätten sich damals, als es mit den Schulden losging, zusammengesetzt um eine Lösung zu finden, wie keine Schulden zu machen sind – damit deren Löhne nicht immer weniger werden.

Wie oft ziehen Unternehmer mit ihren Mitarbeitern, und umgekehrt, an einem Strang, wenn es finanziell nicht besonders gut läuft, wie lösen Sie dann die Situation bzgl. Löhne und Gehälter, wie viel Zeit denken Sie darüber nach? Wer steht von Ihren Mitarbeiten auf Ihrer Seite, sobald der Laden schlecht läuft? Wie viel Verwaltung kostet Sie es, einem guten Mitarbeiter eine Belohnung für besondere Mühe zukommen zu lassen? Und was ist mit den Arbeitnehmern? Natürlich könnten diese nach obiger Reform weniger als jetzt verdienen, doch was ist weniger Verdienst für kurze Zeit, wenn das Unternehmen und die Arbeit bestehen bleibt? Und anders herum: Wenn der Gewinn aus der Produktivität in die Taschen des Unternehmers, des Vorstands oder schlimmer noch, in die Taschen irgendwelcher unbekannter Aktionäre fällt, wie viel Lohnerhöhung plus Eigenkapital würde dies bei einer Zusammenarbeit mit dem Arbeitgeber ergeben - bei Auszahlung nach obigem Schlüssel? Und wenn Sie zu den Fleißigen bei der Arbeit gehören, wie oft stellten sie fest, das sich Ihre Mühe nicht lohnte? Durch die Mehrwertreform gewinnen alle Produktiven. Vergessen Sie Rendite-Irrsinn, Aktionärsversammlungen, das Model der Aktiengesellschaft, die nur dazu dient, die Unternehmung unter Kontrolle fauler Aktionäre zu kommen, vergessen Sie Aufsichtsräte, vergessen Sie immer gleich niedrige oder hohe Tariflöhne und alles andere, was zum Pferdeschwanz des Mehrwertdilemmas gehört. Wer arbeitet soll entsprechend seiner Arbeit belohnt werden -

dies gilt für jene, die Arbeit geben, wie auch für jene, die sie nehmen!

Doch diese Lösung setzt auch voraus weniger zu bekommen, wenn die Firma nicht läuft!

Wozu würde es führen? Richtig. Jeder ehemals Angestellte, jeder Arbeiter wäre dann selbstständig! Selbstständig arbeitend in einer Unternehmung von Selbstständigen! Und wozu würde obige Reform, durchgeführt in einem Land, führen? Richtig, alle wären selbständig!

Banken (bzw. deren Führungen) müssen Eigenkapital anderer hassen (da Sie selbst Geld verdienen mit etwas, was sie nicht besitzen, nämlich Eigenkapital), denn es verhindert deren Einfluss, und bei obiger Reform würde jegliche Unternehmung deutlich weniger Fremdkapital aufnehmen müssen, zusätzlich mit einer Geldreform könnte sich jede Unternehmung, jede Privatperson den notwendigen Betrag leihen (und würde ihn bekommen) um damit jegliche Art Träumerei, Idee, Vorhaben, Innovation oder sogar ein "Eigentor" umzusetzen.

Es gibt obiges Model seit Jahren in abgeschwächter Form bei der Hamburger Inline-Kurier GmbH. Es funktioniert nicht einwandfrei, es wurden zu Beginn hohe Summen benötigt, die viele Selbständige zum Aufbau der Unternehmung nicht aufbringen konnten, als Lösung haben einige wenige größere Summen aufgebracht, wodurch deren Mitbestimmung gestiegen ist, - und sie müssen, um rechtlich nicht angreifbar zu sein, sich diverse Angestellte für Bürotätigkeiten leisten, deren Löhne vielleicht (wenn diese auch selbständig wären), völlig anders aussehen würden. Somit wird das Gesamtbild etwas verfälscht, doch die Richtung stimmt.

Letztendlich, arbeitet einer der Selbständigen nicht, verdient dieser kein Geld.

Würde jemand dieses Unternehmen kaufen wollen, so müssten alle Beteiligten zustimmen. Wo gibt es so etwas in irgendeinem "normalen" Unternehmen?

Beispiel:
Umsatz eines Unternehmens im Monat mit:

Umsatz mit 10 Mitarbeiter	200000
Aufwendungen Miete Kredittilgung Steuern (div.) Betriebsversicherungen Heizung, Strom, Gas, Wasser Maschinen., Ersatzteile etc. Wareneinsatz sonstige Kosten	-3.000 -1.000 -30.000 -4.000 -5.000 -6.000 -20.000 -35.000
Gesamt	-104.000
"Gewinn"	96.000

Obige Aufwendungen sind in dieser Unternehmung zwingend, um den Betrieb am Laufen zu halten.
Es wären 96.000 "Gewinn" übrig und nun wird es ungewohnt.
Alle Mitarbeiter könnten beschließen, jeden Monat 5% für Investitionen und 10% für Ersparnisse zu verbuchen, egal wie deren eigener Lohn aussehen mag!

5% Investition	-4.800
10% Ersparnis	-9.600
Rest, "Gewinn"	81.600

Dieser "Gewinn" könnte nun vollständig auf Lohn/Gehalt verbucht werden.

"Gewinn" in Anführungszeichen, da dieser normalerweise nach Abzug sämtlicher Ausgaben, auch Löhne u. Gehälter, vorhanden ist.

Man ist nun gewohnt irgendwo eingestellt zu werden und von Anfang an, Monat für Monat Summe X überwiesen zu bekommen.

Der Weg in die Selbständigkeit sieht nun wie folgt aus:

Die Zahlen sind Beispiele!

Geschäftsführer, Inhaber, Chef 25% (in jeder Unternehmung könnte es anders aussehen)

Für die 10 Mitarbeiter/Selbständigen (in jeder Unternehmung könnte es anders aussehen) sind erst mal Anzahl der Stunden relevant, der Grad der Ausbildung (ein Ingenieur muss deutlich mehr als ein Helfer bekommen) und die Produktionsleistung. Durch letzteres könnte ein Helfer durchaus wieder mehr verdienen, als ein Ingenieur, der faul nur 10 Stunden vor Ort war.

Wie auch immer es im einzelnen berechnet wird, als prozentuale Ergebnisse: (M = Mitarbeiter)

Geschäftsführer 25%, 1 Mitarbeiter (M) 7%, 2 M 18%, 3 M 6%, 4 M 0% (Urlaub), 5 M 12%, 6 M 3% (5 Stunden/Woche), 7 M 9%, 8 M 11%, 9 M 4%, 10 M 5%.

Obige 81.600 "Gewinn" : 100 (816) x obige Prozente in den Verteilerschlüsselergebnissen macht dann den jeweiligen Lohn aus.

Der Geschäftsführer würde 25 x 816 = 20400, Mitarbeiter 7 mit 9% = 4312, Mitarbeiter 2 mit 18% = 14.688 bekommen.

Ein Verteilerschlüssel würde in jeder Unternehmung anders aussehen, obige Ausgaben sind äußerst spärlich, da die Ausgaben nahezu unendlich gehen können.

Obige Mitarbeiter, selbst die Lehrlinge, wären nun praktisch selbständig.

Jeder entscheidet durch seine Anzahl Stunden, seiner Ausbildung und natürlich der Produktivität, wie sein Lohn für den Monat aussehen wird.

Obiges ist nur ein Beispiel. Würde auch nur irgendeine von den vielen Reformen hier Erfolg haben, würde sich der Lohn für jedermann erhöhen.

Und obiges hätte Konsequenzen. Würde obiger Geschäftsführer seinen Mitarbeiter erklären, er hat den Monat zuvor 300.000€ an Unternehmensberatung "Bla" bezahlt, die würden ihn vielleicht lynchen. So lässt dieses System auch einiges nicht mehr zu, wenn der Chef seine Helfer nicht verlieren will.

Da im obigen Beispiel niemand mehr "Arbeiter" (dieser Name ist schon Blödsinn) oder Angestellt (ebenso) ist, würde statt monatlicher Lohnsteuer, sich nun **jeder** am Ende des Jahres, vielleicht quartalsweise die Einkommensteuer ausrechnen und diese zahlen müssen. Da Arbeiter/Angestellte heute einfach ihren Nettolohn abzüglich Steuer erhalten, was meinen Sie, was los ist, sollten plötzlich 42 Millionen Einkommensteuer zahlen, sollten plötzlich 42 Millionen schwarz auf weiß sehen, was sie für nichts, ohne Rechnung, abgeben sollen!? Wahrscheinlich würde sich diese Steuer dann von selbst erledigen, andererseits könnten heutige "Arbeitgeber/Angestellten-Verhältnisse mit monatlicher Überweisung auch die Antwort sein, dass es diese "Verhältnisse" nur aufgrund der Steuer gibt, damit die breite Masse die Höhe der Ausgabe nicht merkt.

Doch letztendlich muss das geisteskranke Steuerwesen sowieso reformiert werden.

Für geldgierige, kurzzeitig denkende Unternehmer, wäre obiges ein Alptraum. Für jene die rechnen können und für die Arbeiter und Angestellte nicht "Waren" zum Auslutschen für den eigenen Gewinn sind, nun, diese könnten sich plötzlich in einer völlig neuen Gemeinschaft von Motivation, Initiative und Verantwortung gegenüber sehen, in Umsatz wohl kaum auszurechnen. Letztendlich: Es gibt keinen schlechteren Arbeiter, als den Sklaven.

Obiges, und dies soll keine Angeberei sein, wird **keine** Freunde in Parteien, Finanzämter oder überhaupt einer Regierung finden!!

Wenn Arbeiter/Angestellte und Unternehmer nicht mehr gegeneinander ausgespielt werden können, wird sich der Blickwinkel dieser auf Enteignung durch Besteuerung, Enteignung durch Banker, Grundbesitzer, Vermieter, letztendlich auf die beschissene Politik ausrichten.

Zum Beispiel sind es Arbeiter/Angestellte gewohnt, Ihr Gehalt abzgl. Steuer überwiesen zu bekommen. Muss nun jedermann seine Steuer ausrechnen und überweisen!!... , wird das asoziale Steuersystem nicht lange Bestand haben.

Sind alle Mitarbeiter in einer Bäckerei nun plötzlich selbstständig und sehen seit 4 Monaten, dass ihre Löhne sich kaum erhöhen, da der Hausbesitzer 15.000€ Miete für 50qm kassiert ..., nun, zuvor hatte der Vermieter es nur mit dem Unternehmer zu tun. Usw. usf! Es könnten ohne Untertreibung hunderte solcher Bespiele genannt werden.

Jede Reform aus diesem Buch wird ähnliche Schwierigkeiten haben, denn unsere "Elite" ist nicht blöd, das denken Sie bitte nicht. Allerdings kann unsere Elite auch nicht wirklich rechnen. Und unsere Elite weiß auch nicht, was Gemeinschaft bedeutet, wahrscheinlich deshalb, da sich ohne deren Geld, niemand freiwillig mit ihnen abgeben würde.

Wenn der 11. Sept. 2011 eine gesteuerte Geschichte war zur Erreichung von Kontrolle, so muss man sich auf einiges bei jeder einzelnen, selbst bei nur kleinen Schritten zu einer Reform, gefasst machen. Und ich glaube, es ist noch Untertreibung. Der Regisseur von "Let`s make Money" äußert sich in einem Interview darüber, dass die Entscheidungsträger um die Problematiken wissen. Doch keiner tut etwas. Wahrscheinlich spielt Angst eine große Rolle, doch auch die erzeugte Undurchsichtigkeit der Materie. Wenn man nicht weiß, wogegen man vorgehen sollte, was soll man dann tun?

Somit müssen jegliche Reformen (wenn diese etwas zum besseren wenden sollen) letztendlich mit deutlich, absolut erhöhter Aufmerksamkeit einhergehen. Aufmerksamkeit darüber was Militärs tun, was in der Umgebung passiert (Terroristen tun immer etwas bevor diese Terrorist werden), was Geheimdienste tun und planen, was Regierungen planen, was jede der obigen Gruppen tun oder planen und somit, da es Neu ist, ist ein freies Internet wichtiger denn je!!

Durch das Internet können Lügen verbreitet werden, doch ist neben dem Buch das Internet die Quelle für freie Journalistik, für freie Information, welche unsere Medienkartelle, ob Radio, TV oder Tageszeitungen schon lange nicht mehr zulassen. Denn was denken Sie, wie konnte es dazu kommen, das so ein paar Gruppen mit Ihrer Enteignung derart weit kommen konnten?????????

Die Antwort werden Sie **nicht** in Ihrem TV, vor welchem Sie in Deutschland der Statistik nach, ca. 4.30 Stunden/Tag verbringen (Schande!), **nicht** in Ihrer Tageszeitung und **nicht** im Radio finden. Es konnte

soweit kommen, weil Sie, wir es soweit kommen lassen haben, weil wir nicht wirklich rechnen können, weil Medien uns täglich mit Unlogik zumüllen. Sie …. stecken selbst also tief mit drin.
Aber es ist ja auch kein schönes Buch und wenn obiges für Sie eine Beleidigung war, so sollten Sie überlegen, ob Sie nicht etwas an elitärem Denken übernommen haben und mit manchen Zielen der Enteignergruppen übereinstimmen!?? Wie wär`s z.B. mit der Geburtenkontrolle!? Es ist für einige "Gutmenschen" ein offenbarter Alptraum, wenn gegenüber ein Haus gebaut plus Familie einzieht. War dort vorher doch so schöne Natur. Nun gut, wo Ehepaar "Gutmensch" lebt, war vorher auch Natur.
Sie sehen, Elitentum ist nicht so ohne. Es ist auch viel Gewohnheit, wohl mehr, als uns bewusst ist.
Obiges ist Bestandteil einer Neuüberarbeitung, folgend aus dem Jahr 2001.
Tariflöhne … .
Ist der Lohn festgelegt, es werden aber weniger Produkte, egal ob wegen schlechter Arbeit oder weniger Nachfrage verkauft, so ist der Unternehmer in der Regel an die ausgehandelten Löhne gebunden. Dies wird ihn dazu bringen, dass er das Unternehmenskapital aufzehrt oder sich verschuldet, womit er Knappheit verursachen würde. Er könnte stattdessen gegen seine Arbeitnehmer handeln, indem er versucht, entsprechend der fehlenden Lohnsumme einige von ihnen zu entlassen.
Womit er statt zu teilen gegen jene handeln muss, die auch ihm sein Einkommen finanzieren. Verrückt, nicht wahr? Wird weniger oder mehr produziert, so würde er bei gleichen Aufwendungen nach obiger Reform sich selbst und seinen Arbeitnehmern, entsprechend weniger oder mehr Lohn zahlen können.

Was denken Sie, ist besser für das Betriebsklima? Schulden zu machen oder zu entlassen, oder etwas weniger zu verdienen mit dem Wissen, bei steigendem Erfolg wieder mehr verdienen zu können, während man seine Arbeit behält?

Das Einstellen neuer Mitarbeiter: Steht für die Unternehmung in guten Zeiten eine Produktionsausweitung durch das Einstellen neuer Mitarbeiter an, so ist dabei das ökonomische Prinzip ausschlaggebend, ob diese neuen mehr Produktion bringen und infolge dessen mehr Umsatz. Wird der Umsatz nach einem Schlüssel verteilt wie oben, so würden alle zusammen, der Unternehmer und seine Arbeitnehmer entscheiden können, ob sie mehr Mitarbeiter oder Helfer einstellen wollen oder nicht, und auch dabei würde das ökonomische Prinzip die Leitung haben.

Jeder würde wissen, dass ein neuer Mitarbeiter von seinem eigenen Einkommen nehmen würde (bei gleicher Lohnsumme), doch weiß er, dass durch vielleicht steigende Nachfrage und höhere Produktion aller, die Aufwendungen wie Miete usw. immer weniger Anteil haben werden, womit alle am Ende mehr verdienen können als zuvor. Die gleichen Überlegungen würden beim Kauf neuer Maschinen, neuer Gebäude usw. anfallen und der Unternehmer sieht sich einer Situation gegenüber, in der seine Arbeitnehmer ein sehr persönliches Interesse an der Situation des Unternehmens bekommen werden.

Zerstörerische (und zur Erpressung dienende) Massenentlassungen wie in Banken-, Luftfahrt-, Energie-, oder allgemein im Industriebereich, wäre bei obiger Aufteilung der Produktionsergebnisse schlicht nicht möglich!

Was den gefürchteten Konkurs oder die Insolvenz angeht: Geht eine Unternehmung nach obigen oder

ähnlichem Verteilerschlüssel vor, so kann sie sich und ihre Mitarbeiter ohne Entlassungen sehr lange über Wasser halten. Wird zu wenig produziert oder zu wenig verkauft, dann werden die sinkenden Löhne allen Beteiligten schnell klar machen, was getan werden muss - nämlich mehr und besser arbeiten, den gierigen Vermieter dazu bringen, die Miete zu senken, sparsamer sein, viele solcher Dinge. Mehr Werbung, bessere Produkte oder Leistung, vielleicht will niemand das Produkt nutzen, weil es zu rückständig oder teuer im Verbrauch ist, dann muss ein neues besseres her.
Die Unternehmung muss irgendwie die laufenden Aufwendungen finanziert bekommen, dann erst darf Lohn und Gehalt kommen.
Alle zusammen können deutlich mehr verdienen, oder, wenn es warum auch immer nicht läuft, erheblich länger in der Unternehmung bleiben, statt entlassen zu werden. Konkursverwalter müssten sich bei obiger Reform auf schlimme Zeiten einstellen – für Ihre Einnahmen. Mitleid soll hier bitte fehl am Platz sein.
Diese Reform zwingt den Unternehmer mit seinen Arbeitnehmern ins gleiche Boot - und sie werden entweder alle gewinnen oder zusammen untergehen, wenn niemand deren Erzeugnisse will, doch sobald die Unternehmung erst einmal steht, weil Leute das Produkt wollen, dann ist die Unternehmung ziemlich krisensicher.
Stellen Sie sich vor, Sie ernähren sich nur aus den Erzeugnissen aus Ihrem Garten und sie hatten eine schlechte Ernte. Sie hätten definitiv weniger zu Essen - doch Sie würden sich eine Menge Gedanken machen, was zu tun ist. Doch würden Sie Ihren Garten "schließen" wegen einer schlechten Ernte? Wohl

kaum. In der Wirtschaft werden selbst natürlichste Abläufe ad absurdum geführt.

Und was die Konkurrenz betrifft: Eine gerechte Aufteilung des Mehrwerts allein würde den verrückten Gedanken einer Konkurrenz der Produzenten untereinander nach einigen Jahren der Beruhigung in einer simplen Bedürfnisbefriedigung enden lassen.

Es wird produziert, soviel wie nachgefragt wird und ist diese erfüllt, dann ist Zeit übrig für Freizeit, Kultur, Sport oder andere Beschäftigung. Je effektiver die eingesetzten Techniken, um so frühzeitiger kann "wieder Nachhause gegangen werden". Dies würde in allen Unternehmungen der Fall sein und statt übereinander herzufallen und Nachfrage abzufangen für den Preis, dass durch den Preisverfall weniger Gewinn am Ende herauskommt, würden alle individuell ihren Punkt finden, wo sie sich produktiv einpendeln. Jeder hat zu tun, sehr gutes Gehalt und Wohlstand und Reichtum erhöhen sich laufend, statt durch Überproduktion, die die Schmarotzer und Enteigner bezahlt, aufgezehrt zu werden.

Rockefeller Snr., Vorbild aller Diebe, wusste sicherlich, was er mit der "Konkurrenz ist Sünde" meinte. Er selbst wollte und erhielt das totale Monopol auf die Grundlage der Zivilisation und ihrer hohen Produktion, der Energie. Energie in privater Hand ist natürlich wie ein Henkersbeil für alle Produzenten, eigentlich für die gesamte Welt, nicht wahr. Denn sie alle, vom multinationalen Konzern bis zum privaten Haushalt mit seinen TV-Gerät und Toaster, müssen einiges länger arbeiten, um einige wenige ordentlich vermögend zu machen.

Diese Idee, keine Konkurrenz zu haben, ist ein Extrem der Extremisten. Als Ergebnis ist dort keine Konkurrenz, einfach deshalb, weil die anderen Anbieter ruiniert oder Tod sind. Nur, ist die Wirtschaft stabil, und das ist unsere vielleicht 5% von möglichen 100%, können Unternehmungen locker überleben, auch wenn andere Unternehmungen dasselbe produzieren.

Und die Nebenkosten: Indem der Arbeitgeber und alle Mitarbeiter persönlich davon betroffen sind, was sie für ihre Erzeugnisse als Tausch zurückerhalten, da dieser die Grundlage ihrer Gehälter ist, werden sie alle zusammen auch gehöriges Interesse an den Aufwendungen erhalten, die allen schon mehr als die Hälfte ihres Umsatzes nehmen können. Fragen können auftauchen, wie: "Warum ist die Miete so hoch? Warum diese Versicherung, wo ist eine günstigere? Der Stromverbrauch, muss der so hoch sein?, Muss es hier so warm sein, ihr wisst doch, die letzte Heizungsrechnung....?! Hier stellt eine Firma eine neue Maschine vor, die nur ein Zehntel der Energie benötigt, können wir sie uns leisten? und: Die Steuern!!! Frechheit! Was können wir dagegen tun?"

Die Reform der Entlohnungen nach obigem Muster würde allein für sich den Enteignungssystemen harte Zeiten bringen.

Ein Umsatzverteilerschlüssel ist ein Dreh- und Angelpunkt zur gnadenlosen Einhaltung des ökonomischen Wirtschaftsprinzips innerhalb eines Betriebes. Reformen, die vorschlagen, einigen Enteigner seltener Naturgüter die Einkommensgrundlage zu reformieren, könnten viel Unterstützung erhalten; im Ergebnis wäre weit mehr Gewinn und somit persönliches Einkommen vom Umsatz - und wer will so etwas nicht?

Nun, dem normalen Arbeitnehmer von heute kann dies egal sein, er bekommt seine paar Scheine, egal wie viel oder wenig er leistet - was also soll er sich da einmischen, es lohnt sich ja doch nicht.

Letztendlich ist obiger Verteilerschlüssel einfach nur eine Verwaltungstechnik, und jede Technik entwickelt sich entlang des ökonomischen Prinzips. Steht zu Beginn die Menge, die Quantität oder einfach erst mal die schnelle Lösung für etwas, so geht es irgendwann um die Qualität. Die industrielle Produktion in ihren Anfängen brachte uns Quantität an Produktion und auch Durcheinander und vorübergehend große Ungerechtigkeit mit breiter Armut, um am Ende an Qualität zu gewinnen (und sie schaffte dies selbst bei dieser Menge schmarotzender Gruppen!). Dieser Verteilerschlüssel sorgt einfach für Qualität und vielleicht noch nicht einmal für die beste. Doch warum meckern, solange es funktioniert, oder sich von "Wirtschaftsexperten" mit ihren 8.000 und mehr Begriffen verwirren zu lassen, wenn die Wirtschaft mit vielleicht 50 auskommt und sehr simpel sein könnte?

Es muss einfach noch einmal geschrieben werden: Wer leben will stellt sich hin und stellt Dinge oder Leistungen her, von denen er selbst oder andere leben können. Andere geben ihm dafür Geld, der klassische Tausch. Jeder, der von seinen Erzeugnissen leben kann, ob er sie selbst oder gegen Geld im Tausch konsumiert, muss anscheinend genügend über sein Produkt wissen, damit er davon leben kann, und wenn er nun genügend Leute kennt, die dieses für ihn verkaufen, dann läuft die Sache.

Die westlichen Nationen blockieren sich wie verrückt in ihrer Produktivität wertvoller Dinge, indem sie jedem, der eine Idee umsetzen will oder einfach mehr arbeiten möchte, alle Arten Strafe von Überstundenregelungen, über bergeweise Steuer-Einmaleins, Verordnungen über das Einstellen von Mitarbeitern und andere Dinge - teilweise unglaublich stupides Zeug, auflegen.

Ich selbst habe zwei, dreimal den Versuch unternommen, ein Geschäft zu gründen und nach gewisser Zeit keine Lust mehr dazu gehabt. Bei einer Idee vor vielen Jahren, passte alles Wissenswerte über meine Leistung, woraus sie besteht, wie sie geliefert wird usw., auf eine Din. A 4 Seite, während viele Ordner und zahlreiche abschreckende Bücher um mich herum standen mit Inhalten wie "Handelsrechtliche Rahmenbestimmungen für die Unternehmensformen, Bewertung nach Handels- und Steuerrecht, Bewegungsbilanz, Verfahren der Steuererhebung, Berechnung der Steuerschuld", dann ein Business-Plan inkl. Ertragsvorschau für drei Jahre, während Politiker maximal bis nächsten Monat denken, und, und, und.
Mir tun alle Unternehmer und Selbständige von Herzen leid, die diese Dinge kennen und sich dies gefallen lassen müssen. Studenten in Betriebs-, Volkswirtschaftslehre oder Wirtschaftswissenschaften und wie sie alle heißen, verschwenden mindestens zwei Drittel ihrer Zeit mit Inhalten, die nichts mit Wirtschaft zu tun haben und nur deshalb in ihren Studienmaterialien vorkommen, weil dies einigen Gruppen hilft, die von anderer Leute Arbeit leben wollen. Wenn diese armen Seelen dann arbeiten und Ihre Schulden abarbeiten müssen, stehen diese plötzlich im Dienst einer dieser Enteigner und wenden das Gelernte an, wodurch diese Enteigner fest im Sattel bleiben.
In der Doku "Kapitalismus – eine Liebesgeschichte" von M. Moore, wird erwähnt, dass es hunderte Firmen in den USA gibt, die in etwa nach dem hier vorgeschlagenen Model arbeiten. Da wird eine Bäckerei gezeigt, wo ein Mann am Fließband im Jahr das vielfache wie ein hoch ausgebildeter Pilot großer Fluglinien verdient, einfach weil sein Chef den Mitarbeitern mehr abgibt und selbst nur unwesentlich mehr für

sich behält. Es ist also nicht alles schlecht in den USA.
Steuerfressende und vernichtende Regierungen, Wohlfahrt, Soziales, Banken, Gewerkschaftsfunktionäre – und unsere Elite weniger arroganter Männer, werden diese Idee von Gerechtigkeit abgrundtief hassen.

Bodenreform

Ausnahmslos jeder Mensch benötigt Boden zum Leben; als Lebensraum und auch als Lieferant von Nahrung und Rohstoffen.
Jeder Bodenbesitzer kann zwischen mehreren Möglichkeiten wählen; seinen Boden selbst zu nutzen, diesen zu verpachten oder zu vermieten, ihn unbenutzt lassen, ihn verkaufen. Nach der letzten Tätigkeit allerdings, ist er nicht mehr der Bodenbesitzer.
Gegenüber dem Besitzlosen ist er in einer machtvollen Ausgangslage, denn er kann den Boden verpachten und dadurch ein Einkommen erzielen ohne eigene Arbeitsleistung einzubringen, während der Pächter an ihn einen Teil seiner Leistung in Form von Geld oder (wie früher überwiegend) Naturalien abgeben muss, um den Boden benutzen zu dürfen. Die Situation verändert sich für den Besitzlosen weiter zum Nachteil, wenn der Besitzer den Boden durch Beschäftigte nutzen lässt. Ist Boden weit und breit in Privatbesitz, dann sind die Besitzlosen nicht in der Lage, sich durch eigenen Anbau von Nahrung am Leben zu erhalten, und um arbeiten zu können, braucht jeder Mensch Boden. Also werden diese Menschen abhän-

gig Beschäftigte und bekommen ein Einkommen, das regelmäßig weit unter ihrem Arbeitseinsatz liegt. In einer Wirtschaft, die ein Privatbesitzrecht kultiviert und in der der Boden entsprechend wenigen Personen gehören kann, sind die Besitzlosen darauf angewiesen, etwas Boden vom Besitzer zur Verfügung zu bekommen.

Privater Bodenbesitz war und ist rechtlich untragbar, die Geschichte des Bodenrechts insbesondere, geht historisch aber auf eine lange Entwicklungsgeschichte zurück und wie im Geld-, Wohlfahrts-, Steuer- und all den anderen in Privatbesitz gehenden Einkommensquellen, sind auch hier die Verursacher, die Initiatoren dieses falschen Rechts längst tot und können nicht zur Rechenschaft gezogen werden. Sie haben aber ein System hinterlassen, das wie alle anderen Privatrechtssysteme, der gesamten Gemeinschaft äußerst schweren Schaden zugefügt hat. Die Frage für eine Reform dieses Rechtsbereichs muss sein, wie die absolute Mehrheit der Bevölkerung gewinnen kann.

Die Uni Trier veröffentlichte im Internet einen Artikel "Bodennutzung und Bodenbesitz in Deutschland" und kommt in diesem schnell zu der Schlussfolgerung, dass über die Verteilung des Grundeigentums in Deutschland keine einheitlichen und aussagekräftigen Zahlen vorliegen!

Man muss sich diese Aussage auf der Zunge zergehen lassen, wenn man die unterdrückerische Akribie vieler Behörden, besonders des Finanzamtes kennt, wie bis zum letzten Detail Daten aus dem eigenen Leben zusammengetragen, rechtlich erzwungen werden, für ein statistisches Bundesamt Millionen und Millionen ausgegeben werden – um dann festzustellen, wem die Wege, wem die Fläche auf der wir wohnen, wem unser Land gehört, … ist nicht wirklich bekannt.

Bleibt anhand vorhandener Daten nur eine Schätzung aus den 80ern durch Daten aus den 70ern, wonach der Wert von Grund und Boden in der Bundesrepublik, also ohne neue Bundesländer, auf 3,1 Billionen DM, damals ca. 35 Prozent des Volksvermögens beziffert wird.

Anhand einer Statistik zu Beginn der 70er Jahre, existierten etwa 10 Millionen Grundeigentümer, von diesen 6,5 Millionen Eigentümer von Eigenheimen beziehungsweise Eigentumswohnungen, 1,5 Millionen sonstige Kleineigentümer, 1,2 Millionen Landwirte (2012 nur noch 288.000), sowie 0,8 Million Großeigentümer. Nur ca. 2,2 Prozent dieser Bodeneigentümer, 0,001 Prozent der Bevölkerung besaßen damals etwa ein Drittel der Wirtschaftsfläche und fast drei Viertel der Forstfläche. Wie mag es heute aussehen, 2015?

Und obiges bezieht sich nur auf Deutschland.

Auf der Seite Forbes.com im Artikel "This is my Land", sind für die USA einige Namen mit Angaben der Flächen beziffert. Demnach besitzt Ted Turner 1.800.800 acres (1 acres = 4047qm^2 also 7284600000 m² = 7284,6 km²), Archie Emmerson 1.500.00, Allyn Ford 750.000. Es sind nur drei Namen und so wie die "reichsten" Menschen dieser Welt nach Forbes, wohl nur Peanuts mit den wirklich Vermögenden, den wirklichen Besitzern.

Wenn Sie sich ein Haus bauen wollen, was müssen Sie für das Baugrundstück hinlegen?

Im Buch "Geld ohne Zinsen und Inflation" von Dr. Margrit Kennedy legt sie dar, wie z.B. nur zwischen 1950 bis 1982 der Wert sämtlicher Baugrundstücke ohne Arbeit, ohne Produktion, ohne Leistung der Besitzer um etwa 1000 Mrd. (DM) gestiegen ist. Und nur die Baugrundstücke. Wollte 1982 jemand ein sol-

ches Grundstück erwerben, so musste dreimal länger dafür gearbeitet werden als 1950.
Die Lösung ist im Ansatz dieselbe, wie sie zuvor schon im Geld- und Wohlfahrtswesen/Versicherungswesen zur Reform verwendet werden konnte. Niemandem soll das knappe Gut als Privatbesitz gehören, eine kollektive Besitznahme kommt wegen ihrer Unwirtschaftlichkeit ebenfalls nicht in Frage und 1989 zeigte im ehemaligen Ostblock, was passieren kann, wenn dem Menschen etwas nicht gehört. Es wird nicht wirklich genutzt.
In M. Kennedy`s Buch steht eine einfache und deutlich machende Abbildung, wonach drei Zustände im Bodenrecht existieren.

<u>Bodenrecht im Kapitalismus</u> Bodeneigentümer: Bodennutzung: Bodenpachtertrag:	Private Haushalte private Haushalte und Unternehmen in private Taschen
<u>Bodenrecht im Sozialismus/Kommunismus</u> Bodeneigentümer: Bodennutzung: Bodenpachtertrag:	Staat/Genossenschaften staatlich zugeteilt an den Staat
<u>Lösung der Bodenrechtsfrage</u> Bodeneigentümer: Bodennutzung: Bodenpachtertrag:	Gemeinschaft (Dorf, Stadt, Land) private Haushalte u. Unternehmen über die Gemeinschaft an alle Bürger

Die Lösung muss der Gemeinschaft und damit jedem Einwohner zugute kommen, weshalb nur eine private Nutzung in Frage kommt. Jeder, der ein Grundstück nutzen will, egal für welchen Zweck, soll dieses pachten können und dafür eine Nutzungsgebühr, eben diese Pacht an die Gemeinschaft (Dorf, Stadt, Land) abführen. Die Pachtverträge zwischen der Gemeinde und dem Nutzer sind zeitlich unbegrenzt und können auch vererbt werden (Erbpachtverträge), der Verkauf oder die Beleihung der Grundstücke ist ab diesem Zeitpunkt nicht mehr möglich, da keine Eigentumsansprüche mehr existieren. Auch neu ist, dass Gebäude nicht mehr als Bestandteil des Grundstücks angesehen, sondern sind privater beleih- und veräußerbarer Besitz des Nutzers, wie jede Art Ware oder Leistung, die individuell hervorgebracht wird. Plant der Nutzer einen Umzug in eine andere Stadt, dann muss er gegenüber dem Grundbuchamt seinen Pachtvertrag kündigen und für das Haus einen Käufer finden, der ihm den Wert des Eigenheims gibt. Vielleicht findet er jemanden, der ihm mehr gibt, als er dafür ausgegeben hatte, vielleicht auch nicht.

Will jemand auf einem Grundstück der Gemeinde ein Haus bauen, so muss er einen Pachtvertrag abschließen, kann sein Haus bauen, zahlt monatlich seine niedrige Pacht und stirbt er, so würde seine Familie sein Haus erben (wenn er will), wie auch seinen anderen Besitz, doch müssten diese die Pacht für das Grundstück an die Gemeinde weiterzahlen. Wollen sie dies nicht, so muss der Pachtvertrag gekündigt werden, das Haus verkauft werden an jemanden der dieses nutzen will und dieser muss auch wieder einen Pachtvertrag abschließen. Es gibt keine Möglichkeit, den Preis für den Boden nach oben zu spekulieren - also keine Spekulation, kein Einkommen ohne Arbeit!

Nicht alles ist Neu. In der Landwirtschaft wird laut dem Bauernverband, ca. 60% des Boden als Pachtfläche genutzt, nicht deutlich ist, an wem die Pacht geht. Geht diese an die Gemeinschaft/Staat, ist es akzeptabel, geht diese an Privatbesitzer, so ist es nicht akzeptabel.
Preissteigerungen bei Baugrundstücken, einfach jeder Euro mit dem man einen Privatbesitzer frei oder aus dem Weg kaufen muss, ist eine Schweinerei. Es wäre eine Doktorarbeit an sich, herauszufinden, um wie viel jegliche Staatsverschuldungen geringer wären, würden statt Privatbesitzer belohnt, geringe Pachten als Steuer gezahlt werden.
Es ist teils sehr gut beschrieben, wie Privatbesitzer vor Jahrhunderten an deren Grund und Boden gekommen sind. Verbrechen, Diebstahl, Bestechung. Hier ist nicht gemeint, wer sein Grundstück legal gekauft oder geerbt hat: Hier ist nicht der kleine Hausbesitzer gemeint, welcher zum Haus einige Quadratmeter Boden viel zu teuer kauft (bzw. kaufen muss, wenn er diese nicht pachten darf).
Folgendes ist deutlicher in M. Kennedy`s Buch beschrieben. Und grundsätzlich ist eine Reform des Bodenrechts etwas völlig anderes, als eine schnell umsetzbare Reform der Missstände im Steuer-, Versicherungs- und Geldbereich!
Um das neue Bodenrecht einzuführen sind zwei Unterscheidungen zur Lösung notwendig: Ein Grundstück befindet sich entweder im Besitz der Gemeinde, oder es befindet sich in Privatbesitz. Ist die Gemeinde der Eigentümer, dann ist der Ablauf unproblematisch. Die Pachthöhe muss festgesetzt werden und sind mehrere Bewerber für ein Grundstück vorhanden, kann das Nutzungsrecht versteigert werden. Bei Grundstücken in privater Hand muss deren Wert fest-

gelegt werden und müssen die Besitzer formal enteignet werden, bei gleichzeitigem Anspruch auf Entschädigung in Höhe des Grundstückwertes (keine schöne Lösung). Durch die formale Enteignung erhält die Gemeinde wiederum einen Anspruch auf jährliche Zahlung einer Pacht. Beide Ansprüche, also jene der Entschädigung von Seiten des Eigentümers und die der Pacht für die Gemeinde, werden miteinander verrechnet, bis sie ausgeglichen sind. Der Eigentümer würde bei einem Hebesatz von z.B. 2 1/2%, ca. 40 Jahre lang keine Pacht zahlen, und will er zum Ende hin weiterhin das Grundstück behalten, so zahlt er wie jeder andere eine Pacht an die Gemeinde. Verkaufen kann er das Grundstück nicht mehr, und es ist keinerlei Spekulation mehr möglich. Steht ein Gebäude auf dem Grundstück, dann gehört ihm dies bis zum Ablauf des Pachtvertrages und er muss es dann an einen Interessenten verkaufen. Gebäude sind weiterhin wie jede Ware oder Leistung privater Besitz, da diese erst durch persönlichen Einsatz von Arbeit entstehen konnten.

Der Eigentümer kann das Grundstück auch an seine Familie vererben und alles was sich ändern würde, wäre eben nur eine Zahlung der Pacht durch neue Eigentümer. Keine Spekulationserhöhung wie sie derzeit üblich ist, einfach nur eine simple Pacht!

Im Privatbesitzbodenrecht fehlt es wie in jedem anderen Privatbesitzrecht am Tausch. Das Privateigentum tauscht nicht mit der Mehrheit und das Staatseigentum tauscht nicht genügend mit dem Einzelnen. Die hier (oben) vorgeschlagene Lösung liegt (wie alle Lösungen, wie alle Reformen hier) in der Mitte der beiden extremen Varianten.

Um keine falschen Gedanken oder Panikattacken auszulösen, soll hier nochmals festgestellt werden, dass hier nicht die Idee besteht, irgend jemandem sein Haus wegzunehmen. Jeder würde sein Haus behalten, doch würde es für jene, die auch eine eigene Wohnung oder ein eigenes Haus besitzen wollen, aufgrund der nicht mehr möglichen Grund - und Bodenspekulation weit günstiger, ein eigenes zu erwerben. Spekulanten, die grundsätzlich die Preise aller Spekulationsobjekte hochtreiben, gehen harten Zeiten entgegen - sie müssen sich auf Kunstgegenstände, Briefmarken, Gemälde oder im Glücksspiel austoben, nichts aber haben sie in den Wirtschaftsbereichen zu tun, die Menschen ernähren sollen!!

Das wirklich Revolutionäre aber ist Folgendes: Viele werden die Aussage "Die Pachterlöse gehen an die Gemeinde!", in ihrer Tragweite weit unterschätzen. Jeder Haushalt, jedes Unternehmen zahlte bisher überwiegend eine Zwangsabgabe an den Privatbesitzer des Grundstücks. Die Gemeinschaft hatte niemals einen Nutzen davon, aber die Privatbesitzer. Sie hatten ihr arbeitsloses Einkommen auf den Schultern jener, die Dinge produzieren. Obige Reform übergeht einfach diese Unproduktiven, und statt in deren Tresore gehen die Nutzungsgebühren (Pacht) für Boden und Grundstücke einfach als Pacht in die Kasse der Gemeinde. Würde zuvor schon eine Steuerreform eingeführt und nur eine Verkaufssteuer erhoben, könnten alle Produktiven nun selbst von dieser Steuer mehr und mehr befreit werden, und zwar in der Höhe der Pachtzahlungen, die die Gemeinden einnehmen. Und mehr noch: Jene Einkommensbezieher (das gilt natürlich für alle Reformen), die nur durch ihren Besitz von knappen Dingen ein angenehmes Leben führten, müssen sich irgendwann mit dem Gedanken anfreunden, es nun selbst einmal mit echter Produktivität zu versuchen.

Es ist auch nichts gegen weitere Vermietung von Wohnungen oder Einfamilienhäuser einzuwenden, da viele Menschen es vorziehen, flexibel zu bleiben, statt mit einem Haus einen "Klotz am Bein" zu kaufen, nur: Wohnen derzeit viele Menschen zur Miete, weil diese sich den Kauf, auch in Raten, nicht leisten können, würde nur die Wohlfahrt/Versicherungsreform ihm derart mehr Einkommen übrig lassen, dass er es sich nun kaufen könnte. Würde dann auch eine Geldreform existieren, so wäre ein Haus in allerhöchstens 10, eher 5 Jahren bezahlt und das seine.

Jeder könnte ein Nutzungsrecht über soviel Grund und Boden erhalten, wie er an Pacht zahlen kann. Es können weiterhin Ferienwohnungen vermietet werden, da auf diese niemand existenziell angewiesen ist. Sie sind gewerbliche Mittel und für die Fläche, auf der sie stehen, muss der Pächter seine Nutzungsgebühr (Pacht) an die Gemeinde zahlen.

Seitenweise könnten Details aufgelistet werden, letztendlich aber muss sich jeder einfach vor Augen halten, dass Grund und Boden knapp vorhanden ist und durch Privatbesitz immer wertvoller und somit teurer wird. Das kann und darf nicht sein.

Die Lösung wird, wie so oft, genau zum entgegengesetzten Ergebnis führen, indem die Gemeinden Pachtgelder einnehmen, die Staatsaufgaben durch Herbeiführung einiger oder aller Reformen aus diesem Buch immer weniger Umfang erhalten, und infolge dessen die Pachtzahlungen ebenfalls immer geringer ausfallen.

Wenn der Staatshaushalt in Deutschland derzeit ca. 47% ausmacht, so auch deshalb, da der Staatsapparat durch "sein" ausgegebenes Geld den Menschen kontrolliert, aber auch durch den Faktor "Gerechtigkeit". Wenn die Allgemeinheit von diversen enteignenden

Gruppen angegriffen wird, so erzeugen diese Ungerechtigkeiten. Der Staat, die Regierung versucht (wenn seitens der Bevölkerung oder kleinerer Gruppen Druck ausgeübt wird) hier und dort dann "Gerechtigkeit" einzuführen, womit wir bergeweise neue Gesetze, Regeln, Beamte, Behörden und Kosten bekommen. Dann wird der Staat, die Regierung selbst immer mehr für Ungerechtigkeit = weitere Beamte, Behörden, Gesetze usw. usf.

Eine Bodenreform würde in Industriestaaten wie denen Europas, in den USA u.a. zu viel Verwirrung stiften, in jedem wirtschaftlich niederliegenden Land, in Entwicklungsländern sowieso würde sie zu einer massiven Belebung und Erholung der Szene führen. Für Industrienationen bleiben die Steuer-, Wohlfahrt - und Geldreformen als erstes durchzuführen, die des Mehrwerts kann von Beginn an in jedem Betrieb nach eigener Wahl eingerichtet werden, dann erst die Grund- und Bodenreform.

Dies macht auch Sinn, da, bevor es Geld gab, bevor es Versicherung oder den Gedanken an Mehrwert gab, Grund und Boden logischerweise längst existierte. Dessen Diebstahl, ihn nun frei kaufen zu müssen, ist also der älteste und wohl der zäheste.

Und auch diese Reform werden einige hassen, darauf braucht keine Wette abgeschlossen zu werden.

Rentenreform

Einen großen Teil Geld aller Gehälter zu nehmen, um diese dann über einen großen Topf an alle alten Menschen, die nicht mehr arbeiten dürfen oder können, zu zahlen, ist ein ebenso großer Irrsinn wie das derzeitige Geld-, Wohlfahrts- und Steuersystem. Es funktioniert einfach nicht, da es die Verantwortung des Menschen für sein eigenes Schicksal verleugnet und wie immer, - es sich ökonomisch für den Einzelnen einfach "rechnet", früher als geplant die Rente einzustreichen, so lange man noch lebt.

Verstehen Sie mich nicht falsch, ich bin ziemlich faul und freue mich jetzt schon auf meine ruhigen Tage, nur die staatliche Vorgabe ist sehr nahe der Zeit, wo Sterbestatistiken mir sagen, dass ich dem Durchschnitt nach, nicht viele Jahre von meinen eingezahlten Beiträgen leben werde.

Und, wenn die Familie eine Einheit bildet, die Rente bei Nichtgebrauch an irgendjemand anderes außerhalb dieser Familie geht, so ist dies natürlich zu einem gewissen Teil Enterbung

Was also wäre eine gute Alternative?

Drehen wir die Uhr etwas zurück. Unsere Vorfahren, also jene die keinen Kühlschrank, keine Bekleidungsgeschäfte oder Zentralheizung kannten, investierten einen nicht geringen Anteil ihrer Produktivität in die Vorsorge für die harte und kalte Jahreszeit. Brennholz, Felle oder Stoff, haltbar machen der Nahrungsmittel, alles was half, um die entbehrungsreiche Jahreszeit zu überstehen. Tiere, die Winterschlaf machen, fressen sich entsprechend rund und fett und meistens reicht das; für andere Tiere besteht die Überlebensstrategie darin, weite Entfernungen zurückzulegen in klimatisch günstigere Gebiete. Anscheinend verstehen sich alle Lebewesen darauf, gewisse Investitionen in ihre kürzere oder spätere Zukunft zu unternehmen. Aber immer, auch wenn manche Aktionen innerhalb der Herde durchgeführt werden, ist jedes Lebewesen, jedes Tier bezüglich seines eigenen

Überlebens auf sich selbst angewiesen! Gänse müssen ihr Gras selbst fressen, Rinder auch, Zugvögel haben hohe Verluste hinzunehmen und allen ist gemeinsam, dass niemand "mitgeschleppt" wird. Jedes Tier ist voll und ganz auf sich allein gestellt, auch wenn die Gruppe in gewissen Maß Schutz gewährleistet.

Wir Menschen müssen nicht so hart sein und sind es Gott sei Dank nicht. Mitleid, Barmherzigkeit, soziale Einstellung spielen eine große Rolle.

Ist unsere Rente irgendetwas anderes als eine Investition in eine evtl. harte Zeit oder als die Rücklage für den Jahresurlaub, in dem wir uns erholen? Nein, mit der Ausnahme, dass wir heute keine Felle, Nahrung oder Feuerholz lagern müssen, stattdessen haben wir das pervertierte Tauschmittel Geld!

Wird dieser ganze Schnickschnack der Rentenkassen, Sparfonds, Aktienpakete usw. beiseite gelassen, so ist die Rente letztendlich nichts anders als vorab geleistete Produktion, die über den Eigenbedarf hinausgeht. Während unsere Vorfahren auch noch damit zu kämpfen hatten, dass das Brennholz feucht wurde, die eingelagerte Nahrung verdarb, steht uns trotz aller bisherigen Nachteile mit dem Geld eine äußerst moderne Form und Möglichkeit der Vorsorge zur Verfügung. Die Reform der Renten ist auch im Bezug auf die ständig wachsende Weltbevölkerung von hoher Wichtigkeit. Überall dort, wo Zivilisation eine hohe Bedürfnisbefriedigung (trotz aller Fehler im System) erzielt, ist ein Rückgang des Bevölkerungswachstums zu beobachten. Für den Einzelnen fällt durch das Sicherheitsnetz die Notwendigkeit der Eigenvorsorge durch entsprechende Nachkommen aus. Wo aber keine Möglichkeit besteht, zusätzliche Leistung für die alten Tage zu "konservieren", wie es durch Geld (aber auch andere Methoden) auf einem Konto möglich

wird, muss eben die "altmodische Variante" der Fortpflanzung des Überlebens wegen "das Konto ersetzen".
Und grundsätzlich, Rente ist ein emotionales Thema. Genauer betrachtet allerdings auch eine Flucht. Eine Flucht aus der Arbeit, die immer, und immer wieder von diesen Scheiß Enteignergruppen bestraft wird. Von dieser Arbeit, bei welcher zu viele irgendwann denken, "wofür tu ich das"?
Und man bekommt körperliche Gebrechen ab einem bestimmten Alter, dann macht Rente wirklich Sinn. Doch anders herum gibt es viele Menschen die äußerst unglücklich sind, wenn sie nicht mehr arbeiten können.
Ich habe die Lösung nun schon mehrmals angedeutet, letztendlich ist die Lösung die selbe wie jene der Wohlfahrt, die der Mehrwert, im Grunde auch die der Steuer.
Der Einzelne muss für sich selbst verantwortlich gemacht werden, jedoch durch die Gruppe mittels eines "Gemeinschaftstopfes" abgesichert, in den er selbst auch einzahlt. Jeder zahlt also monatlich auf ein eigenes Konto soviel ein, wie er kann oder will und die Versicherung, die Rentenkasse oder wo auch immer dieses Konto verwaltet werden soll, nimmt daraus einen kleinen Verwaltungs- plus Risikoanteil, die übrige Summe wird langfristig dem Geldkreislauf zur Verfügung gestellt, wodurch (bei obiger Geldreform) keinerlei Nutzungsgebühren anfallen. Absolut neu ist: Wer früher stirbt, dessen Angehörige erben entsprechend des Testaments die eingezahlten Beiträge, und ansonsten würde alles sonstige ähnlich wie unter Wohlfahrt beschrieben ablaufen. Das bedeutet also weiterhin eine soziale Verpflichtung innerhalb der Gemeinschaft, die Beiträge gehen (Beispiel!!!) zu

einem Drittel (letztendlich je nach Leistungsforderungen) in den Gemeinschaftstopf und zu zwei Dritteln unantastbar auf das eigene Konto, welches von der Rentenkasse verwaltet wird, der Versicherte zahlt Beiträge für den Gemeinschaftstopf bis zu einer bestimmten vorgegebenen Höhe (Änderung gegenüber der Wohlfahrtsreform) und bekommt und zahlt erst weitere Beiträge, falls die eingezahlten nicht ausreichen sollten. Andersherum stehen diese ihm zur Verfügung, sobald er seine Rente antreten sollte bzw. sie von anderen Mitgliedern nicht in Anspruch genommen wurden. Die Beiträge auf das eigene Konto haben natürlich kein Limit, hier kann er soviel einzahlen wie er will, kann und für notwendig hält.

Wird das Mitglied durch eigenes oder fremdes verursachen Frührentner, so erhält es einen Minimumanteil aus dem Gemeinschaftstopf, nachdem die eingezahlten Beiträge seines Kontos aufgebraucht sind, bei Fremdverschulden muss der Verursacher haftbar gemacht werden.

Ausgaben aus dem Gemeinschaftstopf müssen (um es unattraktiv zu machen) als Kredit oder Darlehen vergeben werden. Diese stammen praktisch aus der Risikoprämie, die für die Rente höher ausfallen muss – denn deutlich ausgedrückt, Rente und baldiger Tod gehen doch Hand in Hand. Der Rentner wird wohl keiner Arbeit mehr nachgehen, wovon er obiges Darlehen zurückzahlen kann oder könnte.

Wer sie in Anspruch nimmt, war letztendlich nicht fleißig genug, genügend Vorsorge für die eigene Zukunft zu treffen, oder, was heute eher der Fall wäre, Enteignergruppen haben ihm von seinem Lohne einfach nicht genug gelassen.

Es könnte Ansporn für die Rentenanstalt wie auch für das Mitglied sein, alles zu tun, um durch eigene Leistung die alten Tage zu genießen. Die Rentenversicherung wird ein Interesse daran haben (aufgrund der Gebühren, die für das Mitglied die entscheidende Frage bzgl. seiner Mitgliedschaft ist), ihre Mitglieder gesund zu halten und das Mitglied selbst weiß, dass es in ein schlechtes Ansehen geraten wird, sollte es vorzeitig in Rente gehen, ohne durch eigene Leistung genügend Mittel angespart zu haben.

Sie können mir Eines glauben: Von Ihrem Geld in staatlichen Rentenkassen, ohne die Frage, wer wie viel einzahlte und ohne private Rentabilität, wird weit mehr für Verwaltung und Umverteilung ausgegeben, als Sie meinen. Da Rente letztendlich ein Leben auf zuvor nicht eingetauschte Tauschmittel bedeutet, ist die Rentenkasse aber nur ein Weg der Wege. Genauso muss und sollte allen freie Hand gelassen werden, die die eigene Zukunft durch andere Werte wie Kunstgegenstände oder andere (nicht Aktien oder Ähnliches, wo auf Kosten anderer gelebt wird) Mittel zu sichern.

Was gern vergessen wird, Rentenbeiträge werden zum Spekulieren genommen. Pensionsfonds waren 2008 mehrmals in den Schlagzeilen. Renten wie heute, sind durch die Enteignergruppen, durch zu wenige Einzahler, durch zu viele Pensionäre die nie einzahlten, im Grunde verteilte Gelder an einen großen Teil der Bevölkerung um diesen für die nächste Wahl günstig zu stimmen. Nur wenige haben ihre Rente wirklich verdient, und jene unglücklichen, die früh sterben – dessen Verwandte, die Kinder, erst Recht die Frau, erben selten etwas, was durch diese Reform möglich ist.

Dem Staat sollte weiterhin das Recht gewährt werden, durch Gesetz die Erfüllung von Mindeststandards von dem Einzelnen zu verlangen. Jemand kann meinen, bis an sein Lebensende arbeiten zu wollen und so etwas nicht zu benötigen, doch wenn er plötzlich doch nicht arbeiten kann, dann liegt er/sie der Gemeinschaft auf der Tasche und sie wird die Auslage wohl niemals zurückbekommen.

Wird die Rentenreform nach der Geldreform eingeführt, stehen die Rentengelder statt wie derzeit dem Staat zum Übertünchen selbstverursachter Fehlleistungen, der Gemeinschaft als wirklich langfristige Kredite oder Darlehen für gemeinschaftsfördernde Investitionen zur Verfügung. Der Bürger, der Beiträge in seine Rentenkasse zahlt, zahlt diese letztendlich wie auf sein Bankkonto ein und unterstützt durch seine zusätzlich erbrachtes, aber nicht in Anspruch genommenes Einkommen die Gemeinschaft, indem er ihr dieses zur Verfügung stellt. Bei Einführung aller hier beschriebenen Reformen kann er auch sicher sein, dass diese wirklich überlebensfördernde Vorhaben finanzieren, wie es derzeit in einer spekulativen, auf Zerstörung ausgelegten Wirtschaft nicht möglich ist.

Es ist obligatorisch, auch diese Reform werden viele zum kotzen finden.

Informationsreform (Patentwesen)

Wissen hat wie alles andere seine zwei Seiten. Im Guten verwendet, nutzt Wissen seinem Besitzer oder dem Umfeld, indem es größtmöglichen Erfolg mit geringen Mitteln ermöglicht oder andersherum, mit wenigen Mitteln einen größeren Erfolg, einen größeren Nutzen aus etwas ziehen lässt. Die negative Seite:

Wissen kann zu einem Privatbesitz verkommen, indem es andere daran hindert, eine Knappheit an etwas zu verändern.
Das seit einigen Jahrzehnten magische Werkzeug dazu nennt sich "Patent", das "dem Erfinder einer Idee, eine Urkunde das Recht zur alleinigen Benutzung und gewerblichen Verwertung gibt".
Obwohl Patente durch das Rechtswesen geschützt werden, kann ein falsches Recht (wie es derzeit üblich und normal ist), dessen Schutz allein dem Privatbesitz dient und eine Nutzung knapper Naturgüter zu erschwinglichen Preisen unmöglich macht, das Patentwesen pervertieren - und dies geschieht in großem Umfang. Falsches Recht im Patentwesen verankert, kann knappes, grundlegendes, einfaches aber machtvolles Wissen in Privatbesitz übergehen lassen und somit der Nutzung durch die Mehrheit verwehren.
Erfindungen, Ideen, Verbesserungen, die ein Mensch aus der Beobachtung seiner Umgebung selbst entwickelt, beruhen immer, so merkwürdig es sich anhören mag, auf Naturgesetze! Dieser Umstand macht es möglich, grundlegende Entdeckungen, die für die Gesellschaft überlebenswichtig sind und durch ihre grundlegende Wahrheit der Einfachheit, eine Art von Wissensmonopol bilden, in Privatbesitz zu nehmen.
So gibt es weltweit wahrscheinlich mehrere hunderttausend Erfindungen für Konsumgüter aller Arten und Variation, über kostenlose Energie vielleicht nur eine, im besten Fall einige Dutzend, da Energie als Grundlage allen Lebens, einen äußerst elementaren Faktor bildet. Eine finanziell entsprechend ausgestattete Gruppe kann sich genügend Forscher leisten, um diese heraus zu bekommen oder einfach das Wissen vom privaten Entdecker zur Herausgabe erpressen. Diese Erfindung in den Händen einer Gruppe, die Energie

teuer verkaufen möchte, würde durch das Recht, das Privatbesitz beschützt, die absolute Mehrheit der Erdbevölkerung von der günstigen Befriedigung ihrer Bedürfnisse ausgrenzen. Teure Energie macht hilfreiche unmöglich, dessen Verwirklichung große Energiemengen benötigt.
Wie beim Zins, der freigekauft werden muss, kann der Preis für diese Erfindung im Privatbesitz so hoch sein, wie er nie aufgebracht werden kann, weil nicht gewollt ist, dass ein Verkauf stattfindet. Obiges Argument ist nicht weit hergeholt. Die Gebühren für Patentanmeldungen sind in die Höhe geschnellt, Neue-Energie-Entdeckungen erhalten in den USA zum Beispiel regelmäßig eine Verfügung zur Geheimhaltung ins Haus geschickt, der Absender ist das kriminelle Pentagon, welches für die Welt verpestende Schwerverbrecher der Energieindustrie wenigstens ein dutzend mal die Ansprüche im Nahen Osten militärisch durchgesetzt hat.
Firmenlobbys drängen in Washington nach Jeanne Mannings Buch "Freie Energie" schon länger auf Veränderungen der Patentverfahren, um es den privaten Erfindern noch schwerer zu machen. Ich sage Ihnen hier, dass in den Schränken der so um unsere Gesundheit besorgten Regierungen seit Jahrzehnten alles Notwendige an Technologie liegt, um alle, jedes nur erdenkliche Problem mit günstigsten oder kostenlosen Mitteln zu korrigieren! Mag sein, dass Dealer und Junkies auf Straßen ein schlechtes Bild abgeben, doch wenn es um das Wegsperren in Gefängnisse geht, landen dort die unbedeutenden "kleinen Fische".
Der oft in Medien zerfleischte Dr. Rath, dessen "Verbrechen" wohl die Verbreitung von Informationen über Vitamine sind, der wohl mehrere Versuche der Pharma/Chemieindustrie zur Eindämmung bis hin

zum Verbot von frei verkäuflichen Vitaminen vereitelt haben mag, hielt einen Vortrag (Chemie-Pharma-Öl-Kartell) der im Internet zu sehen ist.
Recht deutlich wird gezeigt, wie Patentierung zum Schaden der Allgemeinheit abläuft, jedoch auch, wie Patente von irgend etwas gezielt entwickelt werden, um Naturheilmittel, oder schlichtweg die Nutzung der Natur zu verhindern (Monsanto). Der Verbot von Hanf, aus welcher Cannabis/ Marihuana nur ein verschwindend kleiner Produktabschnitt sein mag im Verhältnis zum Nutzen dieser Pflanze (Öl, Fasern für Stoffe, Baustoff, Dämmmaterial, Papier u.v.m.) ist DIE Grundlage unserer heutigen, so gottgleich wichtigen Chemieindustrie.
So bekommen wir aufgekaufte, weggesperrte Patente, um gewisse Produkte nicht zu bekommen oder aufgezwungene Produkte aus Patente, deren Zweck nur der ist, laufend für etwas Geld ausgeben zu müssen, da der natürliche Grundstoff nicht erhältlich ist (Hanf u.a.).
Es ist ein Bereich, frei von Gewissen, indirekt und direkt für Millionen Tode, Hunger, Vergiftung, Naturzerstörung verantwortlich.
Um es deutlich zu machen: Es gibt gewisse Dinge, die die Natur nur einmal hervorbringt, bzw. die als Grundlage von etwas nur ihre Nutzung zulassen. Grund und Boden sind einmalig und endlich, Luft und Wasser ebenfalls. Geld ist kein Naturgut, als Zahlungsmittel jedoch muss es endlich entsprechend der Waren und Leistungen vorhanden sein; Energie, die Materie belebt, würde in ihrer einfachsten nutzbaren Form ihrer Natur nach voraussichtlich nur einmalig vorkommen und wäre im Bezug auf das Wissen über ihre Nutzung eine endliche Angelegenheit. Alles endlich, begrenzt Vorhandene kann und darf nicht in Pri-

vatbesitz sein, denn dies bedeutet eine Rechtsprechung mit der Zielsetzung, die gesamte gegenwärtige Weltbevölkerung durch altmodische, ineffektive Lösungen mit unnötigen Problemen zu belasten.

Dr. Rath ist international sehr aktiv für die Vitaminfreiheit engagiert und in einer seiner Publikationen beschreibt er recht deutlich, warum die Pharmaindustrie soviel Wert auf chemische Medikamente liegt. Sie kann diese Entwicklungen patentieren und macht darauffolgend Milliarden Gewinne, während sie mit natürlichen Produkten, ob Vitamine, Kräutern etc., die sie praktisch nicht patentieren lassen kann, kein Monopol erhält und keine Milliarden Gewinne schreiben würde. So müssen die Patienten eben mit ihren Krankheiten weiter leben und sich damit zufrieden geben, dass die Symptome der Krankheit durch patentierte chemische Mittel angegangen werden, um dann später durch die Schädlichkeit dessen, was als Hilfe verkauft wird, in wirklicher Krankheit zu enden. Man kann sagen: Die Pharmaindustrie sorgt für ihre zukünftigen Kunden selbst, indem es diese schleichend vergiftet.

Das Patentwesen und sein falsch ausgerichtetes Recht ist ein Paradebeispiel für die Prinzipien 1-5 und einer gegen die Gemeinschaft missbrauchtes ökonomisches Prinzip in die eigenen Taschen. Nützliche Erfindungen, die das ökonomische Prinzip des Wirtschaftens für alle wahr werden lassen könnten und die Produktion erhöhen, bzw. mit den vorhanden Mitteln weit größeren Erfolg ermöglichen würden, werden dem privaten Gewinn geopfert, und die Nutznießer bleiben schwer beschäftigt, mit weniger ergiebigen Techniken. Dies wäre das erste Prinzip. Das durch die Erfindung vorhandene Wissen, durch dass eine Leistungssteigerung an Effektivität erreicht werden könnte, wird durch seinen Privatbesitz im wahrsten Sinn des Wortes knapp gemacht und die ineffiziente, teure, schmutzige, ungesunde aber immer unökonomische Lösung fordert weiter zu allen Zeiten die Beseitigung ihrer Folgen. Immer weitere Symptome (zweites Prinzip) addieren sich zu den vorherigen und fordern technologische und kostenintensive Beseitigungen (Öl ...). Die Ursachen werden nicht angegangen, (drittes Prinzip) indem bessere, neuere, moderne aber vor allen Dingen grundlegende Technologien verwendet werden, und die Symptombehandlung trübt den Blick aller für das Wesentliche und treibt die Kosten in astronomische Höhen. Indem das Wissen nicht geteilt wird (viertes Prinzip), herrscht das alte nicht mehr zeitgemäße weiter und treibt die Welt in einen Zusammenbruch. Das fünfte Prinzip schließlich erhält in einer Zivilisation eine übergeordnete Rolle, da diese erst durch Erfindungen erschaffen wird. Ein Patentwesen welches Erfindungen aufkaufen lässt, hält die Zivilisation im Würgegriff, und wir zahlen einen sehr hohen Preis für Techniken, die der Steinzeit würdig wären, aber bei derzeit 6 Milliarden Menschen nicht zeitgemäß sind und vor allen Dingen einen absolut zu hohen Preis verlangen. Die weltweite Energie-Infrastruktur, die hauptsächlich auf Verbrennung von Öl, Kohle und Erdgas und dem Einsatz radioaktiver Elemente beruht, verschlingt ungefähr 2 Billionen US-Dollar jährlich! Muss irgendjemandem näher erklärt werden, dass diese Mittel, würden sie eingespart werden, ausreichen, um alle erdenklichen wirtschaftlichen Probleme zu lösen? Und dies ist nur der Preis für eine rückständige Energie! Bei ihrer Lösung wird also jeder (abzüglich der Energiekonzerne) gewinnen. Wir sollten wirklich aufhören, für Privatbesitzer zu arbeiten!

Denken Sie nicht, unser liebes Auto hat Fortschritte gemacht. Die Neuerungen sind elektronischer Spielernatur, der Motor selbst (Explosionsprinzip) ist tiefste Steinzeit, egal wie viele hübsche mechanische Teile noch hineingebaut werden.
Schaut man sich dagegen die Entwicklung des Mikrochips an, bekommt man eine Idee, was Erfindung und Fortschritt in der Anwendung bedeuten mag.
Die Lösung liegt wie fast immer, in der Mitte.
Wie mit dem Grund und Boden, der weder geeignet ist, Privateigentum zu sein und auch nicht das des Staates, so ist Wissen nicht geeignet Privatbesitz zu sein oder das einer Elite. Eine Kombination ist notwendig, die dem Entwickler seine Belohnung gibt und die Bevölkerung teilhaben lässt. Die Zivilisation ist teilweise soweit vorangeschritten, dass sie es sich nicht mehr leisten kann, von einigen Gruppen gebremst zu werden. Es ist einfach zu kostspielig für die Weltbevölkerung und für die Umwelt. Von unnötiger Arbeitszeit nicht erst zu sprechen.
Die Reform:
Ein Beispiel zur Einleitung, um die folgende Reform verständlicher zu machen. Irgendwer hatte vor vielen, vielen Generation den Einfall, Tierhäute und -felle als Kleidung zu nutzen, in die Tat umgesetzt. Die gesamte Menschheit nutzt diese Idee seit vielen Generationen, um sich vor der Witterung zu schützen, heute wurde dieser Part durch die Kleidungsindustrie übernommen.
Würde es damals das Patentwesen gegeben haben und angenommen, dieser Erfinder hätte sein Patent jemandem verkauft, der nicht wollte, dass es dem Menschen bessergeht, so würden wir vielleicht heute noch frierend den Winter durchleiden, im Sommer der heißen Sonne ausgesetzt sein und vom Regen und Wind

ständig ausgekühlt werden – in nördlichen Regionen also würde es uns dreckig gehen. Dieses Beispiel ist sehr übertrieben und lässt alle weiteren Bestimmungen bzgl. des Patentwesens unberücksichtigt, doch dient es recht gut dazu jedem klar zu machen, was passiert, sobald Recht benutzt werden darf, um eine positive Entwicklung zu behindern. Die Reform müsste in der folgenden Richtung ausgerichtet sein:

Jede Art konstruktives, aufbauendes Wissen, muss für jedermann nutzbar sein!
Wissen darf nicht monopolisiert, versteckt oder geheimgehalten (aufgekauft) werden, um seine Benutzung oder Anwendung zu be- oder verhindern. Die gilt für Unternehmen ebenso wie für Regierungen und deren Organe.
Der Erfinder, Entwickler oder Entdecker einer neuen Technik, eines Erzeugnisses muss seinen Tausch erhalten, ob durch Geld, aber auch aus Ansehen, Privilegien und ähnlichen Belohnungen.
Die Bedeutung des Wortes Patent im Sinne von "dem Erfinder einer Idee, eine Urkunde das Recht zur alleinigen Benutzung und gewerblichen Verwertung gibt", muss im Sinne einer gemeinschaftlichen Nutzung und eines dementsprechenden Gewinns für die Allgemeinheit umformuliert werden. Das Patent muss die Urheberschaft des Erfinders oder Urhebers über eine Entdeckung urkundlich sicherstellen und durch diese dem Entdecker an jeglicher wirtschaftlicher Verwertung eine anteilige Belohnung (Lizenzgebühr o.a.) zukommen, sofern der Entdecker noch nicht verstorben ist. Auch nach dem seinem Tod darf das Patent nicht in Privatbesitz übergehen.
Muss der Erfinder der Patentbehörde derzeit viel Geld für seine Entdeckung bezahlen, damit diese dann

einen Rechtsschutz vor Ideenklau erhält, sollten diese Institutionen vollständig neu etabliert werden.

Ihr Aufbau sollte dem einer gewerblichen Vermittlungsagentur gleichkommen, welche einen Prozentsatz des Umsatzes, der Gage oder anderen Art von Belohnung aus der Verwertung des Künstlers (und ein Erfinder ist eine Art Künstler) o.a. erhält.

Durch obige Neustrukturierung würde diese Agentur einen äußerst hohen Wert für die Gemeinschaft erhalten. Statt wie bisher auf einem Schatz von Wissen zu sitzen, welcher einfach nur rechtlich geschützt ist und im nicht unerheblichem Ausmaß völlig unerkannt verrottet, würde diese Agentur nun quasi als Vermittlungsagent aller Erfinder fungieren können und im Eigeninteresse des Gewinns alles tun wollen, diese an Unternehmen und Selbstständige zur gewerblichen Verwertung vermittelt zu bekommen. Erfinder, die ihr Patent anmelden, sollten von allen Kosten befreit werden. Ihr Know-how ist die zukünftig finanzielle Einnahme der Agentur.

Dies würde auch ein Unternehmen schützen, welches durch seine eigene Forschung Erfindungen anmeldet. Dieses Unternehmen hätte zwar keinen Alleinverwertungsanspruch auf sein Patent, doch es würde, sollten diverse andere Unternehmen die Erfindung nutzen wollen, erhebliche Gewinne aus den Gebühren erzielen. Auf lange Sicht könnte diese Unternehmung finanziell dadurch sogar weit mehr einnehmen, auch würde diesem Unternehmen wie jedem privaten Tüftler jeglicher Streit mit Nachahmern, Ideendieben, Copyright-Verletzung kein Kopfzerbrechen machen, sind doch die Gebühren niedrig genug, um kein Interesse an strafbarer Verwertung zu haben. Die Agentur wiederum könnte und würde (sie lebt ja von ihren Anteil an den Gebühren) alle Rechtswerkzeuge einsetzen, um solche Individuen oder Unternehmen zu verfolgen, und nimmt damit den Patentinhabern diese umständlichen Verwaltungsaufgaben ab. Ein Patent und die in ihm enthaltende Erfindung oder Idee kann bei ihrer Verwertung der Gemeinschaft einen ökonomischen Nutzen in Form eingesparter Energie, Zeit, Raum oder von Rohstoffen ermöglichen; überwiegend zielen sie auch darauf ab.

Eine grundlegende neue Technik, welche der gesamten Welt Energie z.B. für ein ein Zehntel vorheriger Kosten oder einfach ohne irgendwelche Umweltbelastung geben würde, ist ökonomisch also von erheblichem Wert, der kaum in Zahlen ausdrückbar ist. In Privatbesitz könnte diese theoretisch einfach im Tresor verrotten, nach obigem Aufbau würde jeder Maschinenhersteller, private Haushalt und viele andere der Agentur diese den Entwicklern aus den Händen reißen wollen. Das eine ist egoistischer Privatbesitz, der private Taschen füllt, das letztere gemeinschaftliche Nutzung, an der der Erfinder verdient und auch die Gemeinschaft gewinnt. Obiges weicht sehr weit von der gängigen Praxis ab!

Unternehmen z.B. holen sich Arbeitskräfte mit entsprechendem Know-how in die Entwicklung und jegliche Entdeckung daraus gehört dann dem Unternehmen. Der Erfinder wird normalerweise vielleicht mit einem hohen Scheck, im Verhältnis zum Gewinn für das Unternehmen jedoch nur minimal gewürdigt. Doch weit schwerwiegender fällt das daraus folgende Privatbesitzrecht über die Erfindung ins Gewicht. Das Unternehmen hat jahrelang einen Alleinverwertungsanspruch und kann sich mit der Veröffentlichung entsprechend Zeit lassen oder bei wirtschaftlicher Verwertung einen sehr hohen Preis aufgrund seines Monopols verlangen. Gerechtfertigt wird dies häufig mit den hohen Entwicklungskosten, doch wurden und werden wirklich wichtige Entdeckungen überwiegend von privaten, mit sehr spärlichen Mitteln ausgerüsteten Privatpersonen gemacht.

Letztendlich: Es darf nicht zugelassen werden, dass eine für die Gesellschaft nützliche Entwicklung in private egoistische Hände, und somit Reichweite der Allgemeinheit gelangt.

Steuerreform - und dann?

Wird die Steuerreform von einer Geld - und Wohlfahrtsreform begleitet, dann wird die Verkaufssteuer ständig abnehmen. Der Staat kann, wird und muss laufend Funktionen aufgeben, für die keine Notwendigkeit besteht.

Die Gesetzbücher können nach und nach auf die wesentlichen Dinge gekürzt werden, wodurch weiterer Freiraum zur Gestaltung möglich wird. Die Nutzungsgebühr für das Tauschmittel Geld kommt in die Gemeinschaftskasse und kann entsprechend die Verkaufssteuer ersetzen, ebenso wie nach einer Land und Bodenreform die niedrige "Bodennutzungsgebühr" (Pacht), die alle Grund- und Bodeneigentümer abführen. Aus diesen beiden allein können weit mehr als alle Kosten des Staatshaushalts beglichen werden und irgendwann, wenn das ganze verwirrende Dickicht in den Regierungsbehörden bis auf das unabdingbare Minimum reduziert ist, dann werden viele Leute sich fragen, warum es überhaupt eine Steuer geben muss. Warum nicht freiwillig wie im Tausch auch, die Leistungen der Staatsorgane so bezahlen, wie man es für angemessen hält? Denn was ist anderes Ihr täglicher Einkauf? Sie wollen einen Artikel, eine Dienstleistung, sehen den Preis und entscheiden. Kauf oder kein Kauf. Es gibt keinen Grund, außer Kontrolle, dass für Einnahmen der Regierung anderes gelten sollte.

Und, im digitalen Zeitalter könnten viele, viele Aufgaben, besonders soziale, über Spenden erledigt werden.

Viele Aufgaben können von Freiwilligen erledigt werden (dies ist nicht einfach eine Idee, sehr viele Projekte, Ideen, Vorhaben und Veranstaltungen werden von ehrenamtlichen Helfern durchgeführt), die gesetzgebende und ausführende Gewalt kann sich freiwilliger Unterstützung ziemlich sicher sein, wenn sie wirkliches Recht anwendet und somit für Ruhe, etwas Ordnung und Frieden sorgt. Sind alle Reformen eingeführt, werden sie die Kosten für den Staatshaushalt um 90% senken - mindestens.

Vom Standpunkt der Logik muss gefragt werden, wem die riesigen Regierungsapparate nutzen!? Und dann, wem nutzen die Schulden, die Regierungen machen?

Spenden, Gebühren und Staatswesen

Spende: freiwilliger Beitrag zur Unterstützung oder Förderung von etwas oder jemandem

Wie schon mehrmals dargelegt wurde, ist die eigentliche Hauptaufgabe der Regierung die der Sicherheit. Das Schul-, Gesundheits-, Sozialwesen oder Melde-, Arbeits-, Wirtschaftsamt und die dutzenden anderen Institutionen, die innerhalb der Regierungen nach und nach

entstanden sind, hatten niemals ihre Aufgabe zu sein, viele von diesen Errungenschaften haben nicht einmal eine wirtschaftlich zu rechtfertigende Existenzberechtigung (z.B. das Zollamt, Arbeitsamt, Sozialamt), außer jener, dass sie Menschen beschäftigt halten.
Schulausbildung z.B. kann vollständig privat organisiert werden, nach dem Muster der Fernlehrgänge und würde weit günstiger werden, als es heute der Fall ist, denn der schlechte Schüler, der die Klasse langsam macht, würde nach Materialien wie denen in einem Fernlehrgang, einfach länger für diesen Kurs benötigen. Müssen seine Eltern für den Kurs bezahlen statt kompliziert und indirekt über Steuern, müssten nicht mehr die Lehrer, aber die Eltern Druck ausüben und/oder sich mit dem Sohn hinsetzen und üben.
"Das ist doch asozial! Die armen benachteiligen Kinder aus sozialen Problemzonen!" Blödsinn. Diese sind in unserem Schulsystem die wirklich benachteiligten. Kommt heutzutage ein Kind mit dem Stoff nicht hinterher, so wird es bei der nächsten Klassenarbeit schlecht abschneiden. Benötigt es das gelernte auch für alles weitere in dem Fachgebiet, wird es nur noch scheitern und zwangsläufig auf auswendig lernen umsteigen. Dann bekommen wir jemanden, der vielleicht gute Noten hat, aber nichts kann. Würde der gesamte Stoff zu einem Thema aus Materialien wie im Fernlehrgang beschaffen, und das Kind könnte diese mit der Zeit die es braucht in der Schule und zuhause studieren können, so bräuchte es vielleicht länger als andere, aber wenn es dann durch ist, hat es das Thema wahrscheinlich besser verstanden.
Schule ist heutet aufbaut nach dem Motto: Verstehe die Materie genau in dieser Zeit, oder Fall durch.
Es soll nicht bedeuten Schulen abzuschaffen, es gibt aber auch keinen Grund diesen Bereich per Beamten-

tum und unter staatlicher Kontrolle durchzuführen. Als Übergangslösung war die Idee mal gut.
Heute wird Schulausbildung immer teurer, die Qualität der Schüler jedoch immer schlechter.
Wo alles Geld in einem großen Topf landet und sich die bevorteilte Institution einfach bedienen kann, wird das ökonomische Prinzip vergewaltigt und die Kosten steigen ins Unermessliche während die Qualität sinkt.
Es gab auch niemals einen wirklichen Grund für die Existenz einer Sozial- oder Gesundheitsbehörde (außer jenen der Kontrolle über den Menschen).
Die Mehrheit aller momentanen Staatsaufgaben können mit Fug und Recht als Relikte alter Zeiten angesehen werden, wo Raubritter die Straßen unsicher machten. Wahrscheinlich können 60 und mehr Prozent der Staatsaufgaben völlig aufgelöst werden und 30 Prozent unter privater Verwaltung erfüllt werden. Der Rest hält dann das Funktionieren der Gemeinschaft durch Recht und Gesetz aufrecht, und der abschließende Test für die jeweiligen Entscheidungen ist nicht mehr die Verteidigung des Privatbesitzes und dessen unproduktiver Einnahmen, sondern einfach das Verhindern aller Faktoren, die das Leben Einzelner oder der gesamten Gemeinschaft durch heimlichen oder direkten Diebstahl schwerer machen wollen. Selbst die Verteidigung gehört hier mit hinein.
Es ist nicht so, dass in einer modernen Zivilisation das Volk den Staat nicht braucht, aber der Staat braucht das Volk derzeit weit mehr als umgekehrt, was niemals der Sinn dieser Verbindung sein sollte.
Da die Lösungen aus diesem Buch in die Richtung gemeinschaftlicher Verwaltung der Naturgüter durch Nutzung statt Privatbesitz geht, und da echter Austausch untereinander mittels neuer Verwaltungsinstrumente (Nutzungsgebühr, private Kapitaldeckung

usw.) installiert werden kann, zeigen diese Wege auch, wie die Regierung eines Landes gedanklich ihre Arbeit sehen sollte. Der vergangene Weg war der, wie noch mehr Geld durch Steuer eingetrieben werden kann, um die Gemeinschaft nach eigenen Vorstellungen zu formen. Der neue Weg wäre jener, der Bevölkerung zu dienen, indem alle Störungen von ihr fern gehalten werden, die bei der Bedürfnisbefriedigung, bei der Erhaltung des Lebensstandards störend einwirken. Es geht darum, für die Sicherheit von Eigentum und körperlicher Unversehrtheit zu sorgen, wofür auch weiterhin die Instanzen recht gebender und ausführender Gewalt notwendig sind.
Hört sich schwulstig, philosophisch und sonst wie an, doch diese Reformen hier, wären im Grunde Aufgabe unserer so Gottgleichen Regierungen, doch mit Garantie, diese werden die schwersten Gegner werden.
Das ideale Finanzinstrument für einige der Staatsaufgaben wäre jenes der Spende, denn die hoheitlichen Aufgaben, die Politiker und heutige Beamte erfüllen, sind im Grunde ein "dem Volk dienen", und Regierungen werden selbst auch nie müde dies in ihren Reden zu betonen. Wenn von Dienen die Rede ist, dann ist dies eine Leistung, für die die Begünstigten freiwillig etwas geben sollten und im Grunde ist es auch nichts anderes, was im Tausch täglich mehrere Milliarden mal auf diesen Planeten passiert. Wer etwas von jemand anderem erwerben möchte, gibt soviel Geld oder andere Ware, wie ihm jene Wert erscheint, die er bekommen möchte. Kann mir jemand einen Grund nennen, warum Regierungen sich anders finanzieren sollten?
Um jenen nicht zu viel Kopfzerbrechen zu machen, die es als "Diener des Volkes" gewohnt sind, feste

Besoldung, und nach einigen Jahren Dienstzeit Anspruch auf lebenslange Rente zu erhalten, wäre eine interessante Lösung zur Finanzierung der Sicherheitsorgane vielleicht folgender Vorschlag; Ein Polizist fängt einen Dieb, der gerade 5000 irgend einer Währung gestohlen hat. Statt diesen Dieb derart teuer einzusperren, dass Steuergelder von zwei Bürgern für das Gefängnis dafür aufgewendet werden müssen, muss dieser Dieb die 5000 zurückgeben und die gleiche Höhe an die Regierung als Strafe zahlen. Aus diesen Einnahmen finanziert sich die Polizei und die rechtsprechenden Instanzen. Werden weniger Verbrecher gefangen, dann sinken die Einnahmen und somit der Verdienst. Somit würden Verbrecher letztendlich die Sicherheitsinstanzen des Staates selbst finanzieren, welche letztendlich nur deshalb bestehen, weil es Verbrecher, Schwindler, Gauner, Diebe etc. gibt.

Ein Dealer (der vom Verbot des Hanfanbaus lebt), welcher durch seine harten Drogen Menschen umbringt, zahlt Schadenersatz an alle seine Opfer, und die gleiche Summe muss dieser an die Regierung für die weitere Gewährleistung von Sicherheit zahlen.

Vielleicht wird er sich dafür hoch verschulden, was soll`s, Millionen Menschen die etwas aufbauen wollten, hatten sich zuvor schon für eine gute Sache verschulden müssen.

Das ist sicherlich enorm abschreckend, aber es ist auch nur ein Vorschlag. Doch wer sagt, dass es Diebe gut haben sollen? Ein Politiker, der sich bestechen lässt und entsprechende Gesetze verabschiedet, zahlt die Bestechungsgelder natürlich nicht an jene, die ihn bestochen haben, sondern an vielleicht karitative Vereinigungen, und die gleiche Summe nochmals auf Konto X zur Aufrechterhaltung der Sicherheit.

Obiges ist nur eine Idee, nicht wirklich wichtig und bezieht sich auf Gebühren durch Verkehrskontrollen (und ist einfach eine Erweiterung).
Strafzettel und entsprechende Strafgebühren finanzieren die Sicherheit, während die Sicherheitskräfte der eigenen Einnahmen wegen auch sehr effektiv arbeiten würden. Letztendlich sind Diebe und Verbrecher immer dumme Menschen, und wer dumm ist, den bestraft die Natur normalerweise mit dem Tod.
Die moderne Gesellschaft lässt diese bei obiger Lösung nur länger arbeiten. Das ist doch ein sehr guter Deal, oder?!

Bevölkerungsexplosion

Theorie! Wenn die aus der malthusianischen Theorie stammende "Wirtschaftspolitische Bewegung zur Geburtenkontrolle" (es gibt diese) nach ihrem Erfolg bemessen werden müsste, dann wäre sie wie jede andere Theorie, die von den Führern verfolgt wurden, ein Riesen Misserfolg!
Vielleicht dachten die Menschen hassende Elite, dass das Problem einfach mit von Wirtschaft verursachten Knappheiten geregelt werden kann, und wenn sie dabei einen guten Schnitt machen, um so besser. Doch vergaßen sie dabei erstens, dass in der Not wahrscheinlich die meisten Ideen geboren werden und zweitens, dass der menschliche Körper trotz aller geistigen Wundertaten, sein biologisches Eigenleben führt. Beides zusammen brachte dem Menschen den überlebensfördernden "Trick", viele Nachkommen zu zeugen, da man sich in alten Tagen wohl nicht mehr

so gut allein versorgen kann. Dieser "Trick" scheint um so wichtiger zu werden, je mehr Mangel im persönlichen Leben herrscht. Und so gibt es einige Nationen, deren Volk sich nicht ernähren kann und das durch zu viele Geburten aktiv dabei mitwirkt und andere Nationen, deren Bevölkerung so gut versorgt ist, dass sie sich seit Jahrzehnten Gedanken machen muss, wo sie ihre Überproduktion lassen kann und die Bevölkerung kaum oder keinen Zuwachs verzeichnet. Scheinbar bewirkt Armut viele Nachkommen, während Reichtum und Wohlstand einen zivilisierenden Faktor einführt und eher praktische Dinge dabei berücksichtigt. Wenn dem so ist und diese Enteignungseliten, welche über den Dingen stehen, soviel Armut und Verfall in die Welt gebracht haben, sind sie dann selbst, indem sie das Problem der Bevölkerung "lösen wollten", durch ihre Gier selbst die Ursache heutiger Bevölkerungsexplosion? Und wenn dem so ist, könnte eine weiter explodierende Weltbevölkerung dadurch gelöst werden, dass man alle Völker reich und wohlhabend werden lässt, und ihnen so die Sorgen um die alten Tage nimmt?

Umweltzerstörung

Die Reformen sollen, müssen, und würden dafür sorgen, die Umwelt zu erhalten.
- Denn zweistellige Prozentraten jeglicher Produktion gehen an den Geldbesitzer durch Zins und Zinseszins.
- Ein hoher einstelliger, evt. zweistelliger Prozentsatz geht für monopolisierte Energie drauf. In jedem Gram Nahrung das wir Essen, Quadratmeter Straßenbelag,

jedem Teil Ihrer Wohnung, in allem stecken Energiekosten einer aufgezwungenen privaten teuren Energie.

- Ein schwer zu berechnender Prozentsatz wird in Egoismus, Verschwendung und zur Verfügung von Spekulanten gestellter Wohlfahrt und Versicherungsgelder vernichtet und die Bevölkerung heimlich enterbt.

- Ein hoher zweistelliger Prozentsatz wird mittels Enteignung durch Steuer seitens Regierungen verbrannt. Jahr für Jahr.

- Ein ebenfalls hoher Prozentsatz wird für ineffektive Gesundheits-, tötende Chemie/Petro/Pharmaindustrie, Kunstfasern, Öl-Produkte jeglicher Art, einfach aufgrund eines Monopols, das einfach durch breiter Wiedereinführung der Nutzpflanze Hanf beseitigt werden könnte, verbrannt.

Überproduktion, Export auf Teufel komm raus, längste Transportwege um den hohen Gebühren/Kosten der Enteignergruppen zu entgehen und, und, und, und, und – würden sich mit den Reformen erledigen.

Transport

Eine wirklich freie Weltwirtschaft zeichnet sich auch durch umfangreiche Unabhängigkeit aus, innerhalb der jeder Einzelne, die Gruppe oder die Gemeinschaft individuell entscheiden kann, mit wem, wie, wann und wie viel sie tauschen will. Wenn Tausch zu einem Zwang wird oder eine Regierung diesen verhindert, und das "Schutz der einheimischen Industrie" nennt, dann steht dies im Widerspruch zum Handel.

Wenn Werbung Wünsche weckt und viele Angebote wirklich auch das Leben verbessern, kommt dem Transport eine enorm wichtige Aufgabe zu. Ob per Wasser, Luft oder Landweg, alle Transportmittel helfen den Wohlstand zu fördern, indem sie Ideen, Wissen, Informationen (Internet, Telefon usw.), Güter, Waren und Menschen in immer kürzerer Zeit von einem Ort zu einem anderen bringen und zuvor bestehende Grenzen zu einem Fossil degradieren. Wie das Blut im Körper die Nährstoffe in jede Zelle transportiert und sie am Leben erhält, so sorgt der gesamte Transport in der modernen Gesellschaft für Fortschritt und Fortbestand.

Moderne Gesellschaften sind es letztendlich erst durch den Tausch untereinander geworden. Der Umfang und die Ausweitung des Transports macht immer weitere Waren- und Leistungskombinationen möglich, und einige Gemeinschaften könnten ohne diesen kaum nennenswerte Entwicklung voranbringen. Der Transport ist aber letztendlich Produktivität und steht wie jede andere Produktionsform unter aufgezwungene Wirtschaftsbedingungen, unter einem natürlichen Zwang, mit ständig weniger Materialkosten, Zeiteinsatz, Raumverbrauch und Energie auskommen zu wollen oder zu müssen. Innerhalb enger Grenzen werden ständig Erfolge in der Geschwindigkeit (Zeit), Raumausnutzung, Material und auch Energieverbrauch hervorgebracht, doch ist das Haupthindernis für einen absolut effektiven Transport die bestehende ineffektive, fossile Verbrennungsenergie. Wenn der Mensch seinen Fortschritt nur durch das Verbrennen alter verfaulter Rohstoffe wie Kohle, Öl, Gas, Benzin, Torf oder Holz erhalten kann, dann ist dies ein Weg, der gelinde gesagt ziemlich irrsinnig ist!

Im kalten Krieg wurden viele Experimente mit Atombomben unternommen, und es blieb die Erkenntnis einer weit höheren Zerstörungskraft der Wasserstoffbombe. Merkwürdigerweise besitzen wir etliche Atomkraftwerke aber keine Wasserstoffwerke. Es gibt umfangreiche interessante Literatur zum Thema Wasserstoff und niemand kann glaubhaft vermitteln, es gäbe keine Möglichkeit, Wasserstoff als unabhängige, ständig nutzbare, kostenlose Energiequelle zu nutzen. Wir können Gene zerlegen, Menschen klonen, Atome spalten aber keinen Wasserstoff als Energiequelle nutzen? Wo liegt das versteckte Patent? Oder, wem gehört das Patent?

Viel Gerede wird um das weit größere Volumen von Wasserstoff gegenüber herkömmlichen Brennstoffen gemacht, aber wer sagt denn, dass dieser wie Benzin im Auto gelagert werden muss? Wasserstoff und Sauerstoff werden aus Wasser gewonnen, beides kann sicherlich zeitgleich mit dem Betrieb vonstatten gehen. Wasserstoff ergibt mehr Energie als irgendein anderer bekannter Brennstoff. Wenn die vorhandene Technologie nicht offengelegt wird, sollte viel Forschung in die Richtung unternommen werden, um die Technik nochmals zu entdecken und um uns alle unabhängig von Ölmultis, Wüstenscheichs und allem was aus der Petrochemie stammt, zu machen. Es ist ein Unterschied in den Lebenshaltungskosten, ob in jedem Stück Brot, im steuern eines Fahrzeugs oder in der Aluverpackung einer Coladose hohe Mengen teurer stinkender Energie stecken oder ob diese kostenlos zur Verfügung steht.

Sie macht teils einen sehr hohen Anteil **aller** Kosten aus. Spediteure, Taxifahrer und Kuriere sind nicht die einzigen, die ein Lied davon singen können. Wasserstoff agiert bei genügend hoher Temperatur mit

Sauerstoff und mit dem Metall Platin als Katalysator sogar bei Zimmertemperatur, und der "Abfall" der Verbrennung ist Wasser. Stellen Sie sich vor: Ein Haus in der Wüste, im Gebirge, auf dem Land oder Sie fahren Auto und könnten damit ohne zu tanken nonstop um die Welt fahren; Aluminium als Leichtmetall - aber in der Herstellung enorm energieaufwändig, all diese Dinge könnten zu einem Bruchteil heutiger Kosten als derzeit mit Energie versorgt, durchgeführt oder hergestellt werden, zu jeder Zeit, völlig unabhängig.

Uns allen ist ein festgeschnallter Gürtel aus teurer Energie umgelegt wurden, welche in privatem Besitz ist und also ständig von diesen Leuten freigekauft werden muss, und "gute" Energie, die frei und unabhängig macht, vermodert in den Patentarchiven bzw. darf im Namen "nationaler Sicherheit" oder anderer Lügen nicht benutzt werden. Die Erde ist längst reif für eine gute Energie, nicht nur des günstigeren Transports wegen, auch weil wir es uns nicht mehr leisten können, unsere Ressourcen zu verbrennen.

Wasserstoff ist nicht die einzige Möglichkeit, kostenlos Energie zu beziehen, es gibt vielversprechende Versuche mit Magnetismus, kalten Fusionen, Energie aus Müll allein von Tüftlern aus dem deutschsprachigen Raum. Es müssen keine Kolbenmotore sein; um 1900 fuhren 38% aller amerikanischen Kraftfahrzeuge mit Strom, während der Benziner nur auf 22% kam. Wussten Sie davon? 38% fuhren mit Strom und heute, 100 Jahre später, wird dauernd von Forschung und Durchbruch in der Forschung gesprochen ... .

Wie viele innovative Ideen mögen in den USA, Japan, Russland und allen anderen Nationen verstauben? Alles Alte wird irgendwann vom Neuen überholt, dies gilt auch für Energie!

Auto

Es wird viel Aufhebens um das Auto gemacht. Man bleibt trocken, es ist schnell, sein Äußeres hebt das eigene Ansehen und solche Vorteile.
Letztendlich aber ist das Auto nur eine Ware unter vielen, und seinen Siegeszug hat es in nicht unerheblichen Ausmaß billigen Politikern zu verdanken, welche an einem Beschäftigt halten der Bevölkerung interessiert sind, da sich jeglicher Überkonsum von Gütern oder Waren und auch ineffektive Technologie sehr gut in Steuergeldeinnahmen bezahlbar macht.
Das Auto hält den Bürger natürlich enorm beschäftigt. Es kostet ihn mehrere Jahre Ersparnisse in der Anschaffung, es braucht teure Energie, Ersatzteile und an jeglicher Ausgabe kassieren die Finanzämter anteilig Steuern. Als Transportmittel steht das Auto als mehrheitlich privates Eigentum dem Allgemeininteresse der Bevölkerung entgegen. Es verstopft freie Flächen oder verstellt sie (gerade dort wo schon wenig Platz ist), es nimmt Kindern Platz zum Spielen, es macht Lärm, vergiftet die Luft (solange wir uns alte Energien aufzwingen lassen) und macht es notwendig, dass der Besitzer einen nicht unerheblichen Teil seiner regelmäßig viel zu langen Arbeitszeit für seinen Erwerb und Erhalt aufbringen muss. Von allen Transportmitteln hat das Auto wohl längst eine Monopolstellung erreicht.
Natürlich liest obiges sich ziemlich abgedreht, doch schaut man sich in Städten um, wo die Menschen dort hingehen, dann dorthin, wo wenige Autos unterwegs sind. Straßen mit vielen kleinen Geschäften versuchen oft, den Verkehr möglichst herauszuhalten bis hin zur Umgestaltung in einer Fußgängerzone. Die

Menschen verbringen dort ihren Urlaub, wo wenige Autos sind, all solche Dinge.

Es ist etwas egoistisch, man flüchtet vor dem, was man selbst tut, wenn man die Möglichkeit dazu hat.

Ist der Mensch normalerweise dem ökonomischen Prinzip zugetan, wo er mit wenigen Mitteln viel erreichen will, so ist das Auto schlicht äußerst unökonomisch. Der wirkliche Fortschritt für eine Bevölkerung wäre eine gemeinsame Nutzung wie sie die Bahn, das Flugzeug und der Bus bieten.

Dass diese drei wenig Konkurrenz bieten, liegt an den direkten, sichtbaren Kosten, die sie ihren Kunden in Rechnung stellen, einer internen Ineffektivität über viele Jahrzehnte, wo sie oft staatlich anstatt privat organisiert wurden und somit jeglicher Anreiz fehlte, es besser zu machen.

Außerdem sind da natürlich die Steuer erhebenden Regierungen selbst, welche fördern was ablenkt, beschäftigt hält und die Kassen füllt.

Hätte man Bahnschienen anstatt Autobahnstrecken gelegt, die Anzahl der Busse derart erhöht, das selbst auf dem Land alle 10 min. leicht einer zu erreichen wäre, - dann würde alles anders aussehen.

Alle in diesem Buch vorgebrachten Lösungen zielen auf "Nutzen" statt "Privatbesitz" ab, mit der Einschränkung, dass der Nutzer vorübergehend Eigentümer der Sache sein muss, die er nutzt, da diese sonst nicht lange halten wird, sich nicht entwickelt und jegliches Interesse an ihr verschwinden wird. Privatbesitz ist immer zu teuer für all jene, die nicht im Besitz dieser zu oft seltenen Sache sind, beim Auto als privat hergestelltes Erzeugnis ist es nur etwas anders gelagert.

Während "Mengentransporter" wie Bus und Bahn pro Fahrgastkilometer nur in geringem Ausmaß Luft,

Nahrung und Boden verbrauchen, vergiften oder versiegeln, steigen diese Werte beim Privatauto rapide an.

Doch wirklich interessant wird die Betrachtung gegenüber seiner Familie oder den Mitmenschen in seiner Stadt, in seinem Land oder auf diesem Planeten. So wie der Egoismus weniger Privatbesitzer uns alle in Schwierigkeiten bringt, bringt uns das unökonomische Fortbewegungsmittel Auto eine Menge individueller Menschen, welche sich von der Gemeinschaft abschirmen und ihnen durch ihre persönliche Trägheit den Raum (Straßen, Parkplätze) knapp machen, unglaublich viel Energie vergeuden und vor allen Dingen ein hohes Maß an Aufmerksamkeit benötigen. Man muss auf diese Dinger alle paar Meter vor Ampeln warten, bis sie vorbeigefahren sind (was ist das eigentlich für ein Recht?), Städte sind häufig sehr arm an Pflanzengrün, und im Gegenteil ist die Atemluft mit einer Unzahl Schadstoffen und Staub angereichert. Es ist nicht so, dass nur Privatbesitzer etwas knapp machen können, auch Unternehmen können durch ihr Monopol an einem ineffektiven Erzeugnis diese derart im Alltagsleben durchsetzen, dass es allen Menschen zu einer Plage werden kann. Das Auto für Einzelgänger ist so eines.

Allerdings ist es auch wirtschaftlich gewollt, und Werbefutzis tun sonst was, um Werbung für einen Autokonzern machen zu dürfen und wenn wir schon alle Geld, Versicherung, Regierung und diese System nutzen ohne weiter nachzudenken, so ist das nervende oder angenehme Fortbewegungsmittel nur ein Symptom einer egoistisch geprägten Ära.

Was hier geschrieben steht, soll nicht für eine Abschaffung aller Autos Stimmung machen, jedoch das Augenmerk auf ein gesundes Maß werfen, welches gut für uns alle ist. Alles kann übertrieben werden, selbst Reformen.

Viele Menschen müssen dorthin zu Arbeit, wohin wirklich kein Bus fährt, da gibt es hunderte Sinn machende Ausnahmen.

Die Stadt Curitiba im Süden Brasiliens zeigt hier einen guten Weg, indem sie den Busverkehr konsequent ausbaute und die Busse dort teilweise im Minutentakt halten, es spezielle Einstiegsvorrichtungen gibt, um den Verkehr zu beschleunigen. 85% der Bevölkerung nutzt es, eine Fahrt zu jeden Punkt der Stadt kostet einen Preis, es gibt "Einstiegsröhren" die immer mit Personal besetzt sind, dir, statt im Bus, Fahrkartenkontrolle und Verkauf handhaben, gleichzeitig sind die Röhren auf Höhe der Einstiege, was extrem kurze Haltezeiten und somit schnelle Reisegeschwindigkeit ergeben.

Alle Großstädte sollten in ihrem eigenen Interesse ihren Bus- und Bahntransport um ein Vielfaches aufstocken und aufhören, dem Individualverkehr immer mehr Zugeständnisse zu machen. Wahrscheinlich wäre ein Faktor 100 für den Bus- und Bahnverkehr der richtige und notwendige Ansatz, und wenn es bald schadstofffreie und kostenlose Energie gibt, können auch Flugzeuge im Nahverkehr eine vielmals größere Rolle bekommen. Gleichzeitig muss daran gearbeitet werden, dass Autofahrern wirklich alles in Rechnung gestellt wird, was ihr privater Vorteil die Allgemeinheit kostet. Derzeit zahlt der Autofahrer vielleicht 30% der von ihm wirklich verursachten Kosten. Doch wie berechnet man vergiftete Luft, Lärm, keinen Platz zum Spielen für die Kinder, zubetonierte, asphaltierte Straßen und Parkplätze und all die anderen hässlichen Folgen? Wege sind zuerst auch für den Menschen gedacht, dass Fußgänger und Radfahrer zum Beispiel an

Ampeln zusehen müssen, wie der unwirtschaftliche Autoverkehr schnell seine Ziele erreicht, mag eine gute Werbung für das Auto sein, rechtlich aber ist es nicht tragbar. Ampeln gibt es, weil es Autos gibt, nicht wegen dem Fußgänger. Das Autofahren muss in realen Kosten in Rechnung gestellt und schwieriger gestaltet werden. Es sollte alle 50 Meter Zebrastreifen geben, wo Fußgänger und Radfahrer absoluten Vorrang haben und ähnliche Einrichtungen. Selbst wenn eines Tages kostenlose Energie Wirklichkeit wäre, würde dies nichts am Recht des "zuerst dagewesenen" ändern - dass der Mensch vor dem Auto hier war. Letztendlich ist das Auto nur Produkt weniger Firmen und, derzeit, ein Geldesel für eine winzige Clique, die das Öl und über dieses die Chemie- und Pharmaindustrie samt deren Folgen dominiert.

Mittelstand

Der monopolisierten Einfalt, Monotonie und Privatisierung breiter Bereiche kann eine breite gesunde Vielfalt ohne den ganzen Konsumblödsinn entgegen gestellt werden, und jede Bewegung, die fortschrittlichere Argumente im Rucksack hat, wird dem Monopolisten sein Monopol nehmen und wieder zurück auf breite Schichten verteilen, dorthin wo alles war, bevor in die Wirtschaft seine Fehler implantiert wurden.
Im Ergebnis wird auch der Mittelstand aufhören zu existieren, der persönliche Stand, das persönliche Ansehen wird nur noch von der persönlichen Leistung abhängig sein. Es kann also vorkommen, dass ein einfacher Schlosser mehr verdient als der Präsident eines

Unternehmens, weil er weit mehr Leistung hervorbringt, ein Friseur mehr als der Geschäftsführer eines großen Unternehmens, der Händler eines kleinen Ladens mehr als der Inhaber eines multinationalen Konzern usw. Denn was letztendlich wirklich zählt, egal was Politiker, Zeitungen usw. täglich vorbeten, ist die grundlegende Einfachheit, dass das Geld, welches der Einzelne im Tausch zurückerhält, seinen Wert erst durch wirkliche zuvor gebrachte Leistung bekommt!

Qualität gegen Quantität

Es gibt ein weiteren Punkt, der bisher kaum oder nur ansatzweise genannt wurde, und sogar verdient hätte, als sechstes Prinzip Beachtung zu finden.
Enteignungssysteme, welche ihre Einnahmequellen in der Wirtschaft "eingeplant" haben, erfordern zum Ausgleich der Produktion, die sie absorbieren eine zusätzliche Produktion der Produktiven, denn diese wollen wie zuvor auch, ihre eigenen Bedürfnisse decken. Dem ökonomischen Gesetz nach will man mit den gegebenen Mitteln möglichst viel und zusätzlich den größten nur möglichen Erfolg mit möglichst wenig Mitteln erreichen. Beides bewirkt und überschneidet sich dabei, Qualität und Quantität an Bedürfnisbefriedigung zu erreichen. Die unwirtschaftlichen Systeme privater Gruppen zwingen den Produzenten zur Mehrproduktion und diese müssen ihre Bedürfnisse nach Dringlichkeit einteilen und dementsprechend die Qualität sein lassen und sich auf Quantität beschränken! Interessanter Punkt, nicht wahr? Kommt Ihnen das nicht irgendwie bekannt vor?

Die Erzeuger von existentiellen Erzeugnissen können ein Lied von diesem Zwang singen. Landwirte sind einem derartigen wirtschaftlichen Überlebensdruck ausgesetzt, dass ihnen zu oft nur der Weg bleibt, kurzfristig rentable Monokulturen anzubauen (Quantität), Vielfalt einzuschränken, mit der Feldbearbeitung fern aller Regeln möglichst konsequent vorgehen, was darin endet, möglichst große leicht und schnell zu pflügende Felder anzulegen, die infolge dessen vielfach schneller erodieren. Und da dies der falsche Weg ist, holt sie alle zusammen die Strafe der nicht eingehaltenen Qualität. Pilze, Schädlinge, Krankheiten machen sich über ihre Monokulturen her, Unwetter haben leichteres Spiel, den Boden auszudörren, und um zu retten was zu retten ist, lassen sie Gaukler der chemischen Industrie und deren Pestizide und Fungizide herein und vergiften sich und ihre Felder. Diese Mittel kosten Geld und werden im Verhältnis zum Ertrag immer kostspieliger, und so schmilzt auch der Vorteil dahin, wenn es jemals einen gegeben hat. Jetzt fangen die Probleme richtig an. Vielleicht hilft ein Kredit für das nächste Jahr? Der hilft nicht, der Hof muss verkauft werden, und ein größerer Landwirt mit gleichen Problemen übernimmt seine Flächen, um am Ende vielleicht vor ähnlichen Fragen am Küchentisch zu sitzen.

Dasselbe Bild liefern mit Abständen oder zeitlichen Verzögerungen alle anderen Produktionsbereiche, die weiterverarbeitende Nahrungsmittelindustrie ist davon gefangen, die Textilindustrie kennt diese Entwicklung ebenso wie die Bauindustrie (vergleichen Sie heutige Bauten mit jenen aus dem frühen Mittelalter - Quantität statt Qualität).

Unter der Beibehaltung aller derzeitigen Wirtschaftsfaktoren enden irgendwann sämtliche Produktionsbereiche vor den selben Problemen. Aber dies ist nicht das ganze Bild, denn einige, die aufgepasst haben, werden hier einwenden und sagen: "Ja, aber wir sehen doch, dass die Qualität überall oder fast überall zunimmt! Die Elektroartikel werden immer ausgereifter, Ökonahrung setzt sich mehr und mehr durch, auch die Kleidung wird zum gleichen Preis immer modischer etc.. usw."

Die Produzenten als Gruppierung müssen Waren und Leistungen in genügend Quantität herausbringen, sie werden an einem Punkt, wo das Angebot den Markt gedeckt hat, weil andere Produzenten den ähnlichen Artikel auch anbieten, sich mit dem Thema "Konkurrenz" auseinander setzen. Konkurrenz mag das Geschäft beleben, und Verfechter der Marktwirtschaft halten Konkurrenz für eine Notwendigkeit, um Qualität hervorzubringen - insbesondere beim Preis (nach unten), doch ist Konkurrenz ein echtes Produkt enteignender Gruppen und ihrer versteckten Forderungen, die sie, ohne sich zu zeigen, in den Markt zwingen. Und indem sie Produktion nicht zulassen ohne als Hürde, als Hindernis, als Zollstelle zuvor ihren Teil genommen zu haben und die weitere Zeit auch immer dabei bleiben, können sie von ganz oben dem Volk zusehen, wie sich dieser "Pöbel" gegenseitig das Leben erschwert.

Diese Konkurrenz ist Blödsinn und kein Teil der Wirtschaft, sie wird einfach nicht benötigt, aber sobald sie da ist, erfordert sie von allen betroffenen Produzenten eine Zugabe bei möglichst sinkenden Kosten - und diese Zugabe heißt Qualität! Es wird nicht mehr verdient als zu Beginn, als die Qualität gestrichen wurde, um durch Quantität am Leben zu bleiben, und nun holt sie diese wieder ein, in der Regel zu einem Zeitpunkt, zu dem bereits begonnen wurde, Käufer mit Preisnachlässen oder Zugaben zu halten.

Qualität benötigt zu Beginn mehr Zeit, doch am Ende belohnt sie mit weit längerer Haltbarkeit, besseren Ergebnissen, weniger Kosten. Wer billige Schuhe aus Kunstleder kauft mag quantitativ kurzfristig ein gutes Geschäft machen, doch das Angebot aus Leder hält aller Voraussicht nach mehrmals solange. Benzin, das Explosionsmotoren antreibt, mag zu Anfang mehr Leistung gebracht haben als die anderen Angebote, doch langfristig haben wir uns eine teure Quantität als Energieversorgung hereingeholt, während andere vielversprechende Verfahren sicherlich kurze Zeit später ihre Durchbrüche angemeldet hätten und uns heute eine Menge Produktionszeit sparen würden.

Qualität ist ökonomisch, wirtschaftlich, sinnvoll und von Dauer, Quantität macht nur kurzfristig Sinn, als Übergang, - sozusagen als Übung zur besseren Qualität hin. Wird sie festgehalten, wie es rückständige Personen oder Gruppen gerne tun, dann bekommen wir Ineffektivität, teure Leistung, eine verdreckte Umwelt und viel Arbeit. .

Geschwindigkeit

Die Quantität bringt einen weiteren Faktor ins Spiel - jenen der Geschwindigkeit! Exponentielles Wachstum an sich ist Geschwindigkeit, die am Ende alle mitreißt. Im Guten "bekehrt" sie in zunehmendem Maße alle Zweifler, um dann sehr schnell zur totalen Erfüllung der Bedürfnisse hinzuführen. Im Schlechten kauft sie auf ihrem Weg ständig steigend Unterstüt-

zung durch Geld, genommen von den Produktiven, um an einem Punkt, an dem jeder dem Zwang unterliegt und sich kaum heraushalten kann, die Kurve nach oben schießt - der Katastrophe entgegen.
Dazu gesellt sich folgende Bewandtnis: Qualität braucht mehr Zeit als Quantität. Exponentielles Wachstum eines enteignenden Systems wird unterstützt dadurch, dass durch die Umverteilung von Geld der "Erfolg" für die wenigen Gewinner schnell sichtbar wird, während die gute Sache eine Geschichte der Qualität ist. Gesunde Nahrung, Vitamine, Mineralstoffe, Aminosäuren und andere Stoffe, die Krankheiten an ihrer Wurzel beseitigen, beheben diese nicht unbedingt innerhalb weniger Stunden, denn sie helfen etwas aufzubauen, dass durch jahrelange Quantität statt Qualität an Nahrung erst geschädigt werden konnte. Eine Pille mit chemischem Inhalt dagegen wirkt direkt im Kreislauf an entscheidenden Stellen ein, womit der Erfolg schnell fühl- und sichtbar wird. Wie eine Droge.
Das ökonomische Prinzip wird bei Mangel an Wissen dem Letzteren den Sieg überlassen, denn überzeugend ist, was schnell funktioniert. Schwindler arbeiten nach dieser Devise und versprechen immer das schnelle Geld, die schnelle Beseitigung ihres Problems usw. Ein Schwindler ist nicht auf dem Gebiet der Produktion tätig, es muss ihm nahezu fremd sein. Da auch er leben will, ist er oft in hektische Beschäftigung vertieft, denn er weiß nicht, was er tun sollte, würde sein Vorhaben, mit dem er gerade beschäftigt ist, nicht zum gewünschten Erfolg führen. So gesellt sich der Faktor der Dummheit oder Unwissenheit zu dem Ganzen. Der Schwindler, der nicht produzieren kann, weiß anscheinend nicht, wie er durch Nutzung der Naturgüter seine oder andere Bedürfnisse befrie-

digen könnte. Krieg ist insofern auch oft die Folge einer Unfähigkeit zu arbeiten. Die Möglichkeit der Produktion kann aus Unwissenheit aber auch aus Mangel an Rohstoffen derartig eingeschränkt sein, dass es lauter Genies benötigt, um durch Techniken Existenzbedürfnisse zu befriedigen. Kriegstreiber sind eine Mischung aus Dummen und Schwindlern, ihr "Tipp", durch einen "kurzen" Feldzug gegen den eingebildeten Feind ist in der Regel ein Vorwand, um an die Produktionsergebnisse des "Feindes" heranzukommen und/oder seine Naturressourcen zu plündern. Heute wird der schnelle, der "Geschwindigkeitskrieg" auch gern benutzt um ein Land zu zerstören, um dann Geld auf Kredit in dieses zu pumpen, für den Wiederaufbau. So hat das Land dann vielleicht neue Häuser und Straßen - unbedingt aber eine schöne Verschuldung.

All dies erfährt eine Einschränkung dadurch, dass eine sehr hohe Menge an Qualität in sehr kurzer Zeit weit bessere Ergebnisse oder Lösungen präsentieren kann. Enteignungssysteme erkannten dies oft sehr frühzeitig, und jene, die ihr Geschäft schädigen konnten, sind in Vergessenheit geraten oder bekommen keine Chance Werbung zu betreiben aufgrund verschiedenster Repressalien.

Obiges Prinzip ist wohl auch die Ursache, oder besser, der Ursprung all der enteignenden Systeme, die auf den vorangehenden Seiten beschrieben wurden. So wie die früheren Geldwechsler und -besitzer schnell die "Vorteile" des Zinses erkannten, so benötigt die Nutzungsgebühr voraussichtlich mehr Zeit, da sich ihr Wert erst später in weniger Arbeitslosen und abgeschlossenen Projekten widerspiegelt. So wie Bomben auf den Feind zu versprechen meinen, ein Problem schnell zu beheben, würde die Aussendung einer Gruppe zur Vermittlung Zeit brauchen. So wie Drogen innerhalb von Sekunden bombastische Gewinne für kurze Zeit versprechen, so würde ein optimal versorgter Körper ständig Gewinne liefern, aber eben erst dann, wenn er optimal versorgt wäre. All diese schnellen Sachen haben gemeinsam, dass der potentielle Gewinn schnell hoch nach oben schießt, um dann mit Krach und Schlägen zusammen zu fallen. Der Drogenkonsument weiß, was damit gemeint ist, viele pleite gegangenen Banken wissen es auch. Qualität und Geschwindigkeit sind genial, wenn sie möglich sind. Geschwindigkeit, die eine falsche Lösung unterstützt, wie es bislang zu häufig passierte, blendet leider zu oft jeden genügend lange, bis alles einstürzt.

Wo ist der Anfang?

Wer bis hierhin gelesen und alles verstanden hat, wird sich die Frage stellen, was für Menschen es sein mögen, die diese Gruppen leiten?
Ich kenne von denen ganz oben niemanden persönlich und stelle hier nur eine Vermutung auf.
Der Dreh- und Angelpunkt im menschlichen Dasein ist die Produktion, da erst diese das eigene Leben sicherstellt. Dabei ist es egal, ob die Produktion die moderne ist mit tausenden Maschinen, nach der es zum Monatsende hoffentlich genügend Geld gibt, oder die unkompliziertere Variante, wo man direkt von der Natur in den Mund lebt.
Wenn sich das moderne Wirtschaften durch seinen Umfang und Gebrauch an Hilfsmitteln und in dessen

Folge auch gewisser Komplexität vorzüglich eignete, um unerkannt den anderen deren Erzeugnisse zu nehmen, so sind auch die Produzenten nicht dagegen gefeit gewesen, seinen Lieferanten, der Natur oder der Gemeinschaft weniger zu geben, als sie erhielten. Der Stärkere tritt den Schwächeren, könnte eine volksnaher Ausdruck dafür sein. Der Monopolist an Lebensgrundlagen tritt den Arbeit verteilenden Unternehmer, dieser Arbeitgeber tritt seine Mitarbeiter und die Mitarbeiter selbst? Wo liegt vielleicht der Anfang des Ganzen?

Wenn wir alle eine Zeitlang in der Natur ohne Hilfsmittel auskommen mussten und es keinen Ferntransport, keinen Schutz durch Dachziegel, Fenster, Heizung, Kleidung, in der Regel auch nicht genug zu Essen und zu allem auch noch Tiere gab, die einen zum Fressen gern hatten, dann war der Ort an dem Mann/Frau geboren war, scheinbar die Grundlage, wie gerecht das Leben zu dem Einzelnen selbst war. Wer kann in so einer Situation ungerecht zu einem sein? Die Natur selbst vielleicht?

Während im Süden die süße Nahrung am Baum hängt, wartet im Norden der saure Apfel, wo im Süden die Vielfalt herrscht, herrschen im Norden Kälte und Einseitigkeit, wo man in warmen Regionen in Freien schlafen kann, droht in kälteren Regionen Feuchtigkeit und Kühle den Körper zu erschöpfen. Wo in einigen Gegenden Erdbeben und Wirbelstürme toben, wartet in manchen Gegenden eher gleichbleibendes Klima. Mag sein, dass man sich an alles gewöhnen kann, aber ich denke nicht, dass der Mensch eine normale Entwicklung hinter sich hat - im Unterschied zu den Tieren. Die Eskimos haben immer noch keinen dichten Pelz oder Fell auf der Haut, obwohl sie seit vielen Generation hohe Minusgrade durchstehen, oder? Verändert sich die Umgebung einer Insekten- oder Tierart auch nur geringfügig, kann der Biologe schon nach wenigen Tagen, Wochen oder Generationen feststellen, dass diese Art wahrscheinlich aussterben wird. Ganz offensichtlich weiß der Mensch seinen Verstand besser einzusetzen.

Ein merkwürdiger Blickwinkel das Ganze, wenn Ungerechtigkeit aber irgendwo ihren Beginn hat, dann wird sie wohl in den Ursprüngen zu finden sein. Die Jungs, die uns allen das Leben durch ihre "macht alles knapp, was die brauchen!"-Tricks erschweren, scheinen auf komplizierte Art weiterzugeben, was Ihnen die Vergangenheit angetan hat.

Eine im Ansatz brauchbare Gesellschaft mit ihrer Technik und Wissenschaft ist wohl die endgültige Antwort auf den oberflächlichen Mangel der Natur, indem sie den Ort, an dem man lebt, egal sein lässt, ebenso wie die Rohstoffe und andere Faktoren in der Umgebung.

Transport jeder erdenklichen Art, Energie, Maschinen, Berge von Nahrung, Kleidung und Baufirmen, die auf Aufträge zum Bau fester Häuser warten und viele solche Dinge sind die Umkehrung von Mangel.

Dies muss nicht für jede Gemeinschaft interessant sein. In Regionen, in denen es warm ist, wo die Früchte von den Bäumen und Sträuchern gepflückt werden können und wo Kleidung nicht so wichtig und ohne Haus zu sein kein großes Unglück ist, kann Zivilisation, welche den Nachteil besitzt, einem auch die Freiheit zu nehmen, nicht erwünscht sein - man lebt ja schließlich nicht schlecht, und einige Herausforderungen braucht man schließlich auch im Leben, die die Natur trotz Vielfalt gibt.

Eines der Ziele des IWF, den Welthandel auszuweiten oder eines der Weltbank, ihre Kreditnehmer im Kampf

gegen die Armut zu unterstützen, steht (muss aber nicht) aus diesem Blickwinkel betrachtet in krassem Widerspruch zu dem, was solche "armen" Gemeinschaften manchmal wirklich wollen (mal außer Acht gelassen, wer diese zwei Institutionen gegründet hatte und was deren wirklichen Absichten sind).
Die Auswirkungen vieler Projekte dieser beiden Institutionen haben denn auch weit mehr Schaden angerichtet als Nutzen. Was nutzt ein Stauwerk für Strom, wenn sich alle in der Umgebung aus der Natur ernähren können und ihre kleine Hütte und die nährstoffreiche Erde lieben? Was nutzt es, wenn wegen einem geschmierten Politiker oder korrupten Militärs mehrere tausend bis hunderttausend Einwohner aus ihrer Lebensumgebung vertrieben werden? Zivilisation durch Einsatz von Techniken ist nicht das Ideal für jeden, denn es gibt gewaltige Unterschiede darin, was der Einzelne oder Gruppierungen zum Leben für wichtig halten. Wohlstand ist das entscheidende, und dies kann der Fall sein, wenn man gut leben kann von seiner Arbeit, also auch von der Hand in den Mund, oder?

Allgemeine Begnadigung?

Dieses Buch legt eine Besonderheit der Wirtschaft und jene fest mit ihm verbundenen Enteignungssysteme offen, welche als genau umrissene und ausgerichtete Gefüge erkennbar sind. Letztendlich zeigen sich diese Systeme als Tricksysteme von Dieben und Schmarotzern. Da Wirtschaft einzig und allein auf Produktion aufbaut, diese Systeme überall, in jeden

Bereich Fuß gefasst haben - ist jeder Mensch in mehr oder weniger größerem Umfang daran beteiligt, ein oder mehrere Systeme durch seine Tätigkeit direkt zu unterstützen.

Ich kenne tolle Menschen, doch was diese beruflich machen ist furchtbar. Ein Informatiker (der "diese ganze Kontrollkacke Scheiße findet") programmierte Jahre einen Wahlstift für schnelle Wahlen und … Kontrolle, dessen Freundin, an Natur und Gesundheit interessiert, arbeitet in einer Praxis, die am Ende der Behandlung ausnahmslos Pharmaprodukte verschreibt usw. Man muss halt Miete und die Dinge zahlen und benötigt Geld … .

Also wirtschaftlicher Zwang zu überleben zwingt zu etwas, und aus diesem und dem zweiten Grund, dass die Urheber nahezu aller enteignenden Systeme seit Jahrtausenden, Jahrhunderten oder Jahrzehnten tot sind und an unbekannten Orten begraben liegen, macht Bestrafung keinen Sinn. Dies ist nur für den Fall, sollte dieses Buch überhaupt Erfolg haben, oder andere Autoren sich den vielen neuen Thematiken annehmen und in eigenen Worten verarbeiten.

Die "Begnadigung" ist nicht schriftlich oder bürokratisch gemeint, diese bezieht sich einfach auf den Vorgang der Reform, statt Revolution, Steine werfen und Randale jeder Art.

Die Reform setzt voraus, das hier und dort mitgemacht, von rechtlicher und besitzender Seite stille Zugeständnisse in Form von Erlaubnis der Durchführung, Schritt für Schritt, gemacht werden.

Manche Schritte müssen allerdings in äußerst schnellen Schritten vollzogen werden, dort wo die Führer der Enteigner/Interessengruppe wirklich mit den asozial, unterdrückerischen Zielen, mit den Ergebnissen übereinstimmen und, wenn ein stiller Verehrer malthusianischer Idiotenlehre, auf jeden Fall weniger Menschen als Ergebnis haben will!

Wie die Reformen durchgesetzt werden können.

"Ihr könnt den Menschen nie auf Dauer helfen, wenn ihr für sie tut, was sie selber für sich tun sollten und können."
Abraham Lincoln

"Grundsätzliche Reformen müssen in Quantensprüngen verwirklicht werden, weil sonst Interessengruppen Zeit finden, ihre Klientel zu mobilisieren, einen zu zermürben und alles zu verwässern. Schnelligkeit ist dabei ebenso wichtig wie das Prinzip, die Privilegien verschiedenster Gruppen auf einmal zu kappen."
Roger Douglas
(Neuseeländischer Reformminister)

Machen SIE Druck wo es nötig ist!
Lassen SIE nicht zu, dass Interessengruppen (Verbände, Gewerkschaften, Parteien, Monopolinhaber (Energie, Bank, Wohlfahrt usw.) ihr Klientel mobilisieren, um daraufhin jeden Fortschritt zu zermürben und zu verwässern!
Da der Einfluss jeder dieser Gruppen auf und durch IHR Geld aufbaut, entziehen Sie diesen IHRE Unterstützung - wenn Sie nicht kooperieren wollen, und geben Sie es dorthin, wo Besserung in Sicht ist, oder die Reformen umgesetzt werden.
Warten Sie nicht auf offizielle Entscheidungen, sondern setzen Sie selbst die eine oder andere Lösung in

Ihrem Einflussbereich um. Sind Sie Arbeitgeber, dann können Sie die Mehrwertreform innerhalb Ihrer Unternehmung einführen, vielleicht (je nach der Rechtsprechung des Landes) sogar eigene Versicherungen für Ihre Mitarbeiter, solange keine Alternative angeboten wird.

Es gab mit Geld ohne Zins funktionierende Versuche in kleinen Städten und viele, viele kleine Städte und Gemeinden haben heute eine Menge finanzieller Probleme.

Selbst einige Versicherungen würden, wenn diese es sich wirklich anschauen und durchrechnen, eine Reform vorziehen, statt irgendwann aufgekauft zu werden. (1970 gab es 1815, 2013 nur noch 134 Krankenversicherungen in Deutschland!!)

Jede Gruppe, Unternehmung oder Nation, die irgendeine Lösung zuerst einführen wird, wird Zulauf an Geld, Mitgliedern, Mitarbeitern, Know-how, Ansehen, Vertrauen und ähnlich positiven Dingen erleben, insbesondere aber wird die Sicherheit der Gemeinschaft erheblich erhöht (im wirtschaftlichen Sinne! Die jeweilige Regierung oder andere Gruppen mögen weniger erfreut sein, doch wer ist das schon, wenn sein Einfluss schwindet). Geld wird gutem Geld hinterher laufen!

Da Geld Produktion darstellt, geht die Arbeit dort besser von der Hand, wo sie leicht erledigt werden kann. Die Reformen sind dazu gedacht, die Arbeit leichter zu machen.

Als in Zeiten höchster Arbeitslosigkeit in Wörgl/ Österreich das Experiment mit dem Geld ohne Zins verboten wurde, hätten Millionen Menschen auf die Straße gehen müssen. Wahrscheinlich hätte es (es gab von überall Anfragen und Interesse an dem Experiment) später keinen Hitler und somit keinen zweiten

Weltkrieg gegeben, ohne den zweiten Weltkrieg hätte es vielleicht nicht den späteren Ost – und Westblock gegeben mit seinen 10.000 Atombomben. Vielleicht wären 40, 50 oder 60 Millionen Tode nicht "passiert", wenn sich damals in Wörgel Tausende Menschen zusammengetan hätten. Vielleicht.

Folgerung: Wer auch immer auch nur irgendeinen Schritt von den Reformen unternimmt, ist enorm mutig, da er/sie oder die Unternehmung sich mit allem anlegt, das uns Menschen zahlend, arbeitend, unglücklich, verschuldet, nahe dem Sklaven der Frühzeit, und möglichst kinderlos haben will.

Also braucht er/sie oder die Unternehmung die auch nur irgendeinen Schritt einführen sollte, Unterstützung! Massive Unterstützung!

Man darf bei aller Romantik nicht vergessen, sobald wirklich Verbesserungen gewünscht sind, können Besitzer Amok laufen. Als im 15. Jahrhundert die ersten Bauernaufstände gegen Zins, Steuer und Bevormundung auftraten, wurden diese in wenigen Monaten mit 100.000 Toten im Keim erstickt. Teilweise finanziert von dem ersten großen Bankier, Fugger.

Trotzdem gab es Verbesserungen, äußerst langsam, und das einzige was der breiten Masse, dem Volk, dem Pöbel bessere Umstände brachte, war erhöhte Produktion, diese allerdings nicht von den Besitzern, sondern eben von dieser Masse, dem Volk, dem Pöbel.

Diese Jungs von Gottes Gnaden und sonst was, die keine gute Meinung von uns haben, tja, all deren Geld, Luxus, Privatjets, Hotelsuiten wird gebaut von jenen, welche diese (den Ergebnissen Ihrer installierten Systeme nach) verabscheuen.

Geschichte der Reformen

Es gibt einen Faktor, der für die Guten der Erde sorgt: Der Mangel selbst! Immer wenn neues Wissen in Form einer Technik oder brauchbarer Theorie entwickelt wurde, hat sie sich letzten Endes durchgesetzt. Die Mächtigen, die Eliten, die Schmarotzer, die ihre Macht nur auf dem vorenthalten knapper Dinge aufbauen, können für Gesetze, für schwere Strafen und für Verwirrung sorgen um ihre Lügen und darauf aufbauend ihre Einkommen zu schützen, doch wird das, was sie knapp halten mit dem Fortschreiten der Gesellschaft immer wichtiger und steigt laufend im Wert, und dieses knappe Gut wird zusätzlich dazu, dass es den Mangel beseitigen könnte, wie zu einer Trophäe, einem Statussymbol für jene, die es trotz der Vorenthaltung erhalten könnten.

Als Martin Luther in Deutschland die nur in lateinischer Sprache existierende Bibel ins deutsche übersetzte, wurde alles getan, um die gedruckten Exemplare, das Drucken selbst und das Verbreiten zu behindern oder zu verbieten. Die damalige Elite, die von dem Wissensmonopol profitierte, hat vollständig verloren und ist heute in einer Auflösungserscheinung. Die Bibel wurde in kürzester Zeit in mehrere Sprachen übersetzt, sie inspirierte die europäischen Völker dazu, Lesen, Schreiben und Schulbildung einzuführen, und einer Lawine gleich, setzten sich neue Erkenntnisse durch, die zuvor nicht veröffentlicht werden konnten.

Die Elite hat in dem Moment verloren, wo sie einen Fortschritt aufhalten will. Das Neue beseitigt Mängel und das Volk wird Gesetze übertreten, Regeln brechen, Vorschriften missachten und halb rasend werden, um einen Mangel behoben zu bekommen, wenn bekannt ist, dass das Know-how dazu oder die Idee einer Hoffnung existiert. Die Elite, die knappe Güter dem "Pöbel" vorenthalten will, wird in dem Moment anfangen zu verlieren, wo sie beginnt, etwas knapp zumachen. Sie muss irgendwie dort stehen bleiben, wo sie ihren Fehler begangen hatte, während um sie herum oder im Untergrund das neue Wissen, der Fortschritt die Runde macht, um irgendwann die selbsternannte Herrenrasse an ihrer Spitze zum Fortschritt zu zwingen. Und das Merkwürdige ist, dass jene aus der Oberschicht, die meinten, dass es gut für sie war, dass es sich rentiert hatte knappzuhalten, selbst besonders gewinnen könnten, wenn sie sich dem Fortschritt anschließen würden. Es gibt nun einmal nicht nur die finanzielle Seite. Existenz-, Kultur- und Luxusbedürfnisse sind irgendwann erfüllt und was dann? Manchmal kommen Berichte durch über das Privatleben der Angehörigen dieser Gruppen, was zeigt, dass sie sich selbst durch ihre Geheimnistuerei ein Bein gestellt haben und nicht gerade glücklich damit sind. Perversionen, Rituale, Geheimnisse, Dekadenz, Streitereien, Habsucht, Gier, Machtkämpfe und ähnlicher Dreck sind an der Tagesordnung und zeigen, dass nichts zu produzieren nicht nur den Armen, der nicht an Produktionsmittel herankommt, fertig machen wird, sondern auch die Ultrareichen ganz oben.

Vielleicht steckt auch viel mehr dahinter. Vielleicht ist auch allerschlimmstes zur Ausrottung von uns, dem Pöbel, dem Abschaum, uns, den kleinen überflüssigen, genetisch nicht wertvollen Mannes geplant und diese Eliten wissen um die Dynamik von knapphalten, aus dieser dann, aus purer Not entwickelte neue Technologien, und vielleicht warten diese Eliten auch einfach solange ab, bis all die Technologie entwickelt ist, so das diese dann, ohne die heute benötigte große Masse Sklaven, zurechtkommen kann.

Vielleicht auch, unter dem Blickwinkel von Verschwörung, waren wirklich mal Außerirdische hier und vielleicht gibt es noch superelitäre Nachfahren von diesen, die seit Jahrhunderten der Zeit hinterher trauern, wo der "Gott aus dem Himmel" noch wirklich der Herrscher über Tod oder Leben war, jedenfalls spielt bei Kontrolle Mathematik + Gewalt ein gutes Duo, und es ist nie wirklich erklärt wurden, warum die Babyloner, Assyrier oder Ägypter plötzlich so phantastisch rechnen konnten.

Unter dem Gesichtspunkt der Geisteskrankheit, und reiche Nichtstuer leiden sicherlich oft an schweren Neurosen, können viele kaum nachvollziehbare Ideen Unterstützung bekommen.

Gleichgewicht, die Mitte, YingYang, Synthese – These- Antithese

Alles hat zwei Seiten, die gute wie die schlechte, und doch wird von beiden Seiten immer ein Teil benötigt, um die Mitte der beiden zu erreichen, wo eine Synergie, ein Zusammenwirken, ein Gleichgewicht bewirkt wird. Die taoistische Sichtweise nennt dieses Phänomen Yin-Yang. Es ist nicht Yin oder Yang, wo ein Raum beide von einander trennt, sondern es sind Yin-Yang in Verbindung miteinander.

Enteignungssysteme, Enteignergruppen, Schmarotzer tendieren zur Yangseite, leben die Antithese, indem sie das Geldkapital (Aktien, Anleihen, Bargeld, "geistiges Eigentum") und Sachkapital (Gebäude, Maschinen) verkörpern, während die "gute" Yinseite soziales Kapital (z.B. Solidarität in der Familie oder einer

Gemeinschaft, Frieden, Lebensqualität usw.) und natürliches Kapital (reines Wasser, Gesundheit, Luft usw.) dagegensetzt, in dem "modernes" Wirtschaften aber weitgehend außer Acht gelassen wird.

Diese Ignoranz ist bemerkenswert, denn das Yang-Kapital könnte ohne den kontinuierlichen Beitrag der Yin-Formen des Kapitals gar nicht bestehen. Dies ist sehr gefährlich, denn beim Yang ist die Tendenz zur Unterdrückung gegeben, was in der Praxis auch geschieht, die aber tödlich für das Yang selbst ist.

Sachkapital kommt nicht ohne natürliches Kapital aus, Geldkapital bildet sich ebenfalls nicht, wenn Sachkapital nicht das natürliche Kapital benutzen würde, um Erzeugnisse zur Bedürfnisbefriedigung zu formen. Und über allem steht das soziale Kapital durch die Familie, Gemeinschaft, das persönliche Umfeld, ohne das das Sachkapital nur schwer Gestalt annimmt, nicht von Dauer sein würde.

Es existiert, wenn ein Gleichgewicht herrscht, ein gerechter Tausch zwischen den beiden, und dies ist so absolut nicht der Fall, wie heutiges Recht nicht für Wahrheit steht. Yang ist die vollständig nehmende Seite und erschien auf den vorangehenden Seiten in der Gestalt leistungsloser Einkommensbezieher. Alle Lösungen, alle Reformen sind darauf ausgearbeitet, das Gleichgewicht auf beiden Seiten herzustellen, und sie werden es in der Praxis tun.

Im Grund ist Yin-Yang + und -, Plus und Minus. Diese Enteignergruppen interessiert nur Minus, klein halten, erniedrigen, knapp machen. In Verschwörungsliteratur ist auch von Synthese – These - Antithese die Rede.

Zu starke Tendenzen zu einer Seite zeugen von geistiger Unbeweglichkeit und in Zeiten kommunistischer, kapitalistischer "Gegnerschaft" konnte und kann diese Unbeweglichkeit herrlich beobachtet werden.

Feinde und Verräter irgendeiner Unternehmung, ob eine Nation oder Gruppierung von irgendetwas, müssen in dieser einfach nur starke Thesen und Antithesen über die Medien hineinbringen, und ohne Krieg, wird sich diese Gruppierung selbst erledigen.

Beispiele:

Herrschte Jahrhunderte das Patriarchat (Väterherrschaft), wurde ein extremer Feminismus hinzugefügt, und, Bingo, nimmt man 1969 als Startpunkt, hat sich in den Industrienationen die "Sache" namens Familie, 45 Jahre später fast erledigt.

Mutter- Kind – Vater, Synthese - These – Antithese. Das "Produkt" aus Mann und Frau, die Grundlage jeder Gesellschaft, der Erbe, die genetische Weitergabe, in nur 45 Jahren ist dieses Thema fast erledigt.

Die Elite gewinnt daran. Eine Gesellschaft von Singles, und der einzelne kann perfekt kontrolliert werden, jeder Singlehaushalt wird deutlich mehr Geld ausgeben, nur um leben zu können (noch mehr Kontrolle) und wie Forschungen immer wieder zeigen, läuft der einzelne Gefahr, seine geistige Gesundheit zu behalten.

Herrscht in der Gesellschaft sexuelle und moralische Prüderie, so bringt man über die Medien und Erziehung extreme sexuelle Freizügigkeit und Dinge, welche die Moral untergraben in diese, und Bingo, noch weniger Familie, allgemeine Ziellosigkeit, noch mehr Verfall.

Das Ideal als These wäre wohl die Mitte von beiden.

Und man beachte, niemand kennt den Feind, doch das Land oder die Gesellschaft fällt einfach von allein zusammen.

Fügt man zu obigen dann noch all diese Diebstähle obiger Enteignergruppen hinzu, kann man sich wundern, wie gut die Dinge teilweise noch laufen, was einfach für die leidensfähig des Menschen an sich spricht.

Kurzbeispiele:

Synthese	These	Antithese
Pluspol	Neutral	Minuspol
Frieden	Wachsamkeit	Krieg
Individualismus	Zusammenarbeit	Gegeneinander
Ordnung	Wachstum	Chaos
Qualität	Entwicklung	Quantität
Überversorgung	Optimum	Unterversorgung
Staatseigentum	Gemeinschaftseigen.	Privateigentum
Kälte	Wärme	Hitze
zu viel	ausreichend	knapp
keine Kontrolle	Kontrolle	Autoritär
Anarchie	Liberalismus	Diktatur
Reich	gut versorgt	Arm
Rückzug	Verteidigung	Angriff

Im obigen können Sie auch alle hier aufgeführten Reformen unterbringen. Die Lösung sollte jeweils die These, die Mitte beinhalten.

Zwei weitere Reformen

Kleines Vorwort zu diesem vorletzten Kapitel.
Dieses Buch stand im Großen und Ganzen vor 13 Jahren, doch in der Zwischenzeit hatten sich für mich erst wirklich die Wichtigkeit und Tragweite einer echten "materiellen" Reform in den, in der folgenden Überschrift stehenden Bereichen, erfasst.

Müsste man diese Reform nicht durchführen und wäre die letzten knapp 100 Jahre seit dem Verbot, die vorhandene Technologie zum Zuge gekommen, die Folgen aus den anderen korrupten Bereichen könnte uns weit weniger gefährden, da eine Pflanze allein, für fast alles Grundlegende sorgen könnte.

Es ist derzeit so, fällt das Geld aus, könnten wir zur Not selbst welches drucken, alternative Tauschwährungen einführen, würden Versicherungen ausfallen, gäbe es immer noch Ärzte die behandeln. Doch fällt die Energie aus, so würden wir von heute auf morgen wie in der Steinzeit zurückfallen!

PC`s würden nicht laufen, Sie wüssten evt. von niemanden mehr die Telefonnummer (allerdings könnten Sie diesen auch gar nicht anrufen), kein Auto, kein Transport, in der Küche wäre der Herd nutzlos, in Supermärkten würde alles kühl gelagerte in 1-2 Tage ruiniert, kaum irgendeine Arbeit könnte noch ausgeführt werden, da wir um uns herum kleine und große elektrisch oder mit Benzin betriebene Helfer gescharrt haben – endlos so weiter.

Wer die Energieversorgung in Händen hat, ist der Papst, Diktator, Imperator dieser Welt. Und es deutet einiges darauf hin, das dies der Fall ist.

Geld, Mehrwert und all die Dinge mögen alle zu Ungerechtigkeiten neigen, doch ab dem Moment wo Öl auftrat, wir unsere Gesellschaften auf seine Erzeugnisse ausrichteten, sind Gebilde wie Zivilisation, Fortschritt von diesem stinkenden Zeug abhängig.

Hätten Politik, Geld-, Chemie- und Öl-Verbrecher und ebensolche verbrecherischen Zeitungen vor nun fast 100 Jahren nicht eine Verschwörung angezettelt und durchgeführt, - wir hätten diese Abhängig heute nicht.

Konsum und Verbrauchsreform, oder ein neues Bau-, Kleidungs-, Papier-, Nahrungsmittel, Kunststoff und Ölersatzmittel

Es gibt einen Stoff, eine Pflanze, welche vom Menschen weltweit seit Jahrtausenden für oben genannte Bedürfnisse (ausgenommen Kunststoff) genutzt wurde und die erst seit den 30er Jahren im 20. Jahrhundert zu einem Tabu gemacht wurde. Die Rede ist hier von Hanf, oder Nutzhanf, der wohl universellsten Pflanze für den täglichen Gebrauch!
H. Ford stellte 1941 ein Auto bestehend aus 70% Hanf vor. Dieses Auto wog ein Drittel weniger als herkömmliche Stahlautos, wies aber eine zehnmal höhere Schlagsicherheit auf. Das französische Unternehmen Chenevotte Habitat hat bereits mehr als 500 Hanfhäuser gebaut. Ein Hektar Hanf ergibt etwa 60 Kubikmeter "Baustoff", welche für ein Haus von 135 Quadratmeter ausreicht. Während für ein Haus aus Holz Jahrzehnte bis 200 und 500 Jahre alte Bäume geschlagen werden müssen, wächst die benötigte Menge Hanf in nur 100 Tagen - das Haus jedoch hält in beiden Fällen mindestens 50 Jahre. Hanf liefert sehr gute Öle zum Verzehr, kann aber auch als Farbgrundlage und Pflegemittel dienen. Hanf kann das Schlagen von Bäumen für Papierholz völlig überflüssig machen und vieles, vieles mehr, wobei die Möglichkeiten aufgrund der unterdrückten Forschung kaum abzusehen sind. Hanf wächst bis zu 4 Meter hoch und benötigt wenig Pflege, aufgrund seines schnellen Wachstums hat Unkraut wenig Möglichkeiten sich zu entwickeln und geht mangels Licht schließlich ein, es sind also keine Insektizide oder Fungizide erforderlich. Die Pflanze wächst in den meisten Klimaregionen, die tiefen Wurzeln beugen

der Bodenerosion vor. Der Ernteertrag ist viermal so hoch wie bei Bäumen, sie absorbiert Schwermetalle aus dem Boden, wodurch sie den Boden langsam reinigt, was in der Landwirtschaft mehr und mehr zu einem akuten Problem geworden ist (Abwässer, Düngemittel, Pestizide etc.).

Baumwolle, der Hauptstoff der Kleidungsindustrie, wird weltweit auf drei Prozent des besten Ackerlandes angebaut, benötigt jedoch 25 Prozent aller Pestizide. Baumwolle muss stark bewässert werden, sie benötigt sehr viel Dünger und entzieht dem Boden alle Nährstoffe. Dass aus Hanffasern gut haltbare Stoffe für Kleidung, Segel, Seile etc. hergestellt werden kann, brauche ich wohl kaum noch zu erwähnen.

Die Gründerväter der USA George Washington und Thomas Jefferson verfügten beide aus erster Hand über Erfahrungen im Umgang mit dem Hanfanbau. In einem Brief aus dem Jahr 1815 dokumentiert Jefferson seine Abneigung gegen Flachs, da "Flachs dem Boden soviel Schaden zufügt und sowenig Ertrag abgibt, dass ich ihn nie angebaut habe. Hanf hingegen ist äußerst produktiv und wächst für immer auf demselben Land". Thomas Jefferson erhielt auch das erste Patent für eine von ihm erfundene Maschine zum Ernten von Hanf. In einer Farmerzeitung vom 16. März 1791 erklärte Jefferson: "Der Tabakanbau ist schädlich, da die Pflanze den Boden zu stark auslaugt. Sie braucht viel Dünger, der dann für andere Feldfrüchte fehlt ... Es ist eine bekannte Tatsache, dass der beste Hanf und der beste Tabak auf demselben Boden wachsen. Ersterer ist von höchster Notwendigkeit für Handel und Marine (Segelstoffe), in anderen Worten, für das Wohlergehen und den Schutz des Landes. Letzterer ist nie nützlich und bisweilen schädlich ….

Auf dem Feld erfordert der Hanf zwar mehr Aufwand

als der Tabakanbau, aber da sich aus ihm die verschiedensten Dinge herstellen lassen, verhilft er einer großen Zahl von Menschen zur Arbeit. In einem bevölkerungsreichen Land ist der Hanf also vorzuziehen."

Die amerikanische Regierung stellt den Anbau - wie andere Regierungen auch - aufgrund der Möglichkeit, die Blüten, Knospen und Blätter als leichte Droge (Marihuana) zu verwenden, unter Strafe. Dies ist sehr merkwürdig, denn als in den 30er Jahren der Hanfanbau verboten wurde, wurde der Welt gleichzeitig ein chemisch/künstliches Pharmakartell und deren toxische Produkte aufgezwungen.

Wie hier im Buch beschrieben, besteht ein Trick der Enteignerjungs daraus, alltägliche Gebrauchsgüter patentierbar, und damit teuer und knapp zu machen, wofür sich chemische und künstlich hergestellte Stoffe aufgrund ihrer scheinbaren Einzigartigkeit bestens eignen.

Doch weit interessanter mag hier die Bedeutung der psychoaktiven Mittel sein. Viel Gerede wird um die Droge Marihuana gemacht, obwohl anscheinend nicht ein Todesfall durch dessen Konsum bekannt wurde.

Um der Schande ihres Verbots die Krönung zu geben, bekommen Sie in Apotheken auf Rezept oder ohne, von Ihrem Ihrer Gesundheit verpflichteten Arzt/Apotheker heftige Psychopharmaka, Statine (gegen hohe Cholesterinwerte und Herzerkrankungen) wo selbst die FDA aufgrund vieler Nebenwirkungen mehrere Warnungen herausgegeben hat, langjährige Einnahme von Antibiotika, welche nun als Hauptursache für das Entstehen antibiotikaresistenter »Super-Erreger« gelten, Antipsychotika (Neuroleptika) welche, oh Wunder, langfristige neurologische Schäden verursachen, Antidepressiva wie Fluoxetin,

Sertralin, Paroxetin und Escitalopram die seit Jahren verkauft, als Nebenwirkungen zum Beispiel Selbstmordneigung, sexuelle Dysfunktion, Magen-Darm-Blutung und Herzkrankheit fördern.

Das Verbot von Hanf ist ein Verbrechen, sowie der Verkauf obiger Mittel ein Verbrechen ist. Nichts anderes.

Medikamente von unseren so um unsere Gesundheit besorgten Pharmajungs, haben schon längst einen guten Platz als Grund vorzeitigen Ablebens erobert .

Doch malthusianische Lehre prophezeite eine Überbevölkerung, so ist es nur verständlich die harmlose, billige, lang haltende Kleidung, Baustoff, beste Öle, leichte Arznei liefernde Pflanze zu verbieten und an deren Stelle tötende und vergiftende Pharma-/Chemieprodukte zu setzen. Wenn man etwas gegen die Überbevölkerung tut, darf man doch auch etwas daran verdienen, oder nicht?

Alle Scherereien und Kriege wegen Öl, das Müllproblem in jedem Land der Erde, Pharmagifte die als Medikamente verkauft werden, jede Art Umweltverschmutzung und Vergiftung, Verseuchung von Feld und Acker, all das und mehr kann direkt auf ein Billionen-Dollar-Kartell und eine Familie hin geführt werden, die wenige Jahre vor dem Hanfverbot ihre dreckige "Arbeit", ihr "Produkt" Öl als Energielieferant, monopolisierte.

Praktisch mit den Abfällen aus Öl nach der Benzinherstellung, wird die Welt seit über 100 Jahren mit Teer, Kunststoff, Pestiziden und tausende Dinge mehr, überschwemmt. In jedem Euro, jedem Dollar den Sie ausgeben, gehen viele Cent direkt und indirekt zu den Inhabern der Ölversorgung.

Hut ab! Das muss man erst mal nachmachen!

Schwer zu sagen, was heute an Wald noch vorhanden

wäre, wäre Hanf nicht verboten, gerade dann, als endlich eine ökonomische Maschine zu ihrer Ernte entwickelt war. Und heute, nachdem die Chemie mehr und mehr Anteile an unserer Kleidung erhält, können wir nicht mal eine Hose im Garten kompostieren ohne den Komposthaufen zu ruinieren.

Weltweite Erlaubnis des Hanfanbaus wäre eine schlechte Nachricht für die Öl-, Pharma-, der gesamten Petrochemie, Papierindustrie (aus Holz) und Plantagenbesitzer.

Letztendlich, während weltweit die Landwirtschaft als billige, unterbezahlte Zulieferer für Nahrungsmittelkonzerne, Kleidungsindustrie, Einkaufsgemeinschaften für Discountermärkte geplündert wird, wirtschaftlicher Druck sie zu Monokulturen und entsprechende Pestizid- und Fungizidgifte greifen lassen muss, und diese dann noch zusehen müssen, wie ein Hof nach dem anderen schließt,- würde Hanf weltweit die Bauern plötzlich den gesamten Markt der Chemie, Pharma, Baustoffe, Gewebe/Stoffe und Ölindustrie erschließen!!!

Und schlimmer noch, wenn der Bauer sie anpflanzen darf, so könnte sich der private Nutzer natürlich sein Pflänzchen ziehen und selbst versorgen mit dieser ach so bösen Droge, die ja nur einige tausend Jahre im Gebrauch war. Selbstversorgung ist ein Alptraum dieser Elite, dieser Enteignerjungs!

Auf der Plattform Youtube ist ein Film "Hanf - Auto - Öl - Kleidung - Dynamit - Erneuerbare Energie PUR" zu finden, welcher auch im TV gezeigt wurde, erst im Abspann ist der Titel "Hanf – Das Milliarden-Dollar-Kraut" angegeben. Eventuell finden Sie mit beiden Angaben diesen kurzen 15 Minutenfilm.

Es ist ein Lehrstück darüber, was passiert, sobald finanzielle Interessen auf korrupte Politiker treffen.

In stark gekürzter Form:
Tausende Produkte aus Hanf, eines der Außergewöhnlichsten davon ist ein Auto von Henry Ford. Dieses wurde 1941 u.a. aus Hanf gebaut, sollte mit Hanföl betrieben werden, dessen "Plastik" u.a. aus Hanf, war leichter als Stahl, konnte 10x mehr aushalten ohne zu verbeulen. Hanf löst auch gesundheitlich viele unserer Probleme, trotzdem wurde es verboten. Unsere Politiker wussten wohl nichts davon, sonst müsste man diese als Geisteskrank erklären es zu verbieten. Hanf ist Marihuana. Als es verboten wurde, wurde immer von Marihuana gesprochen, da viele Menschen nicht wussten, das Marihuana dasselbe wie Hanf ist. Sie haben niemanden gesagt, dass sie Hanf verbieten (Täuschung). In Frankreich werden Hanfreste mit Kalkzement gemischt und, erstaunlich, die Mischung wird zu Stein welche nur 1/6 des Gewichts von Beton aufweist. Ca. 300 Häuser wurden damit gebaut. Es gibt tausende Vorbestellungen, doch Restriktionen des Hanfanbaus behindern deren Erfüllung. Der Stoff aus Hanf ist deutlich reißfester, wärmer und saugfähiger als die beste Baumwolle, trotzdem genauso weich und bequem. Kaum jemand weiß, das ursprünglich Levis-Jeans aus Hanf waren. Textilfirmen haben Probleme, genügend Hanfstoff für die Nachfrage zu bekommen. In australiens Südosten wären viele Baumwollbauern sofort bereit auf Hanf umzusteigen. Die Baumwollindustrie gehört zu den größten Chemiekonsumenten der Welt, gleichzeitig schwanken die Baumwollprofite, wächst die Umweltbelastung von Ernte zu Ernte. Viele zu bewässernde Ernten sind sehr stark von Chemikalien abhängig, Hanf braucht wenig bis keine Chemie, was viele Farmer gut finden, da es die Kosten senkt und die Chemiebomben auf die Farmen und Umwelt redu-

ziert. Es gab plausible Gründe für den Hanfniedergang, doch heute gibt es nur noch einen: Die Geschäftsinteressen der alten Industrie. Diese wollen kein Hanf-Revival, da diese den Wettbewerb mit dem Öko-Produkt scheuen.
Synthetikhersteller und nicht erneuerbare Energien können in so einem Wettbewerb nicht mithalten. In den 30er Jahren hatte die Hanfindustrie mit neuen Erntemaschinen zu einem Hanfcomeback angesetzt, die Zeitschrift "Popular Mechanics" prophezeite dem Hanf eine große Zukunft als Milliarden-Dollar-Kraut als Basis von tausenden von Arbeitsplätzen und einer breiten Produktpalette von Dynamit bis Plastik (aus Hanf). Für die Ernte von Hanf wurde eine Maschine erfunden, die ähnlich revolutionär war, wie die Entkörnungsmaschine der Baumwolle. Als diese erfunden war, wurde aus der teuersten Wolle der Welt nur für reiche Leute, zur billigsten Faser die jeder tragen konnte. Zwei Monate nachdem die Hanfmaschine erfunden war, wurde Hanf/ Marihuana verboten. Stellt sich die berechtigte Frage, ob es da einen Zusammenhang gibt. Zu dieser Zeit machte der Chemiegigant DuPont große Geschäfte mit Chemikalien (Ölprodukt) für die Papierherstellung und investierte in die Herstellung von Synthetikfasern (Ölprodukt), welche Naturfasern völlig ersetzen sollte; eine wiederaufsteigende Hanfindustrie hätte die Gewinne geschmälert. DuPont kam mit Nylon heraus, alles mögliche wurde daraus hergestellt. Nylon gab es nur bei DuPont. Sie hatten das Weltmonopol. DuPont hätte sein Monopol nie halten können ohne den Bankier Andrew Melon, Besitzer der fünftgrößten Bank Amerikas, gleichzeitig Chef des US-Finanzministeriums!! In dieser Funktion Ernennung von Harry Enslinger zum Chef der Bundesbetäubungsmittelbehörde (DEA), welcher einen

harten Feldzug gegen Hanf/Marihuana führte. Melon war nicht nur dessen Boss, sondern auch Verwandter, da Enslinger dessen Nichte geheiratet hatte. Ein recht interessantes Zusammenspiel von Interessen. 5 Jahre später, im 2. Weltkrieg, wurden Farmer plötzlich lautstark zum Hanfanbau aufgerufen, "Hanf für Tauwerk, Hanf für Takelage, Hanf für Schuhbänder, Hanf für Fallschirmspringer, Hanf für den Sieg" Direkt nach dem Krieg, gingen US-Militärs mit Flammenwerfer gegen Hanfflächen vor, O-Ton Moderator " Marihuana ist ein Unkraut, verbreitet sich wie Brennesel wenn es einmal keimt, aber die Truppe mit den Flammenwerfern hat die Situation voll im Griff". Harry Enslinger brachte diesen Krieg gegen Marihuana bis in die Vereinigten Nationen (UN), dort berief er Reihenweise Tagungen zum weltweiten Verbot. In Bangladesh (Übers. "Marihuanalandbewohner") ging die USA unter einen politischen Vorwand hin, um sämtliche Hanfpflanzen auszurotten, welche u.a. die Hügel zusammen hielt und plötzlich wurde das Land überflutet. Das Verbot machte Marihuana per Gramm teurer als Gold. Weltweit ist das Milliarden-Dollar-Kraut für kriminelle Imperien geworden. Die Bewegung wäre glücklich, wenn man THC freien Hanf (Nutzhanf) und Marihuana als zwei verschiedene Sachen sehen würde, doch die USA sieht nicht ein, dass man diese Pflanze ohne THC-Gehalt anbauen kann.

Es könnten Papier und Kleidung hergestellt, die Farmer gutes Geld machen, eine ganze Industrie um Hanf herum könnte existieren ohne jegliches THC, doch diese Unterscheidung wird nicht erlaubt, womit offensichtlich wird, das THC nur ein Vorwand ist. In Wirklichkeit geht es um das Hanf. Bill Condle, ein Holzhändler (USA): "Wir haben noch keine einzige Antwort auf das Waldsterben, keine einzige Alternative zum weltweiten Kahlschlag. Eine Gruppe sagt, hört auf Bäume zu fällen, die andere sagt, fällen wir sie alle. Dabei ist es ganz einfach. Baum ist Faser, Hanf ist Faser und Hanf ist die viel bessere Faser!!" Hans Woldering (Agrarwissenschaftler /Holland): "Wenn Hanfprodukte wie Papierfaser und Ethanol vernünftig vermarktet werden, dann sehe ich klar Hanf als das Milliardenkraut für die Jahrtausendwende"

Ende.

Obiges ist ein Ablauf, im Grunde eine Verschwörung von Interessengruppen zur Beseitigung von Freiheit, von Unabhängigkeit und ein Lehrstück, zu was kriminelle Geldleute so treiben um an Geld zu kommen.

Es ist mit vielen unserer Eliten wohl eine harte Kröte die wir schlucken müssen, zu sehen wie Milliarden bis Billionen von deren Vermögen einfach nur Betrug, vorsätzlicher Betrug, im Grunde durch Verschwörungen gegen die Allgemeinheit, gegen die Menschheit, zustande gekommen sind.

Ich für meinen Geschmack, will nicht wirklich jemanden von diesem Pack kennenlernen.

Wird die wirtschaftliche Praxis in Deutschland, in der gesamten Welt angeschaut, ist folgender Schluss zulässig;

Diese Enteigner, Eliten, Geldleute, Kriminelle wollen Sklaven, sie wollen, dass alles, jeder Tausch, jeder Quadratzentimeter Boden, jeder zurückgelegte Kilometer, jeder Ihrer Bekanntschaften, jede Ihrer Kommunikationen, einfach alles, bekannt, nachverfolgt und bitte, in Geld zählbar und verwertbar ist.

Kein Wohlstand, ohne dass diese daran zuvor und währenddessen verdienen. Kein Fortschritt wo im schlimmsten Fall eine glückliche Gesellschaft entstehen könnte. Glück nur, wenn der spätere Zusammenbruch gewährleistet ist. Wissen nur, solange dieses deren Gewinne erhöht. Recht und Gesetz nur, wenn es deren Eigentum an 99% und mehr aller Vermögen und somit an Produkten, Wohnungen und Ländern gewährleistet. Nur etwas Gesundheit, lieber mehr Krankheit. Endlos so weiter.

Falls es die zurückliegenden Seiten nicht erwähnt wurde, Sie haben es mit angewandten Materialismus, mit verbrecherischen Materialisten, mit Männern so abartig, so unvorstellbar reich, mit Männern, denen als nicht mal 0,5% der Bevölkerung, eher 0,001% die restlichen 99% gehören.

Und es wurde nichts mit harter Arbeit vollbracht!

Fangen Sie da gar nicht erst an, bei sich zu gucken, was oder wie Sie vielleicht ihre Möglichkeiten besser nutzen oder ob Sie mehr Stunden die Woche arbeiten sollten um auch mal reich zu werden.

Für den letzten Absatz allein könnten mehrere Bücher geschrieben werden, doch rechnen Sie sich selbst zusammen, was Sie von einer Stunde übrig behalten, wie viel Ihr Chef (wenn es ein Habgieriger ist) zuvor schon abgenommen hat, Minus Zinsen, Minus Entmündigung durch Versicherungen und deren Finanzierung von Fehlverhalten anderer, die nicht mal Ihrer Familie angehören, rechnen Sie dann noch ein zweistelligen Prozentsatz für Energiekosten, und wenn die militaristischen Preußen es mit 15% schafften, so können Sie die Differenz zu heutiger Steuer (ca. 30 und höher) auch noch abziehen.

Es war kein Scherz, mit der 5. Stundenwoche. Wir könnten eine Kultur haben, dass Sie keine Lust hätten, in den Himmel oder ins Paradies zu kommen, weil es hier auf dem lütten Planet Erde so gut aushalten lässt.

Diese internationalen Sklavenhalter wollen es nicht. Das ist alles dazu.

Spekulationsreform

Zinseszins und damit die beschleunigte Geldverteilung von arm nach reich, all die oben erwähnten, zu reformierenden Bereiche, haben gemeinsam, dass es sich im Grunde um Spekulation, um das nutzen von Zeit, das nutzen von Insiderwissen und immer der Besitz von knappen Gütern. Der Geldbesitzer der Zins für sein Geld sehen will, ist, da er erst ab so und so viel Zins bereit ist, es herauszugeben, ein klassischer Spekulant.

Der einzige Bereich, in welchem Spekulation erwünscht, ist jene im Bereich Kunst, dort schadet sie niemanden.

Wenn Spekulanten erlaubt wird zu "arbeiten", so gehen diese bei Ihrer Beschäftigung einfach nur konsequenter Zerstörung nach.

Wenn Soros 1992 eine Milliarde beim Spekulieren gegen das Britische Pfund machte, oder vor einem Jahr beim wetten gegen den Japanischen Yen, oder wie nun diverse Spekulanten gegen die Währungen von Indien, Türkei, Südafrika, und laut einem Artikel vom 8.2.2014, demnächst gegen Ungarn und Russland vorgehen wollen, und der Gewinn der Spekulanten nicht anderes als Diebstahl ist, was, oder wie sollte da eine Reform aussehen!?

Vielleicht sollten alle Länder der Welt, statt Journalisten kalt zu stellen, schwarze Listen für Spekulanten aufstellen, untereinander verbreiten – und diese Jungs beim Grenzübertritt festnehmen!?

Spekulantentum ist Verbrechertum. Der Hausbesitzer, der lieber Häuser leer stehen lässt, als diese zu vermieten um irgendwann den Reibach zu machen, ist nichts anderes, als der internationale Währungsspekulant, nur bedeutend kleiner.

Keine, Null Produktion. Wenn Gesetze sagen, dass deren Tun legal ist, dann sind diese Gesetze kriminell und vielleicht sollte dort eine Reform anfangen – diese zu ändern.

Man muss nicht auf eine Gesetz warten, um zu erkennen, was kriminell ist.

Im Internet, geben Sie bei Google "Wem gehört die Welt? Wer beherrscht die Weltherrschaft?" ein, und Sie finden eine Studie von Dr. James Glattfelder von der Eidgenössischen Technischen Hochschule in Zürich, "Ausgewertet wurden 37 Millionen Einzeldaten internationaler Unternehmen und Investoren aus dem Jahr 2007. Die Zahl der multinationalen Konzerne wurde mit 43.060 festgestellt. Als nächster Schritt wurden die Querverbindungen analysiert. Durch sogenannte Holdings und andere Netzwerke ergab sich, dass jeder dieser Konzerne im Durchschnitt an 20 anderen beteiligt ist. Daraus ergab sich wiederum, dass es **lediglich 1.318 Konzerne sind, die den Kern dieser verschachtelten Besitzverhältnisse bilden.**

Doch damit war die Analyse noch lange nicht zu Ende. Auch in diesem "harten Kern" zeigte sich eine Struktur von Querverbindungen.

In dessen Zentrum fanden sich **nicht mehr als 147 Unternehmen**, die meisten von ihnen Banken, die letztendlich 40 Prozent der gesamten Weltwirtschaft kontrollieren. An der Spitze findet sich Barclays PLC mit Sitz in London, gefolgt von Capital Group Companies Inc. und FMR Corporations. Auch die Deutsche Bank, UBS, Goldman Sachs, JP Morgan Chase und Merrill Lynch & Co.

Von den internationalen Medien fand es bis jetzt lediglich Mail-Online der Mühe Wert, den vorliegenden Fakten einen Artikel zu widmen".

Nun geht es hier um Spekulation.

Was meinen Sie passiert, wenn sich irgendeines obiger 147 Unternehmen am Börsenmarkt engagiert, oder die Besitzer?

Nun, Insiderhandel ist strafbar, - sind (seitens obiger 147 Unternehmen) jegliche Beteiligungen, Währungsspekulationen, Aktienaufkäufe oder Übernahmen, feindliche oder freundschaftliche, dann grundsätzlich als Insiderhandel zu betrachten?

Ist es dann überhaupt noch Spekulation, oder ist der Faktor "Wette/ Glücksspiel" da schon nicht mehr vorhanden und jegliche Aktion ist Anwendung von Wissen ohne Wette und Glück, oberhalb von Spekulation?

Nur, es geht hier nur um Firmen, was ist mit den Besitzern unserer Zentralbanken, über welche all diese Firmen letztendlich ihre Gelder laufen lassen?

Und dann gibt es die 700 Billionen OTC-Derivate, wo sich selbst die englische Zentralbank sorgen macht.

Was also wäre die Reform für Spieler, Zocker, die im Bereich der Wirtschaft mit Geld, teilweise mit von echter Ware gedecktes Geld herum spielen?

Obige Reformen machten zur Lösung eine Nutzungsgebühr notwendig, beim Hanf ist es einfach Ersatz von etwas durch etwas.

Letztendlich, um was geht es bei dieser Zockerei? Millionäre, Milliardäre und Billionäre wollen Zins- und Zinseszins. Im Buch (Josephspfennig) ist gezeigt wurden, im welch Irrsinnigen Bereich der Zinseszins die Forderungen der reichen Nichtstuer bringen kann.

Wie soll eine Bank mit normaler Guthabenverwaltung diese also aufbringen? Richtig, es geht nicht.

Geht es also bei der ganzen Zockerei an Währungen, mit Derivaten und endlos anderen Betrügereien nur darum, für die reichen den Zinseszins hereinzuholen?

Dann wäre die Geldreform einfach noch notwendiger, bevor uns diese Drecksbande wirklich in den Abgrund reißt.

In dem Film "Let`s make Money" wird erwähnt, wie die City-of-London vor Jahren Banken anzog, indem es diesen Deregulierungen und rechtliche Schranken erließ, unter dem pervertierten Deckmantel liberaler Einstellung. Die vielen weiteren Steueroasen weltweit sind einfach Erweiterungen des Londoner Models.

Also entweder führt man die Geldreform durch, und die Elite wird diese wahrscheinlich nicht freiwillig mitmachen, oder man macht jegliches Spekulantentum, ob mit Grund, Boden, Energie, öffentlicher Güter wie Wasser, Nahverkehr, Geld strafbar.

Man könnte auch versuchen, auf jegliche Transaktion eine Steuer einzuführen, doch Steuer war ja das Problem vor allen anderen Problemen.

Regierungen sollen eigentlich ihre Bürger schützen, im Grunde lassen diese dafür einige wenige Gerichte arbeiten und Polizisten herumlaufen, doch beide werden im Falle eines Falles die Elite oder deren Institutionen schützen.

Also muss Druck auf Regierungen erzeugt werden, dass diese endlich mal wirklich Ihren Job tun.

Egal welche Reform hier umgesetzt werden würde, Sie würden gegen die Elite und deren "gewählten" Stellvertreter, Politiker und Regierungsapparat antreten.

Ohne Regierungen keine Elite, da die Regierungen vorgeben die Gesetze zu machen, letztendlich diese Regierungen diese Gesetzte schützen, selbst wenn diese 99% der Bevölkerung schaden.

Sie sehen, Wirtschaft ist ein Krimi.
Und Sie sind dabei, ob Sie wollen, oder nicht!

Und, es hängt von Ihnen, von uns ab, wie sich die Dinge entwickeln, denn wir selbst, unsere Eltern und deren Eltern haben die explosionsartigen Auswüchse vieler dieser Systeme erst entstehen lassen.

"Freiwillige" Reformen, oder diese durch moralischen Druck erzwingen?

Sie kennen dieses Phänomen!? Ein blöde kleine Lüge und aus dieser
baut sich irgendwann ein Monstrum auf.
Ein Mitarbeiter nutzt sein Firmenauto, welches ausdrücklich nur für Fahrten die Firma betreffend gedacht war, ausgiebig für private Fahrten und wird gekündigt. Job los, Freundin los, Schulden, auf Grund des Lebenslaufes wird der nächste Job ein schlecht bezahlter. Alles wegen einer "Lüge".
Eine eifersüchtige Frau erzählt im Bekanntenkreis lügen über eine ausgedachte Konkurrentin, diese erfährt es, klärt den Bekanntenkreis auf – der Bekanntenkreis wird "plötzlich" deutlich kleiner.
Herr K. verkauft Drogen, erzählt seinen Freunden, dass er in Firma XY arbeitet. Um denen seine merkwürdigen Arbeitszeiten zu erklären, muss er sich alle paar Tage etwas ausdenken, wo er warum war, wo er plötzlich das neue Auto her hat. Nach einigen Wochen weiß er nicht mehr, wem er vor Wochen was erzählt hat und wechselt lieber seine Wohnung, verlässt seine Freunde, da er "in einer neuen großen Firma" anfängt.
BWL, Finanzwirtschaft, Finanzmathematik, Medizin, Psychologie, Psychiatrie, Wirtschaft, Geld, Steuern, "Soziales" in Händen der Regierung – einfach alle

Bereiche mit einen endlosen, immer weiter sich ausdehnenden Vokabular an "Fachausdrücken", fingen irgendwann mit etwas kleinem an, das wohl schon falsch war und um (sobald man anfing damit Geld zu verdienen) das irrationale Tun zu rechtfertigen, zu verschleiern, zu verstecken oder einfach um weiterhin zu Bescheißen, wird eine Ausrede in Form neuer komplizierter Wörter an den Mann gebracht.
All diese Enteignergruppen und deren Systeme sind Lügengebäude. Diese brauchen Zwang, Druck, Verschleierung, Täuschung, Regierungen für ihre Gesetze – aber besonders benötigen diese Truppen, Kompanien von Helfern!
Ohne Untertreibung kann für Industrienationen mindestens 20% der Bevölkerung genannt werden.
Diese arbeiten in diesen Unternehmungen oder außerhalb für diese. Politiker, egal wie euphorisch diese sich Anfangs für Moral und Ethik einsetzen wollten, werden zwangsläufig korrumpiert. Spätestens bei der nächsten Abstimmung für ein Gesetz gegen ... oder Kontrolle von ... .
Tausende von Rechtsanwälte helfen hier und da den kleinen Mann, doch dieser hat seine Probleme überwiegend, weil es eine miserable Rechtsprechung gibt. Sobald der Jurist Geld verdienen will oder muss, bleibt ihm nur ein Konzern, AG, staatliche Institutionen, Monopolist, vermögende Kunden, Grund- und Bodeneigentümer und solche die Ihren Besitz vermehren oder halten wollen. Und diese bezahlen dafür – viel besser als Sie und ich es könnten.
Der "harmlose" Angestellte einer Bank unterstützt zwangsweise das Zins- und Zinseszinssystem und dessen Umverteilung.
Alle Mitarbeiter der Sozialversicherungen und tausender kleiner Gruppen um diese herum, helfen an

einer Enteignung der Massen für die wenigen und Auflösung des Sozialen innerhalb der Familie.

Alle Empfänger von Steuereinnahmen, welche zuvor aus den wenigen wirklich Produktiven herausgepresst wurden, helfen beim ruinieren des Landes und seiner wenigen Produktiven, denn sie wollen im nächsten Jahr mehr als im Jahr zuvor.

In Deutschland ist jedermann mit Guthaben zwischen 1-1,5Millionen ein Zinsgewinnler, jemand der an den ihm gutgeschriebenen Zinsen mehr verdient, als er über seine Ausgaben versteckt in Preisen ausgibt. All diese Millionäre und reichere sind zwangsläufig Mittäter, sie vollführen nicht das Verbrechen aber gewinnen an dem Schaden welches das Verbrechen verursacht.

Dann gibt es die Börsianer, Vermögensverwalter, Hedgefonds und Derivate-Zocker, Investmentfondmitarbeiter, Währungsspekulanten, all diese Zocker, Spieler, die, wenn es anderen schlecht geht, Gewinne einfahren.

Endlos so weiter.

Im Grunde ist es ziemlich unangenehm.

Wenn die Elite und Regierungen nicht wollen, dass Dinge gut werden, was tut man dann?

Revolution!

Wenn diese bislang immer nach hinten los gingen, was bleibt dann zwischen Reform und Revolution?

Druck auf den einzelnen, Druck auf jene die den Enteignern zuarbeiten.

Wenn die Polizei jemanden bei kleinen Vergehen erwischt, dann gibt es Verwarnungen, Bußgeldbescheide oder Strafanzeigen.

Anwälte sind noch nicht einmal bei diesen Stufen angekommen, diese geben gleich teure Zahlungsaufforderungen hinaus.

Bleibt das Vorgehen der Polizei.
Und da einem als Privatperson Recht und Gesetz im Rücken fehlt, bleibt nur noch das Stück Papier und dann auch ohne Siegel, Behördenimpressum und all diese Dinge.
Was könnte man mit diesen Verwarnungen, Bußgeldbescheiden und Strafanzeigen machen?
Man übergeht die Jobs von Juristen und Polizei und schreibt die Unterstützer der Enteignergruppen und Verbrecher an, Anonym, auch per Einwurf in die Briefkästen. Wenn sich genügend zusammentun würden und z.B. auf eine Bank "einschießen" und deren Helfer Tag für Tag deren Vergehen, Beihilfe zum … schriftlich zukommen lässt, das wäre vielleicht eine Idee. Eine von vielen.

Strafanzeige
Datum:
Tatort:
Tatvorwurf:
Verwarnungsgeldhöhe:
Beweismittel

Ausfüllen könnte man die wie folgt:
Strafanzeige (Bank)
Datum: X.X.2014
Tatort: Ihre Arbeit
Tatvorwurf: Vorantreiben meiner und anderer Verschuldung durch Gutschriften von Zinsen an Vermögende für`s Nichtstun.
Verwarnungsgeldhöhe: Keine, jedoch ein Mangel an Ihrer Moral.
Beweismittel: Die ausgewiesenen Geschäfszahlen Ihrer Bank.

Es ist nur eine Idee.
Von alleine passiert nichts! Das ist ein Fakt!
Und wenn nichts getan wird, diese Schmarotzer, die Elite und die Millionen Helfer, die tun jetzt, morgen und übermorgen definitiv etwas, auch das ist Fakt.

Es existiert ein weiterer Fakt.

Enteigner, Schmarotzer kommen mit ihrem Tun durch, weil keiner etwas dagegen tut.
Anders herum, wenn jemand etwas dagegen tut, so braucht diese Unternehmung, Firma, diese Leute einfach, Ihren Schutz!
Wenn irgendeine Firma mit 500 Mitarbeitern beschließt, die Mehrwertreform umzusetzen und allen nach einem Schlüssel zu bezahlen, so könnte diese Unternehmung tonnenweise Ärger mit der Steuerbehörde und sonst wem bekommen, selbst wenn diese allen Mitarbeitern das doppelte zahlen würde.
Denn die Steuerbehörde könnte ohne den zuvor geringen, aber jeden Monat gleichen Tariflohn, nicht einfach anteilig Summe x von diesem Arbeitgeber verlangen, da es diesen gleichen Lohn nicht mehr gibt, wenn die Mitarbeiter alle Selbständig sind.
Jede unterdrückerischer Bank weiß sofort, dass dieses Unternehmen zukünftig wahrscheinlich keine Kredite mehr nachfragen wird, da es diese nicht benötigt.
Von den "Sozial"abgaben muss ich wohl nicht mehr sprechen.
Wer Gerechtigkeit will, hat bei diesen Enteignergruppen schlechte Karten, den Gerechtigkeit ist kein Synonym zur Elite und deren Milliarden und Billionen.
Wenn eine der letzten wenigen Krankenkassen beschließen würde, all die Konten seiner Beitragszahler auf normale Konten wie hier aufgeführt, umzustellen,

so würde die Regierung diese wohl am nächsten Tag von der Polizei und BKA besetzen lassen, denn die Regierung würde ihren Zugriff verlieren, die Pharmaindustrie würde Amok laufen, weil diese, wenn die Leute plötzlich ihr erspartes für Gesundheit ausgeben, diese vielleicht denken könnten:" Warte mal, ich nehm das Pharmagift sein 10 Jahren und es geht mir immer dreckiger, jetzt sollte ich vielleicht etwas Gesundes ausprobieren".

Egal welche Reform, obwohl für uns 99% meistens harmlos, eher langfristig Umwälzend, ist jede Reform für diese Enteignergruppen und deren Systeme eine Revolution – denn am Ende einer Revolution gibt es eine der zwei beteiligten Seiten nicht mehr.

Im Buch hier ist der Geldversuch von Wörgl etwas beschrieben. Wären damals die Österreicher zu tausenden auf die Straße gegangen, als Banken und Regierungen das Experiment verboten, hätte es wahrscheinlich keinen Hitler, keiner Stalin und die Millionen Tode auf den Schlachtfeldern und den KZ´s gegeben.

Wirtschaft ist zwar nur ein Wort, in seinem Bereich aber, wo fast alles, einschließlich Familie, hinein gehört, hat eine Verbrecherelite ihr Netz uns allen übergestülpt.

Im Buch "Alles über Geld", herausgegeben vom Bundesverband der Banken steht (ich konnte es kaum glauben): "Dabei tun die Banken alles, um die Menschen "aufzuklären". Sie wollen eine "bargeldlose" Gesellschaft, in der die Leute als Geld nur noch Schuldversprechen, Forderungen gegen Banken, mit Hilfe von Schecks und Kreditkarten (Plastikgeld) rundum schicken. ….wenn wir (das Bargeld) einmal abgeschafft sind, werden die Banken ihre Liquiditäts-

probleme los sein. Der Ausdehnung der Schuldversprechen wird keine Grenze gesetzt sein; denn es ist nichts da, in das sie eingelöst werden müssen"!!
Es ist wohl so, wie mit dem Beispiel der Finanzmathematik, wo dem Autor selbst wohl unwohl bei der Materie war. Auch hier, der Autor Prof. Dr. Seuß, hat wohl einiges eingefügt, das ihm selbst nicht geheuer war. Anscheinend wurde dieses Buch vor der Veröffentlichung nicht von Bankbesitzern gelesen, diese würden so etwas nicht freiwillig äußern.

Hermann Scheer, Bundestagsabgeordneter und Träger des Alternativen Nobelpreises, äußert sich in dem Film "Let`s make Money"mit folgenden Worten: "Privatisierung kommt von privare, ein lateinisches Wort mit der Bedeutung ‚berauben'. Wenn nun eine Privatisierung stattfindet, dann werden Gemeinschaftsgüter von privaten Interessenten aufgekauft – oder sogar verschenkt ... und das ist nichts anderes, als eine Beraubung der Gemeinschaft."
Kaufen Sie sich diesen Film!
John Perkins Einblick in seinen ehemaligen Beruf als Wirtschaftskiller (Economic Hit Man) des Geheimdienstes. Ihre Arbeitsweise ähnele denen der Mafia, nur seien ihre Methoden professioneller und ihre Opfer Regierungen oder ganze Länder.
Auch in dieser Dokumentation kommt ein ehemaliger "Economic Hit Man- Wirschaftskiller" John Perkins zu Wort: "Wirtschaftskiller suchen ein Land mit Ressourcen aus, mit denen unsere Firmen arbeiten. Erdöl zum Beispiel. Dann arrangieren wir einen riesigen Kredit für das Land von der Weltbank oder einer ihrer Schwesterorganisationen. Doch dieses Geld kommt nie in diesem Land an. Stattdessen fließt es an unsere Firmen, die dafür riesige Infrastrukturprojekte in dem

Land abwickeln. Dinge, die wenigen Reichen in dem Land nützen sowie unseren Firmen. Doch den meisten Menschen bringen sie nichts, weil sie zu arm dafür sind. Doch die arme Bevölkerung muss nun riesige Schulden abtragen, so riesig, dass sie sie niemals zurückzahlen können. Doch bei dem Versuch, die Schulden zurück zu zahlen, kommen sie in eine Lage, wo sie sich weder Gesundheits- noch Ausbildungsprogramme leisten können. So sagen die Wirtschaftskiller zu den Leuten: Ihr schuldet uns viel Geld. Ihr könnt eure Schulden nicht bezahlen, also zahlt uns in Naturalien. Verkauft euer Öl billig an unsere Ölfirmen, stimmt bei der nächsten kritischen UNO-Abstimmung mit uns. Unterstützt unsere Truppen, z.B. im Irak. Auf diese Art und Weise gelang es uns, dieses Imperium zu schaffen. Denn Tatsache ist: Wir schreiben die Gesetze. Wir kontrollieren die Weltbank. Wir kontrollieren den Internationalen Währungsfonds. Wir kontrollieren sogar die UNO in hohem Maße. Wir schreiben also die Gesetze. Insofern tun Wirtschaftskiller nichts Ungesetzliches. Ländern große Schulden aufbürden und dann eine Gegenleistung verlangen, ist nicht verboten. Es sollte verboten sein, ist es aber nicht."
Und auch aus dieser Doku: Anton Schneider, ein Private Equity Fond-Manager: "Letztendlich wird das Geld der kleinen Leute dazu verwendet, die Wetten abzusichern, damit die Wettsysteme, also die Zocker, die da herumzocken, auch weiterhin ihre Basis haben, nämlich ihre Institute nicht bankrott gehen."
Finanzökonom John Christensen erklärt, wie Jersey hilft, Steuern zu sparen: "Eine typische Struktur für Steuerumgehung oder Steuerflucht besteht aus einem in Jersey gegründeten Trust, der eine Firma in Luxemburg besitzt. Die hätte dann ein Konto auf den

Kaiman-Inseln, in der Schweiz oder in London. Jedenfalls hat man drei verschiedene Rechtssysteme. ... So wird es praktisch unmöglich festzustellen, wer hinter diesem Trust steht, wem wirklich die Firma gehört und wer wirklich das Bankkonto besitzt.
Kaufen Sie sich diesen Film, der Autor und Regisseur hat drei Jahre an diesen gearbeitet, es ist nur gerecht, wenn er und seine Helfer etwas Geld verdienen, statt so viele Macher von dummdusseligen Popkornkino Filmchen.

Verschwörung, oder doch nur einfache Mathematik und Geometrie?

(Dieses Kapitel soll nur Ansatzweise in Grafiken einen gewissen Ablauf darstellen. Es existieren mittlerweile an die hundert Darstellungen, welche deutlicher die Zwischenschritte, die Verteilung von den Produktiven zu den Unproduktiven, aufzeigen. Diese jedoch digital umzusetzen, ist leider ein Monstrum an Arbeit und ist wohl Stoff für ein weiteres Buch).
Geheimgesellschaften lieben Symbolik, Mathematik und die Geometrie.
Durchgeht man Literatur über diese Gruppen, welche sonst was vorgeben "gutes" zu tun, wimmelt es nur so von Symbolik – und keine Antworten.
Vielleicht, aber auch nur vielleicht, bekommt man diese "Antworten", wenn man nur lange genug dabei bleibt.
In diesen geheimen Grüppchen hat der kleine produktive nichts zu suchen, also sammeln sich dort zwangsläufig Geldleute. Richtig viel Geld (Künstler ausge-

nommen) macht man nur mit Diebstahl, dass diese in Gesetze geschrieben wurde, ändert nichts an der Definition, wonach Diebstahl "nehmen, ohne zu geben" bedeutet.
Mathematik als Wissenschaft von den Zahlen und Formen, ist natürlich viel Symbolik, steht jede Zahl selbst als Symbol für etwas, in der Regel irgendeiner Menge. Und Geometrie als Teilgebiet der Mathematik macht da keine Ausnahme-, aus griechisch ge. "Erde" + metron "Maß" zusammengesetzt und in der unmittelbaren Praxis Linien, Flächen und Körper behandelt, lässt z.B. Pyramide auf der die Welt ruinierenden 1-US-Dollar Note so einiges vermuten.

Man kann die Zahlen auf einem Zahlstrahl oder Zahlengerade in fortlaufender Reihe gliedern, was z.B. Matheanfänger das rechnen erleichtern lässt, doch es soll hier nun doch nicht so grundlegend werden.
Hier wäre nun ein Zahlenstrahl, welche einfach Geldbeträge als Zahlen in Reihe bringt, welche Sie vielleicht in einer, in mehreren Stunden oder am Tag verdienen.

Zahlenstrahl oder Zahlenreihe

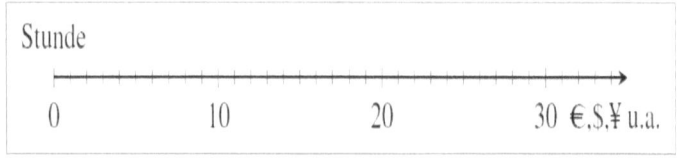

Werden die Beträge erhöht, kommen vielleicht Ihre Monatsgehälter oder Löhne zustande, der Pfeil rechts geht in die Unendlichkeit, welcher allerdings nur für unsere 1% der Bevölkerung interessant ist.

Sie beginnen Monat für Monat bei 0 und wohin es geldlich geht, wissen Sie meistens; selten reicht es wirklich.

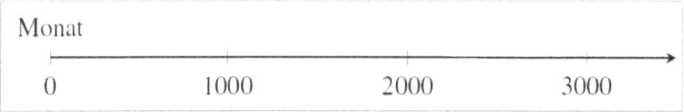

Verdienen Sie nun 2500 Brutto, so zahlen Sie von diesen Nahrungsmittel, Wohnung, Auto, Urlaub und die vielen Dinge, und auch die Enteignergruppen. Einige deren Forderungen werden sichtbar eingefordert (Sozialvers., Lohnsteuer, GEZ u.a.), der Zins steckt oft versteckt in allen Preisen.

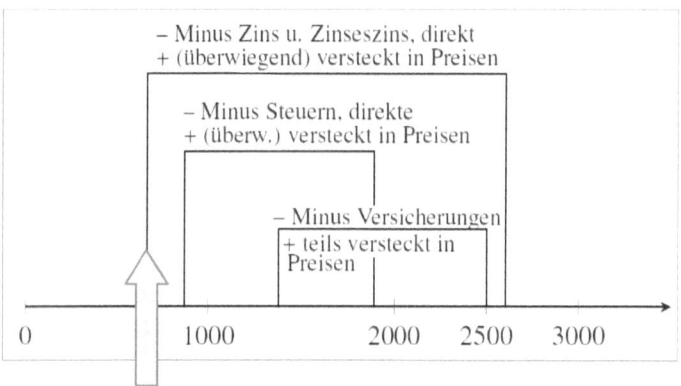

Ihr kleiner Rest am Ende des Monats.

Irgendwann als Leibeigener, als Sklave, war man etwas schuldig – seine Arbeitskraft. Geld in unterdrückerischen Händen, hat direkte, offensichtliche Leibeigenschaft und Sklaverei durch Schuld ersetzt.
Es gibt hunderte Wege um Sie in Schuld zu bringen, heute hilft dabei Werbung mit dem Ziel, dass Sie etwas kaufen, wofür Sie das Geld nicht besitzen, oder

aber Sie möchten etwas aufbauen (gut sein) und benötigen Geld – wofür Sie ein Fall für Kredit und seine Zinsen wirden.

Nun kommt im Zahlenstrahl eine Verlängerung über den Startpunkt "0" hinaus nach Links – in den Minusbereich. Dort sind Sie etwas schuldig, weil Sie sich bestehlen, beklaut, beschwatzen lassen haben, oder etwas erschaffen, aufbauen, investieren wollten.

Minus Plus

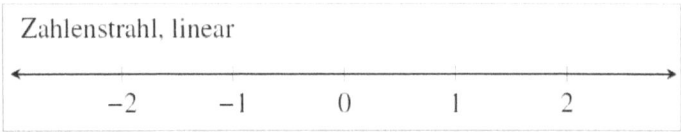

Irgendwann, vor Jahrhunderten, als wir von dem lebten, was an Bäumen hing, was wir an Tieren fangen konnten, war der Zahlenstrahl ein einfaches 1+1+1+1+1+1+1, wenn Sie ein großes Tier erlegten vielleicht ein +100, war das Tier (Bär) stärker als Sie, hatte es sich mit dem Zahlenstrahl schnell erledigt und es stand dort für immer eine "0".

Als, auch vor Jahrhunderten, irgendwelche Vorfahren das sammeln von Getreidesamen, Feuer machen, das anlegen eines Feldes und solche Dinge erfanden, veränderte sich aus dem bloßen 1+1+1+1+1+1+1+ , die Zahlen auf dem Zahlenstrahl. Aus 1+1+1+1+, wurde 2x2x2 oder 3x3x3 u.a., je nach Technik und eingesetzte Arbeitsenergie.

Produktions- Zahlenstrahl durch neue Techniken

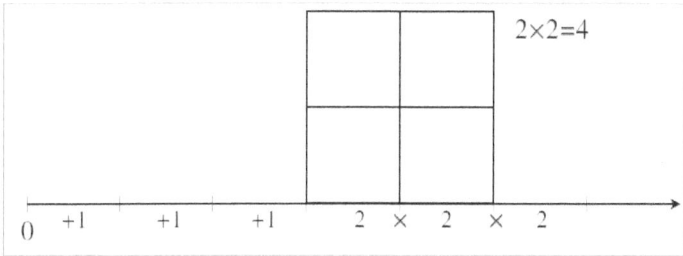

Konnten Diebe bei 1+1+100+1+1 Ihnen vielleicht die paar Äpfel, den Hasen, das Fehl stehlen, stahlen Sie nun Maßstab zu Ihrer erhöhten Produktion ebenfalls mit Mal (x), statt zuvor nur kleinen Plus (+).

Sammelten Sie oben Getreidesamen, bauten Felder an – stahl Ihnen der Dieb das Feld mit seinem Getreide (allerdings waren die schlauer, und warteten, bis Sie geerntet hatten).

Mal (x) = 2x2, 3x5 ect. , wird mathematisch zur Berechnung von Flächen benutzt.

Einfache Produktion findet hauptsächlich auf der Linie, dem Zahlenstrahl 1+5+15+1+2+ , durch Mal nehmen, 2x2x4x1x2 würden graphisch statt der Zahlenreihe auf der Linie, eine Fläche ergeben:

Die Berechnung der Fläche würde geschichtlich wohl etwas mit der Nutzung von Grund und Boden durch Ackerbau beginnen.

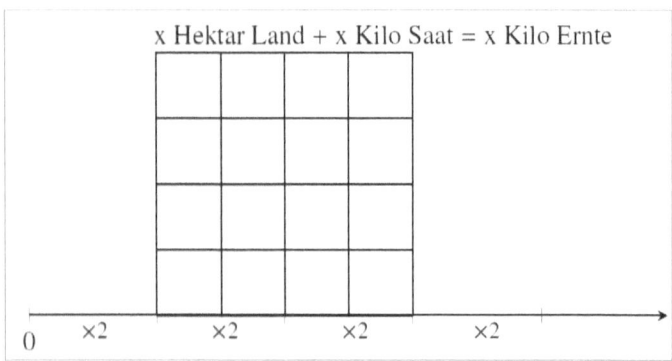

Hier haben wir einfache Flächen, höhere Produktion durch Techniken.

In der Mathematik wird 2x2 z.b. als Viereck oder Quadrat dargestellt

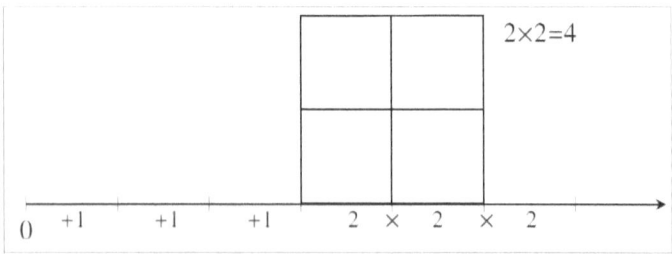

3x3 = Fläche, fügt man nun eine 3 hinzu = 3x3x3, kommen wir zur Potenzierung (Herkunft, Definition: Macht) und gelangen von dem linearen Zahlenstrahl über die Fläche zum … Raum! Oder auch vom Quadrat zum Würfel.

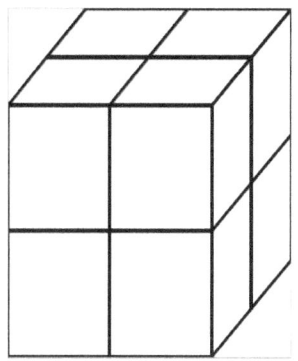

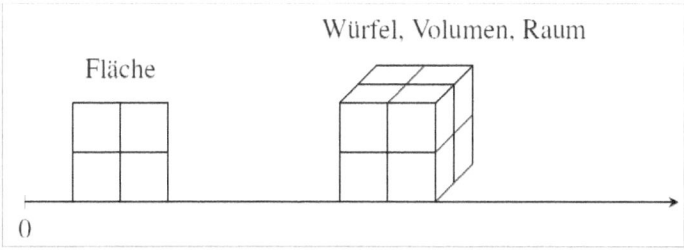

Der Zahlenstrahl ist links von der "0" im Minus, rechts davon im Plus. Durch 3x3x3 kommen wir nun zum Raum, zum Volumen.
Eine Erweiterung des Zahlenstrahls findet somit im Koordinatensystem statt.

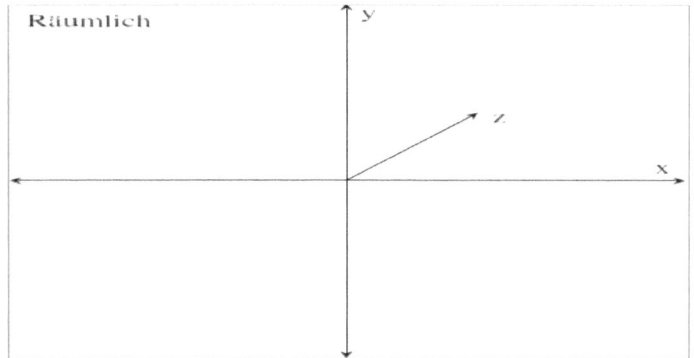

Von der Linie zur Fläche, von der Linie zum Volumen, Raum oder Würfel.

Stahl der Großgrundbesitzer, Fürst, König, irgendein Enteigner nun von diversen 1+1+1+1 oder 2x2x2.... Produzenten deren Land, so waren dessen Einnahmen im Jahr vielleicht 2x2, da der Besitz jedoch zeitlich unbegrenzt, wurde aus der Einnahme 2x2x2, oder deutlich höher. Im Jahr also die Fläche, über die Jahre graphisch der Würfel. 2x2 ergibt nur Fläche, 2x2x2 durch die Zeit der Würfel.
Es wurde nicht die 1+1+5+3+1... der laufenden Produktion wie vom gewöhnlichen Dieb, sondern nun über die zur Produktion genutzten Fläche nach oben, und durch die Zeit nach hinten, in den den Raum hinein, gestohlen.
Enteignergruppen haben Ihre Systeme, welche für diese direkt und offen, heute jedoch überwiegend versteckt in den wirtschaftlichen Abläufen stehlen. Betroffen sind je nach Land, 90 - 99% der Menschen.

Diese Zahlenlinien sollen den Ablauf nur noch etwas bildlicher gestalten. Vielleicht wäre eine einfach Einnahme-Überschuß-Rechnung angebrachter oder auch die bei Geldleuten verehrte Bilanz.
Die Bilanz (von ital. bilancia "(Balken)Waage" oder auch "Übersicht über zwei verschiedene Zahlenreihen:das durch den Vergleich beider Zahlenreihen gewonnene Ergebnis") hat nur wenig mit einem Austausch, Gleichheit oder Gerechtigkeit zu tun.
Konzerne, vermögende Menschen nutzen diese, da diese aufwendig genug ist, um nur von wenigen wirklich geprüft werden zu können und hilfreich, zum Schluss keine Steuern zu zahlen.

Letztendlich, nutzt man obigen Zahlenstrahl als Bilanz auf die Produktiven an, ist sie nützlich.

Enteignergruppen arbeiten also durch direkten Diebstahl Ihrer Produkte oder dem Tauschmittel daraus, dem Geld.

Verfügbare Fläche zur Produktion erhöht Ihre Produktion, jegliche Technik erhöht diese nochmals um das Viel-, Hundert- oder Tausendfache. Nur begrenzt können Sie die Zeit für Ihre Produktion nutzen. Sie haben nur die Stunde, den Tag, die Woche, Monat, vielleicht ein Jahr zur Verfügung, um die Belohnungen in Form von Geld, wieder abzugeben.

Nur wenig arbeitet aus obigen für Sie, es arbeitet nur für Sie, wenn Sie zuvor etwas tun, damit die Maschine, die Ackerfläche oder sonst etwas, zum produzieren gebracht wird.

Die Enteignergruppen, speziell Grund- u. Bodenbesitzer, Geldbesitzer, Energiebesitzer, aber auch "Produktive" wie Händler (die aber selbst nur Geldbesitzer sind), spielen Ihnen gegenüber den Vorteil Zeit aus.

Wenn Sie leben wollen, brauchen Sie eine Fläche für Ihre Haus und für Ihre Arbeit, wenn Sie leben wollen, benötigen Sie Geld, wenn Sie Ihre verderbliche oder nur kurzfristig aktuelle Ware loswerden wollen, benötigen Sie jemanden, der Geld für diese gibt. Die anderen Seiten haben es nicht eilig. Sie müssen es eilig haben, da Sie sonst nicht wohnen, essen oder produzieren können.

Freimaurer, Verschwörer, verehren das Quadrat als Symbol der Materie, besonders jedoch die Symbolik des Dreiecks oder der Pyramide.

Die Grundfläche einer gleichseitigen Pyramide ist …, oh Wunder, das Quadrat.

In das Quadrat als Fläche passt ... oh Wunder, 4x die gleichseitige Pyramide.

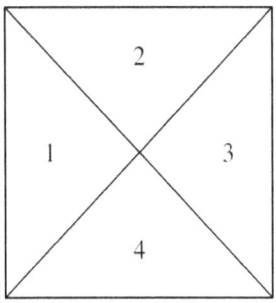

Noch erstaunlicher, kippt man dieses Quadrat als Fläche (3x3) bildlich in Ihre Richtung und zieht z.B. durch ein weiteres x3 die Fläche hoch zum Würfel (3x3x3),

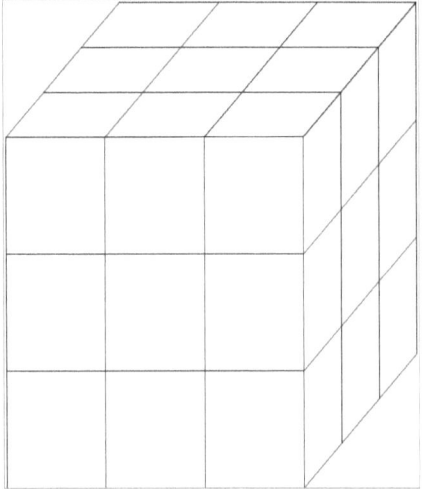

passiert für Enteigner, die 1% der Bevölkerung, etwas "wunderbares", die Kontrolle.

3x3 ist im Minus, wenn es nicht freiwillig gegeben wird, Diebstahl. 3x3x3 im Minus (Würfel) ist Diebstahl + Kontrolle.
Kontrolle ist auch zentralisiert, mit einem Machtmittelpunkt.
Also zurück zum Würfel.
In einem gleichseitigen Würfel passt die gleichseitige Pyramide 6x hinein.

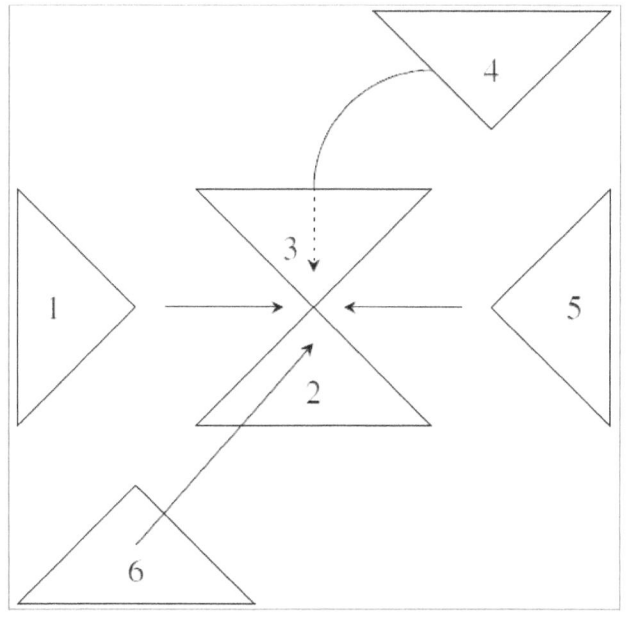

Diese Minusrechnung durch Privatbesitz mittels 3x3x3, zu finden durch Potenzierung im Geld durch Zins u. Zinseszins, Steuerwesen und exponentiellen wuchern von Enteignergruppen nimmt mathematisch in Form eines Quadrats Gestalt an, in welchem die gleichseitige Pyramide 6x einfügen kann (666 – Zahl des Teufels ... Zufall?)

Der US-Dollar der privaten amerikanischen Federal Reserve Bank. trieft nur so von Symbolik, Geometrie und versteckten Zahlen.

Diese Pyramide auf dem 1 US-Dollar Freimaurerschein ist in Stufen unterteilt.
Beginnt diese am Fuß mit dem Viereck, dem Quadrat, was als Grundlage für eine Enteignergruppe (Fläche zum Würfel) genommen werden kann, erzeugt der ständige Gewinn/Profit durch Privatbesitz auf jeder dieser Pyramidenstufen Millionen, Hunderttausende, Tausende, Hunderte, Dutzende bis hin zu einer Hand-

voll Menschen (Elite), welche dem grundlegenden Enteigner, Besitzer, Schmarotzer, Dieb oder Verbrecher (Elite) – zuarbeiten, in dessen Dienst stehen.

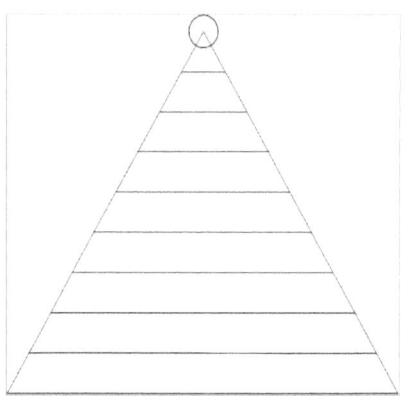

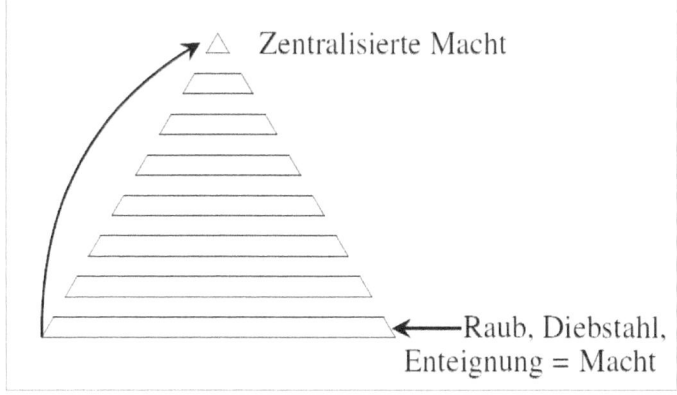

Damit haben wir den Zustand der heutigen Welt – weniger als 1% besitzen nahezu alles.
Nimmt man ein anderes freimaurerisches Symbol, den Zirkel, sticht in die Mitte des Würfels aus Pyramiden
und zieht einen Kreis um die Ecken, so kommt folgendes heraus:

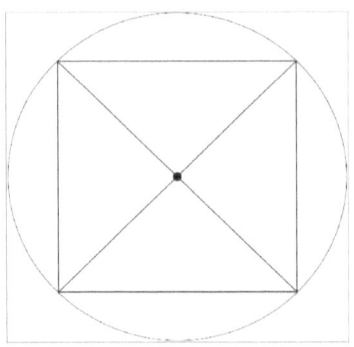

Und nimmt man diesen Kreis symbolisch als Erde, und schneidet aus dieser 6 Dreiecke wie im Kuchen, so sehen wir, was die letzten Jahrhunderte durch Schmarotzer gemacht, getan, vollzogen – geplant durchgeführt wurde.

Wirtschaftszahlen, oder: Wenn Verrückte die Wirtschaft steuern
(folgendes ist einfach nur eine kleine Zusammenstellung ohne weitere Sortierung)

Bruttoinlandsprodukt der Welt 2013: **73, 45 Billionen**

Registrierte, im Markt gehandelte OTC Papiere (Derivate)

700 Billionen!! (Deutsche-Wirtschafts-Nachrichten 6.3.2014)
(OTC = Over The Counter Papiere, sind einfach nur eine typische Schwindelbezeichnung für Derivate, auch bekannt als Swaps, Futures, Optionen. Ein Wettkasino, ausgestattet mit echten Geld, nur zum minimalen Teil noch durch Geld aus echter Produktion gedeckt.
Kurz: OTC`s, der Handel mit diesen, ist ein kriminelles Schwerverbrechen).

Staatsverschuldung pro Kopf in Europa 2010: **23.909 Euro**
(Staatsverschuldung: Von Regierungen zusätzlich zu den Steuereinnahmen ausgegebenes Geld, welches diesen nicht gehört, überwiegend geliehen von Banken, welches dieses (Eigenkapitalquote) ebenfalls nicht besitzen. Auf dieses nicht existierende Geld, zahlen Regierungen dann zusätzlich Zinsen).

USA: Staatsverschuldung

2003: **6, 7 Billionen US-Dollar**
2012: **16,7 Billionen US-Dollar**

Entwicklung der Staatsverschuldung von Deutschland (in Milliarden Euro)

1950: **10**
1990: **538**
2012: **2.065**

Länder mit den meisten Staatsinsolvenzen seit 1900
Brasilien (zuletzt im Jahr 1983) 7
Chile (zuletzt im Jahr 1983) 7
Urugay (zuletzt im Jahr 2003) 6
Ecuador (zuletzt im Jahr 1999) 6
Costa Rica (zuletzt im Jahr 1984) 6
Peru (zuletzt im Jahr 1984) 6
Nigeria (zuletzt im Jahr 2004) 5
Argentinien (zuletzt im Jahr 2001) 5
Türkei (zuletzt im Jahr 1982) 5

Unternehmensinsolvenzen in Deutschland 2013: **26.300**

Umsatz der weltweit größten börsennotierten Ölkonzerne **im Jahr** 2008 (in Milliarden Dollar)

Exxon Mobil 460
Shell 458
BP 361
Chevron 265
Conocophillips 245
Total 232
Sinopec 208
Petrochina 157
Eni 157
Petrobras 122
Gesamt **2665 (2 Billionen 665 Milliarden)**

Umsatz der größten Öl- und Gaskonzerne weltweit **im Jahr** 2012 (in Milliarden US-Dollar)

Royal Dutch Shell, UK	476,9
Sinopec, China	438,8
Exxon Mobil, USA	420,7
BP, UK	383,4
PetroChina, China	352,4
Total, Frankreich	240,5
Chevron, USA	222,6
Eni, Italien	166,9
Phillips 66, USA	166,1
Gazprom, Russland	155,9
Gesamt	**3.024,2 (3 Billionen 24 Milliarden)**

Bruttoinlandsprodukt einiger Länder 2013 (in Milliarden)

Österreich 418
Argentinien 485
Ghana 46
Deutschland 3.593

Geschätzte Summe, die von den Reichsten Menschen der Welt in Steueroasen versteckt wurden: **21 Billionen Dollar**
(Ermöglicht werde dies durch "eine hoch bezahlte, fleißige Schar von Helfern bei Privatbanken, in der Rechtsberatung, Wirtschaftsprüfung und der Investment-Branche (deutsche-wirtschafts-nachrichten.de, 22.7.2012))

Todesfälle durch Medikamente nur in Deutschland 2011
16000 – 25000 Tode
ca. 300.000 Behandlungen durch Nebenwirkungen
(Süddeutsche Zeitung 17.5.2010)

Staatsquote in der Europäischen Union 2012: **48,33%**

Zinserträge der Banken in Deutschland (Milliarden)

2008: **432,8** (Keine Produktion, nicht ein Stück Ware wurde dafür produziert)

Zinsaufwendungen der Banken in Deutschland

2008: **342,2**
2012: **174,7**

Eigenkapitalquote Banken 2011 in Prozent

Deutsche Bank	2,8
Commerzbank	3,8
West LB	3,0
Royal Bank of Scotland	5,3
BNP Paribas	4,5
Barclays	4,2

(Jeder von diesen Banken **verliehene** Euro, existierte 2011 also nur zu 2,8-5,3%, jedoch wird für den gesamten Euro Zins und Zinseszins genommen. Anders herum, gehen alle zur Bank und wollen Ihr Erspartes, gibt es max. obige prozentuale Summe, dann sind diese Banken wirklich Pleite.)
"Normale" Rechtsprechung: Stellen Sie bei Ebay ein Auto herein,

verkaufen dieses und teilen dem Kunden dann mit, dass Sie nur ein Hinterrad besitzen, es wäre strafbar.

konventionell gehandelter Kaffee → 1 Pfund kostet im Supermarkt etwa **4,50 €** im Durchschnitt; davon erhält der Kaffeebauer durchschnittlich gerade **25 Cent.** (www:eineweltladen.info)
Kaffeehändler Darboven, geschätztes Vermögen: **300 Millionen Euro** (fr-online.de) Hektar weltweit, auf welcher Baumwolle angebaut wird: **34,3** Millionen Hektar (Cotton Council Int., Mai 2013)
Hanf: **0,115** Hektar (2005, Widipedia, leider keiner aktuellen Angaben gefunden)

www.ingramcontent.com/pod-product-compliance
Lightning Source LLC
Chambersburg PA
CBHW020722180526
45163CB00001B/67